# 玄奘之路

## 《西遊記》滿文譯本選讀

莊 吉 發編譯

滿 語 叢 刊
文史哲出版社印行

國家圖書館出版品預行編目資料

玄奘之路:《西遊記》滿文譯本選讀 / 莊吉發編譯. -- 初版. -- 臺北市：文史哲, 民109.05

面 ：公分（滿語叢刊；38）

ISBN 978-986-314-508-0（平裝）

1.滿語 2.讀本

802.918　　109006096

滿語叢刊 38

# 玄奘之路:《西遊記》滿文譯本選讀

編譯者：莊吉發
出版者：文史哲出版社
http:// www.lapen.com.tw
e-mail:lapen@ms74.hinet.net
登記證字號：行政院新聞局版臺業字五三三七號
發行人：彭正雄
發行所：文史哲出版社
印刷者：文史哲出版社
臺北市羅斯福路一段七十二巷四號
郵政劃撥帳號：一六一八〇一七五
電話886-2-23511028・傳真886-2-23965656

實價新臺幣五八〇元

二〇二〇年（民一〇九）五月初版
二〇二〇年（民一〇九）八月修訂再版



ISBN 978-986-314-508-0　65138

# 玄奘之路
## 《西遊記》滿文譯本選讀

## 目 次

# 玄奘之路
# 《西遊記》滿文譯本
# 導讀

玄奘 (602-664)，唐朝僧人，通稱三藏法師。據《續高僧傳》、《大慈恩寺三藏法師傳》、《大唐故三藏玄奘法師行狀》載，玄奘本姓陳，名禕。河南偃師人。十三歲，出家。二十一歲，受具足戒。玄奘以東土諸師宗途各異，聖典亦有隱顯，不知所從，遂發心周遊西域。唐太宗貞觀三年 (629)，長安饑荒，朝廷准許百姓自行求生。玄奘即從長安西行，出敦煌，經西域，輾轉至中印度摩揭陀國王舍城，入佛教中心那爛陀寺，以戒賢為師，學《瑜伽師地論》等，鑽研梵籍。五年後，遊歷印度東部、南部、西部、北部數十國。

史書記載，玄奘西行求法，往返十七年，旅程五萬里，所聞所履，百有三十八國。舉凡風俗之宜，衣服之制，幅員廣隘，物產之豐嗇，悉舉其梗概，頗具史料價值。貞觀十九年 (645)，玄奘東歸，帶回梵本大小乘佛教經律論共六百五十七部，唐太宗令居長安弘福寺,繙譯群經。玄奘遠赴印度取經，歷盡艱險。玄奘之路，是一條修行的「之」字路，路徑曲折。民間從玄奘取經的經歷過程中演繹創作出不少文藝作品。明朝吳承恩撰《西遊記》，就是一部膾炙人口的小說。

吳承恩 (1500-1582)，明朝淮安府山陽縣人，博覽群書，工於詩文。自幼喜讀玄怪小說，晚年絕意仕進，閉門著書。其所撰《西遊記》，凡一百回，敘述唐僧玄奘遠赴西天取經，其弟子孫悟空等人於途中降魔伏妖，排除險阻故事。全書結構完整，有始有終，取回真經，功德圓滿。作者將傳統小說人物的塑造，由單純的道德層次，引向了精神品格的層次，人物刻畫，個性生動。故事情節，曲折離奇，變化詭譎，想像力豐富，引人入勝。康熙五十二年(1713)閏五月二十八日，據武英殿總監造和素奏稱，漢文《西遊記》一部一函十六卷，照此譯出滿文本。《世界滿文文獻目錄》記載北京故宮典藏《西遊記》滿文精寫本，共五十冊。北圖典藏《西遊記》滿文曬印本，共五十冊。工欲善其事，必先利其器。為了充實滿文基礎教學，蒐集滿文教材，是不可或缺的工作。

錫伯族的歷史與文化源遠流長，西遷的錫伯族對於滿洲語文的傳習，作出了極大的貢獻。清高宗乾隆三十一年(1766)，將伊犂屯墾戍邊的錫伯官兵編為八個牛彔，組成錫伯營。伊犁將軍明瑞令每旗各設清書房一所，錫伯營清書房，有教習二人，分司教射弓箭，學滿文等。錫伯語文是以滿文為基礎發展起來的。錫伯文就是滿文。察布查爾錫伯自治縣各小學所採用的錫伯文課本，基本上就是滿文教材。一九八九年九月，烏魯木齊新疆人民出版社出版錫伯文《西遊記》(si io ji julen)上、中、下共三冊。原書譯文，兼顧信雅達，對滿文的學習，提供了珍貴的教材。

錫伯語文的書面語，基本上就是滿文。但是，由於種種因素，通行的錫伯文，與清朝官方規範滿文，在書寫筆順、字形等方面，不盡相同。可將錫伯文《西遊記》中常見詞彙列出簡表，對照規範滿文如後。

## 《西遊記》錫伯文與規範滿文筆順對照表

| 順次 | 漢文 | 錫伯文 | 規範滿文 | 羅馬拼音 | 備註 | 順次 | 漢文 | 錫伯文 | 規範滿文 | 羅馬拼音 | 備註 |
|---|---|---|---|---|---|---|---|---|---|---|---|
| 1 | 細小 | 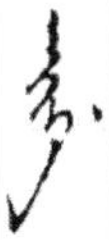 | 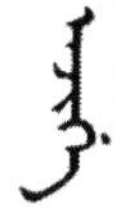 | ajige | | 2 | 頭 | 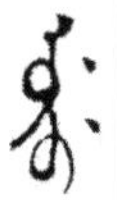 | 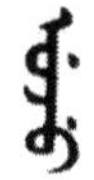 | uju | |
| 3 | 是 | 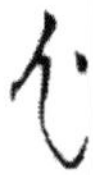 |  | je | | 4 | 落下來 | 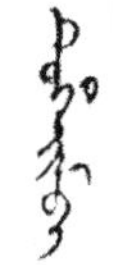 | 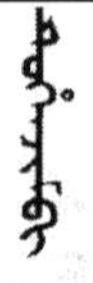 | tuhenjimbi | |
| 5 | 下面 | 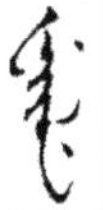 | 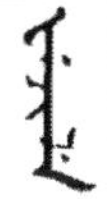 | fejile | | 6 | 稍微 | 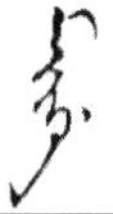 | 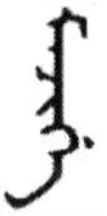 | majige | |
| 7 | 正在 | 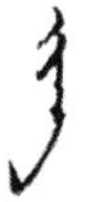 | 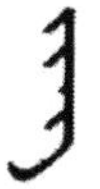 | jing | | 8 | 拿來 | 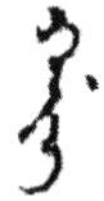 | 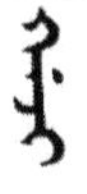 | gaji | |
| 9 | 令拿 | 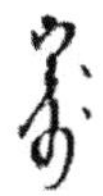 | 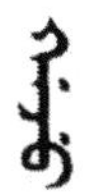 | gaju | | 10 | 生活 | 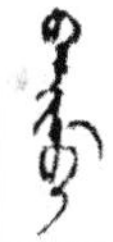 | 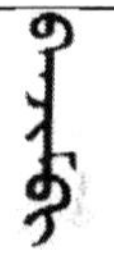 | banjimbi | |
| 11 | 問 | 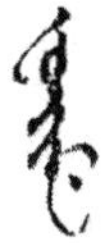 | 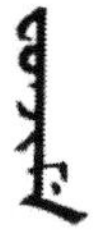 | fonjime | | 12 | 心意 | 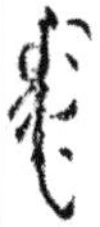 | 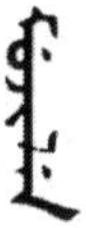 | mujilen | |
| 13 | 王 | 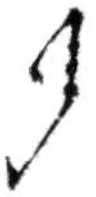 | 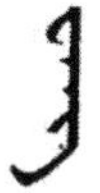 | wang | | 14 | 果真 | 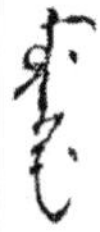 | 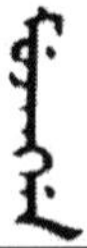 | mujangga | |
| 15 | 繩 | 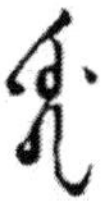 | 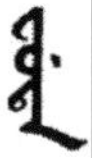 | futa | | 16 | 跑 | 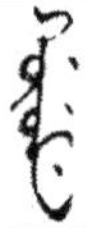 | 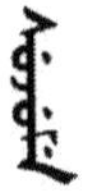 | sujume | |

| 順次 | 漢文 | 錫伯文 | 規範滿文 | 羅馬拼音 | 備註 | 順次 | 漢文 | 錫伯文 | 規範滿文 | 羅馬拼音 | 備註 |
|---|---|---|---|---|---|---|---|---|---|---|---|
| 17 | 山林 | 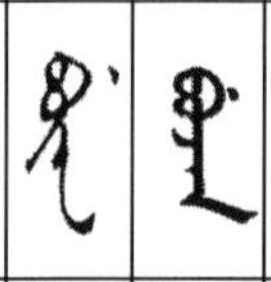 | | bujan | | 18 | 七十 | 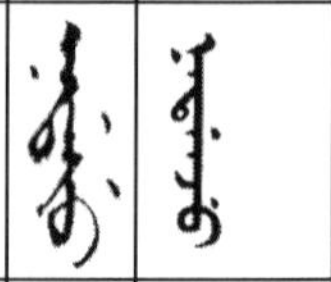 | | nadanju | |
| 19 | 不可 | 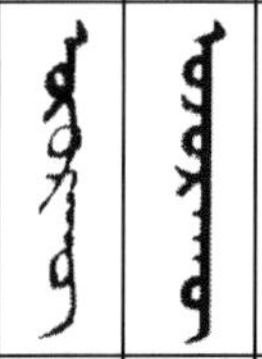 | | ojorakū | | 20 | 完結 | 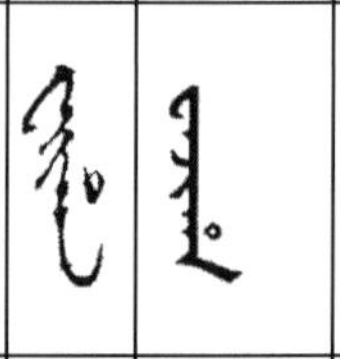 | | wajiha | |
| 21 | 五 | 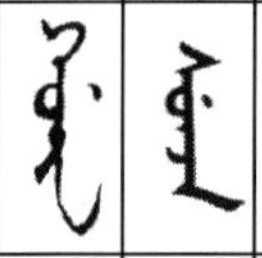 | | sunja | | 22 | 四 | 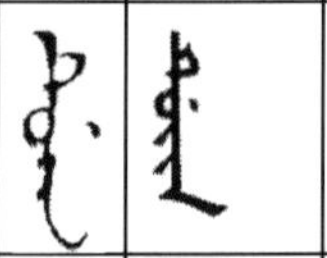 | | duin | |
| 23 | 老的 | 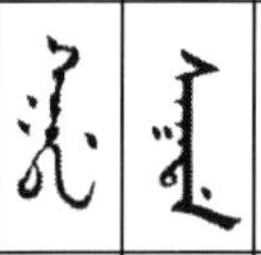 | | sakda | | 24 | 君主 | 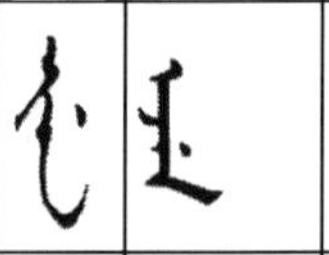 | | ejen | |
| 25 | 地界 | 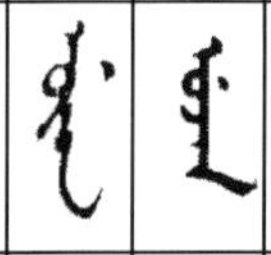 | | ujan | | 26 | 重的 | 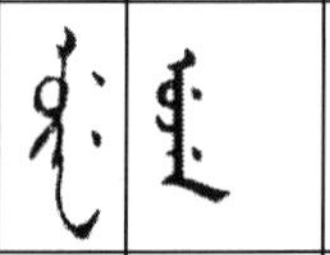 | | ujen | |
| 27 | 燈 | 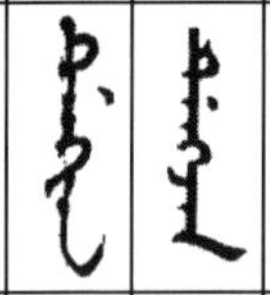 | | dengjan | | 28 | 清潔的 | 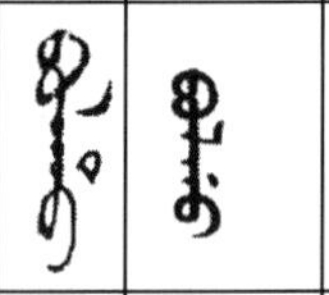 | | bolho / bolgo | |
| 29 | 責罵 | 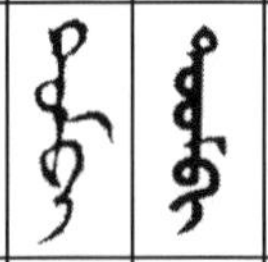 | | tombi / toombi | | 30 | 公主 | 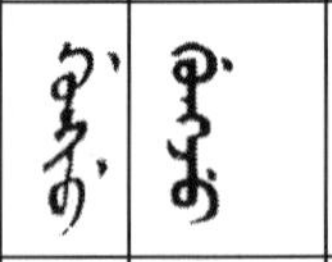 | | gungju | |
| 31 | 向下 | 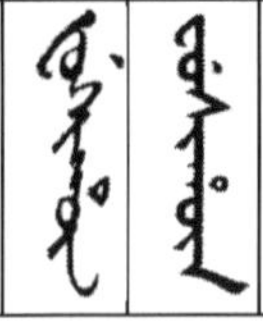 | | fusihūn | | 32 | 可 | 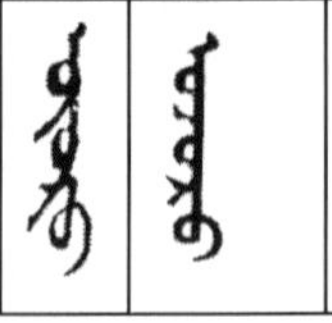 | | ojoro | |

| 順次 | 漢文 | 錫伯文 | 規範滿文 | 羅馬拼音 | 備註 | 順次 | 漢文 | 錫伯文 | 規範滿文 | 羅馬拼音 | 備註 |
|---|---|---|---|---|---|---|---|---|---|---|---|
| 33 | 雞蛋 | 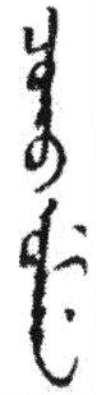 | 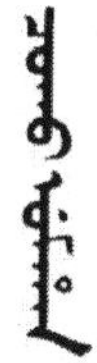 | coko umgan / coko umhan | | 34 | 器械 | 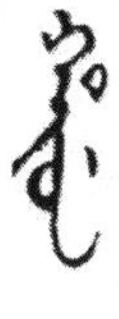 | 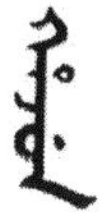 | hajun | |
| 35 | 參拜 | 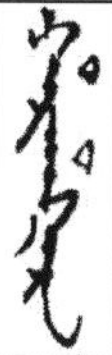 | 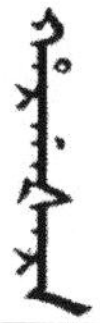 | harhašara/ hargašara | | 36 | 剃頭 | 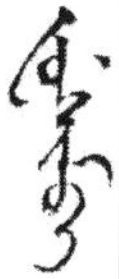 | 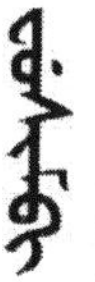 | fusimbi | |
| 37 | 怨恨 | 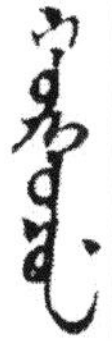 | 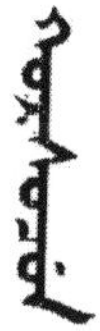 | korsocun | | 38 | 藥 | 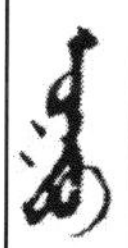 |  | okto | |
| 39 | 雲 | 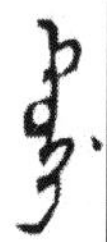 | 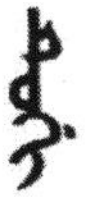 | tugi | | 40 | 扁担 | 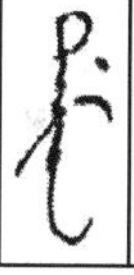 | 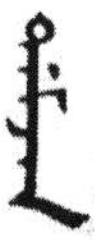 | damjan | |

資料來源：錫伯文《西遊記》，1989 年 9 月，烏魯木齊新疆人民出版社；安雙成主編《滿漢大辭典》，遼寧民族出版社，2018 年 5 月。

由前列簡表所列詞彙，可知錫伯文與規範滿文的讀音，基本相同。西遷錫伯族對滿文的傳承，作出了非常重要的貢獻。例如表中「細小」，錫伯文、規範滿文俱讀作“ajige”；「頭」，讀作“uju”；「是」，讀作“je”；「落下來」，讀作“tuhenjimbi”；「下面」，讀作“fejile”；「稍微」，讀作

“majige”；「正在」，讀作“jing”；「拿來」，讀作“gaji”；「令拿」，讀作“gaju”。錫伯文在讀音上，與規範滿文，並無不同。然而在書寫筆順上，卻稍有差異。熟悉錫伯文的書寫筆順，有助於培養閱讀錫伯文《西遊記》的能力。

前列簡表中，有些詞彙，在讀音上，稍有差異。例如，「責罵」，錫伯文讀作“tombi”，規範滿文讀作“toombi”；「雞蛋」，錫伯文讀作“coko umgan”，規範滿文讀作“coko umhan”。規範滿文“umgan”，意即「骨髓」。表中「參拜」，錫伯文讀作“harhašara”，規範滿文讀作“hargašara”。對照滿漢文，判斷文義，可以迎刃而解。

《西遊記》流傳的各種鈔本，其文字大同小異，對照錫伯文《西遊記》，是一種不可忽視的問題。可以漢文本《西遊記》卷四，第九十三回〈給孤園問古談因：天竺國朝王遇偶〉為例，說明錫伯文《西遊記》的繙譯問題。譬如：「眾僧撲掌道：昨晚不曾防禦，今夜都駕雲去了。」譯文讀作“geren hūwašasa gala be giogin arafi hendume, sikse yamji umai seremšehe akū ofi, dobori tugi de tefi genehebi.”意即「衆僧合掌道：昨晚因不當心，坐夜雲去了。」「叫此大户人家，俱治辦三牲花果。」譯文讀作“bayan boigon i urse gemu sunja ergengge be wafi, hacin hacin i tubihe dobofi.”意即「富户人家俱殺五牲，供各式果子。」「忽見座高山。」譯文讀作“emu inenggi holkonde, den alin be sabufi.”意即「一日，忽見高山。」「還不知到靈山有多少路哩。」譯文讀作“te geli udu ba bisire be sarakū”意即「如今又不知有幾里？」句中“sarakū"，當作“sarkū”。「行者道：師父你好是又把烏巢禪師心經忘記了。」

譯文讀作“hing je hendume, sefu si geli u coo can ši i ging be onggoho.”意即「行者道：師父你又把烏巢禪師之經忘記了。」句中「心經」，未譯。「三藏道：般若心經，我那一日不念，顛倒也念得來，怎會忘得？」譯文讀作“tang seng hendume, tere ging serengge mini beye de etuhe etuku, buda jetere bo ioi adali, u coo can si ci fakcaha ci ebsi, hūlarakū inenggi, gūnirku erin akū, fudarame hūlaci hono bahanambi, ainu onggoho sembi.”意即「唐僧道：那部經就像我身上穿的衣服，吃飯的缽盂，自從告別烏巢禅師以來，無日不誦，無時不念，顛倒也會念，怎麼會忘記？」「般若心經」、「靈山」，未譯，滿、漢文意，詳略不同。「師徒們說著話，卻倒也走過幾個山岡，路旁早見一座大寺，那山門匾上，大書著「布金禪寺」四字。」譯文讀作“sefu šabi tuttu gisureme tutala yabuha bici, geli emu amba sy sabumbi, tang seng hendume, u kung juleri sabure sy ai sy biheni, si tuwa, hing je tuwaci, bu gin can sy, ba giyei hendume, tere uthai bu gin can sy kai.”意即「師徒們那樣說著話，走了許多路，又見一座大寺。唐僧道：悟空，前面看見的寺，是什麼寺呢？你看。行者看見是「布金禪寺」。八戒道：那就是「布金禪寺」啊！「眾僧道：我這山喚做百脚山。」譯文讀作“geren hūwašasa hendume, meni ere alin i gebu giyoo san.”意即「眾僧道：我們這山喚做脚山。」句中脫落「百」字。「三藏急轉身，見一個老和尚，手持竹杖。」譯文讀作“tang seng donjifi uthai marifi tuwaci, geren hūwašan sa galade cuse mooi teifun jafafi.”意即「唐僧聽後，就轉身，見眾僧們手持竹杖。」並非一個老和尚。「問道：唐

王在於何處？」譯文讀作“fonjime, sefu tang gurun i ba aibide bi.”意即「問道：師父，大唐在於何處？」

「三藏忻然要走，只見擺上齋來，遂與驛丞行者等喫了，時已過午。行者道：我同師父上朝去。於是三藏即穿了袈裟，行者拏了引袋同走。只見街坊上士農工商，文人墨客，愚夫俗子，亂紛紛都道看抛綵毬去也。」譯文讀作“tang seng urgunjeme geneki serede, buda benjire jakade, i ceng, hing je i emgi jekei meihe erin dulefi morin erin oho, tang seng hendume, bi te geneci acambi, hing je hendume, bi simbe dahame geneki, ba giyei geli bi geneki serede, ša seng hendume, jacin age angga, dere banjihangge ehe, han i duka de geneci ojorakū, amba age genekini, tang seng hendume, u jing ni gisun mujangga, beliyen i banjihangge asuru ehe, ai ocibe u kung ni banjihangge majige yebe, beliyen ningge oforo tukiyeceme hendume, damu sefu i tele tucibuki, muse ilan nofi banjihangge asuru ilgabure ba akū, tang seng giya ša etufi, hing je bithei fadu jafafi, giyai de isinafi tuwaci, hacin hacin i niyalma gemu isafi bilha dasame hendume, šeolehe muhaliyan maktara be tuwa seme ilifi bisire de.”意即「唐僧忻然要走時，送來齋飯，遂與驛丞、行者一齊喫了，過了巳時，已是午時了。唐僧道：現在我該走了。行者道：我同你去。八戒也想要去。沙僧道：二哥嘴、臉長的醜，不可去國王的殿門，大哥去纔是。唐僧道：悟淨說的是，呆子長的很醜，不管怎樣悟空長的好些。呆子擡着鼻子道：只有師父出眾，我們三人長的無甚差別。唐僧穿了袈裟，行者拿了書包，到了

街坊上，見各式各樣的人都聚集站在那邊紛紛說道：看拋繡毬去。」譯文中八戒、沙僧等人的對話，生動有趣。「那公主纔拈香焚起，祝告天地，左右有五、七十多嬌繡女。」譯文讀作“gungju hiya dabufi abka na de jalbarifi ninju nadanju isire sargan juse dahabume.”意即「公主點香祝禱天地，將近六十、七十女子隨侍。」「五、七十」，譯文作「六、七十」。「常言嫁雞逐雞，嫁犬逐犬。」譯文讀作“julge niyalma i henduhe gisun, coko be gaici coko be dahambi，indahūn be gaici indahūn be dahambi sehebi.”意即「古人說：嫁雞隨雞，嫁犬隨犬。」「哥哥，你怎麼那般喜笑，師父如何不見？」譯文讀作“age ainu uttu injeme urgunjembi, sefu ainu jihekū.”意即「哥哥，為何如此喜笑，師父為何沒來？」。「行者道：師父大喜了。八戒道：喜是何事？譯文讀作“hing je hendume, sefu urgun dosika, ba giyei hendume, jugūn i ten de isinara unde, fucihi de acafi, ging be bahafi amasi bederere geli unde, ai babe isinjiha sembi.”意即「行者道：師父有喜了。八戒道：路尚未到盡頭，亦未見到佛祖取經返回，說有什麼事？」。「三錢銀子，買個老驢。」譯文讀作“ilan jiha de udaha sakda eigen.”句中“eigen”，意即「夫」。「驢」，滿文讀作“eihen”，此作“eigen”，疑誤。對照滿、漢文的內容，或詳略不同，或文意有出入，可以說明滿文譯本，或錫伯文譯本，就是《西遊記》不同的鈔本，或版本。

《西遊記》滿文譯本或錫伯文譯本，文字淺顯易解，查閱譯本，有助於了解漢文的詞義，可舉例列表如後。

# 《西遊記》滿漢文詞義對照表

| 頁次 | 漢文 | 滿文 | 羅馬拼音<br>詞義 | 頁次 | 漢文 | 滿文 | 羅馬拼音<br>詞義 |
|---|---|---|---|---|---|---|---|
| 1 | 清清的 | ᠣᡳᡥᠣᡵᡳᠯᠠᠮᡝ | oihorilame<br>輕忽 | 6 | 祇園 | ᠪᠣᠣᠪᠠᡳ ᠶᠠᡶᠠᠨ | boobai yafan<br>寶園 |
| 2 | 大戶 | ᠪᠠᠶᠠᠨ ᠪᠣᡳᡤᠣᠨ | bayan boigon<br>富戶 | 7 | 山門 | ᠰᡟ | sy<br>寺院 |
| 3 | 撲掌 | ᡤᠠᠯᠠ ᠪᡝ ᡤᡳᠣᡤᡳᠨ ᠠᡵᠠᡶᡳ | gala be giogin arafi<br>合掌 | 8 | 結齋 | ᠪᡠᡩᠠ ᠵᡝᡨᡝᡵᡝ ᡤᡳᠩ | buda jetere ging<br>喫齋飯的經 |
| 4 | 花果 | ᡥᠠᠴᡳᠨ ᡥᠠᠴᡳᠨ ᡳ ᡨᡠᠪᡳᡥᡝ | hacin hacin i tubihe<br>各式各樣的水果 | 9 | 荒山 | ᠰᡟ | sy<br>寺院 |
| 5 | 祇樹 | ᠪᠣᠣᠪᠠᡳ ᠮᠣᠣ | boobai moo<br>寶樹 | 10 | 引袋 | ᠪᡳᡨᡥᡝᡳ ᡶᠠᡩᡠ | bithei fadu<br>書包 |

| 頁次 | 漢文 | 滿文 | 羅馬拼音 詞義 | 頁次 | 漢文 | 滿文 | 羅馬拼音 詞義 |
|---|---|---|---|---|---|---|---|
| 11 | 十字街頭 | 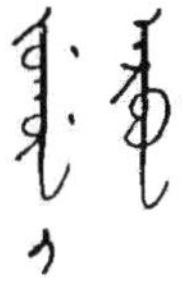 | jugūn i arbun 十字路口 | 17 | 樹頭 | 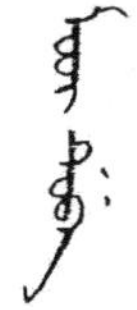 | mooi dube 樹梢 |
| 12 | 風俗 | 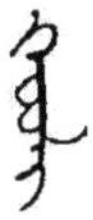 | kooli 定例 | 18 | 東向 | 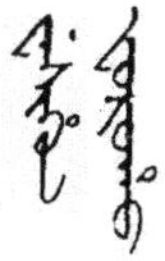 | wesihun foroho 向東 |
| 13 | 拈香 | 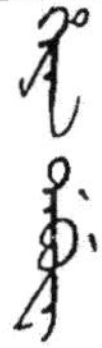 | hiyan dabufi 點香 | 19 | 多官 | 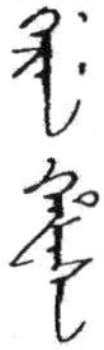 | geren hafasa 眾官 |
| 14 | 黃門官 | 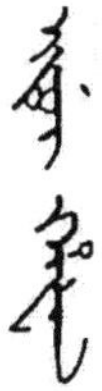 | idui hafan 值班官 | 20 | 東 | 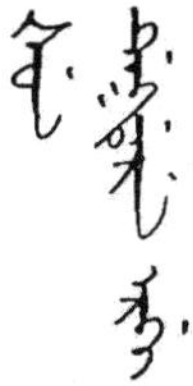 | šun dekdere ergi 太陽升起的方向 |
| 15 | 伶俐 | 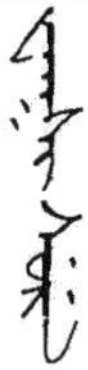 | faksi sure 靈巧聰明 | 21 | 造業 | 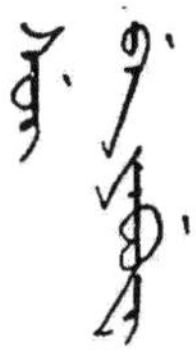 | sui be yabufi 造罪孽 |
| 16 | 宵漢 | 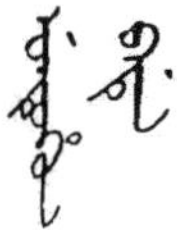 | untuhun bade 空中 | 22 | 掯勒 | 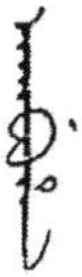 | akabuha 留難 |

資料來源：錫伯文《西遊記》，烏魯木齊，新疆人民出版社，1992年7月。

《西遊記》第九十三回〈給孤園問古談因：天竺國朝王遇偶〉敘述寺僧不見了三藏，「清清的把個活菩薩放去了」句中「清清的」滿文讀作“oihorilame”，意即「輕忽」。「只見有幾個大户來請」句中「大户」，滿文讀作“bayan boigon”，意即「富户」。「眾僧撲掌道：昨夜都駕雲去了」句中「撲掌」，滿文讀作“gala be giogin arafi”，意即「合掌」。「治辦三牲、花果，往生祠祭獻酬恩」句中「花果」，滿文讀作“hacin hacin i tubihe”，意即「各式各樣水果」。「經典上說，佛在舍衛城，祇樹給孤園」句中「祇樹」，滿文讀作“boobai moo”意即「寶樹」。「給孤獨長者聽說，隨時以黃金為磚，滿布園地，買得太子祇園」句中「祇園」，滿文讀作“boobai yafan”，意即「寶園」。「三藏纔下馬來，進山門」句中「山門」滿文讀作“sy”意即「寺院」。「三藏念了結齋」句中「結齋」，滿文讀作“buda jetere ging”，意即「喫齋飯的經」。「我荒山原是長者之祇園」句中「荒山」滿文讀作“sy”，意即「寺院」。「三藏即穿了袈裟，行者拏了引袋同走」句中「引袋」，滿文讀作“bithei fadu”，意即「書包」。「公主娘娘年登二十青春，正在十字街頭高結綵樓」句中「十字街頭」，滿文讀作“jugūn i arbun”，意即「十字路口」，“arbun”，是「十」的蒙文“arban”音譯。十字路口，新疆人民出版社出版《錫漢會話》(sibe nikan gisun tacire bithe) 讀作“duin giyai angga”，意即「四街口」此作“jugūn i arbun”異。「拋打繡毬，巧遇姻緣，結了夫婦，此處版亦有此等風俗。」句中「風俗」，滿文或讀作“an kooli”，或讀作“an i tacin”，此作“kooli”，意即「定例」。「那公主纔拈香焚起，祝告天地」句中「拈香」，滿文讀作“hiyan dabufi”，意即「點香」。「回轉朝門，早有黃門官先奏」句中「黃門官」，滿文讀作“idui hafan”，意即「值班官」。

《西遊記》第一百回〈徑回東土·五聖成真〉，「這裡人伶俐」，句中「伶俐」，滿文讀作“faksi sure”，意即「靈巧聰明」。「我在宵漢中等你」句中「宵漢」，滿文讀作“untuhun bade”，意即「空中」。「昨夜未曾刮風，如何這樹頭都扭過來了」句中「樹頭」，滿文讀作“mooi dube”，意即「樹梢」，或「樹木的末尾枝尖」。「但看松樹枝頭東向，我即回矣」句中「東向」，滿文讀作“wesihun foroho”，意即「向東」。「東」，滿文讀作“dergi”，此作“šun dekdere ergi”，意即「太陽升起的方向」。「自東方」，滿文讀作“dergi ergici”，「向東」，滿文讀作“wesihun”。「西」，滿文讀作“wargi”；「向西」，滿文讀作“wasihūn”。「太宗即令多官」句中「多官」滿文讀作“geren hafasa”，意即「眾官」，或「諸位官員們」。「傷生喫人造業」句中「造業」，滿文讀作“sui be yabufi”，意即「造罪孽」。「你還念甚麼緊箍咒兒掯勒我」句中「掯勒」，滿文讀作“akabuha”，意即「留難」，或「刁難」。從表中所列滿、漢文詞彙，可以說明《西遊記》滿文譯本，或錫伯文鈔本中有頗多詞彙，通過繙譯，有助於了解漢文詞彙的涵義。《西遊記》因有滿文譯本的問世，使玄奘取經的故事流傳更廣。對滿洲語文的學習，也提供了珍貴的教材。本書輯錄錫伯文《西遊記》唐僧玄奘師徒西行取經部分內容，編為三十一個篇目，轉寫羅馬拼音，譯注漢文，題為《玄奘之路：《西遊記》滿文譯本選讀》，對於初學滿文者，確實可以提供一定的參考價值。疏漏之處，尚祈讀者不吝教正。

**莊 吉 發** 謹識

二〇二〇年五月

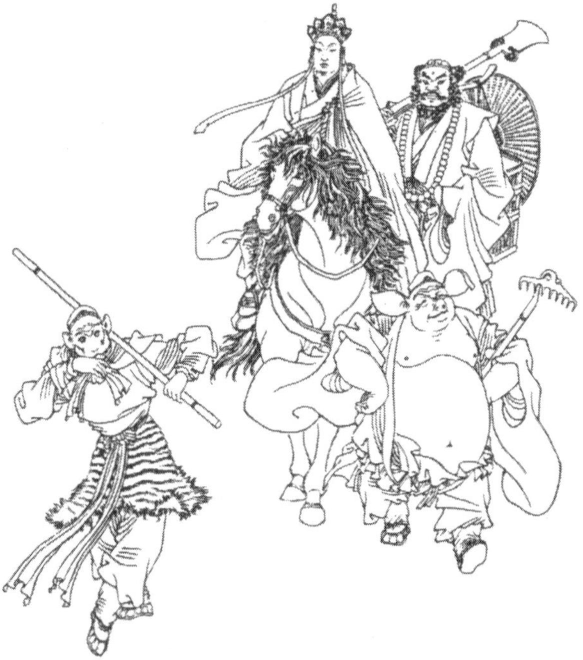

# 一、西天路遠

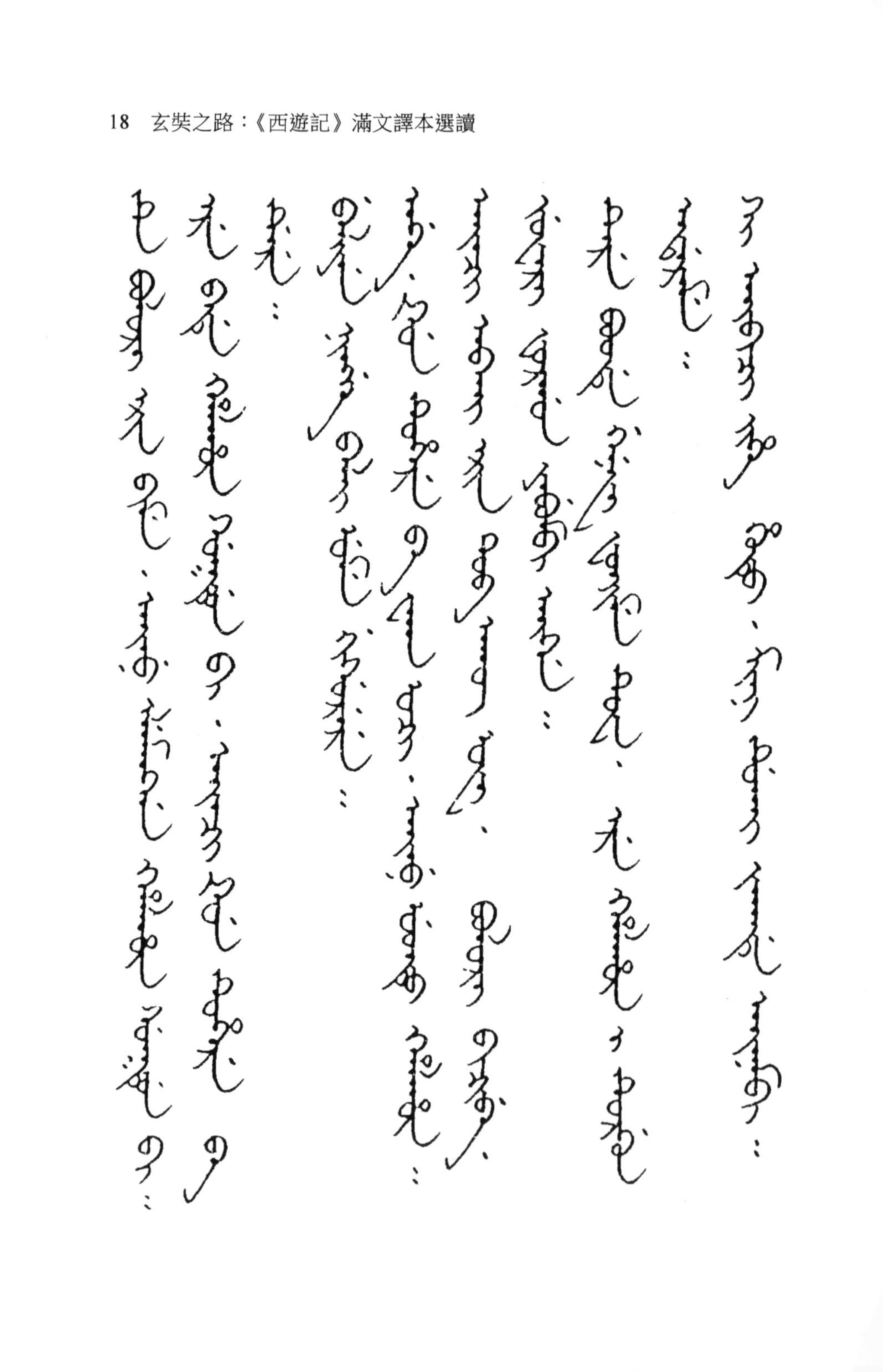

te bolori erin bime, ainu elemangga halhūn sukdun bi.
ere bade halhūn sukdun bi, ainci šun tuhere ba dere.
beliyen ningge balai ume gisurere.
age, šun tuhere ba waka oci, ainu uttu halhūn.
ainci abkai erin tob akū ofi, bolori bicibe, juwari forgon yabumbi aise.
tere boode genefi fonjime tuwa, ere halhūn i turgun adarame.
si aibici jihe hutu, mini dukai jakade ainambi.

---

如今正是秋天，卻怎反有熱氣？
此地有熱氣，想必到了日落之處。
獃子莫亂談。
哥哥，不是日落之處，為何這等酷熱？
想是天時不正，秋行夏令之故。
去那人家問看看，那熱氣的緣故是什麼？
你是哪裡來的妖怪，在我門首何幹？

---

如今正是秋天，却怎反有热气？
此地有热气，想必到了日落之处。
呆子莫乱谈。
哥哥，不是日落之处，为何这等酷热？
想是天时不正，秋行夏令之故。
去那人家问看看，那热气的缘故是什么？
你是哪里来的妖怪，在我门首何干？

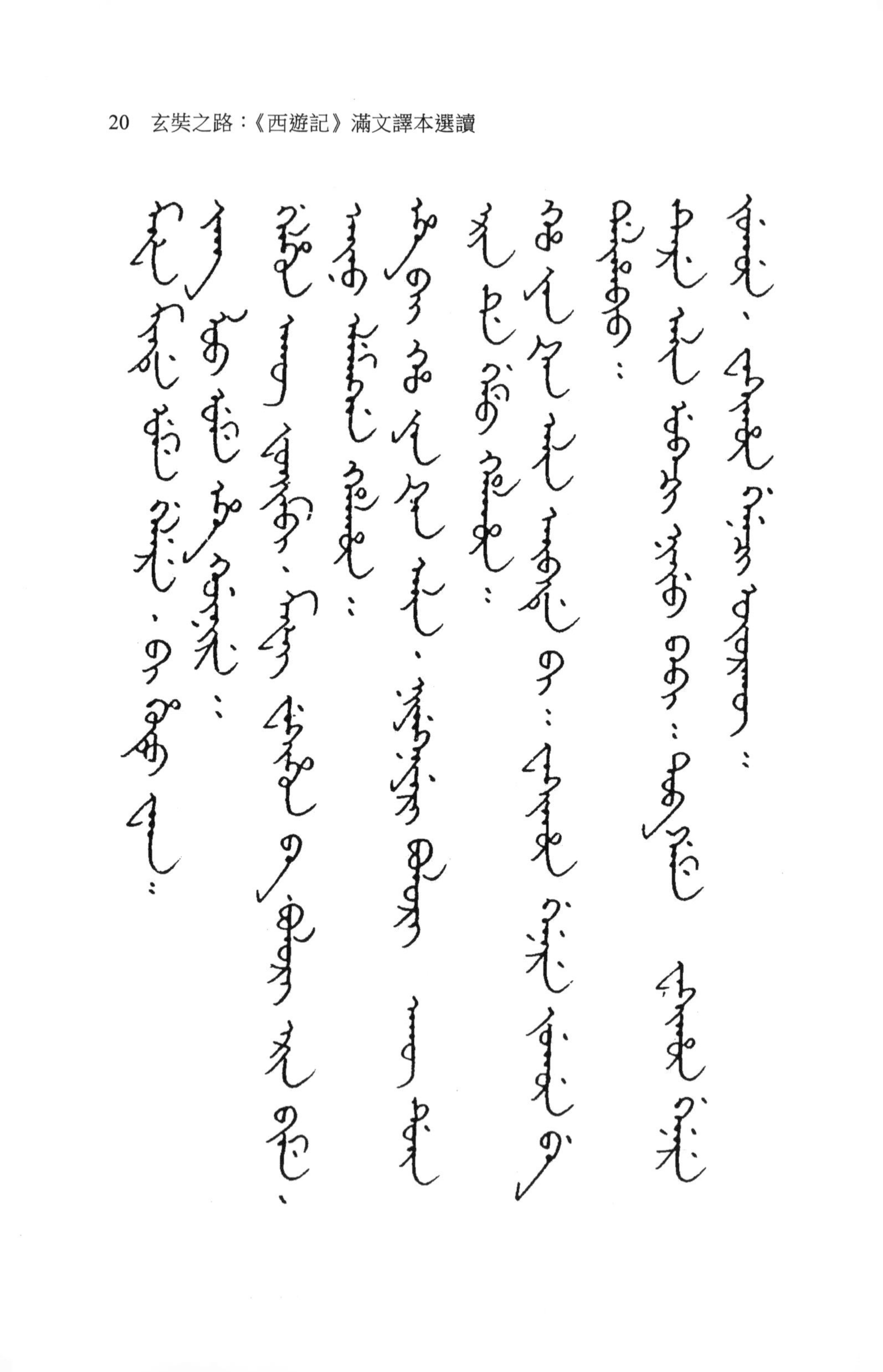

[illegible]

mafa minde ume gelere, bi hutu waka.
jang loo ume ehe gūnire.
gelhun akū fonjimbi, mafai wesihun ba bolori erin bime, ainu elemangga halhūn.
ehe bai ho yan šan alin, niyengniyeri bolori akū duin erin de gemu halhūn.
ho yan šan alin aibide bi. wasihūn genere jugūn be dalihabio.
tere alin ubaci ninju babi. tob seme wasihūn genere jugūn, wasihūn geneci ojorakū.

---

老施主休怕我，我不是妖怪。
長老勿罪。
敢問，公公貴處遇秋,何反炎熱？
敝地喚做火焰山，無春無秋，四季皆熱。
火焰山在哪邊？可阻西去之路？
那山離此六十里遠，正是西方必由之路，西方去不得。

---

老施主休怕我，我不是妖怪。
长老勿罪。
敢问，公公贵处遇秋,何反炎热？
敝地唤做火焰山，无春无秋，四季皆热。
火焰山在哪边？可阻西去之路？
那山离此六十里远，正是西方必由之路，西方去不得。

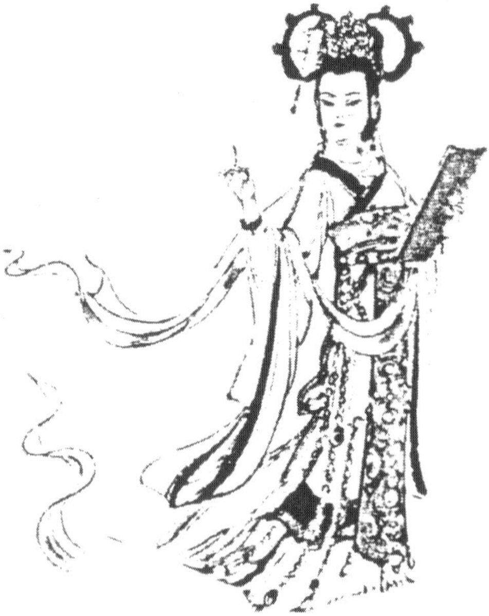

# 二、鐵扇公主

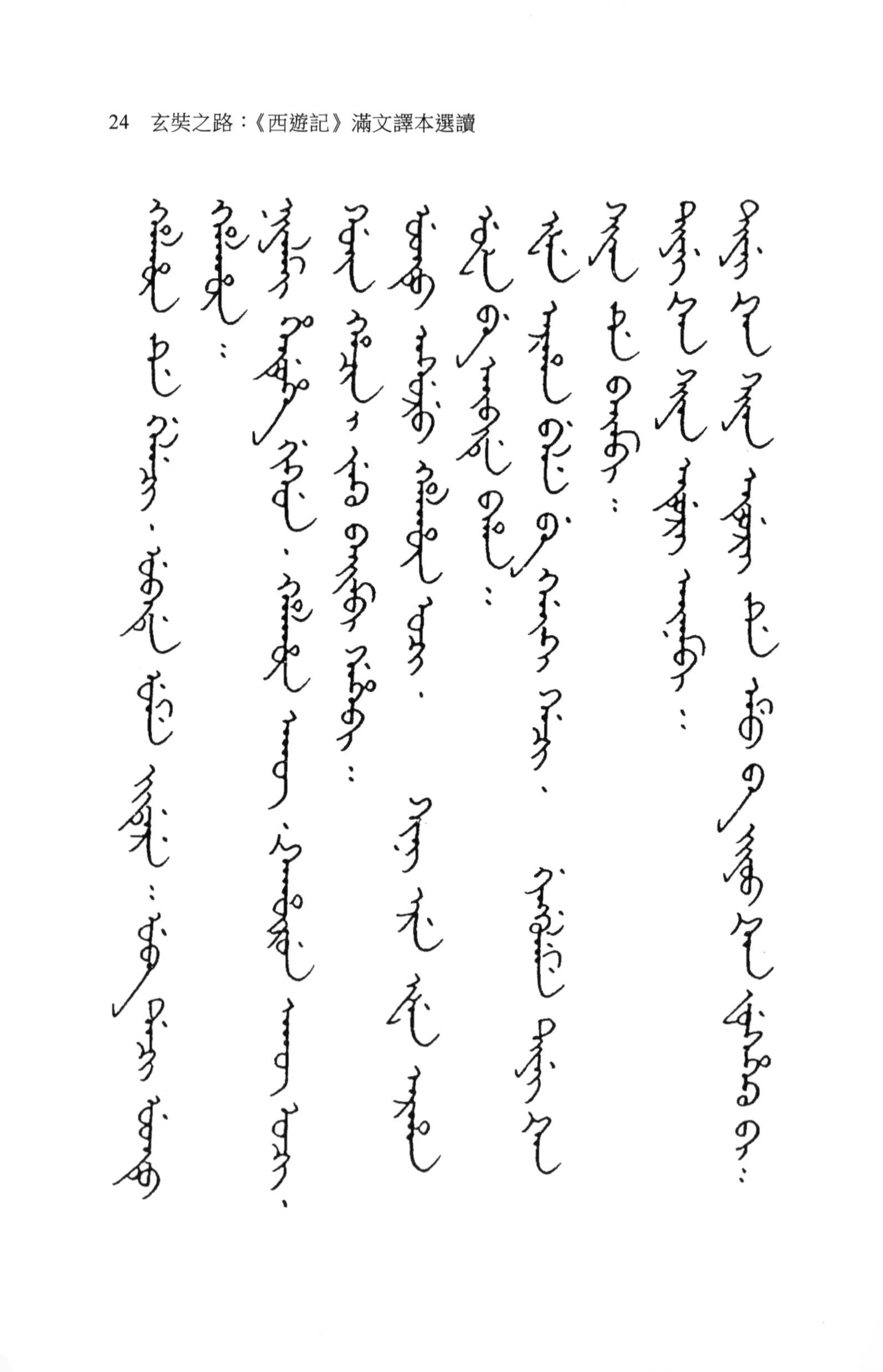

[illegible]

[illegible]

[illegible]

[illegible]

[illegible]

[illegible]

[illegible]

[illegible]

halhūn de geleci, ubade ume jidere. uba daci uttu halhūn.
niyalmai henduhe gisun, halhūn akū, šahūrun akū oci,
sunja hacin i jeku banjimbi sehebi.
uttu asuru halhūn oci, sini ere efen araha ufa be aibide baha.
efen araha bele be gaiki seci, gingguleme tiyei šan siyan de baimbi.
tiyei šan siyan enduri ainambi.
tiyei šan siyan enduri de emu ba jiyoo šan fusheku bi.

---

怕熱莫來這裡，這裡向來是這等熱。
常言道：不冷不熱，結五穀。
這等熱得很，你這糕粉自何而來？
若要糕粉米，敬求鐵扇仙。
鐵扇仙怎的？
鐵扇仙有柄芭蕉扇。

---

怕热莫来这里，这里向来是这等热。
常言道：不冷不热，结五谷。
这等热得很，你这糕粉自何而来？
若要糕粉米，敬求铁扇仙。
铁扇仙怎的？
铁扇仙有柄芭蕉扇。

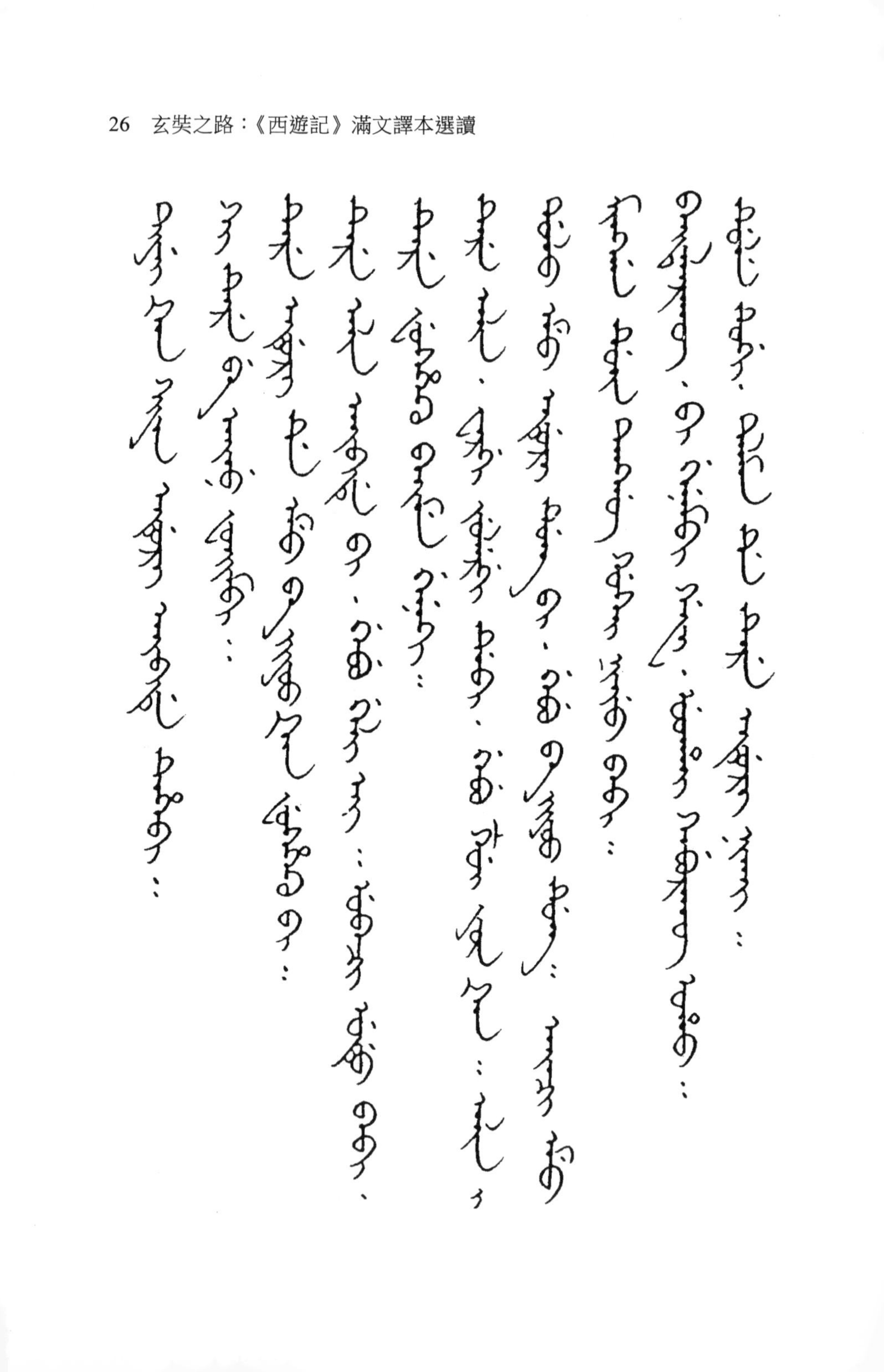

[illegible]

[illegible]

[illegible]

[illegible]

[illegible]

[illegible]

[illegible]

[illegible]

[illegible]

[illegible]

tiyei šan siyan enduri aibide tehebi.
si tere be ainu fonjimbi.
tere enduri de emu ba jiyoo šan fusheku bi.
tere alin aibide bi, gebu geli ai. ubaci udu babi, tere fusheku baime geneki.
tere alin, wargi julergi debi, gebu ts'ui yūn šan. alin i dolo emu enduri dung bi, gebu ba jiyoo dung. ainci emu minggan duin tanggū susai ninju babi.
baitalarakū, bi genembi sefi, uthai saburakū oho.
dule tugi, talman de tere enduri nikai.

---

鐵扇仙在哪裡住？
你問他怎的？
那仙有一柄芭蕉扇。
那山坐落何處？又喚甚地名？離此有幾多里數？問他要扇子去。
那山在西南方，名喚翠雲山，山中有一個仙洞，名喚芭蕉洞，約莫有一千四百五、六十里。
不打緊，我去也，說一聲忽然不見了。
原來是騰雲駕霧的神仙也。

---

铁扇仙在哪里住？
你问他怎的？
那仙有一柄芭蕉扇。
那山坐落何处？又唤甚地名？离此有几多里数？问他要扇子去。
那山在西南方，名唤翠云山，山中有一个仙洞，名唤芭蕉洞，约莫有一千四百五、六十里。
不打紧，我去也，说一声忽然不见了。
原来是腾云驾雾的神仙也。

ᠪᡝᠶᡝ ᡳ ᡶᡠᠯᡤᡳᠶᠠᠨ ᡩᠣᡵᠣ ᠵᠠᠯᠠᠨ ᠪᡝ ᠠᠯᡳᡥᠠ ::
ᡝᡵᡝ ᠪᡝ ᠰᡝᡵᡝ ᡤᡳᠰᡠᡵᡝᡥᡝ ::
ᠰᡳ ᡤᡝᠯᡝᡥᡝ ᠴᡳᡥᠠᡳ ᡤᡝᠰᡝ ᡝᡵᡝ ᠰᡝᠮᠪᡳ ::
ᠰᡝᠮᠪᡳ ::
ᠪᡠᠰᡝ ᡠᠵᡠ ᡩᠣᠣ ᠪᡝ ᡤᡳᠰᡠᠨ ᡩᡝ ᠪᡳ ᠰᡝᠮᡝ ᠵᠠᠯᠠᠨ ᡳ ᠰᡝᡵᡝᠩᡤᡝ ᠪᡳ ::
ᠪᡝ ᠰᡝᠮᡝ ᡩᠣᡵᠣ ᡤᡳᠰᡠᠨ ᠪᡳᡥᡝ᠈ ᠰᡝᠮᡝ ᡤᡝᠰᡝ ᡝᡵᡝ ᡝᠯᡝ ᠰᡝᠮᡝ
ᡝᠮᡠ :: ᡠᠰᡳᠨ ᡠᠵᡠ ᠰᡝᠮᡝ ᡤᡝᠰᡝ ᡤᡝᡵᡝᠨ ᠰᡳ ᠪᡳᠰᡳ ᠪᡝ ᡤᡳᠰᡠᠨ ᠪᡳ ᠠᡳ ᠪᡳ ::
ᠰᡝᡵᡝ ᡤᡳᠰᡠᡵᡝᡵᡝ᠈ ᡩᠣᡵᡳ ᡠᠵᡠ ᠪᡝ ᠰᡝᠮᡝ ᡤᡝᠰᡝ ᡶᡠᠴᡳᡥᡳ ᠪᡝ᠈ ᡤᡝᠮᡠ
ᡝᡵᡝ ᡤᡝᠰᡝ ᡝᡵᡝᠨ ᡳ ᡩᡝᡵᡤᡳ ᠪᡝ ᡶᡠᠴᡳᡥᡳ ᠰᡠᠨᠵᠠ ᡤᡳᠰᡠᡵᡝᡵᡝ ᡤᡳᠰᡠᡵᡝᠮᠪᡳ ::
ᠰᡝᠮᠪᡳ ::

bujan i dolo emu niyalma moo sacimbi.
jang loo absi genembi.
ere uthai ts'ui yūn šan alin inuo.
inu.
emu tiyei šan siyan enduri tehe ba jiyoo dung aibide bi.
ba jiyoo dung udu bicibe, tiyei šan siyan sere enduri akū. damu emu tiyei šan gung ju bi. gebu lo ca nioi.
niyalma gisureci, tede emu ba jiyoo šan fusheku bi, ho yan šan alin i tuwa be fusheme mutembi serengge mujanggo.
inu.

---

山林內一個人伐木。
長老何往？
這可是翠雲山？
正是。
有個鐵扇仙住的芭蕉洞在何處？
這芭蕉洞雖有，卻無個鐵扇仙，只有個鐵扇公主，又名羅剎女。
有人說，他有一把芭蕉扇，能搧熄火焰山的火，真的嗎？
正是。

---

山林内一个人伐木。
长老何往？
这可是翠云山？
正是。
有个铁扇仙住的芭蕉洞在何处？
这芭蕉洞虽有，却无个铁扇仙，只有个铁扇公主，又名罗刹女。
有人说，他有一把芭蕉扇，能搧熄火焰山的火，真的吗？
正是。

ᡨᡝᡵᡝ ᡤᡝᠮᡠ ᡩᡝ ᠪᠣᠴᠣ ᠪᡝ᠉ ᡨᡠᡵᡤᡠᠨ ᠪᡝ ᠪᡠᡵᡝᠨ ᡝᡵᡩᡝᠮᡠ ᡤᡳᠰᡠᠨ᠉

ᠮᡝᠨᡳ ᡤᡝᠮᡠ ᡤᡳᠰᡠᠨ ᡨᡝ ᠰᡝ ᠪᡝᡨᡝ᠈ ᠰᡝᠮᡝ ᠪᡝᡨᡝ ᡨᡝᡵᡝ ᡩᡝ᠉

ᠰᡝᠨ ᡨᡝ ᠪᡝ ᠴᡳ ᡥᡡᠸᠠᡧᠠᠨ᠉ ᠪᠣ ᡨᡝᠨ᠉ ᠪᡝ ᡥᡡᠸᠠᠰᡠᠨ ᡨᡠᠮᡝᠨ᠉

ᠪᡝ ᡨᡝᠪᡝ ᠪᡠᡩᡝᠮᡝ ᠰᡠᠰᡠ ᠪᡝᠯᡝᠮᡝ᠈ ᠪᡠᠮᡝ ᠴᡳ ᠪᡠᠨᡳ ᠪᡠᡩᡝᡥᡝ᠉

ᠪᡝ ᠰᡝ ᡨᡝᠪᡝ ᡩᡝ ᠪᡝᠨᡝᡥᡝ ᠪᡝᠪᡝ ᠰᡠᠰᡠ ᠪᡝᠨᡝᡥᡝ ᠴᡳ ᠪᡝᠨᡝᡥᡝ᠉

ᡥᡡᠸᠠᡧᠠᠨ᠈ ᠰᡝ ᠰᡝ ᠪᡝᠨᡳ ᠰᡝᠪᡝᠨ᠈ ᠪᡝ ᡥᡡᠸᠠᡧᠠᠨ ᠰᡠᠸᠠᠪᠠ ᠪᡝ᠉

ᠪᡝᠰᡝᠪᡝ᠈ ᠪᡠᡨᡠ ᡤᡳᠰᡠᠨ ᠪᡝ ᠪᡝᠰᡝᠪᡝ ᠪᡝᡨᡝᠪᡝ᠈ ᠪᡝᠰᡝᠪᡝ ᡤᡝᠮᡠ᠉

ᡤᡝᠮᡠ ᡨᡝ ᠪᡝ ᡤᡝᠨᡝᡥᡝ ᠪᡝ᠉

ᠪᡳᠨ᠈ ᡤᡳᠯᡳᠨ ᡤᡝᠮᡠ ᡤᡳᠯᡳᠨ ᠨᡳᠶᠠᠯᠮᠠᠪᡝ᠉

ᠴᡳᠨ ᠨᡳᠶᠠᠯᠮᠠ ᠪᡳᠨ᠈ ᠨᡳᠶᠠᠯᠮᠠ ᠰᡠᠸᠠᡥᡝᠨ ᡩᡝ ᠴᡳ ᡤᡝᠮᡠ ᡤᡳᠰᡠᠨ᠉

ere enduri de emu boobai bi. tuwa be mukiyebure mangga.
ajige sargan jui si dosifi, sini gungju de ala.
si ya sy i hūwašan. gebu ai. bi dosifi alaki.
bi dergi gurun ci jihengge, gebu sun u kung hūwašan.
dung ni tule emu dergi gurun ci jihe sun u kung hūwašan, nai nai de acafi, ba jiyoo šan fusheku be baifi, ho yan šan be debsifi duleki sembi.
sun u kung aibide bi.
aša, sakda sun sinde canjurambi
we sini aša, sini canjurara be we alime gaimbi.

---

此仙有個寶貝，善熄火。
小女童累你進去轉報你的公主。
你是哪個寺的和尚？叫甚名字？我好進去通報。
我是從東土來的，名叫孫悟空和尚。
洞外有個東土來的孫悟空和尚，要見奶奶，拜求芭蕉扇，搧火焰山過去。
孫悟空何在？
嫂嫂，老孫在此奉揖。
誰是你的嫂嫂？哪個要你奉揖？

---

此仙有个宝贝，善熄火。
小女童累你进去转报你的公主。
你是哪个寺的和尚？叫甚名字？我好进去通报。
我是从东土来的，名叫孙悟空和尚。
洞外有个东土来的孙悟空和尚，要见奶奶，拜求芭蕉扇，搧火焰山过去。
孙悟空何在？
嫂嫂，老孙在此奉揖。
谁是你的嫂嫂？哪个要你奉揖？

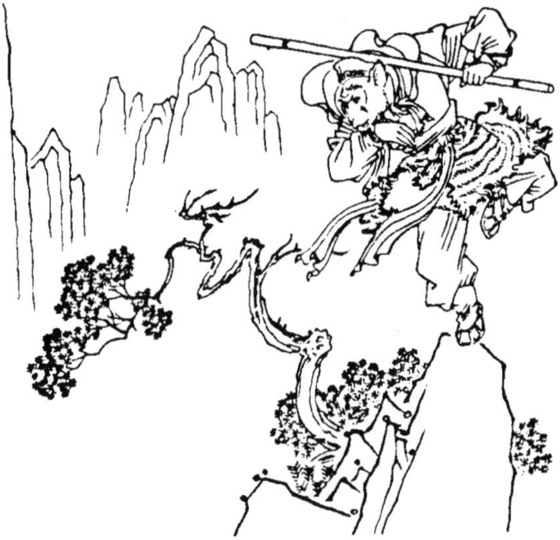

# 三、行者借扇

ᠮᡳᠨᡳ ᡩᡝᡵᡤᡳ ᡤᡳᠰᡠᠨ ᠪᡝ᠈ ᡳ ᡩᡝᡵᡳᠪᡠᡥᡝ ᠪᡝ ᠰᡝᠮᠪᡳ᠉ ᡤᡝᠮᡠ ᡩᡝᡵᡤᡳ ᠪᡝᠶᡝ᠉

ᠪᡝᠶᡝ ᡩᡝᠪᠰᡳᡥᡠᠨ ᠪᡝᡳ ᠪᡝ ᠰᠠᡳᠨ ᡝᡵᡩᡝᠮᡠ ᠪᡝ ᠠᡳᠰᡳᠯᠠᠮᡝ᠉ ᡩᠠᡵᡤᠠᠨ ᠪᡝ ᡨᡠᠸᠠᠮᡝ᠉

ᡥᡡᠸᠠᠯᡳᠶᠠᠰᡠᠨ ᠪᡝᠶᡝ ᠰᡝᡵᡝᠩᡤᡝ ᡤᡠᠨᡳᠨ ᡳᠰᡳᠮᠪᡳ᠉

ᠮᡝᠨᡝᡴᡝᠨ ᠪᡳᠶᠠᠨ ᠪᡝ᠈ ᡤᡠᠨᡳᠨ ᡝᡵᡝᠮᡝ ᠪᡝ ᡳ ᠪᡝ ᡝᡨᡝᠮᠪᡳ᠉

ᠪᡝ ᠴᠣᠣᡥᠠ ᡳ ᠪᡝᡳ ᠪᡝ ᠪᡝᡳᡩᡝ ᡠᡥᡝᡳ ᡤᡳᠰᡠᠨ ᠪᡳ

ᡨᡠᠸᠠᠮᡝ ᠪᡳᡥᡝ᠈ ᡝᡨᡠᠮᡝ ᡳᠨᡝᠩᡤᡳ ᠮᡝᠨᡝᡴᡝᠨ᠈ ᠮᡝᠨᡝᡴᡝᠨ ᠪᡝ

ᡝᡩᡝ ᠮᡝᠩᡤᡝ᠈ ᡤᡠᠨᡳᠨ ᠪᡝ ᡤᡝᠮᡠ ᡳᠨᡝᠩᡤᡳ᠈

ᡥᡝᠰᡝ ᠪᡝ ᡝᠨᡩᡠᡵᡳ᠈ ᠮᡝᠨᡝᡴᡝᠨ ᠪᡝ ᠪᡝ ᠰᡝᠮᠪᡳ᠉

ᡳᠰᡝᡵᡝ ᠪᡝᡳ᠈ ᠪᡝᡳ ᡝᡵᡝ ᠰᡝᡵᡝ ᡩᡝᡵᡤᡳ ᡳᡨᡝᠮᠪᡳ᠉

ᠰᡳ ᡩᡝᡵᡝ ᡩᡝᡵᡝ ᠪᡝ ᠪᡝᡳ ᡩᡝᡵᡤᡳ ᡝᠮᡠ᠉

ji lei šan alin, ya teisu bi. ubaci udu ba.
tondoi julergi de bi. ubaci ilan minggan ba funcembi.
hehe pusa absi genembi.
si aibici jihengge, gelhun akū we be fonjimbi.
bi ts'ui yūn šan alin ci jihengge, wesihun bade teni jihe dahame, jugūn be sarkū ofi, gelhun akū, pusa de fonjiki, ere ji lei šan alin wakao.
inu.
emu mo yūn dung bi sere, tere dung geli ya teisu bini.
si tere dung be baifi ainambi.

---

積雷山坐落何處？離這裡有幾里？
在正南方，離這裡有三千餘里。
女菩薩何往？
你是何方來者，敢問誰？
我是翠雲山來的，初到貴處，因不知路徑，敢問菩薩，此間果是積雷山？
正是。
有個摩雲洞，坐落何處？
你尋那洞做什麼？

---

积雷山坐落何处？离这里有几里？
在正南方，离这里有三千余里。
女菩萨何往？
你是何方来者，敢问谁？
我是翠云山来的，初到贵处，因不知路径，敢问菩萨，此间果是积雷山？
正是。
有个摩云洞，坐落何处？
你寻那洞做什么？

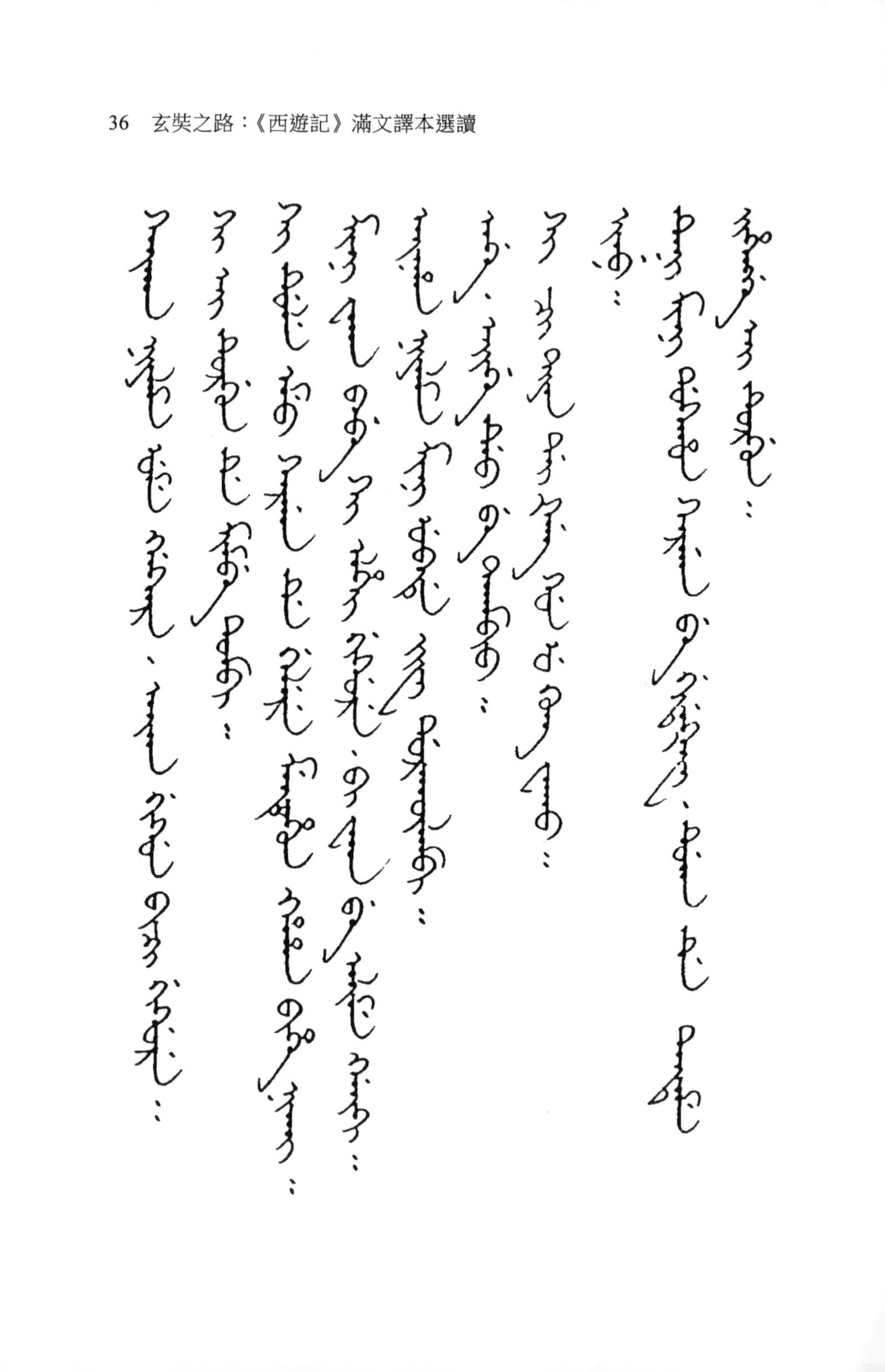

saikan niyalma ume gasara, aika gisun bici gisure.
si ai turgun de mimbe tombi.
si dule emu sargan de gelere mentuhun haha bihe nikai.
mini waka babe si elhei gisure, bi waka be alime gaiki.
ainaha niyalma mini ubade jifi dorakūlambi.
age, ajige deo be takambio.
si ci tiyan dai šeng sun u kung wakao.
inu.
teni mini doshon sargan be gidašafi. duka de tantame jihengge ai turgun.

---

美人休得煩惱，有甚話說？
你為甚事罵我？
你原來是個懼內的庸夫呢！
我有哪些不是處，你且慢慢說來，我與你陪禮。
是誰人在我這裡無狀？
長兄，還認得小弟嗎？
你是齊天大聖孫悟空嗎？
正是。
纔欺我愛妾，打上我門，何也？

---

美人休得烦恼，有甚话说？
你为甚事骂我？
你原来是个惧内的庸夫呢！
我有哪些不是处，你且慢慢说来，我与你陪礼。
是谁人在我这里无状？
长兄，还认得小弟吗？
你是齐天大圣孙悟空吗？
正是。
纔欺我爱妾，打上我门，何也？

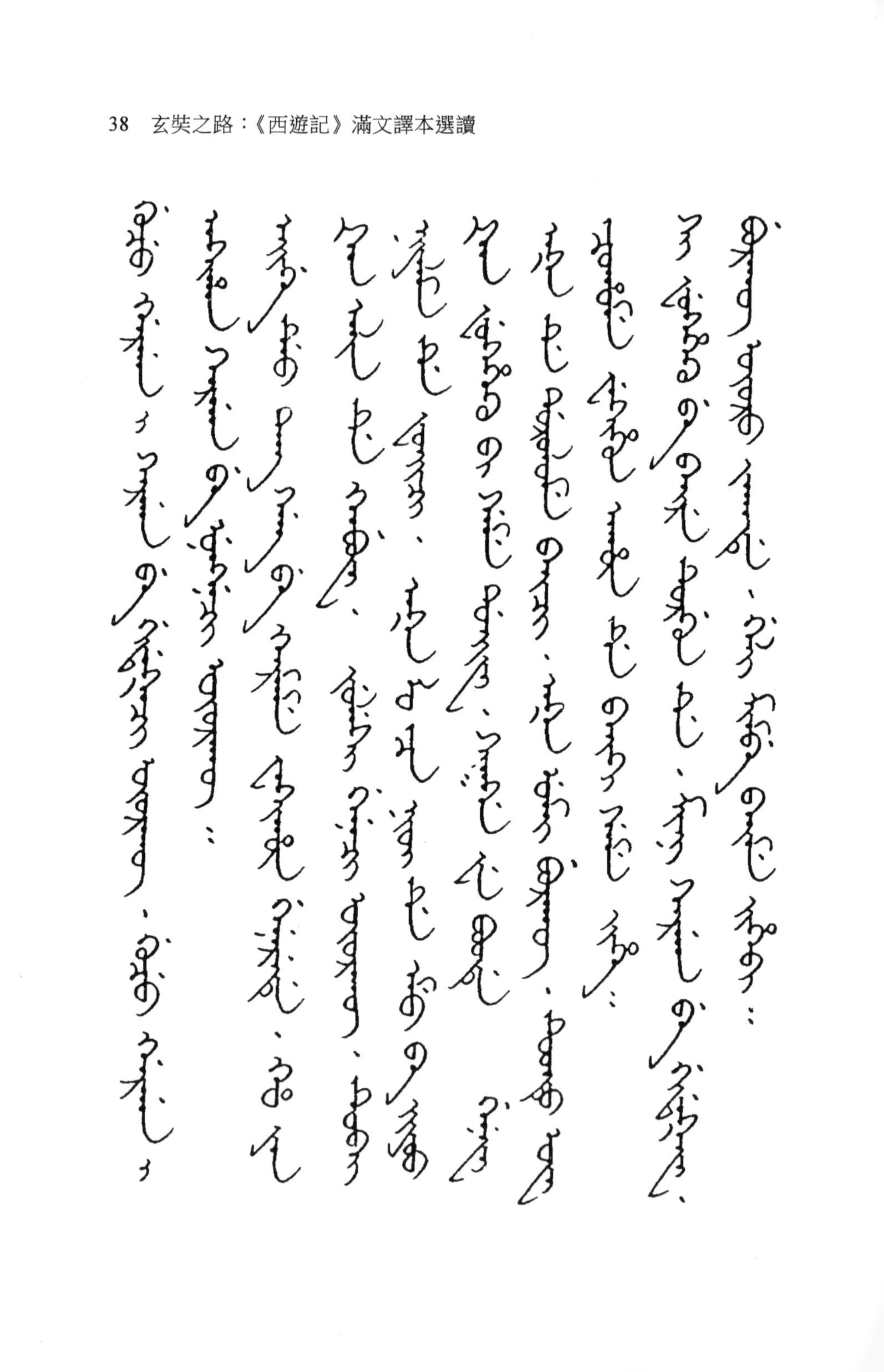

[illegible]

[illegible]

[illegible]

[illegible]

[illegible]

[illegible]

[illegible]

[illegible]

gucu gargan i sargan be gidašaci ojorakū, gucu gargan i asihan sargan be nungneci ojorakū.
ajige deo tang seng be karmame wasihūn generede, ho yan šan alin de kabufi, julesi geneci ojorakū, tubai niyalma de fonjici, aša lo ca nioi de emu ba jiyoo šan fusheku bi seme donjifi, sikse fe boode genefi aša de dorolome baici, aša umai burakū, tuttu ofi cohome wesihun ahūn de baiki seme jihe.
si fusheku be baire turgun de, mini sargan be gidašafi, burakū ojoro jakade, geli mimbe baime jihebi.

---

朋友妻不可欺，朋友妾不可滅[1]。
小弟因保唐僧西進，阻火焰山，不能前進，聞得當地人說，嫂嫂羅刹女有一柄芭蕉扇，昨到舊府，奉拜嫂嫂，欲求一用，嫂嫂不借，是以特來叩求兄長。
你是借扇之故，欺我妻，因為不給，故又來尋我。

---

朋友妻不可欺，朋友妾不可灭。
小弟因保唐僧西进，阻火焰山，不能前进，闻得当地人说，嫂嫂罗刹女有一柄芭蕉扇，昨到旧府，奉拜嫂嫂，欲求一用，嫂嫂不借，是以特来叩求兄长。
你是借扇之故，欺我妻，因为不给，故又来寻我。

---

[1] 朋友妾不可滅，句中「不可滅」，滿文讀作“nungneci ojorakū”，意即「不可招惹」。

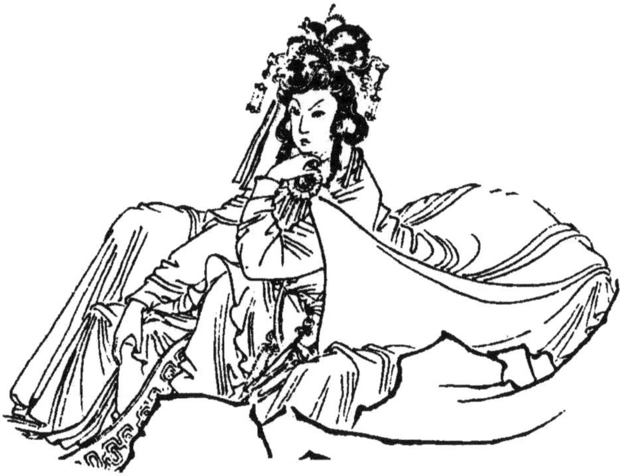

# 四、眞假寶扇

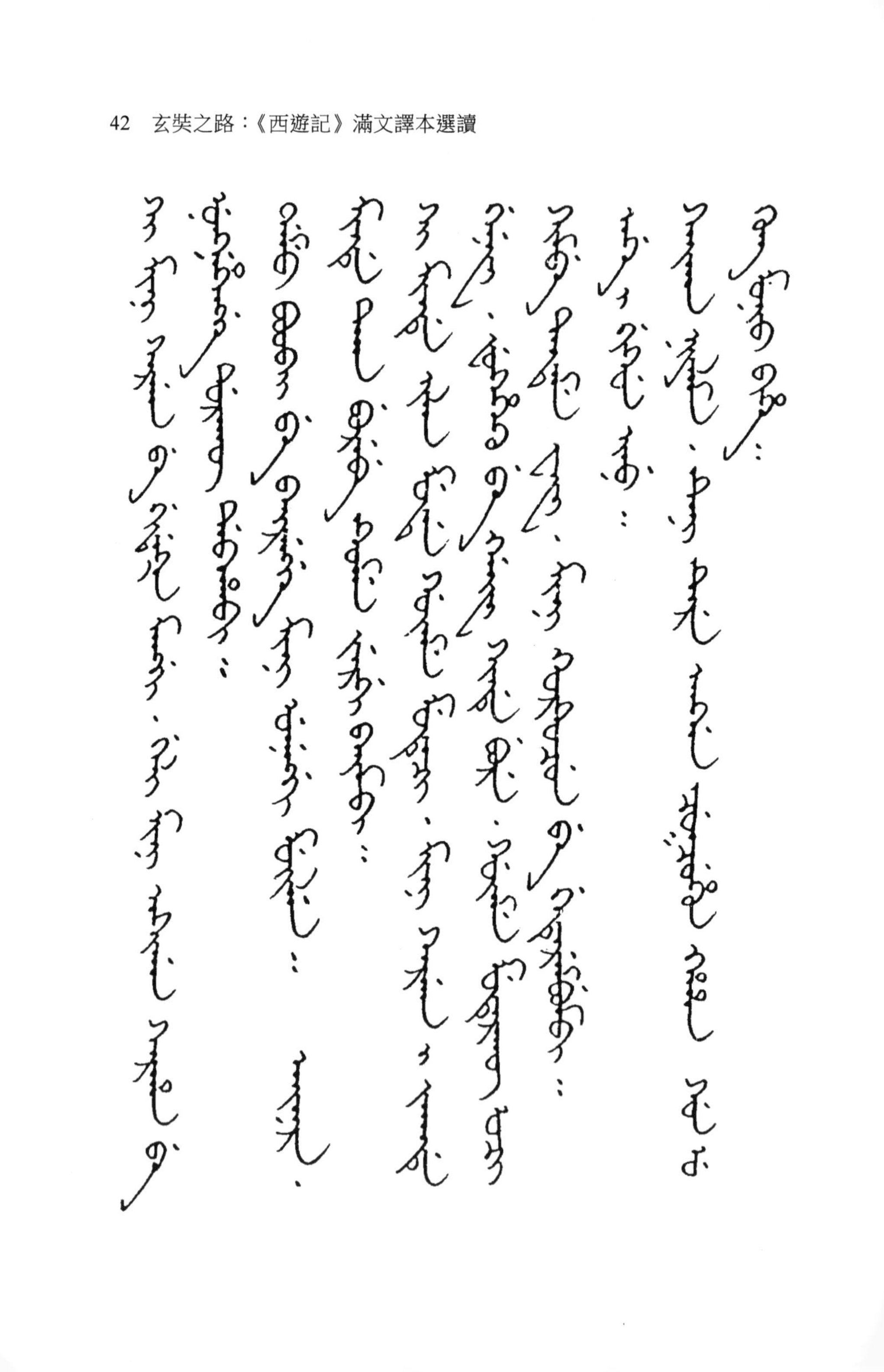

[illegible]

si mini sargan be gidaša manggi, geli mini asigan sarhan 〔sargan〕 be nungnehengge dorakū dabahabi.
damu boobai be bairengge mini unenggi mujilen. ainara, minde taka burebe tumen jergi baimbi.
si minde ilan mudan sujame muteci, mini sargan i jakade genefi. fusheku be gaifi sinde bure, sujame muterakū oci simbe tantame wafi, mini korsocun be geterembumbi.
age i gisun inu.
saikan niyalma, teni tere angga cukcuhun haha sun u kung monio bihe.

---

你既欺我妻，又滅我妾，太過無禮。
但求寶貝，是我真心，萬乞暫借我使使。
你若能三合敵得我，我去我妻處將扇借你，如敵不過，打死你，與我雪恨。
兄長的話正是。
美人，方纔那雷公嘴的男子，乃孫悟空猴猻。

---

你既欺我妻，又灭我妾，太过无礼。
但求宝贝，是我真心，万乞暂借我使使。
你若能三合敌得我，我去我妻处将扇借你，如敌不过，打死你，与我雪恨。
兄长的话正是。
美人，方纔那雷公嘴的男子，乃孙悟空猴狲。

ᠮᡳᠨᡳ ᠮᡳᠨᡳ᠈ ᡝᠮᡝᡳ ᡨᡠᠸᠠᠮᠪᡳ᠉
ᡤᡝᠯᡝ ᡳᠰᡳ ᡩᡝ ᡨᡠᠸᠠᡵᡤᡳ ᡤᡝᠯᡝᠮᡝ᠉
ᠪᡳ ᡨᡝ ᠠᡳᠨᡠ᠉
ᠰᡳᠨᡳ ᡨᡝ ᡳᠰᡳᠨᡳ᠈ ᡝᠮᡠ ᡨᡠᠸᠠᠮᡝᡳ ᡨᡠᠸᠠᠮᠪᡳ᠉
ᠰᡳᠨᡳ ᡤᡡᠸᠠᠯᡳᠶᠠᠪᡠᡥᠠ᠈ ᡤᡝᡵᡝᠨ ᡩᡝ ᡨᡝᠮᡝᡳ ᠮᡝᠨᡳ ᡨᡠᠸᠠᡵᡤᡳ᠈ ᠰᡳᠨᡳ ᡩᡝ
ᠮᡳᠨᡳ ᠮᡝᠨᡳ᠈ ᡤᡡᠸᠠᠯᡳᠶᠠᡥᡠ ᡩᡝ ᠮᡝᡳᠨᡳ ᠮᡝᠨᡳ ᡨᡠᠸᠠᡵᡤᡳ᠈ ᡳᠰᡳᠨᡳ ᡨᡝ ᡤᡝᠯᡝ
ᠮᡝᠨᡳ ᡨᡠᠸᠠᠮᠪᡳ᠉
ᠪᡝ ᡤᡡᠸᠠ ᠰᠠᡵᡤᠠᠨ ᠪᡝ ᡥᡝᡵᡳᠮᠪᡳ᠉
ᡳᠰᡳᡳ ᡳᠰᡳᠮᠪᡳ᠈ ᡤᡝᡵᡤᡝᠨ ᠰᠠᡵᡤᠠᠨ ᠪᡝ ᠮᡝᠨᡳ ᡨᡝᠮᡝᡳ ᠪᡝ᠉
ᡝᡩᡠᠨ ᠪᡝ ᠪᡝᠶᡝᡳ ᡝᡩᡠᠨ᠈ ᠪᡝ ᡨᡠᠸᠠᠮᠪᡳ᠉

nai nai, yeye jihebi.
fu žin ci fakcafi goidaha.
dai wang saiyūn.
enenggi ai edun dafi, si ubade jihe.
niyalmai henduhengge, haha de sargan akū oci, ulin de ejen akū, hehe de eigen akū oci, beye de ejen akū sehebi.
bi holo fusheku be buhe.
dai šeng fonjime, unenggi fusheku aibide bi.
mujilen be sulakan sinda, bi asarahabi.

---

奶奶，爺爺來了。
夫人久闊。
大王好嗎？
今日是那陣風兒吹你來這裏的？
常言說：男子無婦財無主;女子無夫身無主。
我與他的是假扇。
大聖問：真扇在於何處？
放心放心，我收著哩。

---

奶奶，爷爷来了。
夫人久阔。
大王好吗？
今日是那阵风儿吹你来这里的？
常言说：男子无妇财无主;女子无夫身无主。
我与他的是假扇。
大圣问：真扇在于何处？
放心放心，我收着哩。

ᠨᡝᠩᡤᡝ ᠪᡝᠶᡝᡵᡝᠩᡤᡝ、ᠰᡝᡵᡝ ᡤᡝᡵᡝᠮᡝ ᠪᡳᠮᡝ ᠰᡝᠴᡳ ᡨᡝᠴᡳ::

ᡶᡠᠨᡳ、ᡤᡝᡵᡝ ᠰᡳᡵᡤᡝᠩᡤᡝ ᡶᠣᠨᠵᡳᠮᡝ ᠪᡳᠮᡝ ᡨᡝᠨᡳ ᡥᠣᡨᠣᠨ、ᠰᠠᡳᠨ ᡳᠰᡳᠨᡳ::

ᡥᡝᠨᡩᡠᡵᡝ ᡤᡝᠮᡠ ᠰᠠᠴᡳ ᠪᡳᡥᡝ::

ᠰᠠᡳᠨ ᠰᡠᠸᡝ ᠵᠠᡴᠠᠨ、ᠰᡝᠨᡳᠶᡝ ᠰᡳᠰᡳ ᡨᡝᠰᡝ ᠰᡳᠮᠪᡝ ᡤᡳᠰᡠᡵᡝᠮᠪᡳ

ᠰᡝᡴᡳᠨ ᠪᡝ ᡨᡠᠸᠠᡵᡝ、ᠮᡳᠨᡳ ᠪᠣᠣᡩᡝ ᡳᠰᡳᠨᠵᡳᡥᡝ::

ᠮᡳᠨᡳ ᠰᡳᠨᡩᡝ ᠶᠠᠪᡠᡵᡝ ᡤᡝᠨᡳ、ᡨᡝᡵᡝ ᡨᡝᡵᡝ ᠪᡝ ᡤᡝᠰᡝᠨᡳ ᡨᡠᠸᠠᠮᡝ ᠰᡠᠸᠠᠨ

ᠰᡳᠮᠪᡝ ᡨᡠᠸᠠ::

ᠮᡳᠨᡳ ᠪᠣᠣᡩᡝ ᠰᡝᡵᡝᠩᡤᡝ ᡤᡝᠮᡠ ᠰᡝᡵᡤᡝᠰᡝᡥᡝ ᡨᡠᠮᡝᠨ ᡤᡝᠨᡳ

ᠪᡳᡥᡝ ᠪᠣᠣ ᡨᡝᡵᡝ ᡤᡳᠰᡠᠨᡳ ᠪᡝᡵᡤᡝᠩᡤᡝ、ᡨᡝᠰᡝ ᡨᡝᡵᡝᠨᡳ ᠪᡝᠶᡝᠩᡤᡝᠨᡳ、

ᠰᡠᡵᡝ ᠰᡠᠸᠠᠮᠪᡳ::

julgei henduhengge, eigen serengge beye be ujire ama.
fu žin, si unenggi fusheku be aibide asarahabi, yamji cimari saikan olhošo.
loca nioi ijaršame, anggai dorgi ci emu guillehe abdaha be tucibufi, ere boobai wakao.
ere emu ajige jaka, tere tuwa be adarame mukiyebuci ombi.
ere boobai ubaliyara kūbulirengge mohon akū, udu jakūn tumen bai tuwai šanggiyan bihe seme, emgeri debsihe sehede, uthai mukiyembi.

---

自古道：夫乃養身之父。
夫人，真扇子你收在哪裏？早晚仔細[2]。
羅剎女笑嘻嘻的，口中吐出，只有一個杏葉兒大小，這個不是寶貝嗎？
這個小小東西，怎生搧得火滅？
這寶貝變化無窮，雖是八萬里火焰，可一搧而滅也。

---

自古道：夫乃养身之父。
夫人，真扇子你收在哪里？早晚仔细。
罗刹女笑嘻嘻的，口中吐出，只有一个杏叶儿大小，这个不是宝贝吗？
这个小小东西，怎生搧得火灭？
这宝贝变化无穷，虽是八万里火焰，可一搧而灭也。

---

[2] 早晚仔細，句中「仔細」，滿文讀作“olhošo”，意即「小心、謹慎」。

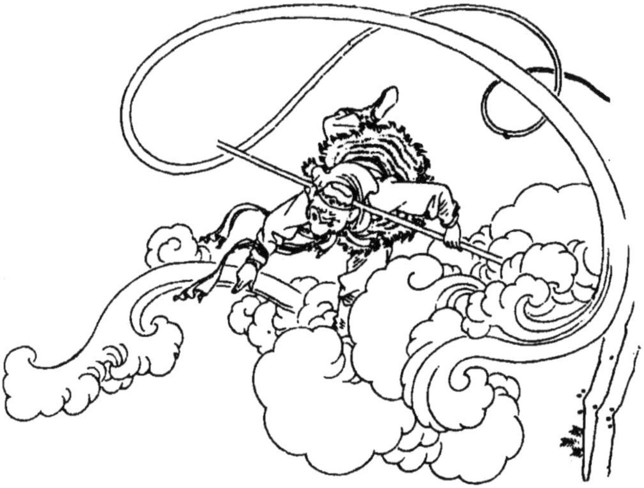

# 五、飛禽走獸

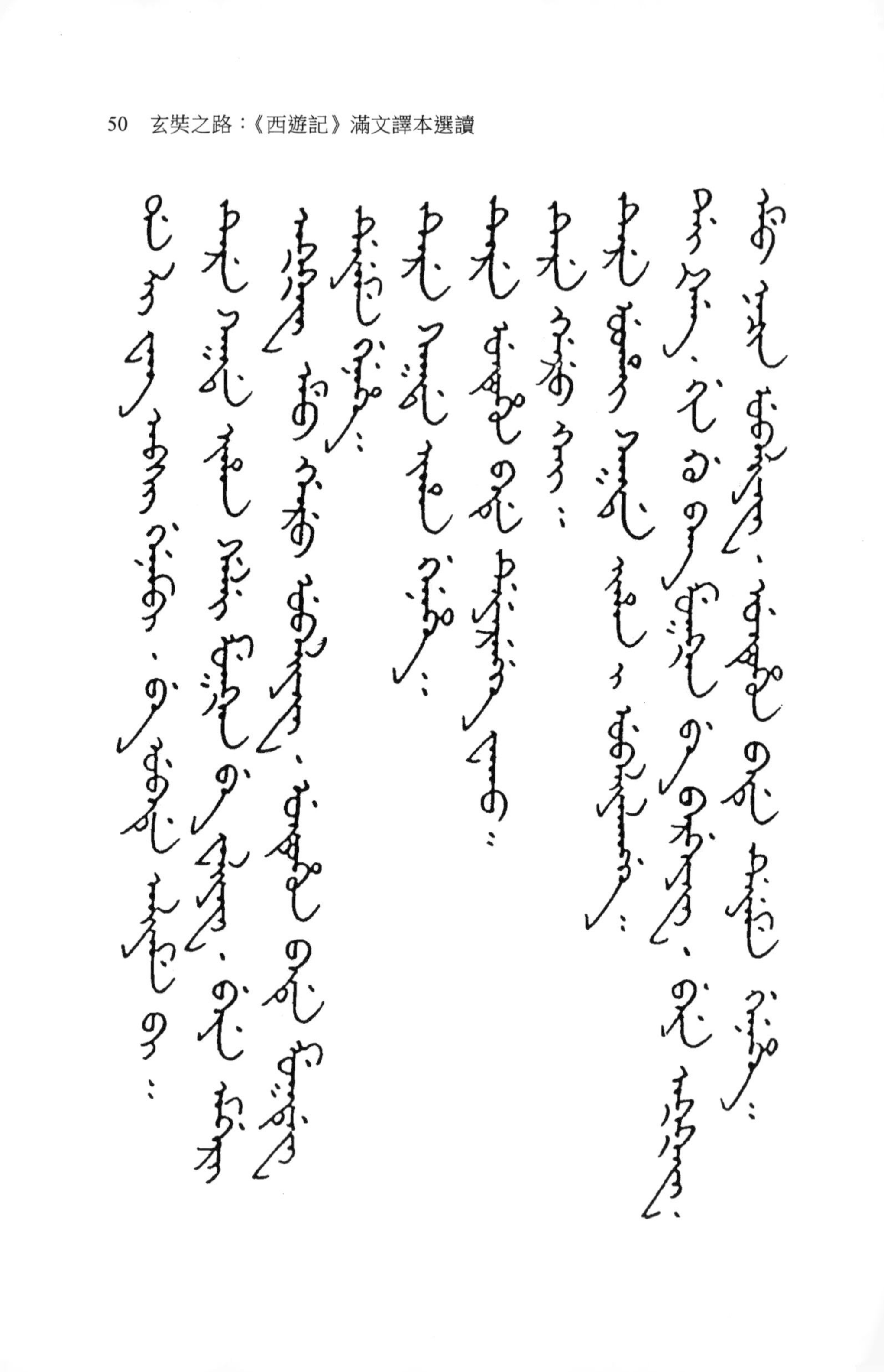

da li wang absi genembi, be ubade aliyame bi.
tere sakda ihan selei mukšan be waliyafi, beye emgeri aššafi emu garu ubaliyafi, untuhun bade mukdefi deyeme genehe.
tere sakda ihan genehe.
tere untuhun bade deyerengge wakao.
tere garu kai
tere uthai sakda ihan i ubaliyalangge.
dai šeng, gin gu bang mukšan be bargiyafi, beye aššafi, emu nacin ubaliyafi, untuhun bade deyeme genehe.

---

大力王哪裏走？我們等在這裏。
那老牛丟了鐵棍，搖身一變，變做一隻天鵝，升空飛走了。
老牛去了。
空中飛的不是嗎？
那是天鵝。
那就是老牛變的。
大聖收了金箍棒，搖身一變，變做一個海東青，飛在空中去了。

---

大力王哪里走？我们等在这里。
那老牛丢了铁棍，摇身一变，变做一只天鹅，升空飞走了。
老牛去了。
空中飞的不是吗？
那是天鹅。
那就是老牛变的。
大圣收了金箍棒，摇身一变，变做一个海东青，飞在空中去了。

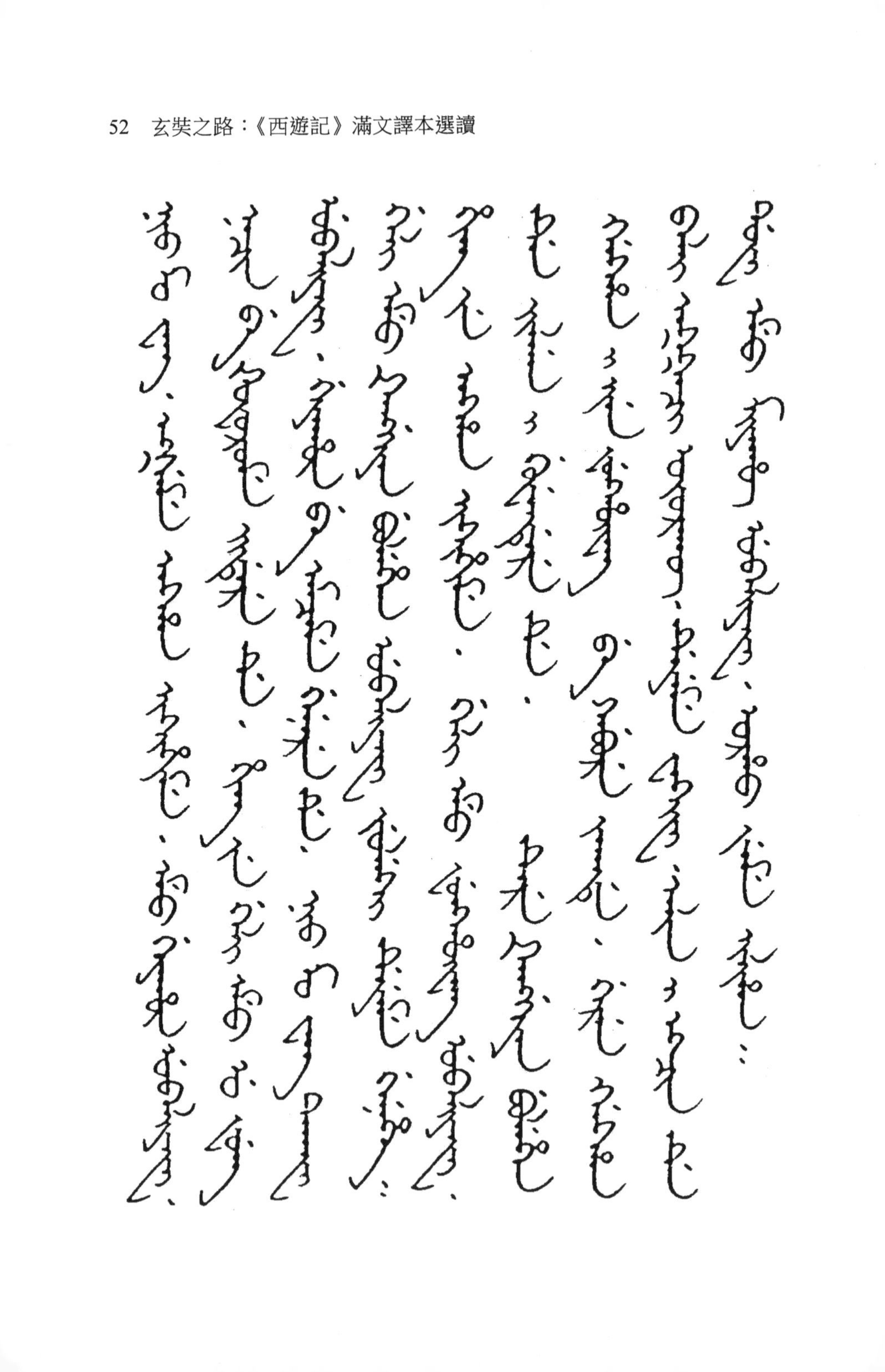

nio mo wang, ekšeme asha isihime, emu giyahūn ubaliyafi, nacin be šoforome jidere de, hing je geli emu u fung ubaliyafi, giyahūn be amcame genere de, nio mo wang takafi geli emu šanggiyan bulehen ubaliyafi julesi deyeme genehe. hing je asha isihime, geli emu funghūwang ubaliyafi, den jilgan i guwendere de, tere šanggiyan bulehen gasha i ejen funghūwang be sabure jakade, geren gasha balai aššaci ojorakū, deyeme wasifi, alin i ekcin de dofi emu miyahū ubaliyafi, orho jeme iliha.

---

牛魔王急忙抖抖翅，變作一隻黃鷹，來抓海東青時，行者又變做一個烏鳳，去趕黃鷹時，牛魔王識得，又變作一隻白鶴，向南飛去了。

行者抖抖翎毛，又變做一隻丹鳳，高聲鳴叫時，那白鶴見丹鳳是鳥王，諸禽不敢妄動，往下飛落在山崖，變做一隻香獐，在吃草。

---

牛魔王急忙抖抖翅，变作一只黄鹰，来抓海东青时，行者又变做一个乌凤，去赶黄鹰时，牛魔王识得，又变作一只白鹤，向南飞去了。

行者抖抖翎毛，又变做一只丹凤，高声鸣叫时，那白鹤见丹凤是鸟王，诸禽不敢妄动，往下飞落在山崖，变做一只香獐，在吃草。

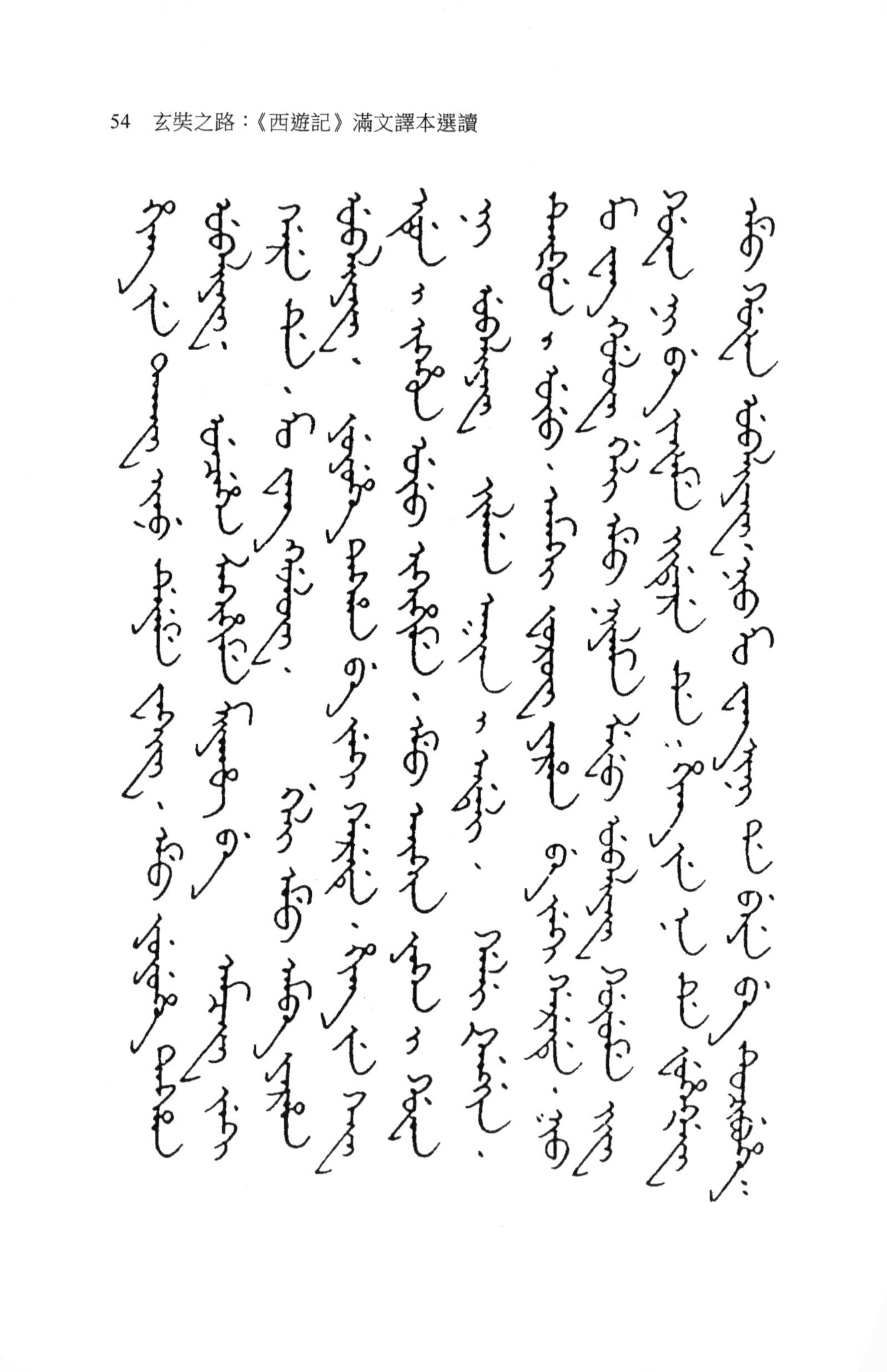

[illegible]

hing je takafi inu deyeme wasifi, emu yuyuhe tasha ubaliyafi, uncehen lasihime miyahū be amcafi jeki sere de, mo wang golofi, geli emu amba yarha ubaliyafi, yuyuhe tasha be jeki serede, hing je safi edun i ishun uju isihime, emu aisin yasa i suwan ni ubaliyafi jilgan akjan i adali, selei šenggin, teisun i uju, amasi forofi yarha be jeki serede, nio mo wang golofi geli emu niyalma lefu ubaliyafi sujume jifi suwan ni be jafame jidere de, hing je na de fuhešefi emu sufan ubaliyafi, nio mo wang ini da beye be tucibuhe.

---

行者認得，也飛落下來，變做一隻餓虎，甩尾來趕香獐欲食時，魔王驚恐，又變做一隻大豹，要吃餓虎。行者見了迎著風，把頭一晃，又變做一隻金眼狻猊，聲如霹靂，鐵額銅頭，轉身要食大豹。牛魔王驚恐，又變做一個人熊，跑來擒拏狻猊。行者在地上打個滾，變做一隻象，牛魔王現出原身。

---

行者认得，也飞落下来，变做一只饿虎，甩尾来赶香獐欲食时，魔王惊恐，又变做一只大豹，要吃饿虎。行者见了迎着风，把头一晃，又变做一只金眼狻猊，声如霹雳，铁额铜头，转身要食大豹。牛魔王惊恐，又变做一个人熊，跑来擒拏狻猊。行者在地上打个滚，变做一只象，牛魔王现出原身。

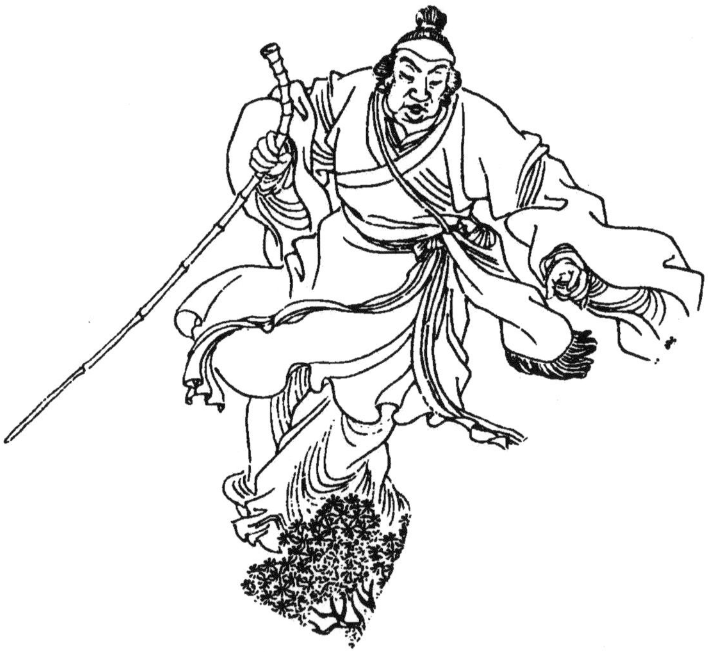

# 六、牛魔獻扇

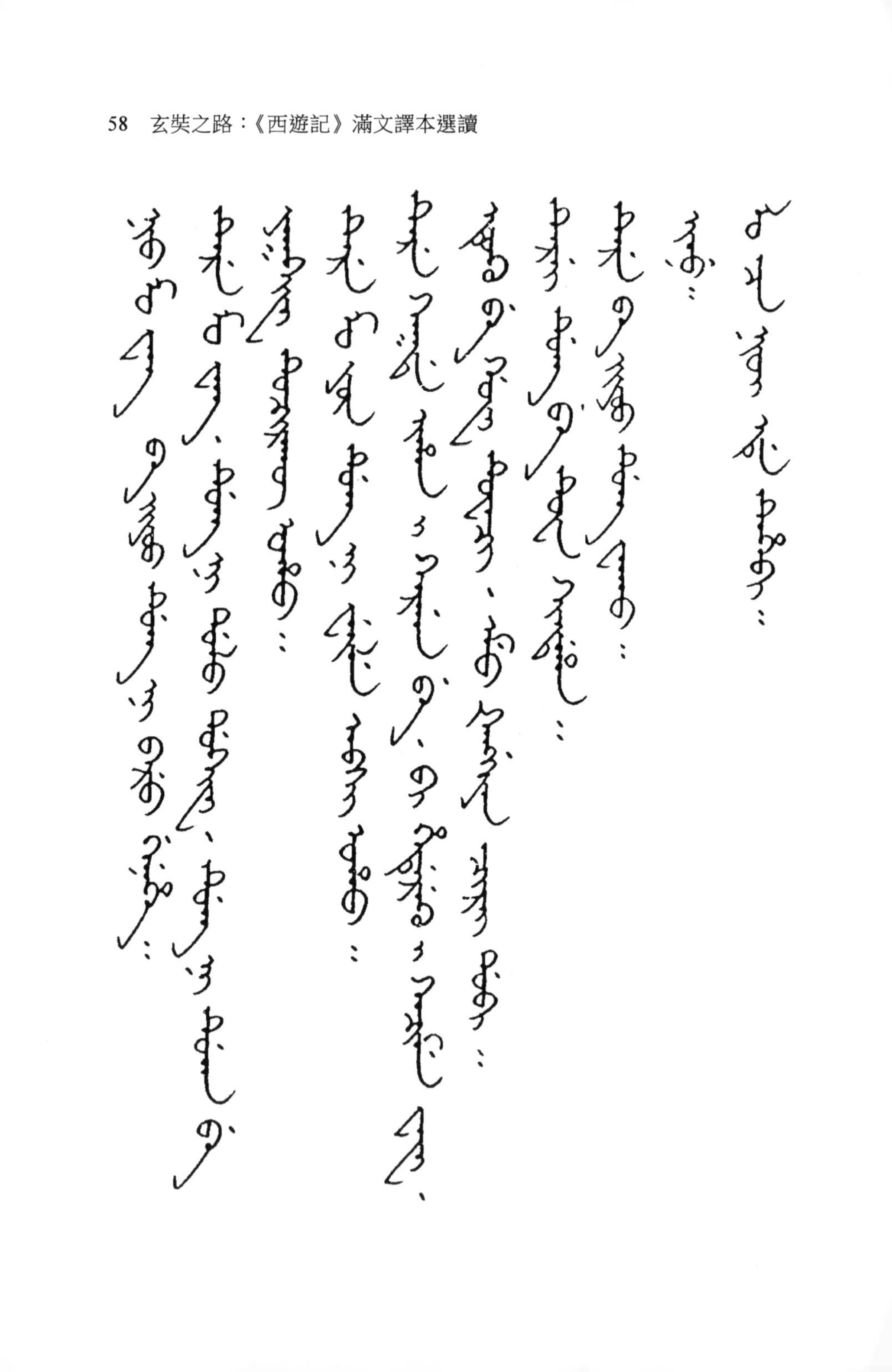

[illegible]

nio mo wang ba jiyoo dung ni baru genehe.
tere mo wang, dung ni dolo dosifi, dung ni duka be yaksifi tucirakū oho.
terei mo yūn dung ni weile absi oho.
tere sakda ihan i sargan be, bi hedereku i sacime wafi, etuku be sufi tuwaci, emu šanggiyan cirai dobi.
terei dung be tuwa sindaha.
tere ba jiyoo dung wakao.
inu.
lo ca nioi ede tehebi.

---

牛魔王投芭蕉洞去了。
那魔王進入洞中，閉門不出。
那摩雲洞事體如何了？
那老牛的娘子被我用耙子砍死了，剝開衣看，原來是一隻玉面狐狸。
已將他洞府放火燒了。
那可是芭蕉洞嗎？
正是。
羅剎女住在此間。

---

牛魔王投芭蕉洞去了。
那魔王进入洞中，闭门不出。
那摩云洞事体如何了？
那老牛的娘子被我用耙子砍死了，剥开衣看，原来是一只玉面狐狸。
已将他洞府放火烧了。
那可是芭蕉洞吗？
正是。
罗刹女住在此间。

ᠰᡠᠸᡝ ᠰᡳ ᡳᠰᡳᠨ ᠮᡠᠰᡳ ᡳᠰᡳᡵᡝ ᡝᡵᡳᠨ ᡨᡝ ᡤᡝᠮᡠ ᠰᡳ ᠰᡳ ᡥᠠᡵᠠ

ᠮᡠᠰᡝ ᠪᡝ ᠵᡝᡵᡳ ᠪᡝ ᠪᡝᡳ ᡨᡝ ᠮᡠᠰᡝ ᠪᡝᡳ ᡝᡵᡝ ᡨᡝ ᠰᡳᠮᠪᡝ ᠪᡝᡳᡤᡝ ᡝᠮᡠ ᡤᡳᠰᡠᠨ

ᡳᠰᡳᠨᠵᡳᡵᡝ ᠪᡝᡳᡤᡝ ᠪᡝᡳᡤᡝ ᠪᡝ ᡝᠮᡠ ᠮᡝᠨᡳ ᡤᡳᠰᡠᠨ ᠪᡝ ᠵᡠᠸᡝ ᠪᡝ ᠪᡝᡳᡤᡝ ᡝᠮᡠᠨ

ᠮᡝᡵᡤᡝᠨ ᠮᡝᠨᡳ ᠪᡝ ᠪᡝᡳ ᠪᡝ᠈ ᠰᡳᠮᠪᡝ ᠪᡝᡳᡤᡝ ᡨᡝ ᡳᠰᡳᠨᠵᡳᠮᠪᡳ ᠪᡳᡥᡝ ::

ᠮᡠᠰᡝ ᠮᡠᠰᡝ ᡨᡝ ᡝᡵᡝᠨ ᠮᡠᠰᡝᡳ ᠮᡝᠨᡳ ᡨᡝ᠈ ᡳᠰᡳᠨᠵᡳᡵᡝ ᠪᡝᡳᡤᡝ ::

ᠮᡝᠨᡳ ᠪᡝᡳᡤᡝ ᡝᡵᡝ ᠮᡝᠨᡳ ᠪᡝᡳᡤᡝ ::

ᠪᡳ ᡤᡳᠰᡠᠨ ᡳ ᡦᡠᠰᠠ ᠪᡝ ᡨᡝ᠈ ᠰᡳᠮᠪᡝ ᠮᡝᡵᡤᡝᠨ ᠪᡝᡳ ::

ᡝᡵᡳᠨ ᡝᡵᡝ ᠪᡝᡳ ᡝᡵᡝᠨ ᡳ ᡤᡳᠰᡠᠨ ᡳ ᡦᡠᠰᠠ ᠪᡝ ᡨᡝ᠈

ᠮᠣᡵᡳᠨ ᠮᡠᡩᠠᠨ ᠮᡠᠮᡠᡥᡠ ᠪᡳ ::

nio mo wang anggai dorgici fusheku be tucibufi, lo ca nioi de alibure de, lo ca nioi fusheku be alime gaifi, yasai muke tuhebume hendume, dai wang ere fusheku be tere hū sun de bu, cooha gaifi bederekini.
nio mo wang sujaci hamirakū ofi, amasi burulaha.
ihan hutu si absi genembi.
bi fucihi i hese be alifi, simbe jafame jihe.
sakda ihan absi genembi.
bi wargi abkai da lei in sy i fuchi i hese be alifi, ubade simbe tosoho bi.

---

牛魔王從口中吐出扇子，遞與羅剎女，羅剎女接扇在手，垂淚道：大王把這扇子給與猢猻，教他退兵去吧！
牛魔王因抵敵不住，往北敗走。
牛魔你往哪裏去？
我奉佛旨拏你來了。
老牛何往？
我領西天大雷音寺佛旨，在此把截你。

---

牛魔王从口中吐出扇子，递与罗刹女，罗刹女接扇在手，垂泪道：大王把这扇子给与猢狲，教他退兵去吧！
牛魔王因抵敌不住，往北败走。
牛魔你往哪里去？
我奉佛旨拏你来了。
老牛何往？
我领西天大雷音寺佛旨，在此把截你。

ᡩᡝᡵᡝ ᡨᡝᡵᡝ ᠪᡳ ᠰᡠᠸᡝ ᠨᡳᡵᡠ ᡝᠮᡠ ᡨᡝᡵᡝ ᠪᡝ ᡤᡝᠮᡠ᠈ ᡥᡡᠸᠠᡧᠠᠨ

ᡶᡠᡴᠰᡳᠨ᠈ ᠪᠠᡳᠮᡝ ᡨᡝᡵᡝ ᠪᡝ ᡥᡡᠸᠠᡧᠠᠮᠪᡳ᠉ ᠪᡝ ᡶᡠᠰᡳᡥᠠ ᠪᠠᡥᠠᡶᡳ ᠪᡝ

ᠪᡝᡳᡝ ᠪᡝ ᠪᡳᡥᡝᡳ᠉

ᡨᡝᡵᡝ ᠪᡝ ᡤᡡᠨᡳᠮᡝ ᡶᡠᠰᡳᡥᡡᠨ ᠪᡝ ᡤᡡᠨᡳᡥᡝ ᠪᡳᡥᡝ᠉

ᡩᡝᡵᡳ ᡶᡠᠰᡳᡥᡡᠨ ᡥᡝᠰᡝ ᠮᡠᠰᡝᡳ ᡩᡝ ᡤᡝᠰᡝᡵᡝ ᠪᡝ᠉

ᡤᡠᠸᡝ ᡶᡠᠰᡳᡥᡡᠨ ᠪᡝ ᡩᠣᡵᡤᡳ ᡥᡝᠰᡝ᠈ ᡥᡝᠰᡝ ᡨᡝᡵᡝ ᠪᡝ ᡩᠣᡵᡤᡳ᠉

ᠪᡳᠰᡳ ᡥᡝᠰᡝ ᡨᡝᡵᡝ ᠮᡝᠨᡳ ᡨᡝᡵᡝ ᠪᡝ ᠪᠠᡥᠠᡶᡳ᠈ ᡩᡝᡵᡝ ᡶᡠᠰᡳᡥᡡᠨ ᠪᡝ

ᡤᡝᠯᡝ ᡤᡠᠸᠠᠩ ᠪᡝ ᠪᡳᡥᡝ᠈ ᠪᠠᡥᠠᡶᡳ ᠪᡝ ᡥᡡᠸᠠᡧᠠᠮᠪᡳ᠉

ᡤᡝᠯᡝ ᡤᡠᠸᠠᠩ ᡶᡠᠰᡳᡥᡡᠨ ᠪᡝ ᠮᡠᠰᡝ ᡩᡝ ᡤᡝᠰᡝᡵᡝ᠈ ᡤᡝᠮᡠ ᠰᡝ ᡨᡝᡵᡝ ᠪᡝ

ᡥᡝᠰᡝ ᡤᡝᠮᡠᡥᡝ ᡨᡝᡵᡝ ᡥᡝᠰᡝ᠉

tere ihan beye ukcara arga akū ofi, hūlame hendume, mini ergen be guwebu. bi fucihi i tacikū be dahara be buyembi.
ergen be hairaci fusheku be hūdun tucibu.
tere fusheku mini sargan de asarabuha bi.
fu žin fusheku be tucibufi, mini ergen be tucibu.
pusa meni eigen sargan i ergen be guwebu, ere fusheku be sun dai šeng de bufi, gung be mutebukini.
hing je julesi ibefi fusheku be alime gaifi, geren i emgi tugi de mukdefi wesihun genehe.

---

那牛因本像無計逃生，叫喊說：饒恕我命，我情願皈依佛門。
既愛惜身命，快拿扇子出來。
那扇子在我妻處收著哩。
夫人將扇子拿出來，救我性命。
望菩薩饒我夫妻性命，願將此扇奉承孫大聖成功去。
行者進前接了扇子，同大眾駕雲東去了。

---

那牛因本像无计逃生，叫喊说：饶恕我命，我情愿皈依佛门。
既爱惜身命，快拿扇子出来。
那扇子在我妻处收着哩。
夫人将扇子拿出来，救我性命。
望菩萨饶我夫妻性命，愿将此扇奉承孙大圣成功去。
行者进前接了扇子，同大众驾云东去了。

ᠮᡝᠨᡳ ᠪᡝᠶᡝ ᡤᡝᠮᡠ ᠰᡠᠸᠠᠨᠶᠠᠨ ᡳ᠈ ᡨᡝᠮᡝᡤᡝ᠈ ᡨᡠᠸᠠᠮᡝ ᡴᠠᠮᠴᡳᠮᡝ᠈
ᡤᡠᠸᠠᠯᡳ ᠨᡳᠶᠠᠯᠮᠠ ᠰᡠᠸᠠᠨᠶᠠᠨ ᠪᡝ ᡝᠯᡳᡥᡝ ᠰᡠᠸᠠᡵᠠᠮᡝ ᠮᡝᡳᡥᡝᡵᡳ᠈ ᠵᠠᡴᡡᠨ ᠪᡳᡵᠠᡤᠠ ᠪᡝ᠈
ᡤᡳᠰᡠᡵᡝᠮᡝ ᡳ ᠪᡝᠶᡝ ᡴᠠᠮᠴᡳᡥᠠ::
ᠮᡝᠨᡳ ᠮᡝᠨᡳ ᡨᡠᠸᠠᠮᡝ ᡨᡝᡵᡝᠴᡳ ᠴᡳ᠈ ᠠᠮᠠᡵᡤᡳ ᠰᠠᠰᡠᡴᡡᠨ ᠪᡳ᠈ ᠰᡠᠸᠠᠨᠶᠠᠨ ᡳ ᠮᡝᡳᡥᡝᡵᡳ᠈
ᠪᡝᠶᡝ ᡤᡝᠮᡠ ᠪᡳᡵᠠ ᡳ ᡠᠮᡝᠰᡳ ᡨᡝᠮᡝᡤᡝᠨ ᠮᡝᠨᡳ ᡳ ᡨᡝᡵᡝ ᠰᡠᠸᠠᠨᠶᠠᠨ ᡳ ᡨᡝᡵᡝᡤᡝ᠈
ᡤᡝᠨᡳ ᠪᠣᡩᠣᠮᡝ ᠨᡳᠶᠠᠯᠮᠠ ᠪᠣᡩᠣᡥᠣ::
ᠪᡝᠶᡝ ᡤᡝᠮᡠ ᠵᡳᡥᡝ᠈ ᠪᡳᠰᡳᡵᡝ ᡳ ᡤᠣᠰᡳᠩᡤᠠ ᡳ ᡨᡝᡵᡝᠴᡳ ᠪᡳ ᠪᡳᡥᡝ ᠵᡳᡥᡝ ᠰᡠᠸᠠᠨᠶᠠᠨ ᡳ ᡨᡝᡵᡝᡤᡝ::
ᠵᠠᡴᡡᠨ ᠰᡠᠸᠠᠨᠶᠠᠨ ᡳ ᠮᡝᡳᡥᡝᡵᡳ ᡥᠠᡵᠠᠩᡤᠠ ᠴᡳ ᠪᡳᡥᡝ᠈ ᡨᡝᡵᡝ ᠰᡠᠸᠠᠨᠶᠠᠨ ᡳ
ᡤᡳᠰᡠᠨ ᠪᡳ::
ᠵᠠᡴᡡ ᠰᡠᠸᠠᠨᠶᠠᠨ ᡳ ᡥᠠᡵᠠᠩᡤᠠ ᡤᡠᠸᠠᠯᡳᠶᠠᠮᠪᡳ ᠮᡝᡳᡥᡝᡵᡳ ᠪᠣᡩᠣᠮᡝ ᠮᡝᠨᡳ ᡨᡝᡵᡝᡴᡝ::

sun dai šeng fusheku be jafafi, alin i hanci genefi, hūsun i ebsihe i emgeri fushere jakade, tere ho yan šan alin i tuwa gemu mukiyehe.
lo ca nioi si generakū, ubade ilifi ai be aliyambi.
dai šeng daci tuwa be mukiyebuhe manggi, fusheku be minde bumbi sehe bihe.
dai šeng ere hehe tuwa be mukiyebure fa be yooni sambi.
tuwai fulehe be umesi lashalaha manggi, jai fusheku be ede bu.
erei fulehe be adarame geterembuci ombi.

---

孫大聖執著扇子，行近山邊，儘氣力揮了一扇，那火焰山的火都熄滅了。
羅剎女你不走路，還站在這裏等什麼？
大聖原說搧熄了火後，還我扇子。
大聖此女深知熄火之法，斷絕火根後，再還他扇子。
如何可除絕此火根？

---

孙大圣执着扇子，行近山边，尽气力挥了一扇，那火焰山的火都熄灭了。
罗刹女你不走路，还站在这里等什么？
大圣原说搧熄了火后，还我扇子。
大圣此女深知熄火之法，断绝火根后，再还他扇子。
如何可除绝此火根？

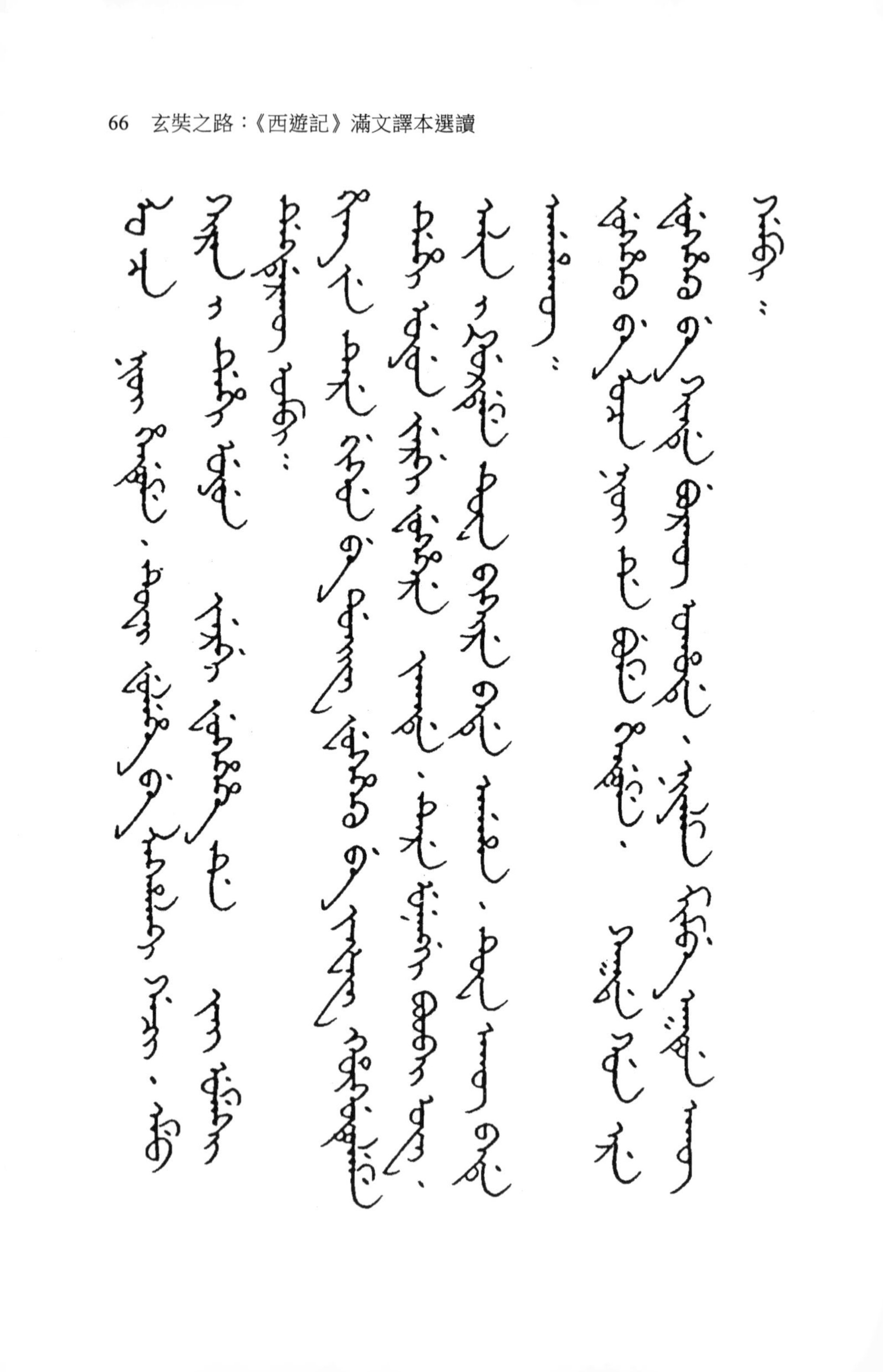

lo ca nioi hendume, tuwai fulehe be lashalaki seci, emu siran i dehi uyun jergi fushehe de jai umesi dekderakū ombi.
hing je tere gisun be donjifi fusheku be jafafi hūsutuleme dehi uyun jergi fushere jakade, tere unenggi boobai ofi, alin i šurdeme tuwa bisire bade agaha, tuwa akū bade agahakū.
fusheku be loca nioi de bume hendume, sakda sun ere fusheku be sinde burakū ohode, niyalma mimbe akdun akū sembi.

---

羅剎女道：若要斷絕火根，只須一連扇四十九扇，永遠再不發了。
行者聞言，執扇子使盡筋力，連扇四十九扇，那果然是寶貝，那山上有火處下雨，無火處不下雨。
扇子給與羅剎女道：老孫扇子不還你，人們說我言而無信。

---

罗刹女道：若要断绝火根，只须一连扇四十九扇，永远再不发了。
行者闻言，执扇子使尽筋力，连扇四十九扇，那果然是宝贝，那山上有火处下雨，无火处不下雨。
扇子给与罗刹女道：老孙扇子不还你，人们说我言而无信。

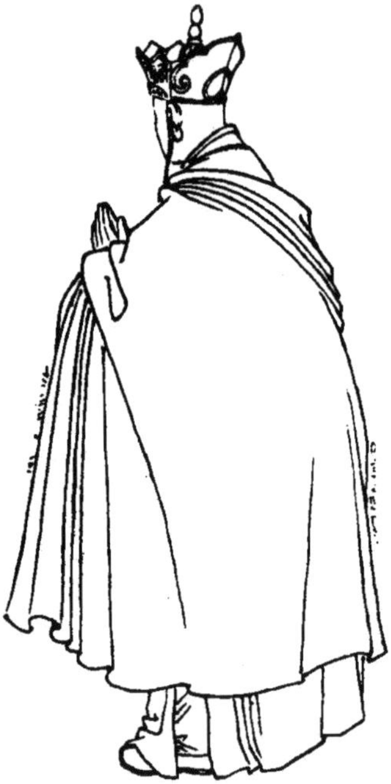

# 七、唐僧掃塔

ᡩᠣᠰᡳᠨᠵᡳᠮᠪᡳ ᠪᡝᠶᡝᡳ ᡤᡝᠨᡝᡥᡝ ᠪᡝᠶᡝᡳᠩᡤᡝ᠈ ᡨᡝᡵᡝ ᡨᡝᠰᡝ ᡤᡝᠮᡠ ᡳᠰᡳᠨᠵᡳᡶᡳ ᠮᠠᠨᠵᡠᠰᡳᠮᠪᡳ᠉

ᡨᡝᡵᡳ ᡤᡝᠮᡠᡳᠰᡳᠮᠪᡳ ᡳ ᡤᡳᠩ ᡨᡳ ᡨᡠᠰᡳᠩᡤᠠ᠈ ᡳᠰᡳ ᠰᡳᡵᡝᡴᡳ ᠶᠠᠪᡠᠮᡝ᠈ ᡩᡝᠰᡳ ᡤᡳᠰᡠᠨ᠈ ᡨᠠᠨᡤᡳᠩᡤᠠ ᠰᡳᠨᠵᡳᡥᡝᠨᡳᠩᡤᡝ ᠪᡝ᠉ ᡤᡝᠨᡝᡥᡝ ᡤᡳᠰᡠᠨ ᡤᡳᠩ ᡨᡳ ᡨᡠᠰᡳᠩᡤᠠ ᠪᡝ ᠰᡳᠨᡝᡴᡝ ᠪᡝ ᡨᡠᠰᡳᡵᡝ ᡨᡠᠸᠠᠮᡝ ᠪᡳ᠉ ᡤᡳᠰᡠᠨ ᡤᡝᠮᡠ ᡳ ᡨᡳ ᠰᡳᠩᡤᡝᠨᡝ ᡩᡝ᠈ ᡩᡝᠪᠰᡳ ᡨᡳᠶᠠᠨᡤᡳᠩᡤᡝ ᡩᡝ ᡨᡠᡵᡤᡠᠨ ᡨᡠᠩᡴᡝᠨ ᡩᡝ ᡤᡝᠨᡝᡥᡝ ᡩᡝᠪᡳᡵᡝ᠉ ᠰᡳᠨᡝᡥᡝᠩᡤᡝ ᠰᡳᠨᠵᡳᠮᠪᡳ᠈ ᡤᡝᠨᡝᡥᡝ ᡨᡳ ᡩᡝ ᡨᡠᠰᡳᠪᡳ᠈ ᡨᡠᡵᡤᡠᠨ ᡨᡳ ᡨᡳᠶᠠᠨ ᡩᡝ ᡨᡠᠸᠠᠮᡝ ᠪᡳ ᡤᡝᠨᡝᡥᡝ ᡤᡳᠩ ᡨᡳ᠈ ᡤᡠᠸᡝᡵᡝ ᠰᡝᠮᡝ ᠰᡳᠩᡤᡝᠨ ᡤᡝᡵᡝ᠈ ᡩᡝᠪᠰᡳᡥᡝ ᡨᡳ ᡨᡳᡶᡠ ᠪᡝ᠉

gūlmahūn buceci dobi songgorongge, terei duwali kokirabuha turgun.
tere hūwašasa ya sy de tehengge, ai weile arafi, sele futa, tuhe monggolibuha bi.
yeye, be gin guwang sy de tehe sui be unuha hūwašan.
gin guwang sy aibide bi.
ere giyai be dulefi, mudan be muriha de uthai inu.
yeye suwe aibici jihengge. cira be tuwaci takara adali.
gelhun akū ubade alaci ojorakū. meni ehe sy de genefi, joboho suilaha be alaki.

---

兔死狐悲，物傷其類。
那和尚是哪寺裏？為什麼事披枷戴鎖？
爺爺，我等是金光寺負屈的和尚。
金光寺坐落何方？
過了這條街拐個彎就是。
爺爺你們是從哪方來的？似有些面善。
不敢在此奉告，請到敝寺，具說苦楚。

---

兔死狐悲，物伤其类。
那和尚是哪寺里？为什么事披枷戴锁？
爷爷，我等是金光寺负屈的和尚。
金光寺坐落何方？
过了这条街拐个弯就是。
爷爷你们是从哪方来的？似有些面善。
不敢在此奉告，请到敝寺，具说苦楚。

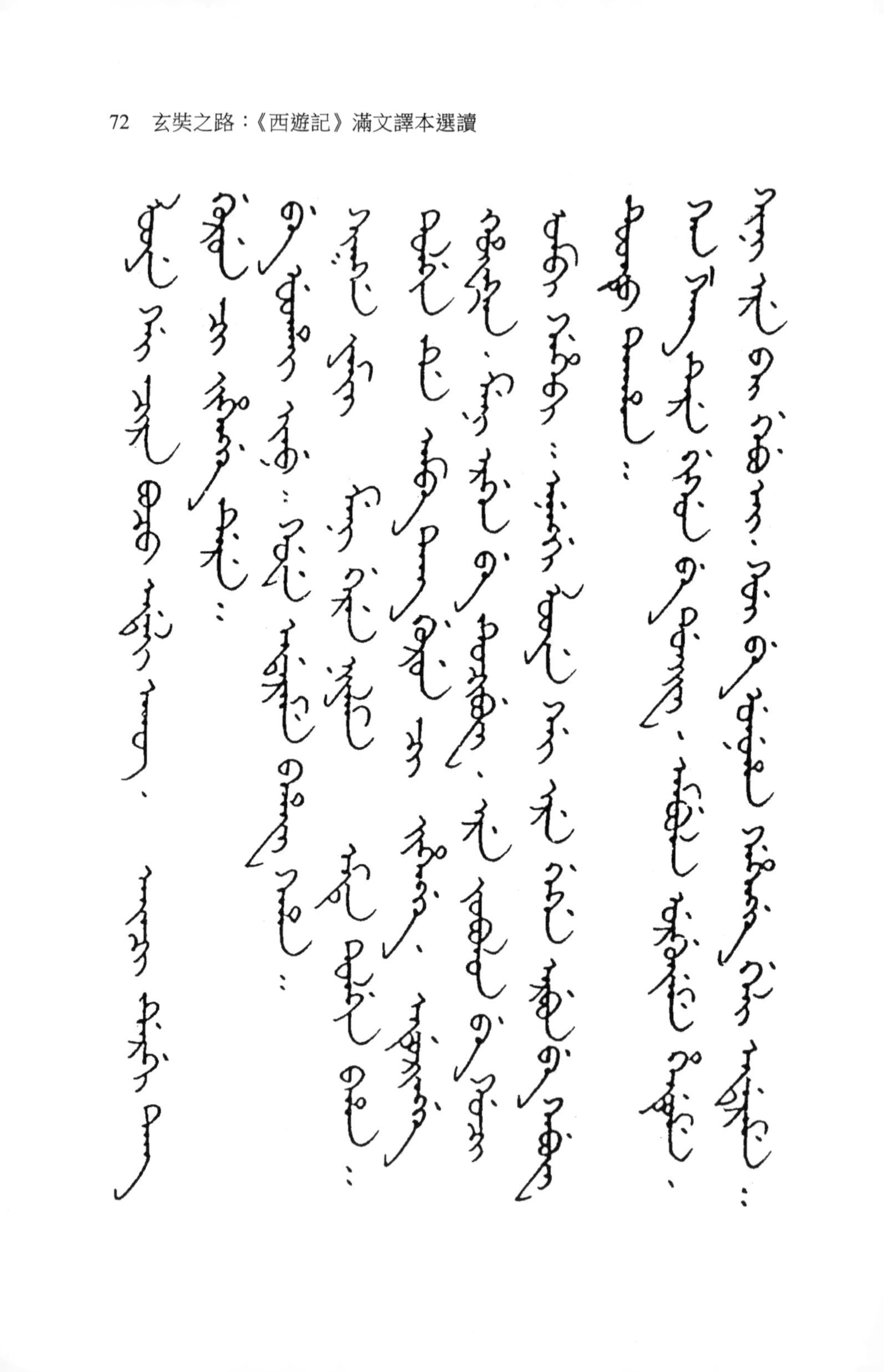

[illegible]

looye sei cira boco adali akū, ainci dergi tang gurun ci jihengge dere.
be uthai inu. suwe adarame bahafi saha.
sikse yamji meni geren niyalma emte tolgin baha. tolgin de amba tang gurun ci jihengge, enduringge hūwašan, meni ergen be tucibufi, ere jobolon be suci ombi sehebi. enenggi looye sei ere gese arbun be sabufi tuttu takaha.
san dzang tere gisun be donjifi, ambula urgunjeme hendume, sini ere bai gebu ai, sui be unuha sehengge geli adarame.

---

列位老爺，相貌不一，可是東土唐朝來的嗎？
我們就是，你們怎麼得知？
昨日夜間，我們各人都得一夢。夢中說有個大唐來的聖僧，救得我們性命，庶此冤苦可伸。今日果見老爺們這般異相，故認得。
三藏聞其言，甚喜曰：你這裏是何地名？又有何冤屈？

---

列位老爷，相貌不一，可是东土唐朝来的吗？
我们就是，你们怎么得知？
昨日夜间，我们各人都得一梦。梦中说有个大唐来的圣僧，救得我们性命，庶此冤苦可伸。今日果见老爷们这般异相，故认得。
三藏闻其言，甚喜曰：你这里是何地名？又有何冤屈？

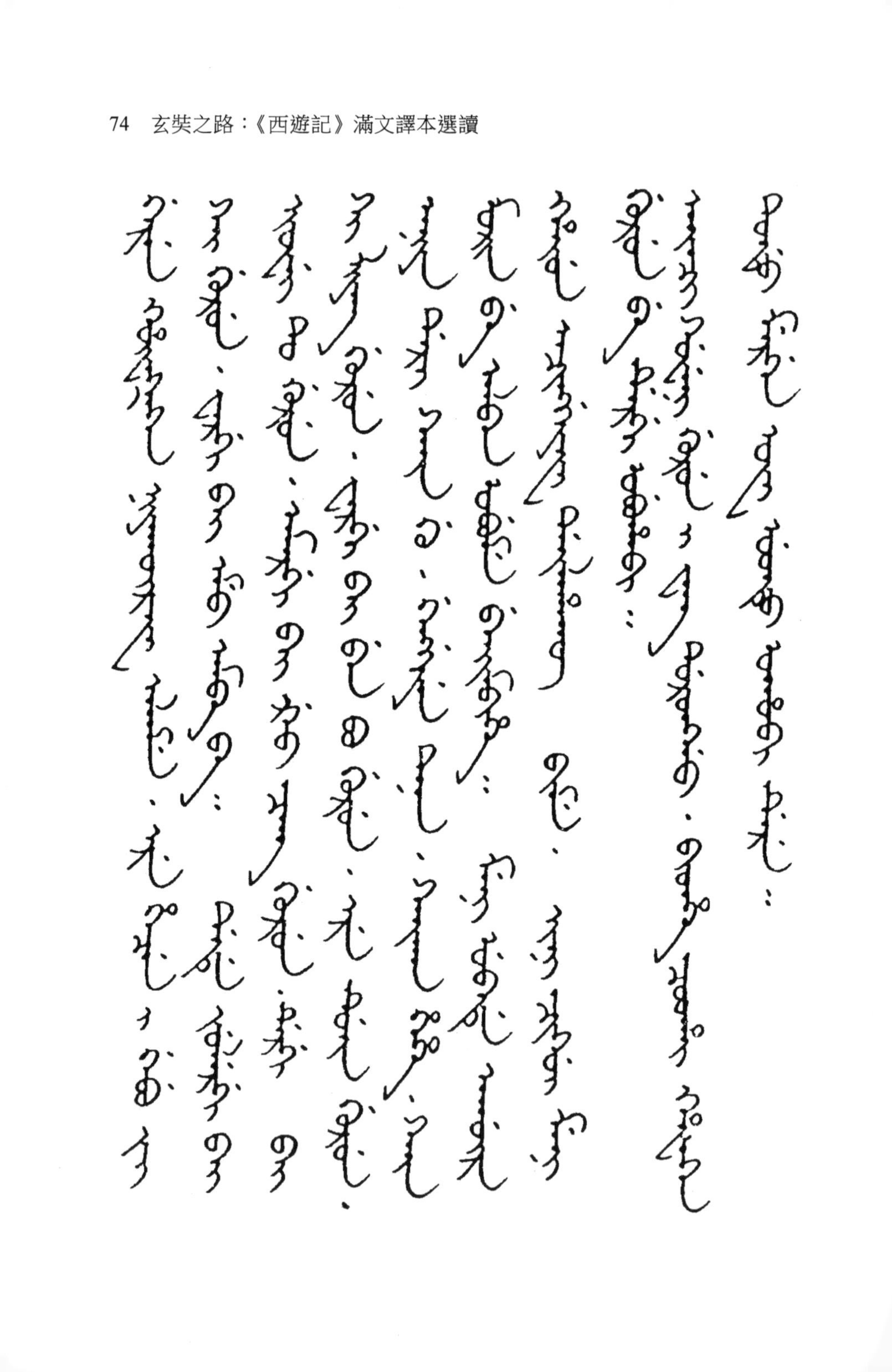

geren hūwašasa niyakūrafi alame, ere hecen i gebu ji sai gurun, wargi bai emu amba ba. dade julergi bai iowei to gurun, amargi bai g'ao cang gurun, dergi bai si liyang gurun, wargi bai ben bo gurun, ere duin gurun, aniya dari sain gu, genggiyen tana, saikan hehe, sain morin be alban obume benjimbihe. meni ubade agūra hajun acinggiyafi dailahakū bime, ini cisui meni gurun be dergi obuhabi.
ainci suweni gurun i wang doronggo, bithe coohai hafasa tondo mergen ofi uttu ohobi dere.

---

眾僧跪道：此城名喚祭賽國，乃西邦一個大地方。當年南方月陀國，北方高昌國，東方西梁國，西方本缽國，此四國，年年進貢美玉明珠、嬌妃駿馬。我們這裏不動干戈，不去征討，他自然拜我國為上國。
想是你們國王有道，文武官員忠誠賢良，方才如此吧！

---

众僧跪道：此城名唤祭赛国，乃西邦一个大地方。当年南方月陀国，北方高昌国，东方西梁国，西方本钵国，此四国，年年进贡美玉明珠、娇妃骏马。我们这里不动干戈，不去征讨，他自然拜我国为上国。
想是你们国王有道，文武官员忠诚贤良，方才如此吧！

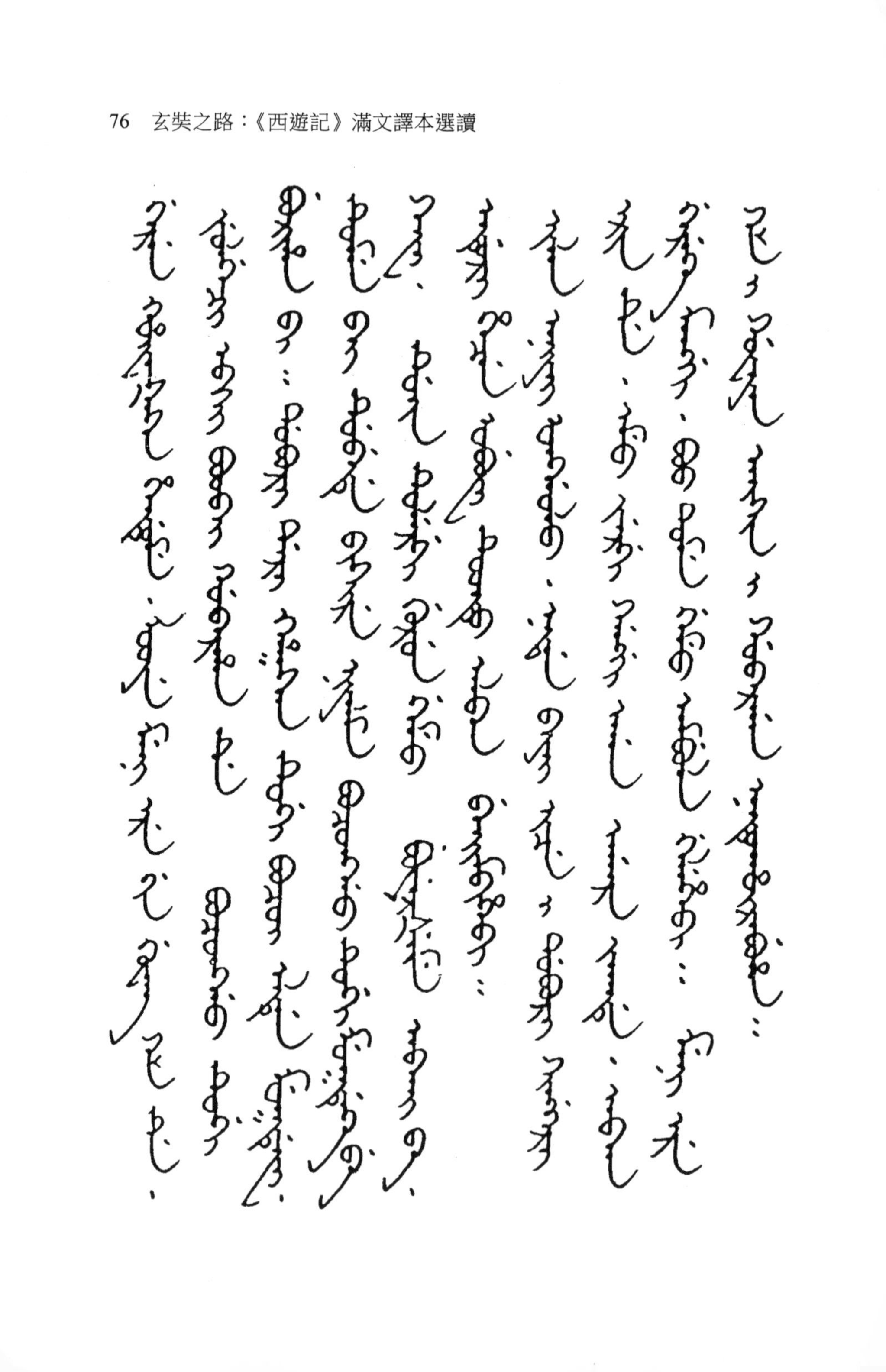

geren hūwašasa hendume, looye meni ere gin guwang sy de, julgeci ebsi boobai subarhan de boconggo tugi buriha bi. dobori dari haksan tugi bocoi elden mukdefi, tumen bai dubede bisire niyalma boconggo tugi mukdeke be safi, duin tulergi gurun gemu buyeršeme abkai ba, enduri hecen obufi tuttu alban benjimbihebi.
ilan aniyai onggolo, nadan biyai ice i dobori singgeri erin de, emu jergi senggi aga agara jakade, abka gereke manggi, boo tome gemu ambula gelehebi. meni ere sy i suwayan aisin i subargan〔subarhan〕nantuhūrabuha.

---

眾僧道：爺爺，我們這金光寺，自古以來，寶塔上祥雲籠罩，夜夜瑞靄高升放霞光，萬里遠人同瞻彩雲升起，四方外國皆仰慕天府神京，樂於朝貢。
三年之前，七月初一日夜半子時，下了一場血雨，天亮之後，家家戶戶皆十分驚恐，把我們這寺裏黃金寶塔污穢了。

---

众僧道：爷爷，我们这金光寺，自古以来，宝塔上祥云笼罩，夜夜瑞霭高升放霞光，万里远人同瞻彩云升起，四方外国皆仰慕天府神京，乐于朝贡。
三年之前，七月初一日夜半子时，下了一场血雨，天亮之后，家家户户皆十分惊恐，把我们这寺里黄金宝塔污秽了。

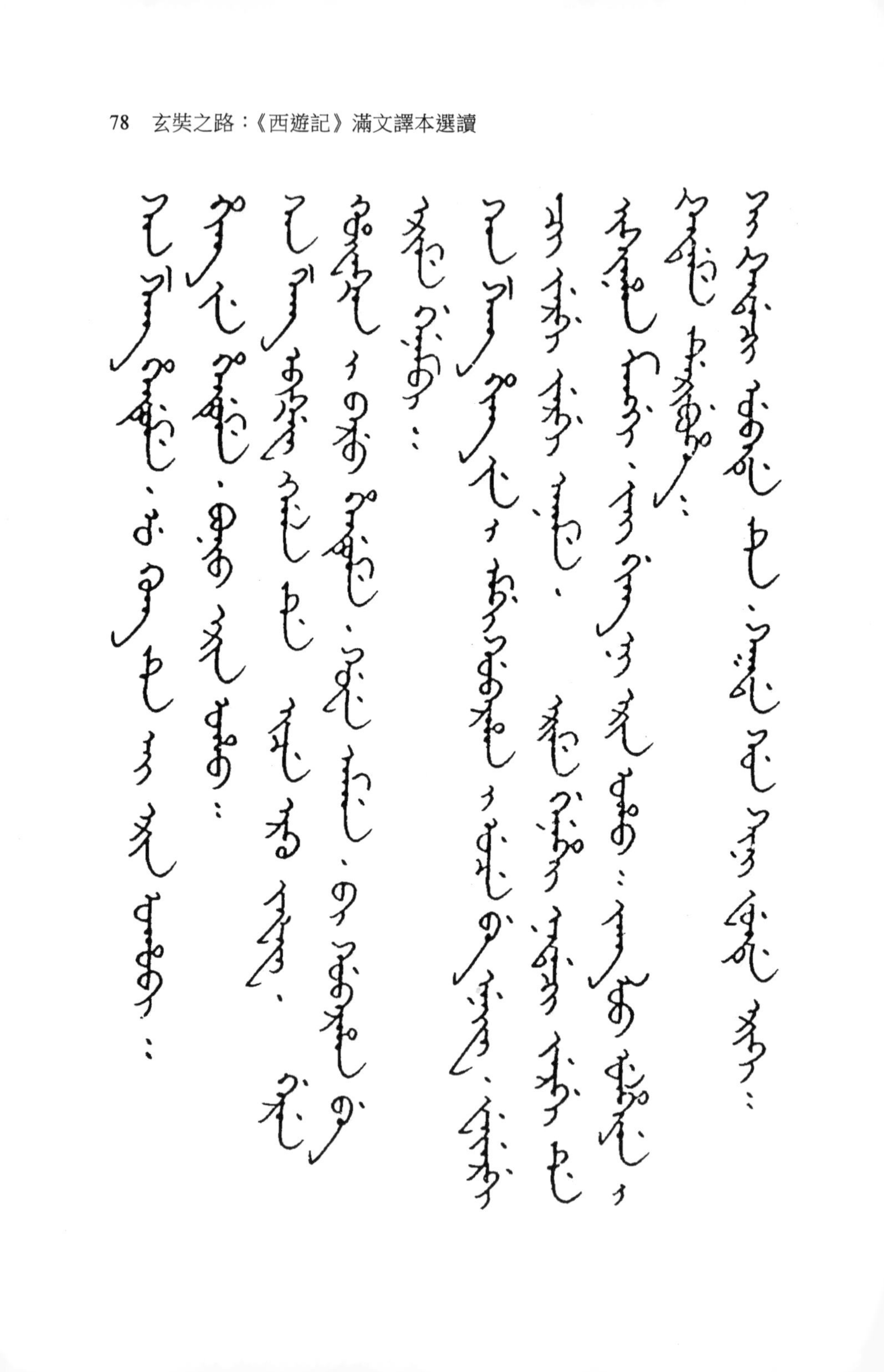

[illegible]

san dzang hendume, u kung te ai erin ohobi.
hing je hendume, bonio erin oho.
san dzang ebišefi gala de ice erku jafafi, geren hūwašan i baru hendume, suwe amga, bi subarhan be erime genembi.
san dzang hing je i emgi subarhan i uce be neifi, fejergi ci jergi jergi aname, erime genehei nadaci jergi de isinaha manggi, jai ging ni erin oho. jang loo ulhiyen i šadame deribuhe.
si šadaci ubade te, sakda sun sini funde eriki.

---

三藏道：悟空如今是什麼時分了？
行者道：是申時了。
三藏沐浴畢，手裏拿了一把新笤箒，對眾僧道：你等安寢，待我掃塔去來。
三藏與行者開了塔門，自下層望上逐層而掃，如此掃至第七層上，卻已二更時分了。長老開始漸漸困倦了。
你困了，且在此坐下，等老孫替你掃吧！

---

三藏道：悟空如今是什么时分了？
行者道：是申时了。
三藏沐浴毕，手里拿了一把新笤箒，对众僧道：你等安寝，待我扫塔去来。
三藏与行者开了塔门，自下层望上逐层而扫，如此扫至第七层上，却已二更时分了。长老开始渐渐困倦了。
你困了，且在此坐下，等老孙替你扫吧！

ᠮᡳᠨᡳ ᠰᡝᠮᡝ ᡦᡠᠰᠠ᠈ ᡥᡳ ᡤᡝᠨᡳ ᠪᡝ ᡤᡳᠰᡠᡵᡝᠮᡝ ᠪᡳᠰᡳᡵᡝ ᡳᠰᡳᠮᡝ᠉
ᡦᡠᠰᠠ ᡳ ᡶᡠᠴᡳᡥᡳ᠈ ᡤᡝᡵᡝᠨ ᡨᡝᠰᡝ ᡨᡝᡵᡝ ᡳᠰᡳᠮᡝ ᠪᡝ᠉
ᡳᠰᡳ ᠪᡝᠶᡝ ᠪᡳᠰᡳᡵᡝ ᡤᡳᠰᡠᡵᡝᠮᡝ ᠪᡳᠰᡳᡵᡝ ᡳᠰᡳᠮᡝ ᠪᡳ
ᡶᡠᠴᡳᡥᡳ᠈ ᠠᡳ ᡤᡝᠨᡝᡥᡝ᠈ ᠠᡳᠨᡳ ᡤᡝᠨᡝᡥᡝ ᡝᡵᡝ ᡳᠰᡳᠮᡝ ᡩᡝ
ᡤᡝᠨᡝᡥᡝ ᡶᡠᠴᡳᡥᡳ ᡠᠰᡳᡥᡳᠶᡝᠨ ᡶᠣᠰᠣ᠉
ᡦᡠᠰᠠ ᡳ ᡶᡠᠴᡳᡥᡳ ᡤᡝᡵᡝᠨ ᡨᡝᡵᡝ ᠮᡝᡥᡝᡵᡝ ᡳᠰᡳᠮᡝ ᡩᡝ ᠪᡳᠰᡳᡵᡝ᠈ ᡳᠰᡳᠮᡝ
ᠮᡝᡵᡤᡝᠨ ᡤᡝᠨᡝᡥᡝ ᠪᡳᠰᡳᡵᡝ᠈ ᡤᡝᡵᡝᠨ ᡨᡝᡵᡝ ᡤᡳᠰᡠᡵᡝᠮᡝ ᡳᠰᡳᠮᡝ ᡩᡝ ᠪᡳᠰᡳᡵᡝ᠈
ᡤᡝᡵᡝᠨ ᡤᡝᠨᡝᡥᡝ᠈ ᡳᠰᡳᠨᠠᡶᡳ ᡤᡳᠰᡠᡵᡝᠮᡝ ᡩᡝ ᡝᠰᡝ ᡳᠰᡳᠮᡝ᠈ ᡩᡝ
ᡤᡝᡵᡝᠨ ᠪᡳ ᡥᡝᠰᡝᡵᡝ ᠰᡝᠮᡝ ᠮᡠᠰᡝᡳ ᠴᡳᠮᡳᠯᠠᠮᡝ᠈ ᡩᡝ ᠪᡳᠰᡳᡵᡝ ᡳᠰᡳᠨᠠᡶᡳ
ᠪᡳ ᡳᠰᡳᠮᡝ ᡤᡝᡵᡝᠨ ᠮᡠᠰᡝᡳ ᡤᡝᠨᡝᡥᡝ ᡤᡳᠰᡠᡵᡝᠮᡝ ᡳᠰᡳᠨᠠᡶᡳ ᡤᡝᡵᡝᠨ ᡤᡝᠨᡝᡥᡝ᠉

san dzang hendume, ere subarhan uheri udu jergi.
hing je hendume, ainci juwan ilan jergi bi.
jang loo geli ilan jergi erihe manggi, jawanci jergi de tefi hendume, u kung, si mini funde jai ilan jergi be geterembume erifi jio.
hing je fafuršame juwan emuci jergi de tafafi, majige andande erime wajifi, geli juwan juweci jergi de tafafi, jing erire dulimbade, gaitai subarhan i ninggude niyalmai gisurere be donjifi, absi ferguwecuke, te ilaci ging ni erin ohobi. ainaha niyalma ere subarhan i ninggude gisurembini.

---

三藏道：這塔是多少層數？
行者道：怕不有十三層哩！
長老又掃了三層，坐在第十層上道：悟空，你替我把那三層掃淨下來吧！
行者抖擻精神，登上第十一層，霎時掃完，又登上到第十二層，正掃中間，突然聽得塔頂上有人言語，好奇怪，如今已三更時分，怎麼有人在塔頂上言語？

---

三藏道：这塔是多少层数？
行者道：怕不有十三层哩！
长老又扫了三层，坐在第十层上道：悟空，你替我把那三层扫净下来吧！
行者抖数精神，登上第十一层，霎时扫完，又登上到第十二层，正扫中间，突然听得塔顶上有人言语，好奇怪，如今已三更时分，怎么有人在塔顶上言语？

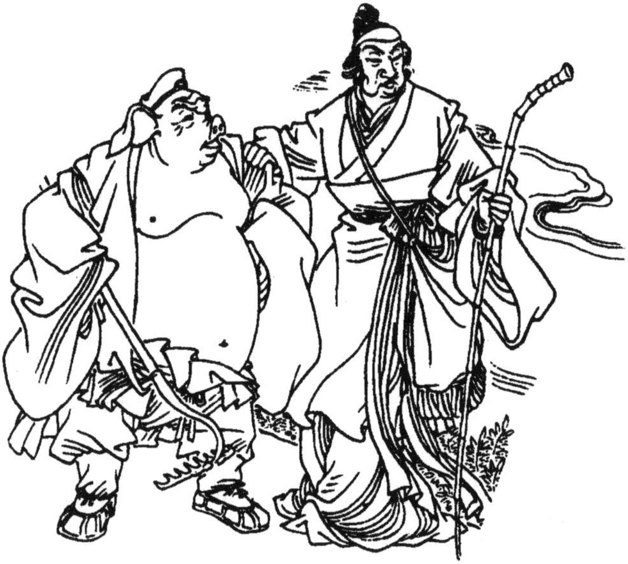

# 八、喝酒猜拳

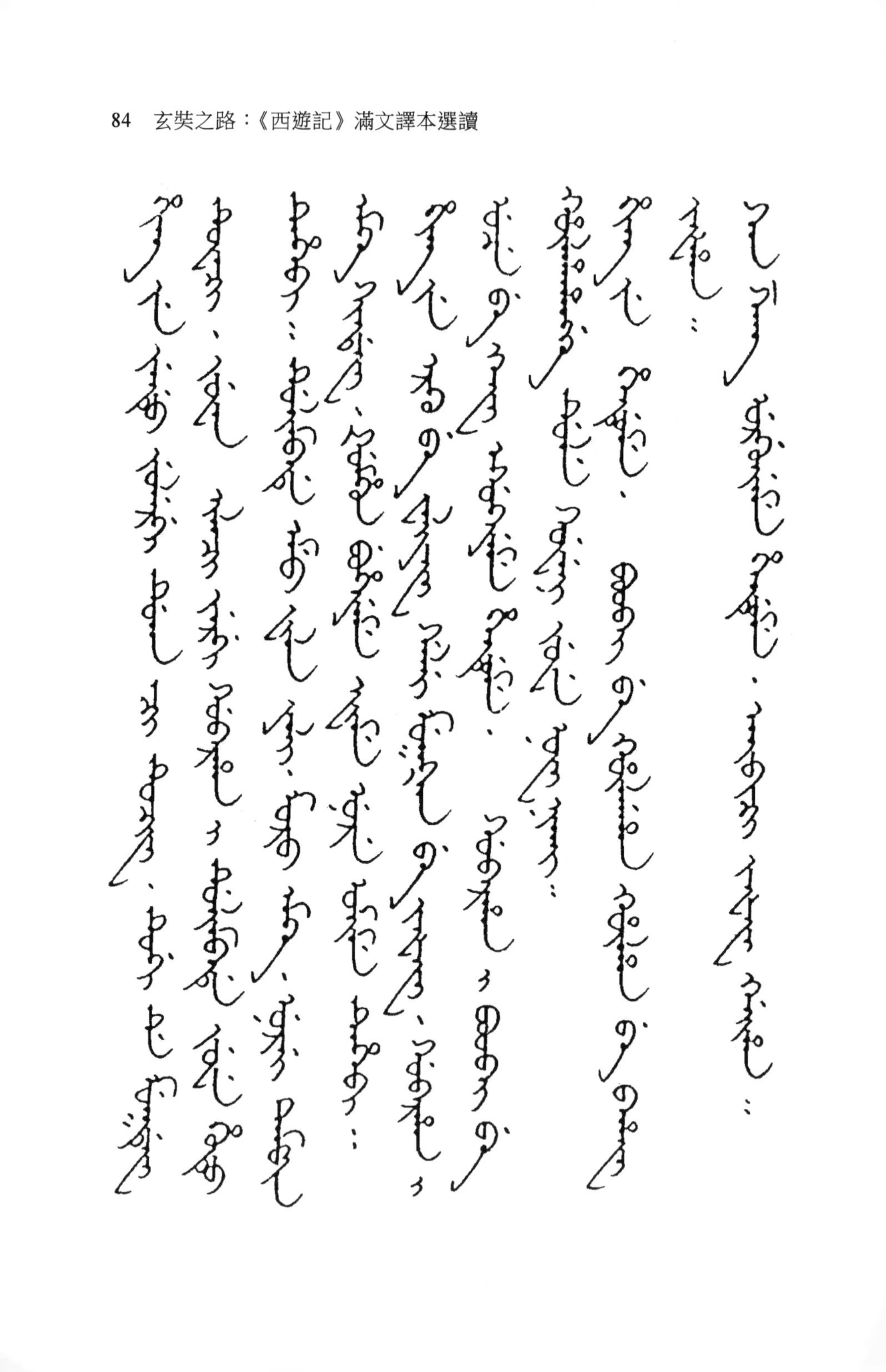

[illegible]

hing je jendu julergi duka ci tucifi, tugi de mukdefi tuwaci, juwan ilaci jergi subarhan i dulimbade juwe hutu tehebi. dulimbade emu fila yali, moro emke, nurei tampin emke sindafi, šumhun buhiyeme efime nure omime tehebi.
hing je erku be waliyafi selei mukšan be jafafi, subarhan i uce be kafi esukiyeme hendume, subarhan i boobai be hūlhahangge dule suweni juwe nofi nikai.
hing je hendume, boobai be hūlgaha〔hūlhaha〕 hūlha be bahafi jafaha.
san dzang urgunjeme hendume, aibici jafafi gaiha.

---

行者悄悄地出了前門，騰雲觀看，只見第十三層塔心裏，坐著兩個妖精，中間一盤肉，一隻碗，一把酒壺，坐在那裏猜拳玩耍喝酒[3]。
行者丟了掃箒，拿了鐵棍，攔住塔門喝道：偷取塔上寶貝的，原來是你們兩個。
行者道：拏住偷寶貝的賊了。
三藏喜道：是哪裏拏來的？

---

行者悄悄地出了前门，腾云观看，只见第十三层塔心里，坐着两个妖精，中间一盘肉，一只碗，一把酒壶，坐在那里猜拳玩耍喝酒。
行者丢了扫箒，拿了铁棍，拦住塔门喝道：偷取塔上宝贝的，原来是你们两个。
行者道：拏住偷宝贝的贼了。
三藏喜道：是哪里拏来的？

---

[3] 猜拳，規範滿文讀作“simhun buhiyembi”，句中“simhun,”意即「指頭」、「手指」，此作“šumhun”，異。

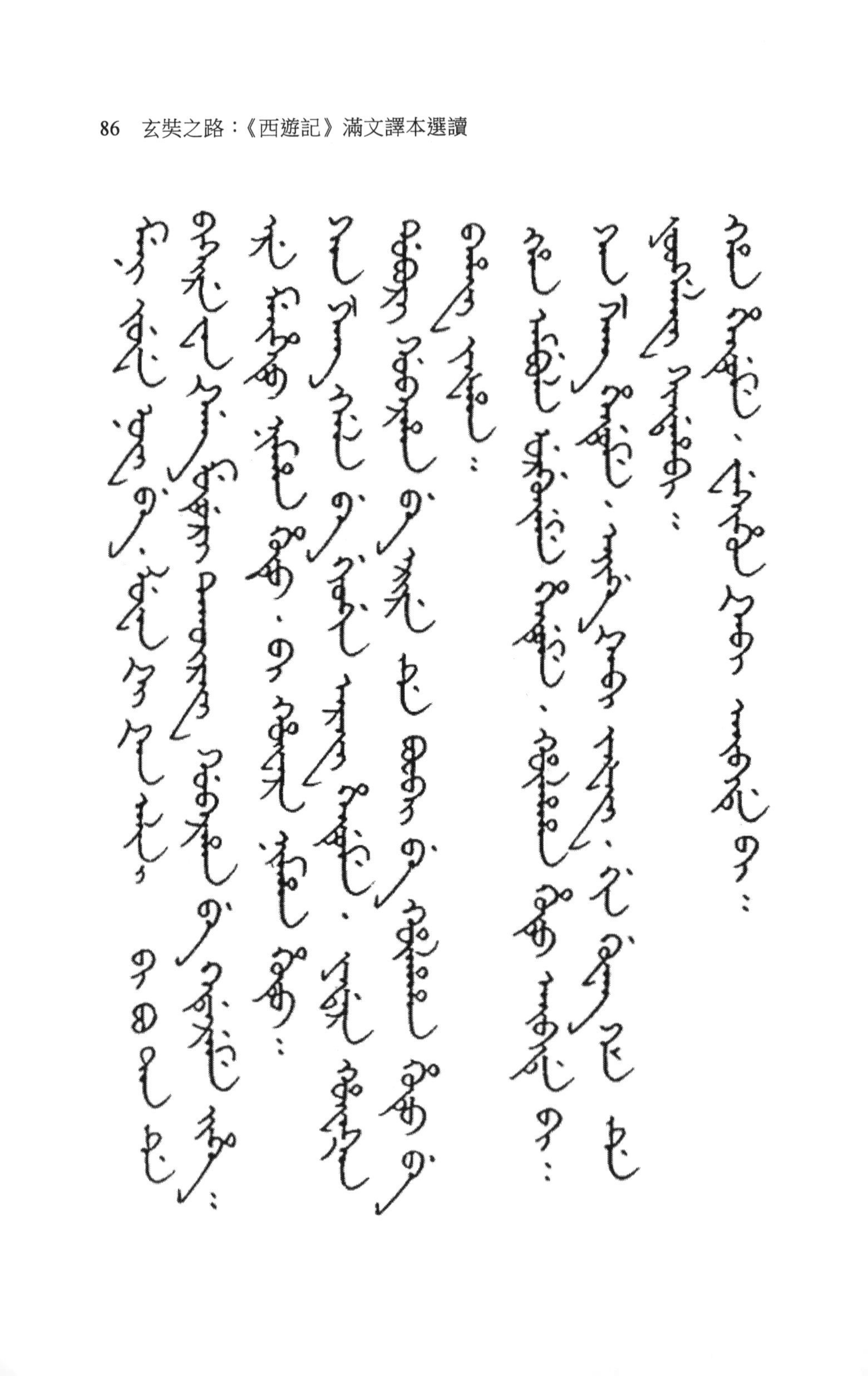

[illegible]

meni juwe nofi be, luwan ši šan alin i bi bo tan de bisire wan šeng muduri takūrafi subarhan be kedereme jihe.
ere meihetu nimaha hutu, bi hūwara nimaha hutu.
san dzang gala be giogin arafi hendume, yadara hūwašan dobori subarhan be erire de boobai be hūlhaha hutu be bahafi jafaha.
han ambula urgunjeme hendume, hūlhaha hutu aibide bi.
san dzang hendume, ajige šabi jafafi, gin guwang sy de yooselafi sindahabi.
han hendume, wesihun šabi aibide bi.

---

我們兩個是亂石山碧波潭萬聖龍王差來巡塔的。
他是鯰魚怪，我是黑魚精。
三藏合掌道：貧僧夜裏掃塔時，捉住了偷寶的妖賊。
國王大喜道：妖賊安在？
三藏道：小徒拏住後鎖在金光寺裏。
國王道：高徒在哪裏？

---

我们两个是乱石山碧波潭万圣龙王差来巡塔的。
他是鲇鱼怪，我是黑鱼精。
三藏合掌道：贫僧夜里扫塔时，捉住了偷宝的妖贼。
国王大喜道：妖贼安在？
三藏道：小徒拏住后锁在金光寺里。
国王道：高徒在哪里？

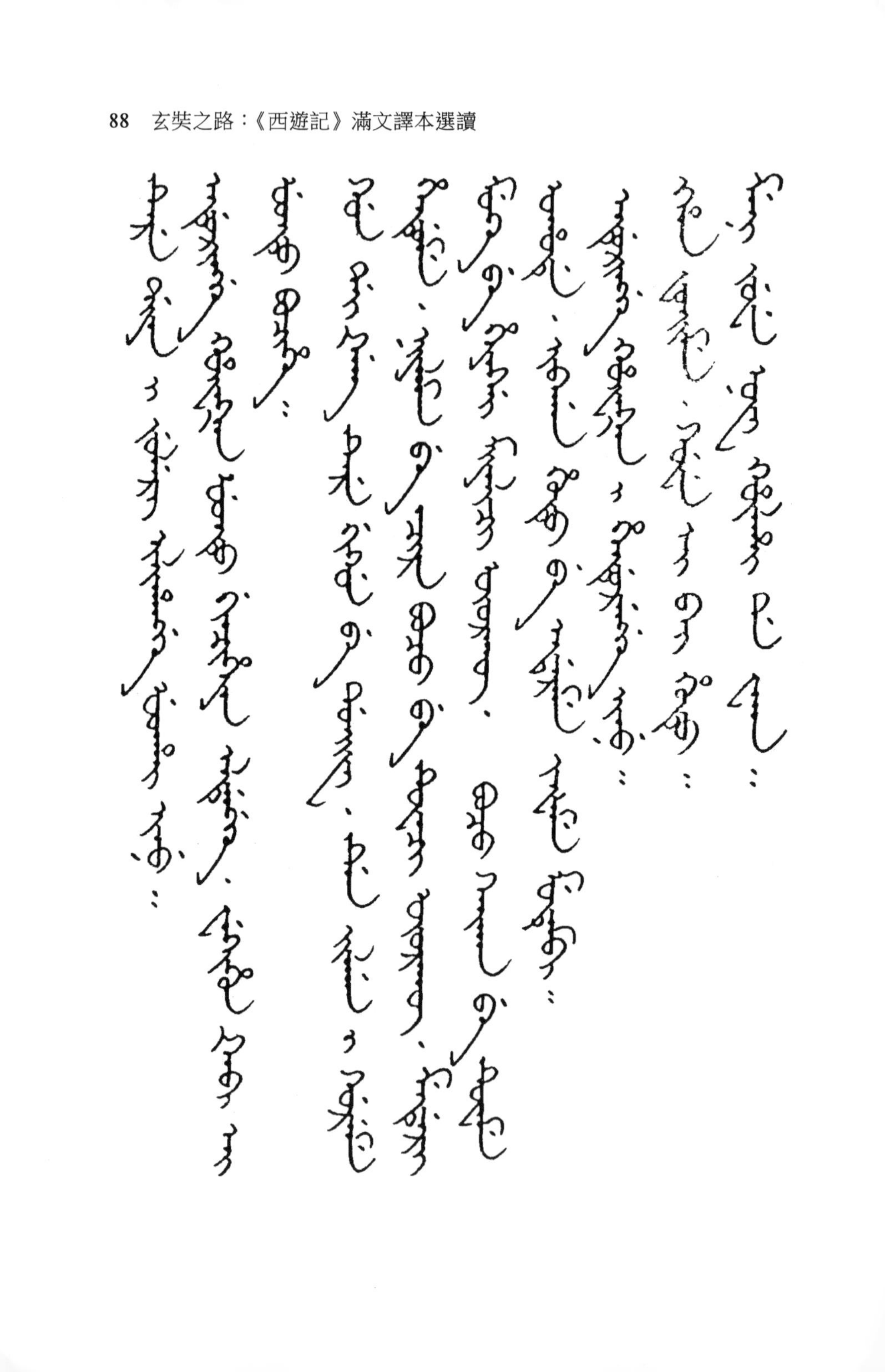

tere diyan i juleri ilihangge uthai inu.
enduringge hūwašan uttu gincihiyan eldengge, wesihun šabi ai uttu bocihe.
sun dai šeng tere gisun be donjifi, den jilgan i sureme hendume, niyalma be cira boco be tuwaci ojorakū, mederi muke be hiyasei miyalici ojorakū, boco saikan be tuwame ohode, ibagan hutu be adarame jafame mutembi.
enduringge hūwašan i hendurengge inu.
han fonjime, suwe ai bai hutu.
meni juwe nofi hūlhai da waka.

---

在那殿前站立的便是。
聖僧如此豐姿，高徒怎麼這等醜陋？
孫大聖聽見了那言語，高聲叫道：人不可貌相，海水不可鬥量，若看美醜，如何能捉得妖怪？
聖僧說的是。
國王問曰：你們是何方妖怪？
我們兩個不是賊頭。

---

在那殿前站立的便是。
圣僧如此丰姿，高徒怎么这等丑陋？
孙大圣听见了那言语，高声叫道：人不可貌相，海水不可斗量，若看美丑，如何能捉得妖怪？
圣僧说的是。
国王问曰：你们是何方妖怪？
我们两个不是贼头。

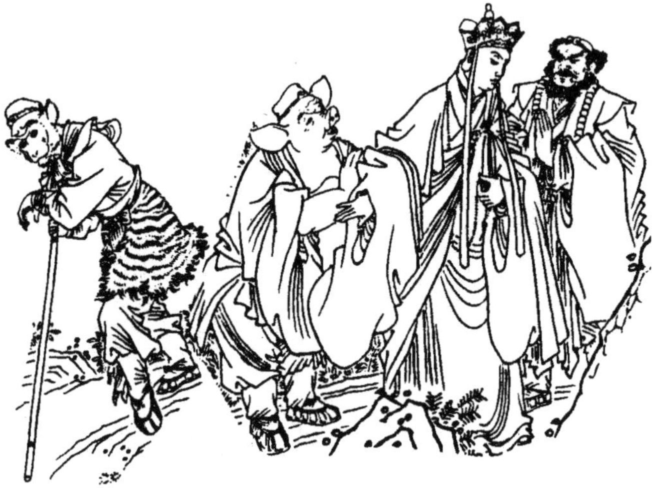

# 九、自我介紹

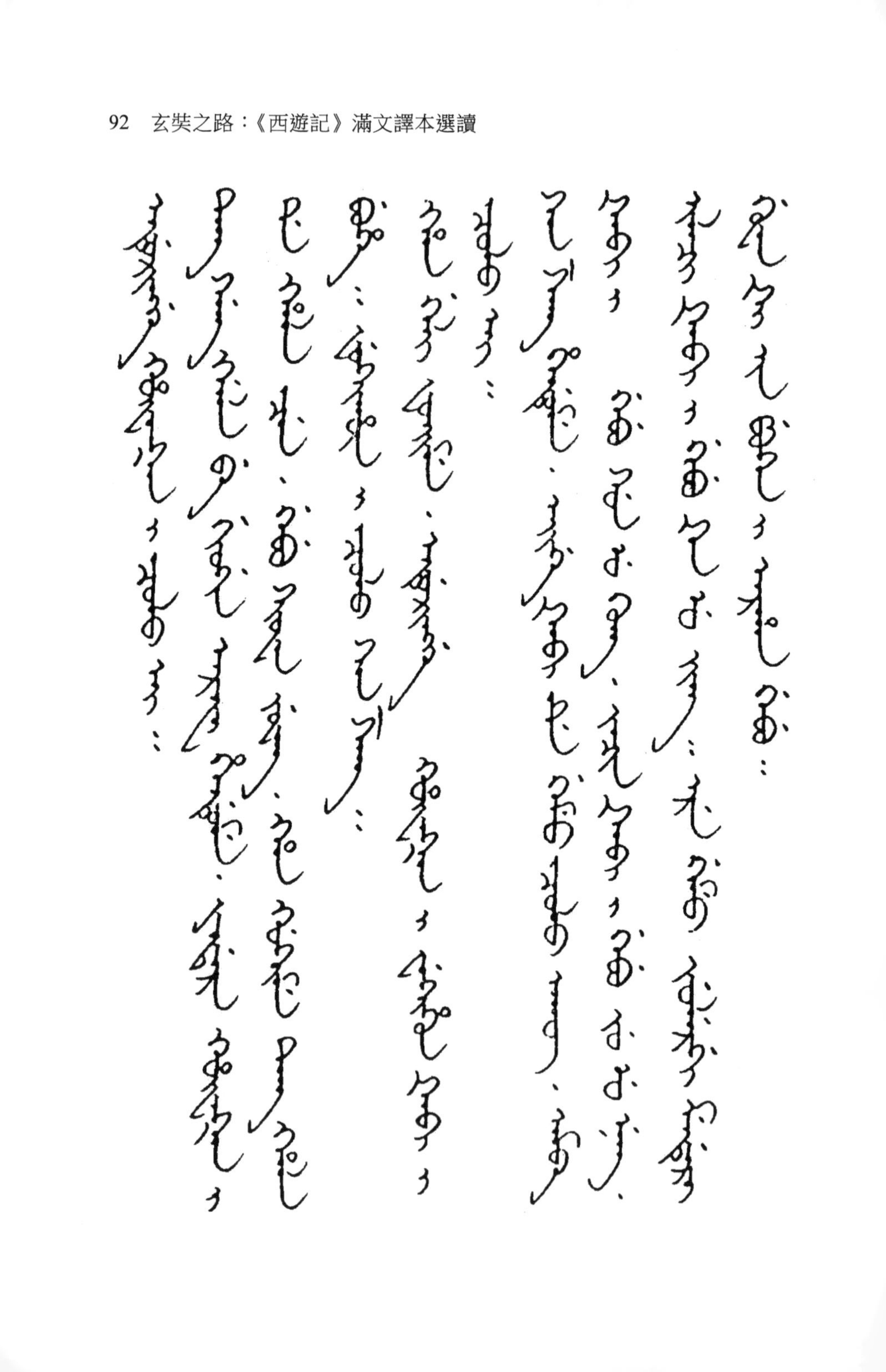

[illegible]

enduringge hūwašan i colo ai.
tang seng gala be giogin arafi hendume, ydara hūwašan i da hala cen, gebu siowan juwang, han gosime tang hala buhe. fusihūn i colo san dzang.
han geli fonjime, enduringge hūwašan i wesihun šabi i colo ai.
san dzang hendume, ajige šabi de gemu colo akū, amba šabi i gebu sun u kung, jacin šabi i gebu ju u neng, ilaci šabi i gebu ša u jing. ere gemu julergi mederi guwan ši in pusa i araha gebu.

---

聖僧尊號是什麼？
唐僧合掌道：貧僧本姓陳，法名玄奘，蒙皇帝賜姓唐，賤號三藏。
國王又問道：聖僧高徒尊號是什麼？
三藏道：小徒弟皆無號，大徒弟名孫悟空，二徒弟名豬悟能，三徒弟名沙悟淨，此皆南海觀音所命名。

---

圣僧尊号是什么？
唐僧合掌道：贫僧本姓陈，法名玄奘，蒙皇帝赐姓唐，贱号三藏。
国王又问道：圣僧高徒尊号是什么？
三藏道：小徒弟皆无号，大徒弟名孙悟空，二徒弟名猪悟能，三徒弟名沙悟净，此皆南海观音所命名。

ᠠᠰᡳᡥᠠᠨ ᡥᠣᡵᡤᠣᡥᠣ ᠪᡝ ᡤᡝᠨᡝᠮᡝ ᡨᡠᠸᠠᠮᡝ ᡳᠯᡳᡥᠠ᠈ ᠠᠰᡳᡥᠠᠨ ᡥᠣᡵᡤᠣᡥᠣ
ᡤᡳᠰᡠᡵᡝᠮᡝ ᠣᡥᠣ ᠪᡝ ᡨᡠᡨᡠᠸᡝ ᡳ ᠠᠨᠠᠮᡝ ᠪᡝ᠈ ᠪᡝ ᡤᡝᠨᡝᠮᡝ᠈ ᠠ ᠨᡳᠶᠠᠯᠮᠠ ᠪᡝ
ᠶᠠᠪᡠᡥᠠ ᡥᠣᡵᡤᠣᡥᠣ ᡤᡳᠰᡠᠨ ᡤᡡᠰᡝᠮᠪᡳ᠉
ᠣᠴᡳ᠈ ᡨᡝᡵᡝ ᡤᡳᠰᡠᠨ ᠪᡝ ᡨᡝᡵᡝᠮᡝ᠈ ᡨᡝᡵᡳ ᡤᡳᠰᡠᡵᡝᠴᡳ᠈ ᠣᠮᡝ ᡳᠯᡳᠮᡝ ᠪᡝ
ᠰᡝᠮᠪᡳ ᡨᡠᠸᠠᠮᡝ᠈ ᠶᠠᠪᡠ ᡳᠯᡳᠮᡝ ᠪᡝ ᠪᡠᠮᠪᡳ ᡳᠯᡳᡥᡝ ᡥᠣᠰᡳᠮᡝ᠉
ᠣᠴᡳ᠈ ᠣᡥᠣ ᡳᠯᡳᠮᡝ ᠪᡝ ᡨᡝᡵᡝ ᡨᡝᡵᡳ ᡨᡠᠸᠠᡥᠠ᠉ ᠮᡝᠨᡝ ᡳ ᡥᠣᠰᡳᠮᠪᡳ
ᠠᡳᠰᡳ᠈ ᠪᡝ ᡤᡝᠨᡝᡥᡝ᠈ ᠣᠮᡝ ᠪᡝ ᠨᡳᠶᠠᠯᠮᠠ ᡨᡠᠸᠠᡥᠠ᠉ ᡨᡝᡵᡝ ᡨᡠᠸᠠᡥᠠ᠈ ᡴᡠᠰᡳᠮᡝ
ᠪᡳᡥᡝ᠈ ᠪᡝ ᠮᡝᡵᡝ᠈ ᡨᡝᡵᡝ ᡨᡠᠸᠠᡥᠠ᠈ ᡥᠣᠰᡳᡥᠠ᠉ ᡴᡠᠪᡳᠰᡳᡥᠠ᠈ ᡨᡝᡵᡝ ᡥᠠᠰᡳᡥᠠ
ᠪᡝ ᡤᡳᠰᡠᡵᡝᠮᡝ ᡨᡠᠸᠠᡥᠠ᠉ ᠪᡝ ᡨᡠᠸᠠᡥᠠ᠉ ᡥᠣᡵᡤᠣ ᡥᠣᠰᡳᡥᠠ
ᠰᡠᠸᡝ ᠪᡝ ᡥᠣᠰᡳᠮᠪᡠᡥᡝ ᡨᡝᡵᡝ ᡨᡠᠸᠠᡥᠠ᠉ ᡤᡳᠰᡠᠨ ᡥᠣᡵᡤᠣ ᡳ

yadara hūwašan be sefu obure jakade, yadara hūwašan geli u kung be hing je, u neng be, ba giyei, u jing be ša hūwašan seme gebulehe.
han, tere gisun be donjifi, ele gingguleme, tang seng be sakda fucihi, ša seng be pusa seme hūlambi.
han, san dzang be solime dele tebuhe. hing je hashū ergide, ba giyei, ša seng ici ergide tehe. gemu bolgo sogi, tubihe i jergi hacin tukiyehebi. han juleri bakcilame tehe. bithe coohai geren hafasa ejen i kesi de hengkilefi teni tehe.

---

貧僧因為是師父，所以貧僧又稱悟空為行者，悟能為八戒，悟淨為沙僧。
國王聞其言，更加恭敬，遂稱唐僧為老佛，稱沙僧為菩薩。
國王請三藏上坐，行者坐左側，八戒、沙僧坐右側，都是素菜，並獻上鮮果等類。國王在前面對坐，文武百官叩謝君恩後方坐下。

---

贫僧因为是师父，所以贫僧又称悟空为行者，悟能为八戒，悟净为沙僧。
国王闻其言，更加恭敬，遂称唐僧为老佛，称沙僧为菩萨。
国王请三藏上坐，行者坐左侧，八戒、沙僧坐右侧，都是素菜，并献上鲜果等类。国王在前面对坐，文武百官叩谢君恩后方坐下。

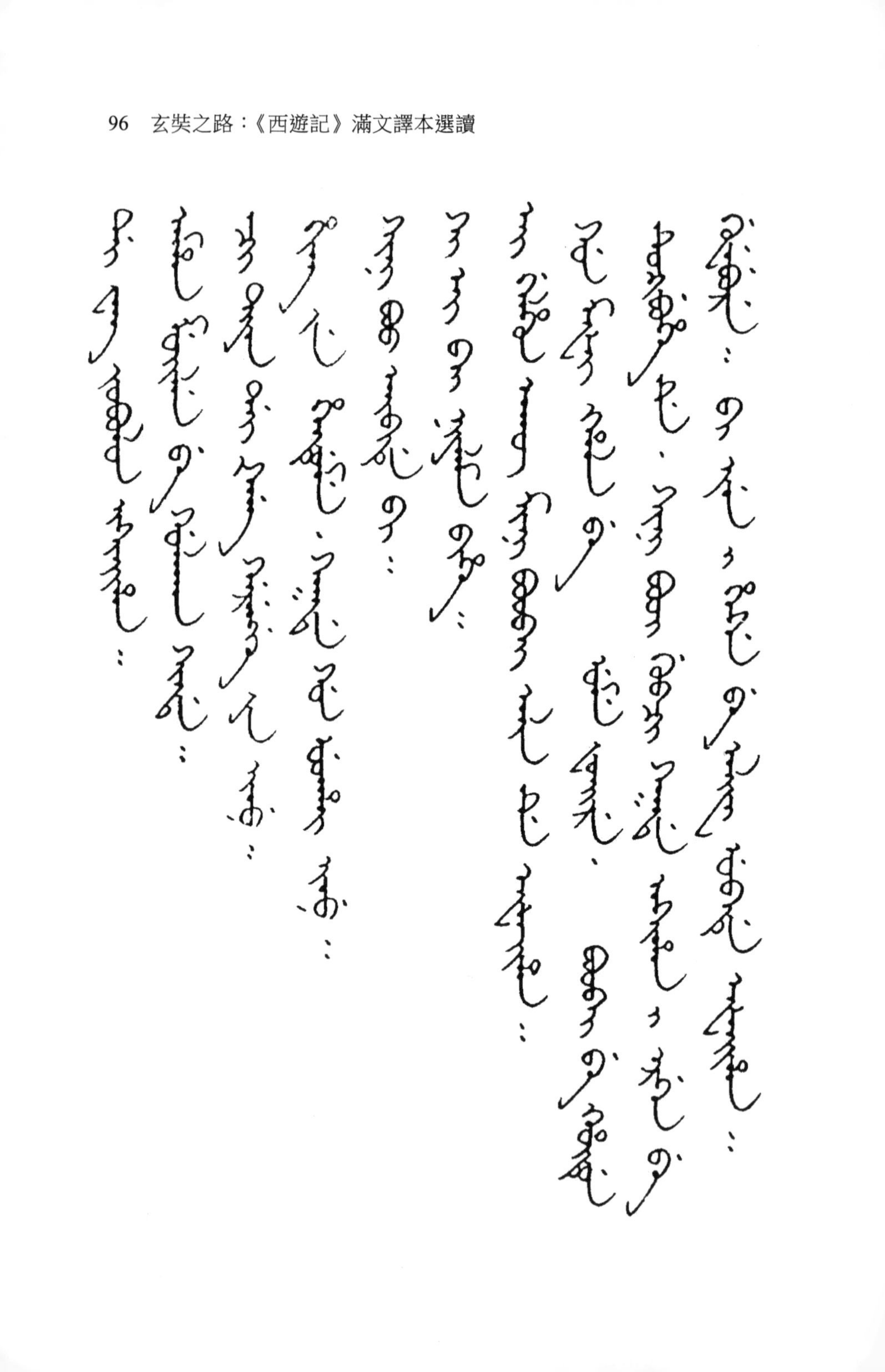

[illegible]

dai wang jobolon isinjiha.
amha mujilen be sulakan sinda.
ci tiyan dai šeng serengge ya inu.
hing je hendume, sakda sun uthai inu.
sini boo aibide bi.
si ai bai niyalma bihe.
ai gelhun akū mini boobai alin de afanjiha.
sun mafai hala be ume fonjire, boobai be hūdun tucibuhe de, sini booi gubci sakda asihan i ergen be guwebure. bi ejen i hese be alifi ubade afanjiha.

---

大王禍事來了。
岳父放心。
齊天大聖是哪一個？
行者曰：老孫就是。
你家在何處？
你是什麼地方人？
怎敢上我寶山廝鬧？
別問孫爺爺的姓氏，快快拿出寶貝，饒你全家老少性命。
我奉國君諭旨來這裏打鬧。

---

大王祸事来了。
岳父放心。
齐天大圣是哪一个？
行者曰：老孙就是。
你家在何处？
你是什么地方人？
怎敢上我宝山厮闹？
别问孙爷爷的姓氏，快快拿出宝贝，饶你全家老少性命。
我奉国君谕旨来这里打闹。

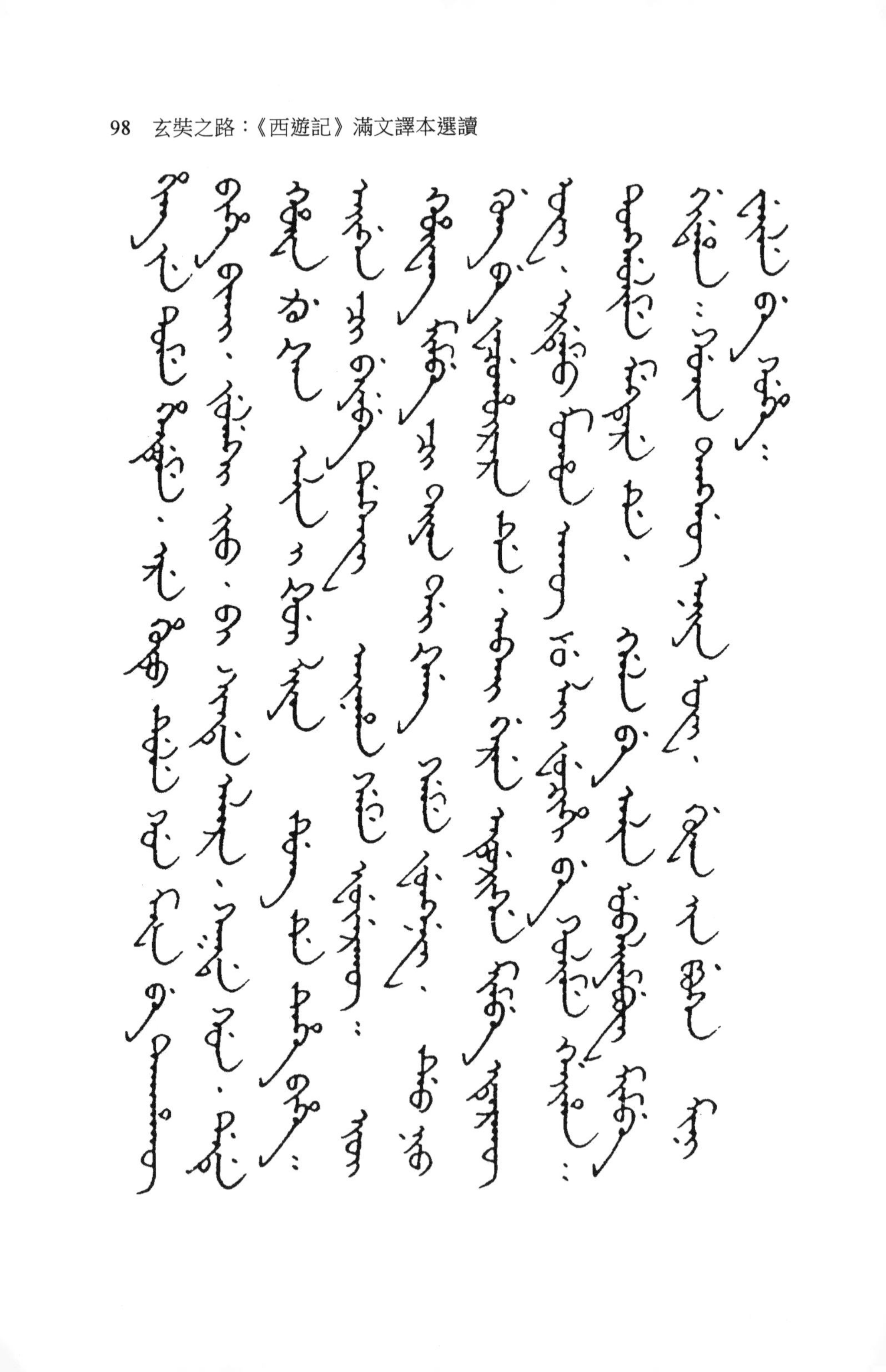

hing je tome hendume, ere hutu dule sun mafa be takahakū bihe bikai, julesi jio, bi sinde alara, sakda sun, dade hūwa g'o šan alin i šui liyan dung de tehe bihe. ajigen ci beyebe dasafi ainaha seme efujerakū. ioi hūwang mimbe ci tiyan dai šeng seme fungnefi, deo nio gung be facuhūrara de, abkai geren endurise mimbe eterakū ofi, erdemu mohon akū žu lai fucihi be solime gajiha, tonggolime mektere de, gala be alin ubaliyambufi mimbe gidaha. sunja tanggū aniya ofi, guwan in pusa mini weile be suhe.

---

行者罵道[4]：此怪原來不識孫爺爺啊！向前過來我告訴你，老孫原本住在花果山水簾洞。自幼修身，斷不破壞。玉皇封我齊天大聖，斗牛宮作亂時，天上眾仙勝不了我，請來法力無窮的如來佛。打賭翻筋斗時，把手變成山壓住了我。五百年後，觀音菩薩免除了我的罪。

---

行者骂道：此怪原来不识孙爷爷啊！向前过来我告诉你，老孙原本住在花果山水帘洞。自幼修身，断不破坏。玉皇封我齐天大圣，斗牛宫作乱时，天上众仙胜不了我，请来法力无穷的如来佛。打赌翻筋斗时，把手变成山压住了我。五百年后，观音菩萨免除了我的罪。

---

4 行者罵道，句中「罵」，滿文讀作“toome”，此作“tome” ，異。

ᠰᡝᠮᡝ ᡤᡡᠨᡳᡥᡝ ᠮᡝᠨᡳ ᠪᡝᠶᡝ᠈ ᡨᡠᠪᡝ ᡤᡝᠮᡠ ᠰᡳᠯᡳᠨ
ᠪᡝᠶᡝ ᡨᡝᡵᡝ᠉ ᠪᡝ ᡨᡠᠮᡝᠨ ᠪᡠᠵᡳᠯᡳ ᠠᠮᠪᡠᡳ᠈ ᡨᡝᠷᡝ ᡤᡝᠮᡠ ᡤᡳᠰᡠᡵᡝᠨ
ᠠᠯᡳᡥᠠ ᠮᡝᠨᡳ᠈ ᠪᠠᡳᠴᡝ ᡨᡝᡵᡝ ᡥᡝᠴᡝᡥᡠᠨ ᡨᡠᠯᡳᠮᠪᠠᡥᠠ᠉
ᠪᡳᠰᡳᠮᡝ ᠪᠣᠴᠣᡤᡝ᠈ ᠮᡝᠨᡳ ᠪᡝᠶᡝ ᠪᡠᠯᡳᡥᡝᠮᠪᡳ ᡝᠵᡝᠮᡝ᠉ ᡤᡳᠰᡠᠮᠪᡳᡥᡝ
ᠪᡝᠶᡝ ᠪᡝᡳᠴᡝ ᡨᡠᠮᡝᠨ ᠪᡠᠵᡳᠯᡳ᠈ ᡨᡝᠷᡝ ᡤᡠᠨᡳᠮᡝ ᠰᡝᠮᡝ ᡤᡳᠰᡠᡵᡝᠮᠪᡳ
ᠪᡝᡳᠴᡝ᠉ ᡨᡠᡵᡤᡠᠨ ᡨᡠᡶᡠ ᡨᡠᠪᡝ ᠪᡠᡥᡝ ᡤᡳᠰᡠᡵᡝᠮᠪᡳ ᠮᡝᠨᡳ ᡨᡝᡵᡝ ᡤᡝᠮᡠ
ᡤᡳᠰᡠᡵᡝᠮᡝ ᡝᠵᡝᠮᡝ ᠪᡳᠮᠪᡳ ᡨᡠᡵᡤᡠᠨ ᠪᡝᡵᡳ ᠪᡝᠶᡝ᠉
ᠰᡝᠮᡝ ᡤᡳᠰᡠᡵᡝᠮᡝ᠈ ᠮᡠᠰᡝᡳ ᡝᠵᡝᠮᡝ ᠪᡝ ᡨᡠᠮᡝᠨ ᠪᡝᠶᡝ᠈ ᡤᡝᠮᡠ ᡝᠵᡝᠯᡝᠮᡝ ᠪᡝ᠈ ᠪᡝ
ᠮᡠᠰᡝᡳ ᡨᡝᡵᡝ ᠪᡝ ᠪᡝᠶᡝᡳ ᡝᠵᡝᠯᡝᠮᡝ ᠪᡳ᠈ ᡤᡝᠮᡠ ᠰᡳᠯᡳᠨ ᠪᡝ
ᡳᠯᡩᡠᠪᡠᠮᠪᡳ ᠰᡝᠮᠪᡳ᠉

fu ma šahūrun injefi hendume, si dule ging ganara hūwašan nikai. bi terei boobai be hūlgaha〔hūlhaha〕, si ging ganambi, sinde ai dalji, ubade ainu afanjiha.
hing je hendume, ere ai uttu doro sarkū. gin guwang sy i hūwašasa utala aniya joboho, tere meni emu duwali niyalma. terei jalin de hūsun tucifi sui akū be getukeleci ojorakū mujanggo.
fu ma hendume, uttu oci ainci afaki sembi dere. aikabade sini ergen be jocibuha de, ging ganara be sartaburahū sembi.

---

駙馬冷笑道：你原來是取經的和尚。我偷他的寶貝，你取經，與你何干？為何在這裏廝鬧？
行者道：此怪為何如此不達理？金光寺的僧人受苦這麼多年了，他是我們一門同類，怎麼不為他出力，辨明寃枉呢？
駙馬道：既然如此，想是打鬪吧！倘或傷了你的性命，恐誤了取經。

---

驸马冷笑道：你原来是取经的和尚。我偷他的宝贝，你取经，与你何干？为何在这里厮闹？
行者道：此怪为何如此不达理？金光寺的僧人受苦这么多年了，他是我们一门同类，怎么不为他出力，辨明寃枉呢？
驸马道：既然如此，想是打鬪吧！倘或伤了你的性命，恐误了取经。

ᠰᡳ ᡤᡝᠯᡝᡵᡝ ᠪᡳ ᡤᡡᠨᡳᠮᡝ ᠮᡠᠵᡳᠯᡝᠨ ᠪᡳ᠉

ᡨᡝᡵᡝ ᡳ ᡤᡝᠯᡝᠮᡝ ᡨᡠᠸᠠᠴᡳ᠈ ᠪᠠᡳᡨᠠ ᡩᡝ ᡨᡠᡵᡤᡠᠨ ᠪᡳ᠉

ᡠᡥᡝᡳ ᡠ ᡤᡝᠨᡝᡥᡝ ᡩᡝ᠈ ᡥᡝᠨᡩᡠᠮᡝ ᡩᡝ ᡤᡝᠯᡝᠮᡝ ᠪᡳ᠉

ci tiyan dai šeng aibide bi.
alin i fejile ilifi, hūlara be aliyame bi.
sun u kung age, meni age simbe jio sembi.
dai šeng si amba jobolon ci ukcafi, targacun be alime, can tacikū de dosifi, gung be mutebufi, šu ilga i soorin de tere hamika. yargiyan i urgun kai.
ere gisun be adarame alime mutembi. udu jobolon ci ukcafi wasihūn genecibe, gung be ai erin de mutebure be sarkū. amba ahūn be solime bibufi aisilara be baimbi. gosici aisilara biheo.

---

齊天大聖何在？
站在山下，等候呼喚。
孫悟空大哥，我們大哥請你來相見。
大聖你脫離大難，受戒入沙門，刻日功成，將坐蓮座，實可賀可喜。
此話怎麼能承受，雖然脫難西行，未知何時能成功？請大哥留下相助，未知肯見愛相助否？

---

齐天大圣何在？
站在山下，等候呼唤。
孙悟空大哥，我们大哥请你来相见。
大圣你脱离大难，受戒入沙门，刻日功成，将坐莲座，实可贺可喜。
此话怎么能承受，虽然脱难西行，未知何时能成功？请大哥留下相助，未知肯见爱相助否？

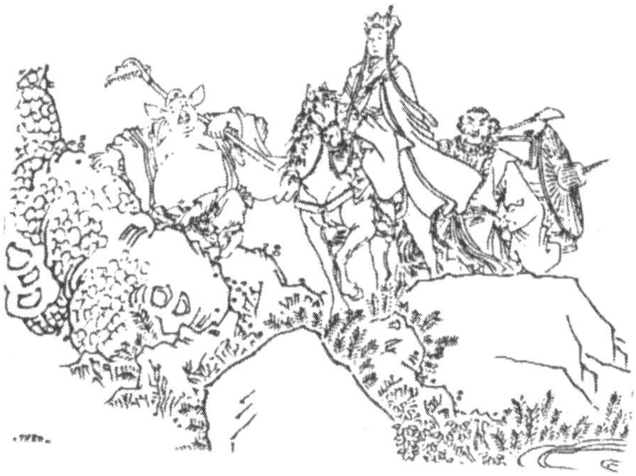

# 十、披荊斬棘

ᠮᠣᡵᡳᠨ ᠮᠣᡥᠣᡶᡳ ᠰᡝᡶᡠ ᠪᡝ ᡨᠠᡶᡠᠯᠠᠮᡝ᠉

ᠪᡳ ᠪᡝᠶᡝ ᡨᡠᠸᠠᠴᡳ᠈ ᡤᡠᠪᠴᡳ ᡳᠴᡳ ᠵᡳᡥᡝ᠈ ᡨᡠᠸᠠᠮᡝ ᠠᡴᡡ᠈ ᡳᠰᡳᠨᠵᡳᡶᡳ ᡤᡳᠰᡠᡵᡝᠮᡝ᠈ ᠰᡝᡴᡳᠶᡝᠮᡝ᠉

ᠪᡝᠶᡝ ᠰᡝᡶᡠ ᠪᡝ ᡨᡠᡴᡳᠶᡝᠮᡝ ᠪᠠᠨᡳᡥᠠ᠈ ᠪᠣᠵᡳᡥᡳ ᠪᡝ ᠪᡠᡥᡝ ᡤᡝᠮᡠ ᠵᠠᠯᡠᠮᡝ ᡨᡠᠸᠠᠮᡝ᠈

ᡝᡵᡝ ᡤᡡᠨᡳᠨ ᠪᡝ ᠠᠯᡳᠮᡝ ᡤᡝᠮᡠ ᡨᡠᠸᠠᡥᠠ᠈ ᠵᡠᡵᡤᠠᠨ ᠪᡝ ᠪᡠᡥᡝ ᡨᡠᠸᠠᠮᡝ᠈

ᠪᡳ ᠪᡝᠶᡝ ᡳᠴᡳ ᠵᡳᡥᡝ᠉ ᡝᡵᡝ ᠪᠣᡩᠣᠮᡝ ᠪᠣᠵᡳᠮᡝ᠉

ᡝᡵᡝ ᡳᡵᡤᡝᠨ ᠪᡝ ᠰᠠᡵᡤᠠᠨ ᡨᡠᠸᠠᠮᡝ ᡝᡩᡝ ᠮᡠᠵᡳᠯᡝᠨ ᠪᡝ ᠰᠠᡵᡳᡴᡳ᠈ ᡳᠯᡳᡥᠠᡵᡳ ᡤᡳᠰᡠᠨ ᠪᡝ᠈

ᡝᡵᡝ ᡤᡳᠰᡠᠨ ᠪᡝ ᡳ ᡥᠣᠨᡳᠨ ᡳ ᠪᠣᠵᡳᠮᡝ ᡤᡝᠮᡠ᠉

ᡝᡵᡝ ᡤᡳᠰᡠᠨ ᠪᡝᡵᡝ ᠠᠮᠠᡴᡳ ᡠᠰᡳᡥᠠᠨ ᡳ ᡤᡳᠰᡠᡵᡝᠮᡝ ᡤᡝᡵᡳ ᠪᠣᡨᠣᠯᠣᠮᡝ᠉

age aibici jihe be sarkū.
bi baita akū ofi, geren deote i emgi abalafi, amasi bedereme genembihe.
dai šeng waliyame gūnirakū, aisilame hutu be dahabu seci, ai gelhun akū gisun be daharakū.
ere ba i gebu ai. ai hutu biheni.
amba age onggohoo, alin uthai luwan ši šan alin inu.
alin i fejile emu bi bo tan bi.
wan šeng muduri i tehe gung inu.
wan šeng muduri ai gelhun akū subarhan i boobai be hūlhambi.

---

不知哥哥來自何處？
我因閒暇無事，同眾兄弟打獵而回。
蒙大聖不棄，相助降妖，何敢不如命？
不知這裏地名是什麼？有何妖怪？
大哥忘了嗎？此山就是亂石山。
山下有一個碧波潭。
是萬聖龍王住的龍宮。
萬聖龍王怎麼敢偷塔寶？

---

不知哥哥来自何处？
我因闲暇无事，同众兄弟打猎而回。
蒙大圣不弃，相助降妖，何敢不如命？
不知这里地名是什么？有何妖怪？
大哥忘了吗？此山就是乱石山。
山下有一个碧波潭。
是万圣龙王住的龙宫。
万圣龙王怎么敢偷塔宝？

ᡶᠠᠩᡤᠠ ᠵᠠᡴᠠ ᡥᡡᠸᠠᡧᠠᠨ᠈ ᠰᡠᠸᠠᠨ ᠨᡳᠶᠠᠯᠮᠠ ᠪᡝ ᡥᡡᠸᠠᡧᠠᠨ ᠰᡳᠮᡝ ᡤᡳᠰᡠᡵᡝᠮᠪᡳ᠉

ᡥᠣᠰᡳ ᡥᡡᠸᠠᡧᠠᠨ᠈ ᡳᠰᡳᠨᠠᡥᠠ ᡳᠯᡳᡥᠠ ᠨᡳᠶᠠᠯᠮᠠ ᠪᡝ ᡥᡡᠸᠠᡧᠠᠨ ᡨᡠᠸᠠᠮᠪᡳ᠉

ᡶᠠᠩᡤᠠ ᠠᡴᡡ ᡥᡡᠸᠠᡧᠠᠨ᠈ ᠰᡠᠸᠠᠨ ᡥᡡᠸᠠᡧᠠᠨ᠈ ᡥᡡᠸᠠᡧᠠᠨ᠈ ᡤᡳᠰᡠᡵᡝᠮᠪᡳ᠈ ᠰᡳᠰᡳᡥᡝ ᠪᡝ ᡝᡵᡳᠮᠪᡳ

ᠰᡝᠩᡤᡝᠰᡝ ᠪᠣᡳᡥᠣᠨ ᠰᡠᠸᠠᠨ ᠮᡠᠰᡝᠮᠪᡳ᠉ ᠰᡠᠸᠠᠨ ᡥᡡᠸᠠᡧᠠᠨ ᡝᡵᡳᠯᡝᡥᡝ᠈ ᡥᠠᠰᡝ

ᠪᠣᡳ ᠰᡠᠸᠠᠨ ᠪᠣᡳᡥᠣᠨ ᠪᡝ ᠮᡠᡴᡝᠮᠪᡳ᠉

ᡥᡡᠸᠠᡧᠠᠨ᠈ ᠰᡝᠮᡝ ᠨᡳᠶᠠᠯᠮᠠ ᠪᡝ ᠰᡳᠮᡝ ᡥᡡᠸᠠᡧᠠᠨ ᠰᡝᠮᡝ᠈ ᠪᠣᡳ ᠪᡝ

ᡳᠰᡳᠨᠠᡥᠠ ᡥᡡᠸᠠᡧᠠᠨ ᡳᠯᡳᡥᠠ᠈ ᠰᡳᠰᡳᡥᡝ ᡥᡡᠸᠠᡧᠠᠨ᠈ ᡤᡳᠰᡠᡵᡝᠮᠪᡳ᠈ ᠰᡳᠰᡝ ᠪᡳ

ᡨᠠᠩᡤᡡ ᡥᡡᠸᠠᡧᠠᠨ ᠰᡠᠸᠠᠨ ᡝᡵᡳᠮᠪᡳ᠉

ᠮᡠᡴᡡ ᡥᡡᠸᠠᡧᠠᠨ ᠰᡠᠸᠠᠨ ᠰᠠᡴᡩᠠ᠈ ᠪᠣᡳᡥᠣᠨ ᠪᡝ ᡥᡡᠸᠠᡧᠠᠨ ᡤᡳᠰᡠᡵᡝᠮᠪᡳ᠈

ᡨᠣᠮᠣᡥᠣᠨ ᠪᡝ ᡥᡡᠸᠠᡧᠠᠨ ᠰᡠᠸᠠᠨ᠈ ᠪᡝ ᡥᡡᠸᠠᡧᠠᠨ᠉

tang seng hendume, šabisa, ere jugūn be adarame yabumbi.
hing je hendume, adarame yabuci ojorakū.
tang seng hendume, šabisa jugūn i songko fejile bi, bula oilo burime banjihabi. meihe umiyaha ohode, teni fejergideri duleme geneci ombi.
ba giyei hendume, mangga akū, hedereku be jafafi, bula be hedereme jailabuha de, morin i yabure anggala, kiyoo de tefi inu duleci ombi.
san dzang hendume, sinde udu hūsun bihe seme, goro golmin be dosoburengge mangga.

---

唐僧道：徒弟們，這路怎麼行走？
行者道：怎麼走不得？
唐僧道：徒弟，路痕在下，荊棘在上，蛇蟲伏地，方可從下面走過去。
八戒道：不打緊，把釘耙分開荊棘，莫說乘馬，就是坐轎也可以過去。
三藏道：你雖有力，但長遠難耐。

---

唐僧道：徒弟们，这路怎么行走？
行者道：怎么走不得？
唐僧道：徒弟，路痕在下，荆棘在上，蛇虫伏地，方可从下面走过去。
八戒道：不打紧，把钉耙分开荆棘，莫说乘马，就是坐轿也可以过去。
三藏道：你虽有力，但长远难耐。

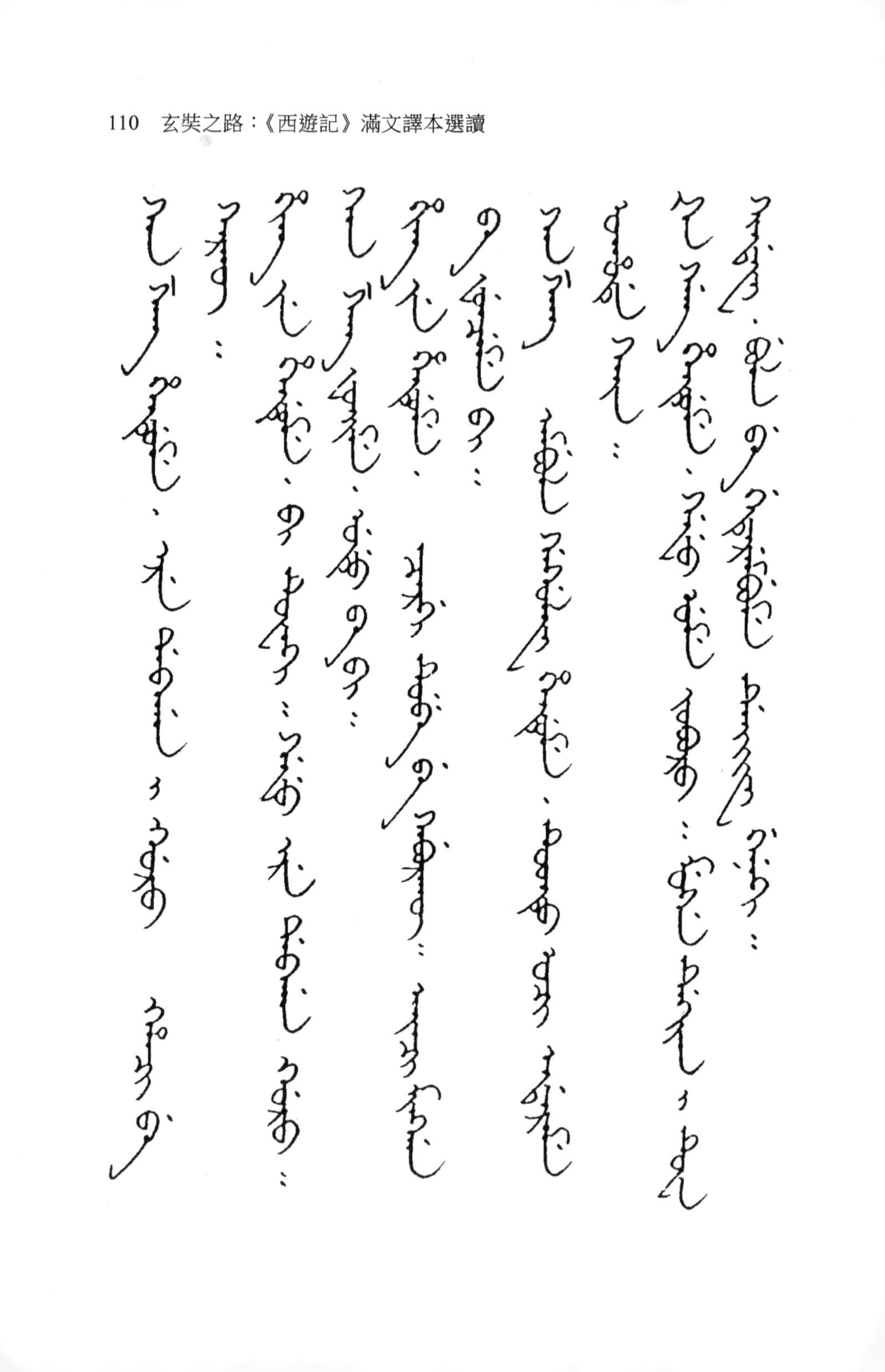

[illegible]

san dzang hendume, ere dabagan i goro hanci be sarkū.
hing je hendume, bi tuwaki. sefu ere dabagan goro.
san dzang fonjime, udu ba bi.
hing je hendume, cargi dube be saburakū. ainci minggan ba funceme bi.
san dzang ambula sesulafi hendume, tuttu oci adarame ohode sain.
ša seng hendume, sefu ume joboro. muse dekjin i tuwa sindafi, bula be geterembume deijifi geneki.

---

三藏道：此嶺不知遠近。
行者道：我去看看，師父此嶺很遠。
三藏問：有幾里？
行者道：一望無際，似有千餘里之遙。
三藏大驚道：這般怎生是好？
沙僧道：師父莫要耽心，我等放野火燒光荊棘過去吧！

---

三藏道：此岭不知远近。
行者道：我去看看，师父此岭很远。
三藏问：有几里？
行者道：一望无际，似有千余里之遥。
三藏大惊道：这般怎生是好？
沙僧道：师父莫要耽心，我等放野火烧光荆棘过去吧！

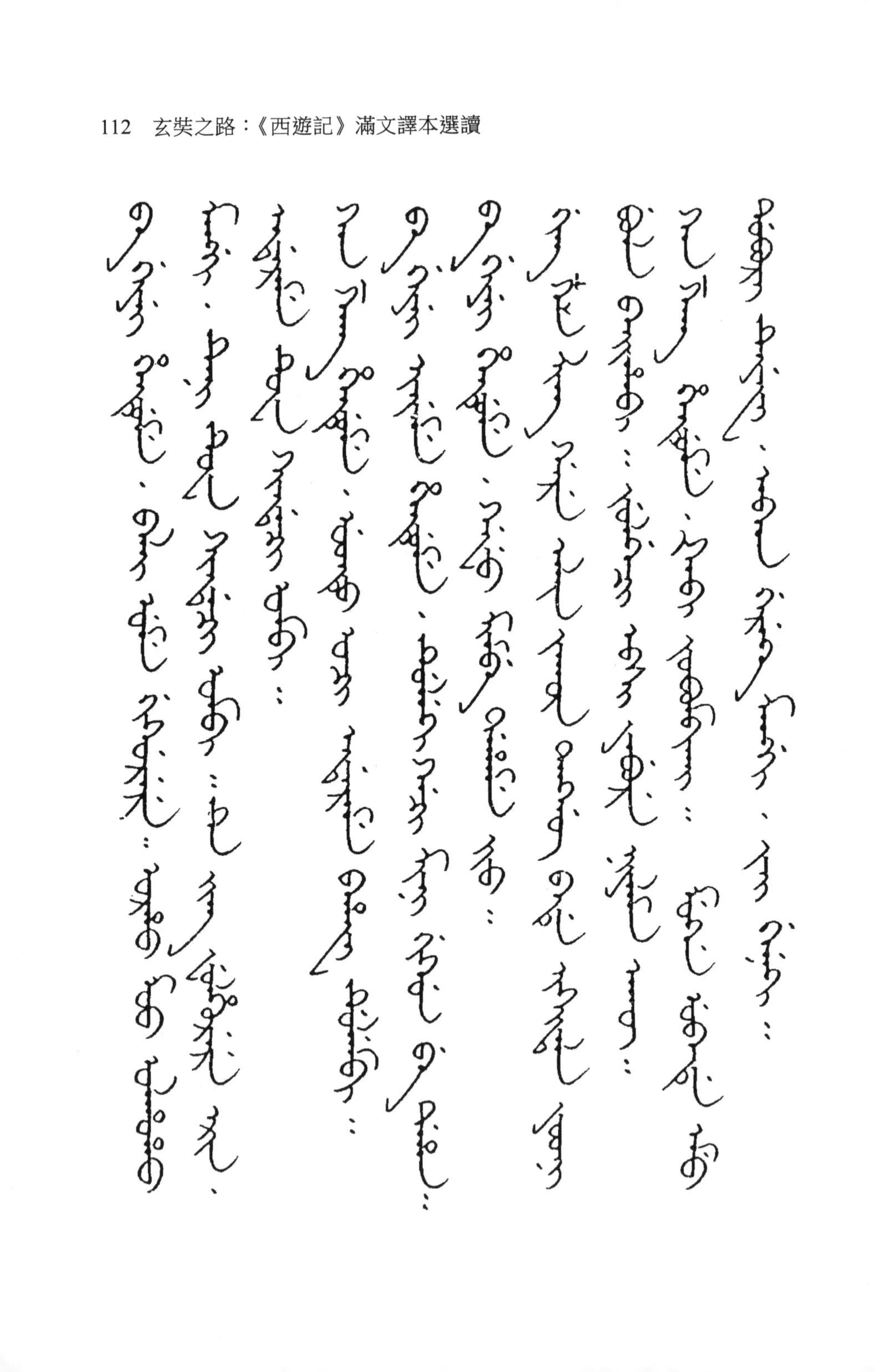

ba giyei hendume, balai ume gisurere. orho moo olhoho manggi, teni tuwa sindaci ombi. te jing fulhurere erin, adarame tuwa sindaci ombi.
san dzang hendume, uttu oci adarame bahafi dulembi.
ba giyei injeme hendume, duleki seci mini gisun be daha.
ba giyei hendume, sefu mimbe dahame jio.
ging ts'y ling sere alin jakūn tanggū bade isitala yooni bula banjihabi. julgeci ebsi yabure niyalma akū.
san dzang hendume, šabi jobombikai. muse ubade emu dobori teyefi, abka gereke manggi, jai geneki.

---

八戒道：不要亂說，草木乾枯後，方可放火。如今正當萌發之時，怎麼可以放火？
三藏道：這般怎生得度？
八戒笑道：要得度，還依我。
八戒道：請師父跟我來吧！
荊刺嶺八百里俱長滿了刺，古來無人行走。
三藏道：徒弟累了你也，我們在此歇息一夜，明早天亮後再走。

---

八戒道：不要乱说，草木干枯后，方可放火。如今正当萌发之时，怎么可以放火？
三藏道：这般怎生得度？
八戒笑道：要得度，还依我。
八戒道：请师父跟我来吧！
荆刺岭八百里俱长满了刺，古来无人行走。
三藏道：徒弟累了你也，我们在此歇息一夜，明早天亮后再走。

ᡤᡡᠨᡳᠨ ᠴᡳ ᡤᡡᠨᡳᠮᡝ᠈ ᠮᡝᠨᡳ ᠪᡝ ᡝᠯᡝ ᡝᡵᡝ ᡤᡡᠨᡳᠮᡝ᠈ ᠪᡠᠶᡝᠨ ᠪᡝ ᡝᡥᡝᠯᡝᠮᠪᡳ᠉

ᡤᡳᠶᠠᠨ ᡳᡵᡤᡝᠨ ᡤᡡᠨᡳᠮᡝ᠈ ᠰᡝᡵᡝ ᡠᠯᡥᡳᠮᠪᡳ ᠪᡳᠴᡳ᠈ ᡥᡝᠯᡝᠮᠪᡳ᠉ ᠮᡠᠵᡳᠯᡝᠨ ᠪᠠᠨᠵᡳᠴᡳ

ᡝᡵᡝ ᡴᠣᠣᠯᡳ ᠪᡝ᠈ ᠰᠠᠮᠪᡳ ᡤᡳᠶᠠᠨ ᠪᠣᡩᠣᠮᡝ ᡳᠰᡳᠮᡝ᠈ ᡝᠮᡠ ᡠᡥᡠᡵᡳ ᠰᡝᠮᠪᡳ᠈ ᡝᡵᡝ ᠪᡠᠶᡝᠨ ᠪᡝ ᡝᡥᡝᠯᡝᠮᠪᡳ᠉

ᠪᡠᠶᡝᠮᠪᡳ᠉

ᠰᡝᠮᡝ ᠰᡠᠸᠠᠨ ᠪᡳᡥᡝ ᡥᠠᠴᡳᠨ᠈ ᡤᡳᠶᠠᠨ ᠰᠠᡳᠨ ᠮᡝᠨᡳ ᡳᠯᡳᠮᠪᡳ ᡝ ᠪᡳ ᠰᡝᠮᠪᡳ᠉

ᡤᡡᠨᡳᠨ ᠴᡳ ᡤᡡᠨᡳᠮᡝ᠈ ᠮᡠᡴᡳᠶᡝᠴᡳ᠈ ᡝᡵᡝ ᡝᠮᡠ ᡳᠰᡳᠮᡝ ᠪᡠᠶᡝᠨ ᠪᡳᡥᡝ᠈

ᠰᡝᠮᠪᡳ ᡳᠰᡳᠮᡝ ᡤᡡᠨᡳᠮᡝ ᠪᡝ ᠪᡳ ᡠᠪᠠᡩᡝ ᠰᡝᠮᠪᡳ᠉

ᡝᡵᡝ ᠪᡳᠰᡳᡵᡝ ᡳᡵᡤᡝᠨ ᡤᡡᠨᡳᠮᡝ᠈ ᡥᠠᠴᡳᠨ ᡥᠠᠴᡳᠨ ᠪᡝ ᡝᡥᡝᠯᡝᡥᡝ ᠪᡳᡥᡝ ᡥᡝᠯᡝ᠉

ᠪᡝ ᠪᡠᠶᡝᡥᡝ ᠪᡳᡥᡝ᠉

ᡳᠯᡳᠮᡝ ᡤᡡᠨᡳᠮᡝ᠈ ᡥᠠᠴᡳᠨ ᡝᠮᡠ ᠰᡝᠮᠪᡳ᠉ ᡥᠠᠴᡳᠨ ᠰᡝᠮᠪᡳ ᠰᡝᡵᡝ᠉

hing je hendume, ere bade sain komso, ehe ambula.
ša seng hendume, age i kenehunjerengge tašaraha. ere niyalma isinjirakū bade, ehe gasha gurgu geli akū, aiseme gelembi.
dai šeng buya enduri, ging ts'y ling dabagan i tu di.
hing je hendume, takasu, ere aha sain niyalma waka, si ainaha tu di.
tere sakda mafa hendume, enduringge hūwašan ume gelere, be ehe niyalma waka.
san dzang hendume, gelhun akū fonjiki. enduri colo ai.

---

行者道：此地少吉多凶。
沙僧道：哥哥的疑惑錯了，這裏是人所不至的地方，又沒有兇鳥惡獸，怎麼懼怕？
大聖，小神是荊刺嶺的土地。
行者道：且住，這廝不是好人，你是什麼土地？
那老者道：聖僧休怕，我們不是歹人。
三藏道：敢問仙長什麼大號？

---

行者道：此地少吉多凶。
沙僧道：哥哥的疑惑错了，这里是人所不至的地方，又没有凶鸟恶兽，怎么惧怕？
大圣，小神是荆刺岭的土地。
行者道：且住，这厮不是好人，你是什么土地？
那老者道：圣僧休怕，我们不是歹人。
三藏道：敢问仙长什么大号？

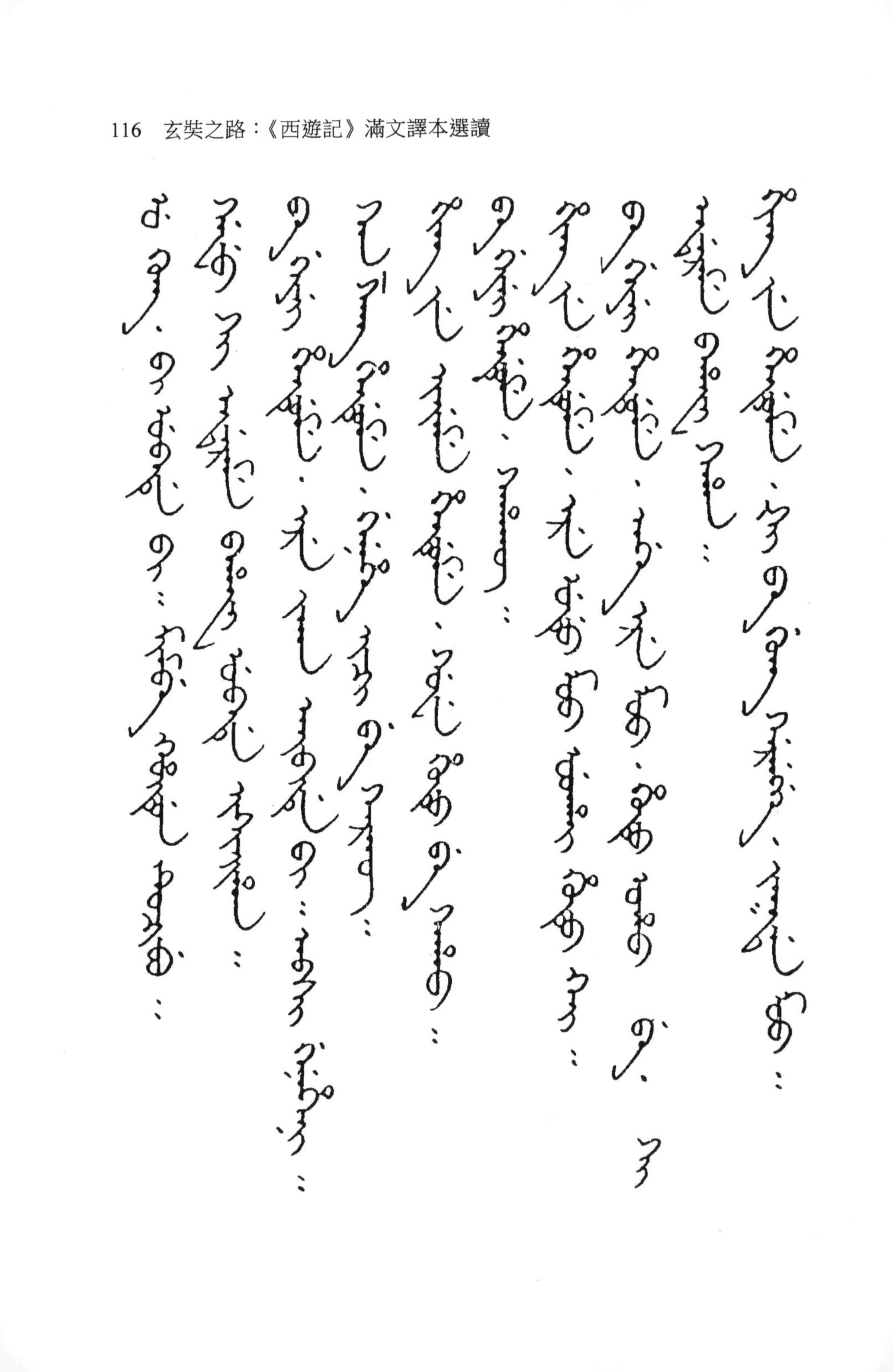

[illegible]

u kung, bi ubade bi. mimbe hūdun tucibu.
sefu si adarame bahafi ubade isinjiha.
ba giyei hendume, ere jaka aibide bi. absi geneheni.
san dzang hendume, genehe ici be sarkū.
hing je injeme hendume, suwe hutu be sahao.
ba giyei hendume, sahakū.
hing je hendume, ere udu moo uthai hutu kai.
ba giyei hendume. age ere moo, hutu oho be, si adarame bahafi saha.
hing je hendume, ši ba gung serengge, jakdan moo.

---

悟空，我在這裏哩，快來救我。
師父你怎麼得到此處？
八戒道：此物在於何處？往那方去了？
三藏道：去向之方不知。
行者笑道：你們可曾看見妖怪？
八戒道：不曾看見。
行者道：這幾株樹木就是妖怪啊！
八戒道：哥哥，怎得知道此樹成精了。
行者道：十八公是松樹。

---

悟空，我在这里哩，快来救我。
师父你怎么得到此处？
八戒道：此物在于何处？往那方去了？
三藏道：去向之方不知。
行者笑道：你们可曾看见妖怪？
八戒道：不曾看见。
行者道：这几株树木就是妖怪啊！
八戒道：哥哥，怎得知道此树成精了。
行者道：十八公是松树。

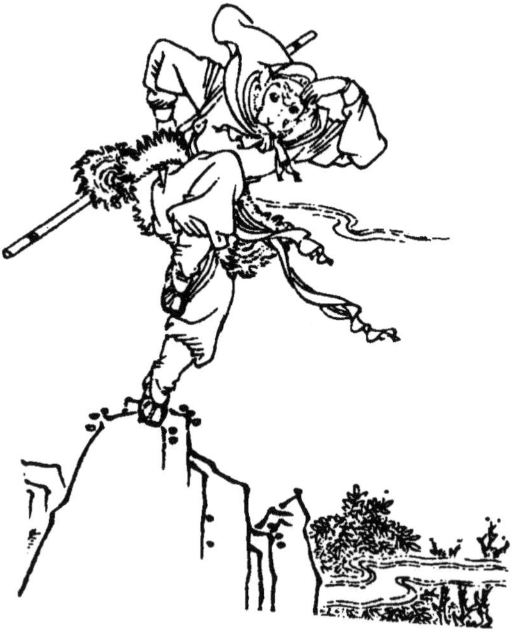

# 十一、彌勒降妖

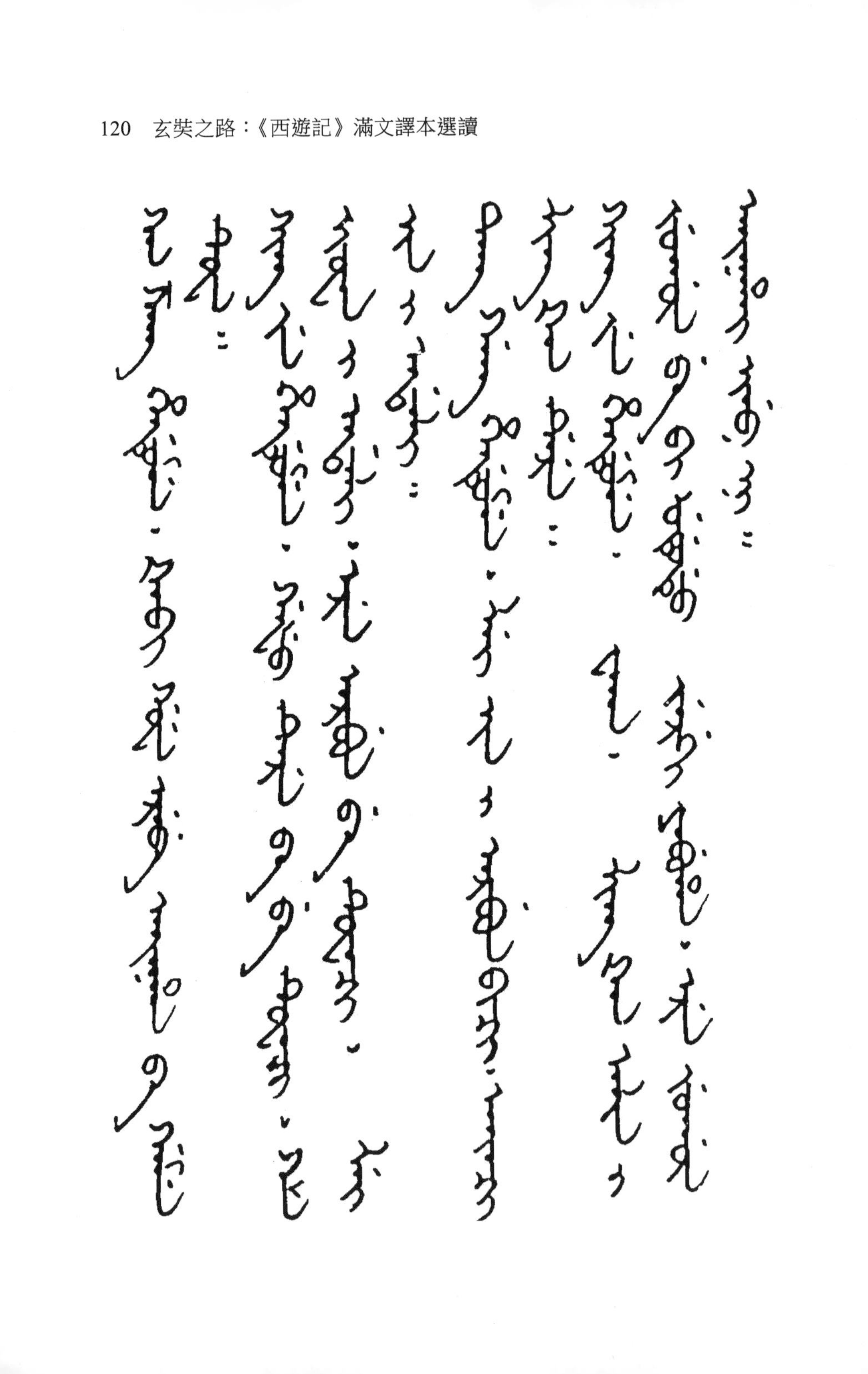

[illegible]

san dzang hendume, šabi suwe erebe ainaha ba seme tuwa.
sing je hendume, sefu tere ba be tuwaci, sy iowan i adali, ere arbun be tuwaci, lei in i adali.
tang seng hendume, lei in i arbun bici, ainci ling šan dere.
sing je hendume, waka, ling šan alin i jugūn be bi ududu jergi yabuha, ere jugūn ainahai inu ni.

---

三藏道：徒弟你們看這裏是個什麼去處？
行者道：師父，看那去處，像是寺院。觀此景象，像是雷音。
唐僧道：既有雷音之景，莫非就是靈山。
行者道：不是，靈山之路，我走過幾遍，怎麼是這條路呢？

---

三藏道：徒弟你们看这里是个什么去处？
行者道：师父，看那去处，像是寺院。观此景象，像是雷音。
唐僧道：既有雷音之景，莫非就是灵山。
行者道：不是，灵山之路，我走过几遍，怎么是这条路呢？

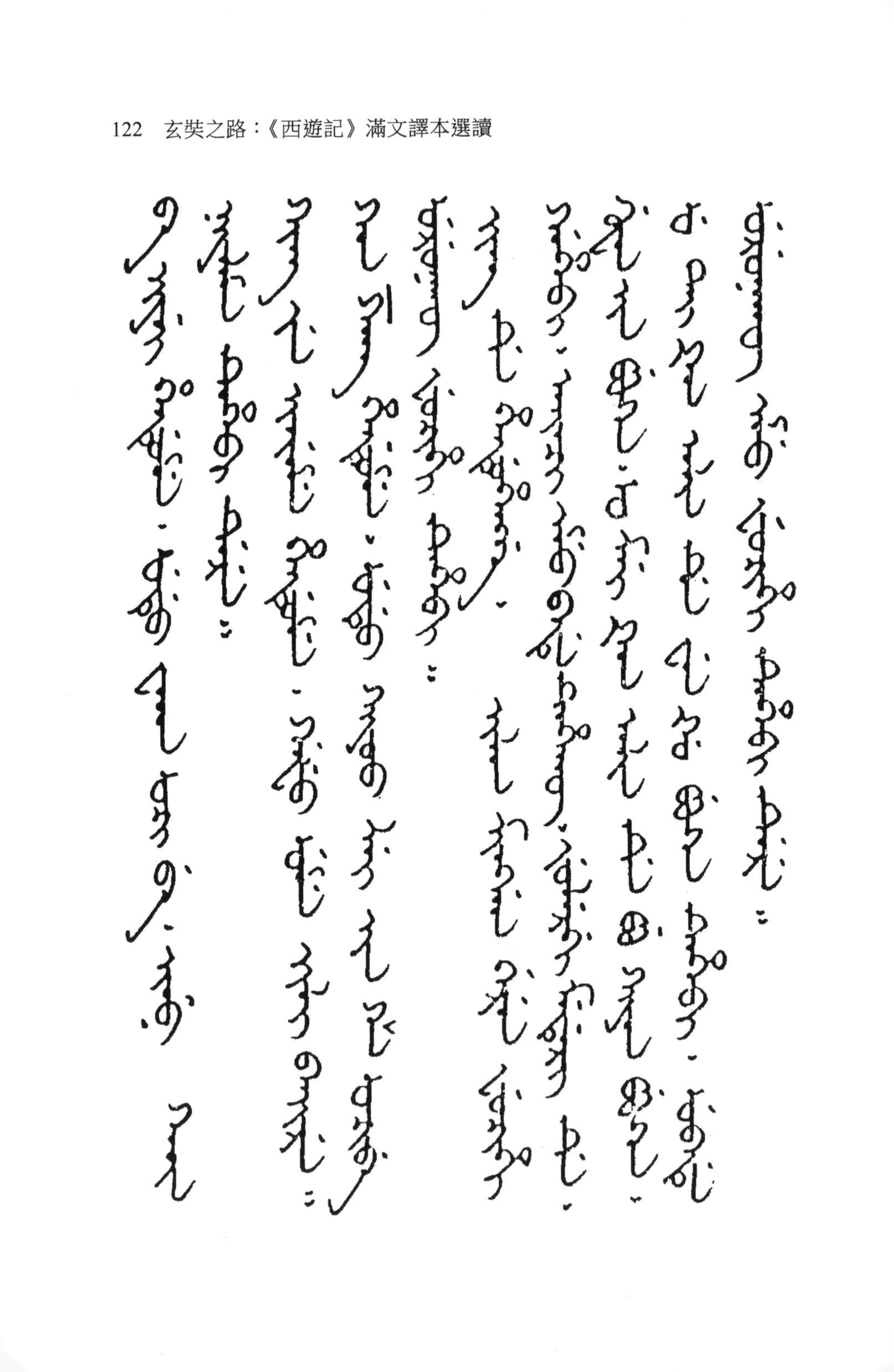

ba jiyei hendume, udu waka oci be〔ocibe〕, inu sain niyalma tehebi dere.
sing je injeme hendume, sefu ume jili banjire.
san dzang hendume, udu siyoo lei in sy ocibe urunakū fucihi tehe bi.
jing〔ging〕 de henduhengge, ilan minggan geren fucihi sehebi, ainci emu bade tehekū, julergi mederi de, guwan in pusa, o mei šan alin de pu siyan pusa, u tai šan alin de wen šu pusa tehebi, ubade urunakū emu fucihi tehebi dere.

---

八戒道：雖然不是，也是好人住著吧！
行者笑道：師父莫生氣。
三藏道：雖是小雷音寺，必定也有個佛祖住在裏面。
經上說：三千諸佛。諒必不住一方，如觀音菩薩在南海，普賢菩薩在峨眉山，文殊菩薩在五臺山，這裏必定有一位佛祖住在裏面。

---

八戒道：虽然不是，也是好人住着吧！
行者笑道：师父莫生气。
三藏道：虽是小雷音寺，必定也有个佛祖住在里面。
经上说：三千诸佛。谅必不住一方，如观音菩萨在南海，普贤菩萨在峨眉山，文殊菩萨在五台山，这里必定有一位佛祖住在里面。

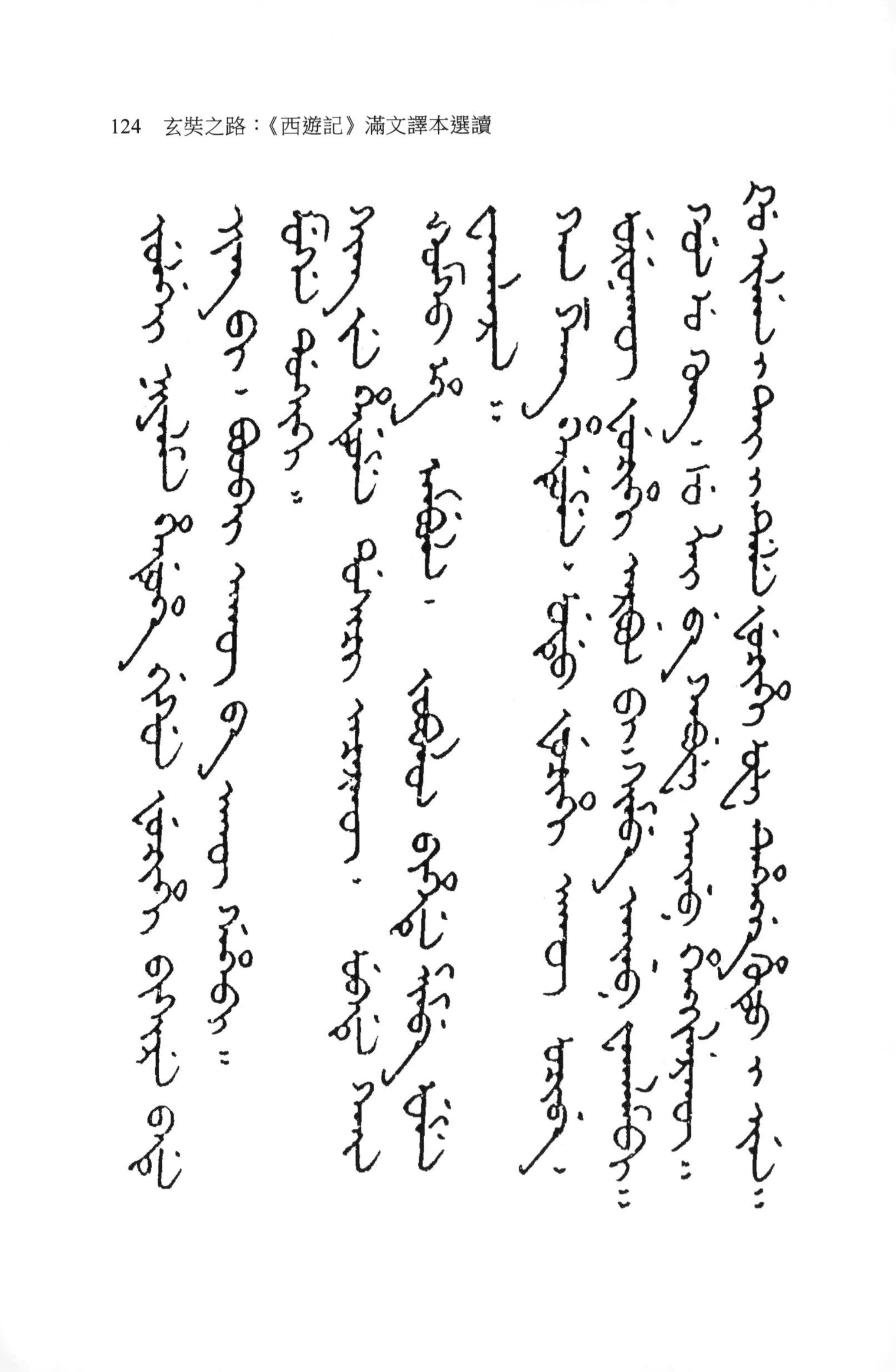

[illegible]

julgei niyalma henduhe gisun, fucihi bisire bade jing bi, boobai akū ba akū sehebi.
muse dosiki.
sing je hendume, dosici acarkū, ubade sain komso ehe ambula, jobolon bihede mimbe ume wakalara.
san dzang hendume, udu fucihi akū ocibe, urunakū fucihi arbun bi, simbe ainu wakalambi.
sun u kung, žu lai be sabufi ainu hengkilerkū.
šu ilga i tai i dele fucihi ofi 〔obufi〕tehengge hutu i ejen.

---

古人云：有佛之處有經，無寶無方。
我們進去吧！
行者道：不可進去，此處少吉多凶，若有禍患，你莫怪我。
三藏道：雖然無佛，一定有佛像，如何怪你？
孫悟空，見了如來，怎麼不拜？
蓮花臺上坐的佛祖是妖王。

---

古人云：有佛之处有经，无宝无方。
我们进去吧！
行者道：不可进去，此处少吉多凶，若有祸患，你莫怪我。
三藏道：虽然无佛，一定有佛像，如何怪你？
孙悟空，见了如来，怎么不拜？
莲花台上坐的佛祖是妖王。

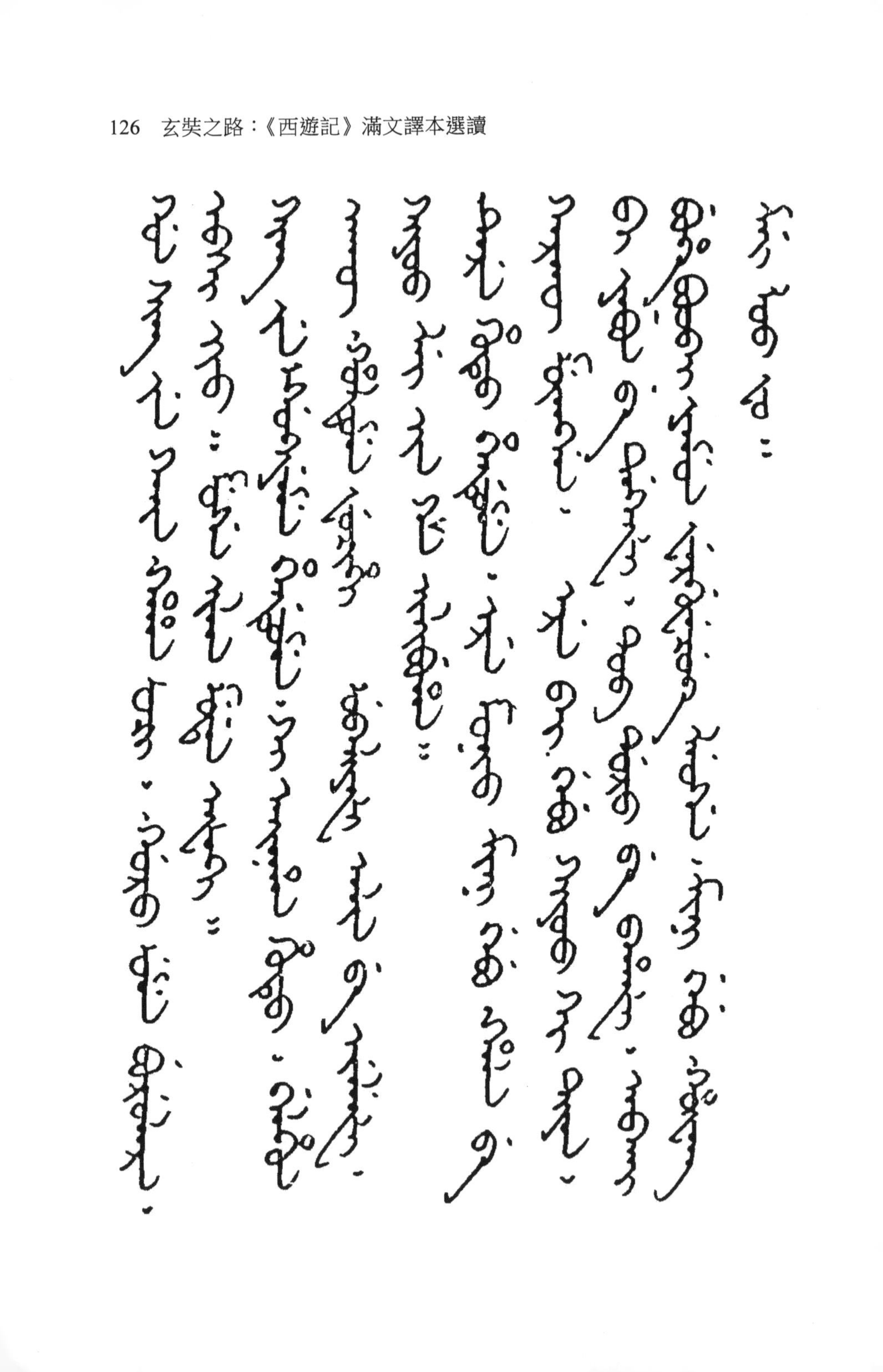

sun sing je sain haha oci, goro ume burulara, ebsi jio. muse ilan mudan afaki.

sing je esukiyeme hendume, si ainaha hutu, gelhun akū holtome fucihi ubaliyafi alin be ejelefi, siyoo lei in sy ilibuha.

tere hutu hendume, ere monio mini gebu hala be sarkū mujangga, ere bai gebu siyoo si tiyan, bi yabun be dasafi, tob doro be bahafi, abkai buhe boobai yamun ferguwecuke leose, mini gebu hūwang mei loo fo.

---

孫行者好男子莫要逃遠，過來吧！我們交戰三回合。

行者喝道：你是個什麼怪物？擅敢假裝佛祖，佔據此山，設立小雷音寺。

那妖道：這猴兒真不知我的姓名。此處喚作小西天，因我修行得了正果，天賜寶閣珍樓，我的名字是黃眉老佛。

---

孙行者好男子莫要逃远，过来吧！我们交战三回合。

行者喝道：你是个什么怪物？擅敢假装佛祖，占据此山，设立小雷音寺。

那妖道：这猴儿真不知我的姓名。此处唤作小西天，因我修行得了正果，天赐宝阁珍楼，我的名字是黄眉老佛。

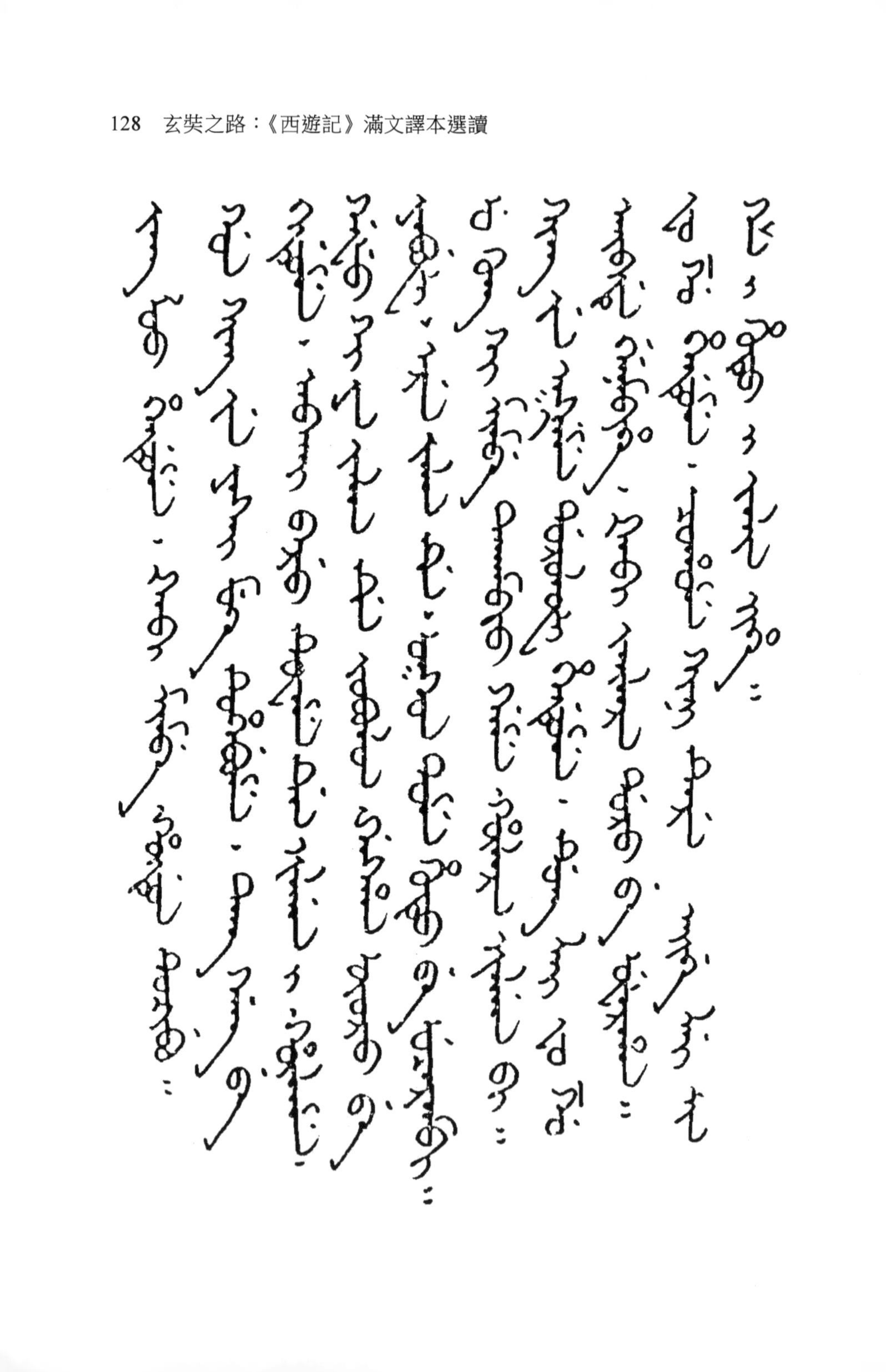

jang loo hendume, šabi mimbe hūdun tucibu.
sun sing je yasai muke tuhebume, tang seng be kidume, abkai baru tuwame den jilgan i hūlame, sefu si ya jalan de jobolon gashan ojoro be yabufi, ere jalan de, okson tome hutu be ucarambi.
u kung si mimbe takambio seme hūlara jilgan bi.
sing je ekšeme dorolofi hendume, dung lai fo dzu aibide genembihe, šabi jailara doro be ufaraha.
fo dzu hendume, cohome sini tere ajige lei in sy i hutu i jalin jihe.

---

長老道：徒弟，快救我！
孫行者滴淚想唐僧，仰天高聲呼喊：師父你是在哪世裏造下寃和業，今世裏步步遇妖魔。
悟空你認得我嗎？
行者急忙下拜道：東來佛祖去了哪裏？弟子有失回避了。
佛祖道：此來專為你那小雷音寺妖怪也。

---

长老道：徒弟，快救我！
孙行者滴泪想唐僧，仰天高声呼喊：师父你是在哪世里造下冤和业，今世里步步遇妖魔。
悟空你认得我吗？
行者急忙下拜道：东来佛祖去了哪里？弟子有失回避了。
佛祖道：此来专为你那小雷音寺妖怪也。

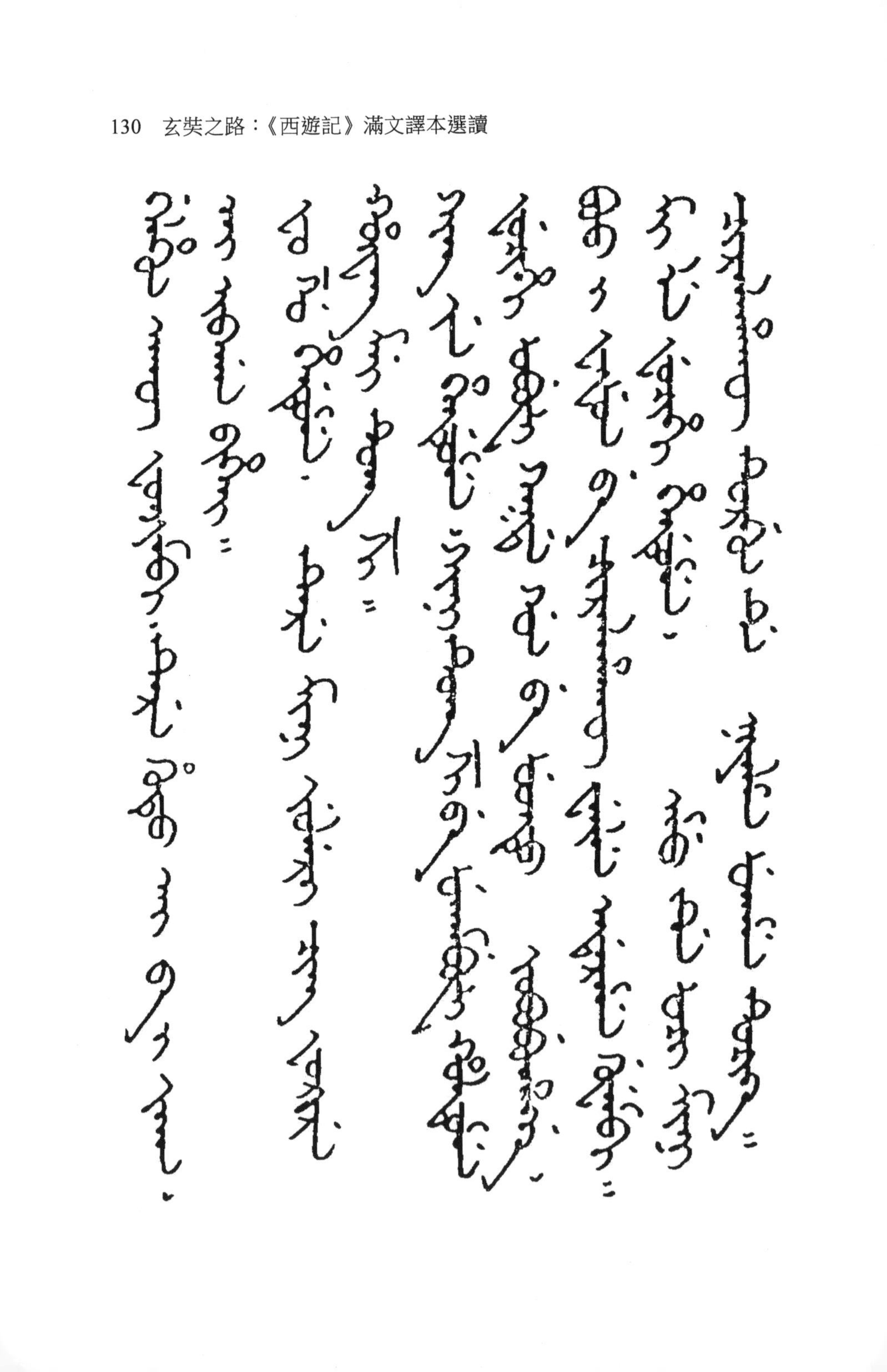

gelhun akū fonjimbi, tere hutu ai ba i jaka, ai ibagan biheni.
fo dzu hendume, tere mini juleri cing forire hūwang mei tung dz.
sing je hendume, sini tung dz be ukambufi holtome fucihi obufi sakda sun be uttu jobobuhangge, boo i fafun be ciralahakū weile adarame guwembi.
mi le fucihi hendume, emu de oci mini ciralahakū turgun de niyalma ukame tucike.

---

敢問那妖是哪方東西？是什麼妖怪？
佛祖道：他是我面前敲磬的黃眉童子。
行者道：你讓童子逃走誑稱佛祖，如此陷害老孫，如何寬免家法不謹之過？
彌勒佛道：一則是由於我不謹之故，走失人口。

---

敢问那妖是哪方东西？是什么妖怪？
佛祖道：他是我面前敲磬的黄眉童子。
行者道：你让童子逃走诳称佛祖，如此陷害老孙，如何宽免家法不谨之过？
弥勒佛道：一则是由于我不谨之故，走失人口。

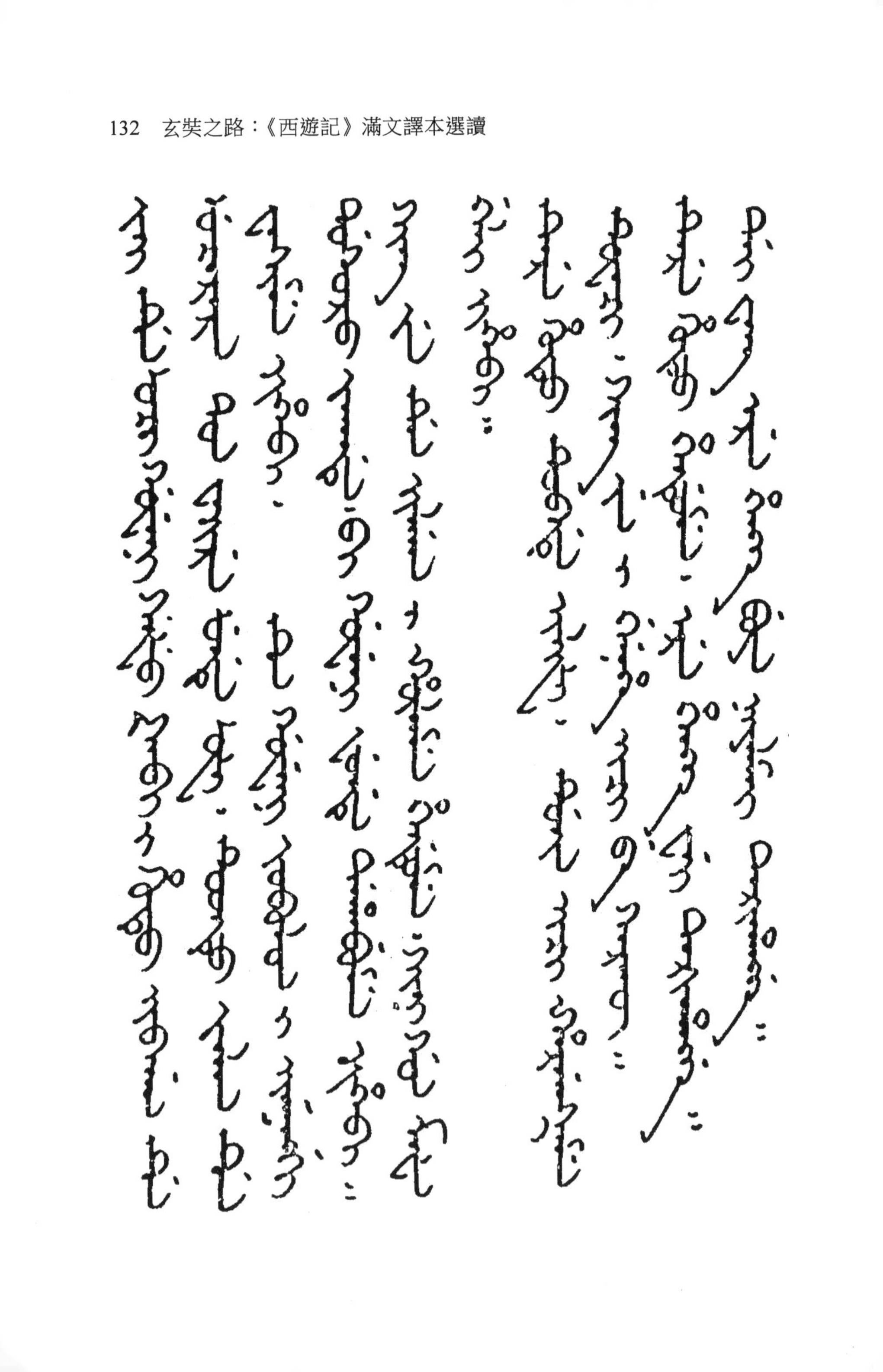

jai de oci suweni sefu šabi i hutu ibagan de ucarara ton wajire unde ofi, tuttu jalan de wasime jihebi, te suweni jobolon i inenggi dosoro jakade, bi suweni funde dahabume jihebi.
sing je den jilgan i hūlame hendume, sini sun mafa geli jihebi.
tere hutu tubade ilifi, duin ici hargašame tuwaci, sing je i genehe ici be sarkū.
tere hutu hendume, ere hengke wei tarihangge.
dai wang ere hengke buya niyalmai tarihangge.

---

二則是你們師徒們魔障未完，故此降臨下界，如今是受難的日子，我來替你們收服他。
行者高聲叫道：你的孫爺爺又來了。
那妖站在那裏四面觀望，不知行者的去向。
那妖叫道：這瓜是誰人種的？
大王，這瓜是小人種的。

---

二则是你们师徒们魔障未完，故此降临下界，如今是受难的日子，我来替你们收服他。
行者高声叫道：你的孙爷爷又来了。
那妖站在那里四面观望，不知行者的去向。
那妖叫道：这瓜是谁人种的？
大王，这瓜是小人种的。

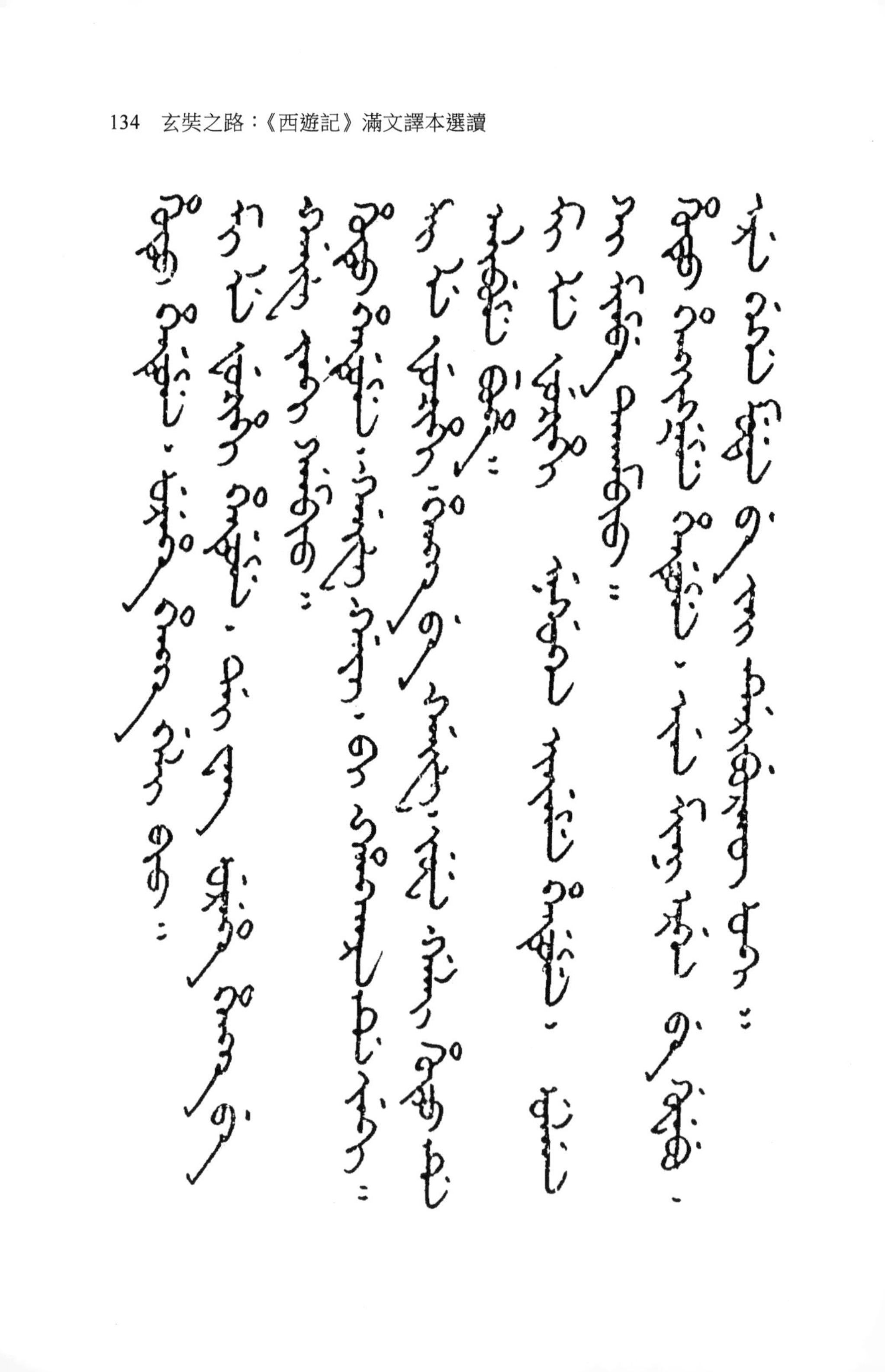

hutu hendume, urehe hengke geli bio.
mi le fucihi hendume, dai wang urehe hengke be gaifi jeki sembio.
hutu hendume, gaifi gaji, bi hangkara de jeki.
mi le fucihi, hengke be gaifi, juwe galai hutu de alibume buhe.
mi le fucihi nesuken injeme hendume, ulga si mimbe takambio.
hutu hengkišeme hendume, ejen mini ergen be guwebu, ere gese mudan be jai deriburkū oki.

---

妖怪道：可有熟的瓜嗎？
彌勒佛道：大王想摘熟的瓜吃嗎？
妖怪道：摘個來，我吃了解渴吧！
彌勒佛摘了瓜，用雙手奉上給了妖怪。
彌勒佛嘻嘻笑道：畜牲，你認得我嗎？
妖怪頻頻磕頭道：主人公饒我命吧！下次再也不敢這樣了。

---

妖怪道：可有熟的瓜吗？
弥勒佛道：大王想摘熟的瓜吃吗？
妖怪道：摘个来，我吃了解渴吧！
弥勒佛摘了瓜，用双手奉上给了妖怪。
弥勒佛嘻嘻笑道：畜牲，你认得我吗？
妖怪频频磕头道：主人公饶我命吧！下次再也不敢这样了。

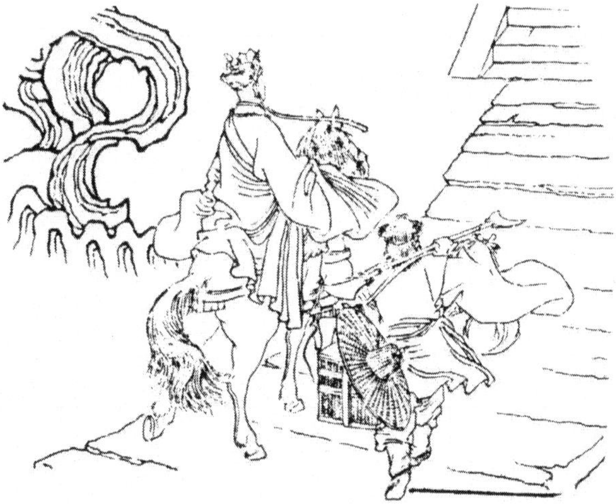

# 十二、七絕山路

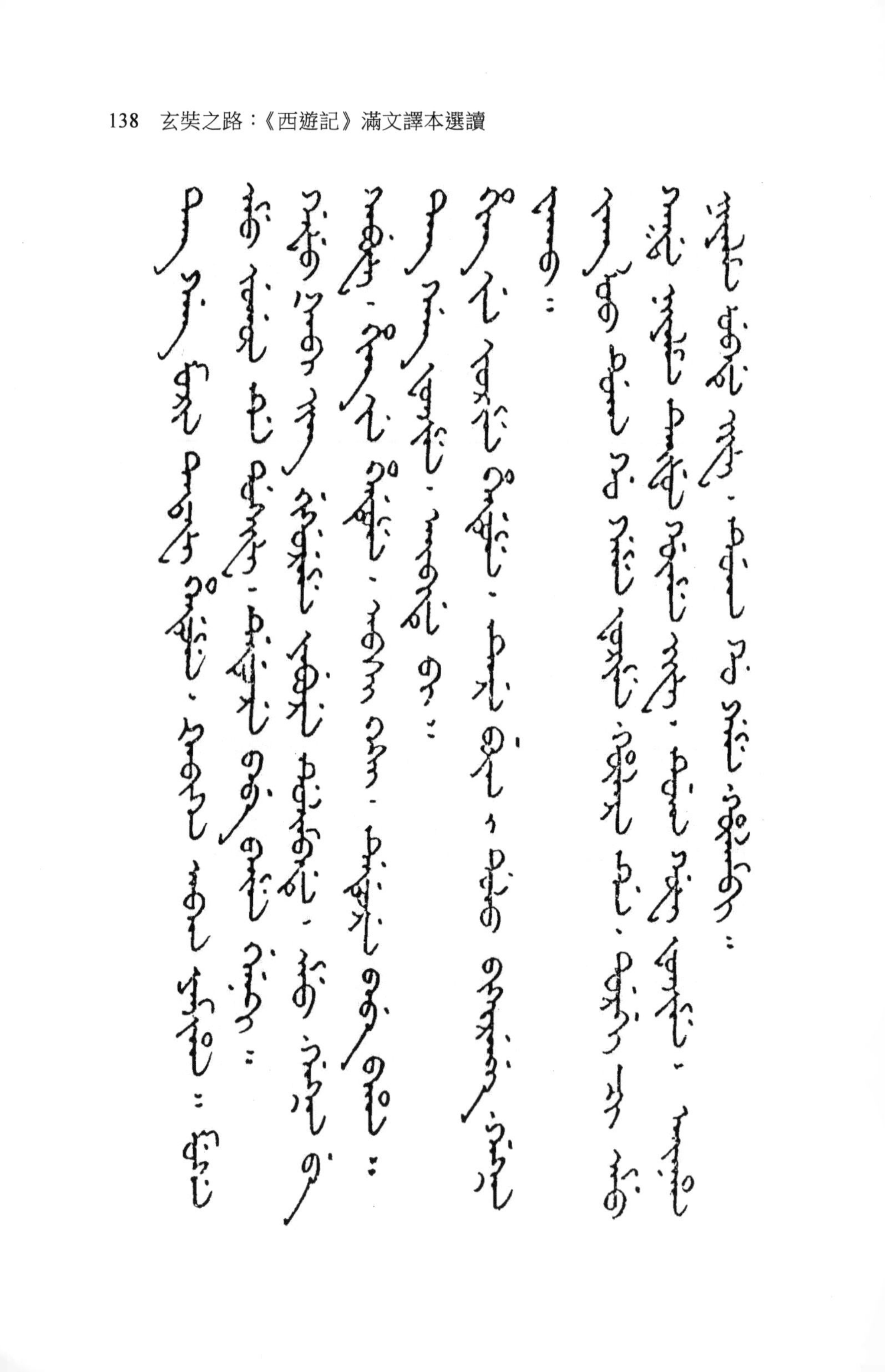

[illegible]

[illegible]

[illegible]

[illegible]

[illegible]

[illegible]

[illegible]

[illegible]

[illegible]

[illegible]

tang seng morin tatafi hendume, šabisa abka yamjiha. muse emu jugūn de dosifi, dedure babe baime geneki.
sefu šabi jing gisureme yabure dulimbade, emu gašan be sabufi, hing je hendume, absi kesi, dedure babe baha.
tang seng fonjime, aibide bi.
hing je jorime hendume, tere bujan i dolo bisirengge gašan wakao.
jang loo duka su seme forime hūlara de, dorgi ci emu sakda niyalma teifun sujame jifi, duka sufi fonjime, ainaha niyalma ubade jifi, duka su seme hūlambi.

---

唐僧勒馬道：徒弟們，天色晚了，我們進入一條路上，尋找住宿的地方去吧！
師徒正講論間，看見一座山莊。行者道：好了，有宿處了。
唐僧問道：在哪裏？
行者指道：那樹叢裏不是個山莊嗎？
長老敲門喊開門時，裏面有一老人拄著拐杖出來，開了問道：是什麼人來這裏喊叫開門？

---

唐僧勒马道：徒弟们，天色晚了，我们进入一条路上，寻找住宿的地方去吧！
师徒正讲论间，看见一座山庄。行者道：好了，有宿处了。
唐僧问道：在哪里？
行者指道：那树丛里不是个山庄吗？
长老敲门喊开门时，里面有一老人拄着拐杖出来，开了问道：是什么人来这里喊叫开门？

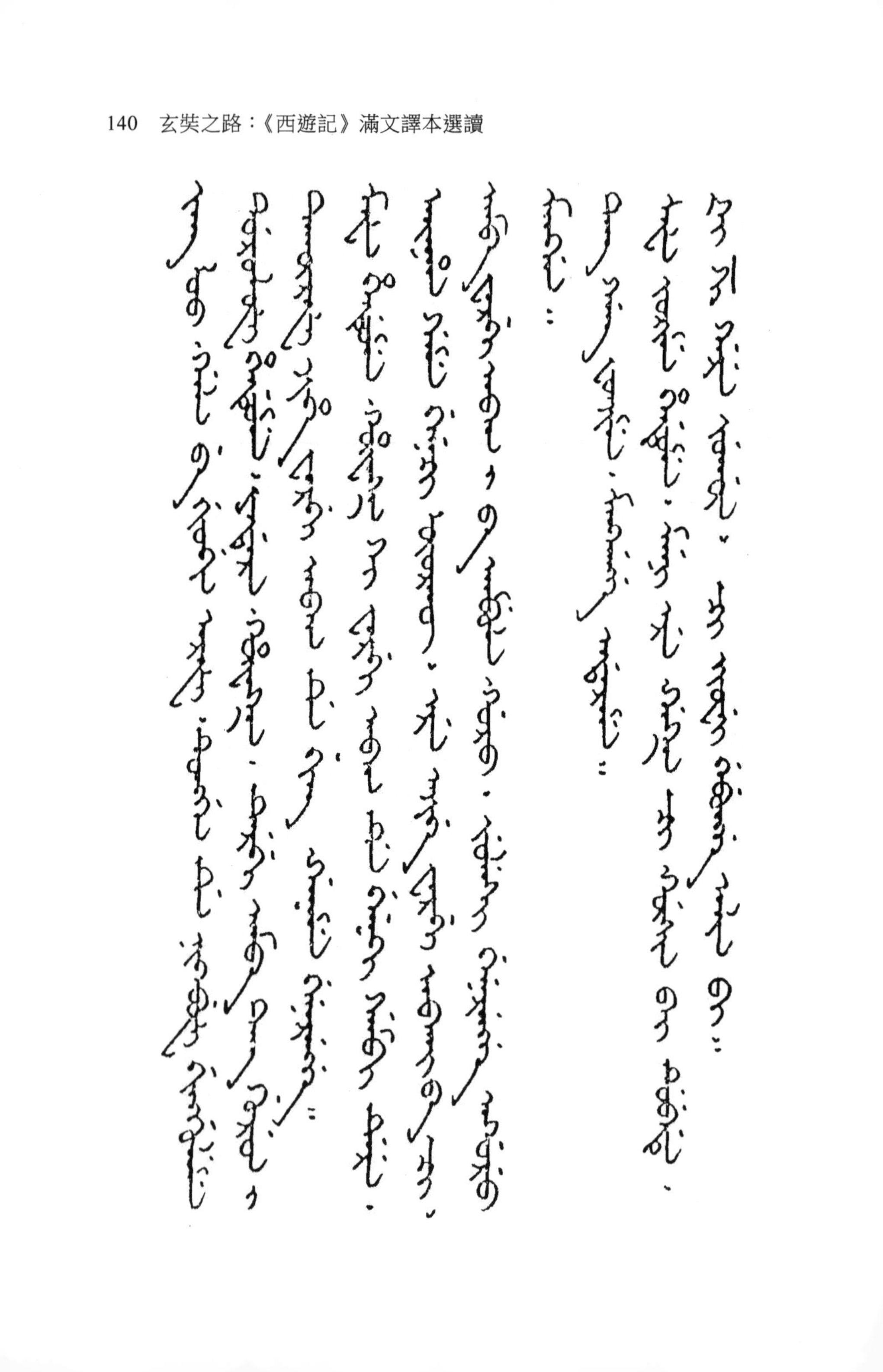

jang loo gala be giogin arafi, tunggen de nikebufi gingguleme dorolofi hendume, yadara hūwašan, dergi amba tang gurun i takūrafi jihe wargi abka de ging ganame generengge.
mafa hendume, hūwašan si wargi abka de geneki sembi dere, ainaha seme geneci ojorkū, ere ajige wargi abkai ba ci, amba wargi abka i ba ambula goro, julesi generengge asuru mangga.
tang seng fonjime, manggangge adarame.
mafa jorime hendume, meni ere gašan ci gūsin bai dubede, ši dz sere jugūn, ci jiowei gebungge alin bi.

---

長老合掌躬身敬禮道：貧僧乃東土大唐差往西天取經者。
老者道：和尚你想要去西天吧！卻是去不得，從這小西天到大西天路途甚遠，前去艱難。
唐僧問道：怎麼艱難？
老者指道：從我們這村莊西去三十餘裏，有柿子路，山名七絕。

---

长老合掌躬身敬礼道：贫僧乃东土大唐差往西天取经者。
老者道：和尚你想要去西天吧！却是去不得，从这小西天到大西天路途甚远，前去艰难。
唐僧问道：怎么艰难？
老者指道：从我们这村庄西去三十余里，有柿子路，山名七绝。

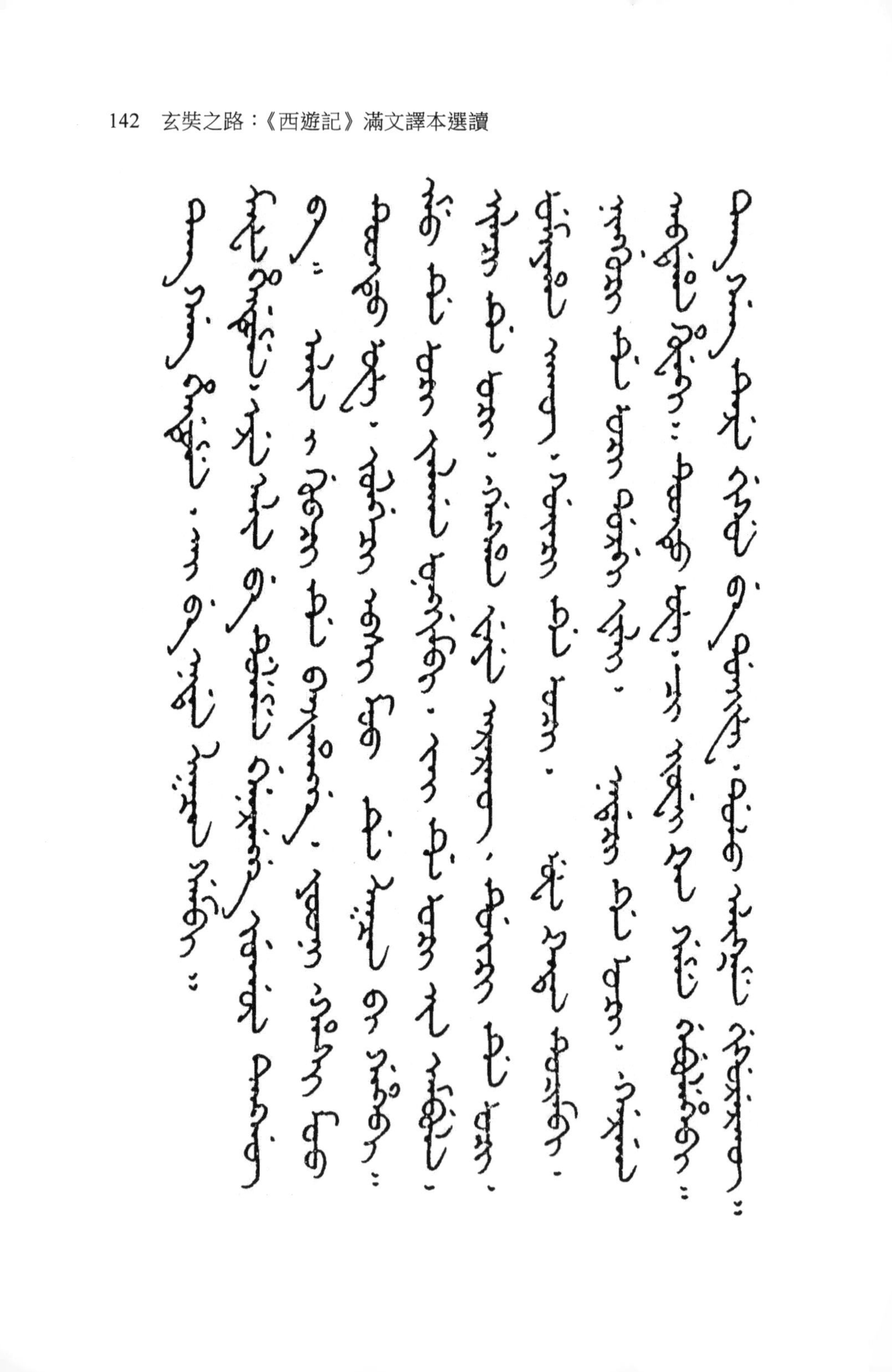

tang seng hendume, ai be nadan lakcan sembi.
mafa hendume, ere alin be duleme generengge jugūn tanggū ba. alin i gubci de banjihangge, yooni hasi moo, tuttu ofi, julgeci ebsi moo de lakcan bi sehebi. emu de oci jalgan nonggimbi, jai de oci in ambula, ilaci de oci, gasha feye ararkū, duici de oci, umiyaha akū, sunjaci de oci, ufa šatan tucimbi, ningguci de oci, dorgi fili, nadaci de oci, gargan abdaha huweki. tuttu ofi, ci jiowei šan seme gebulehebi.
tang seng tere gisun be donjifi, dolo ališame gisurerkū.

---

唐僧道：什麼叫做七絕？
老者道：經過這山百里路，滿山長的儘是柿果，因此，自古以來遂云樹有七絕。一則益壽，二則多陰，三則鳥不築巢，四則無蟲，五則出麵糖，六則裹實，七則枝葉肥大，故名七絕山。
唐僧聞其言後，心中煩悶不言。

---

唐僧道：什么叫做七绝？
老者道：经过这山百里路，满山长的尽是柿果，因此，自古以来遂云树有七绝。一则益寿，二则多阴，三则鸟不筑巢，四则无虫，五则出面糖，六则里实，七则枝叶肥大，故名七绝山。
唐僧闻其言后，心中烦闷不言。

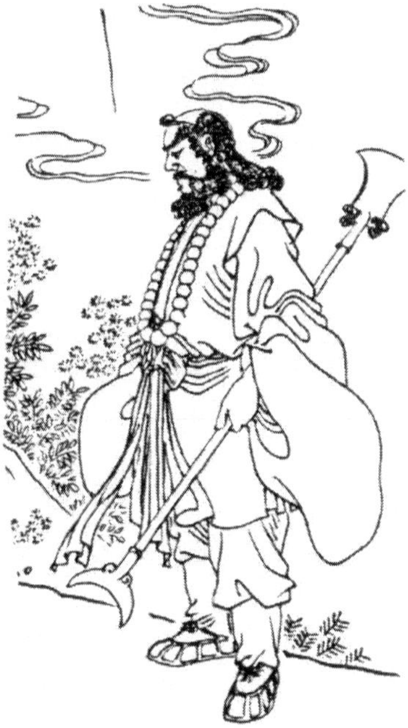

# 十三、夢斬龍王

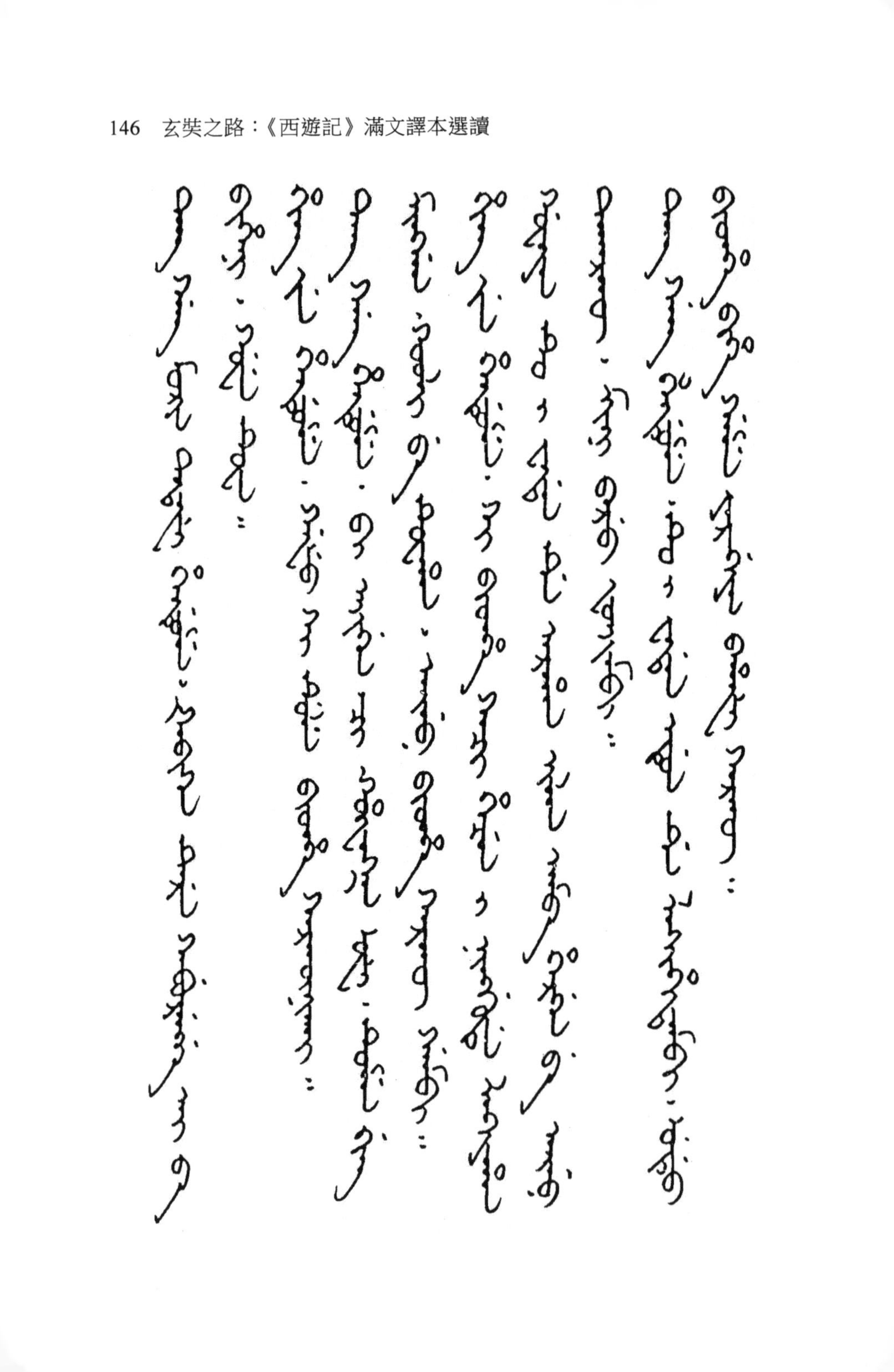

[illegible]

tang seng morin tatafi hendume, šabisa tere saburengge ai ba biheni, suwe tuwa.
hing je hendume, sefu si dule bithe sarkūnikai.
tang seng hendume, bi ajigen ci hūwašan ofi, tumen ging minggan kooli be tuwaha, ainu bithe sarkū sembi.
hing je hendume, si bithe saci hecen i ninggude lakiyaha suwayan tu i wadan de araha ilan amba hergen be ainu takarkū, mini baru fonjimbi.
tang seng hendume, tu i wadan edun de lasihitambi, udu bithe bihe seme yargiyan bahafi sarkū.

---

唐僧勒馬道：徒弟們，那看到的是什麼地方呢？你們看。
行者道：師父你原來不識字啊！
唐僧道：我自幼為僧，讀過萬經千典，為什麼說不識字？
行者道：你若識字，城上懸掛的大幅黃旗上書寫的三個大字，為什麼不認得，還問我呢？
唐僧道：大幅旗遭風搖晃，雖然有字也看不明白。

---

唐僧勒马道：徒弟们，那看到的是什么地方呢？ 你们看。
行者道：师父你原来不识字啊！
唐僧道：我自幼为会，读过万经千典，为什么说不识字？
行者道：你若识字，城上悬挂的大幅黄旗上书写的三个大字，为什么不认得，还问我呢？
唐僧道：大幅旗遭风摇晃，虽然有字也看不明白。

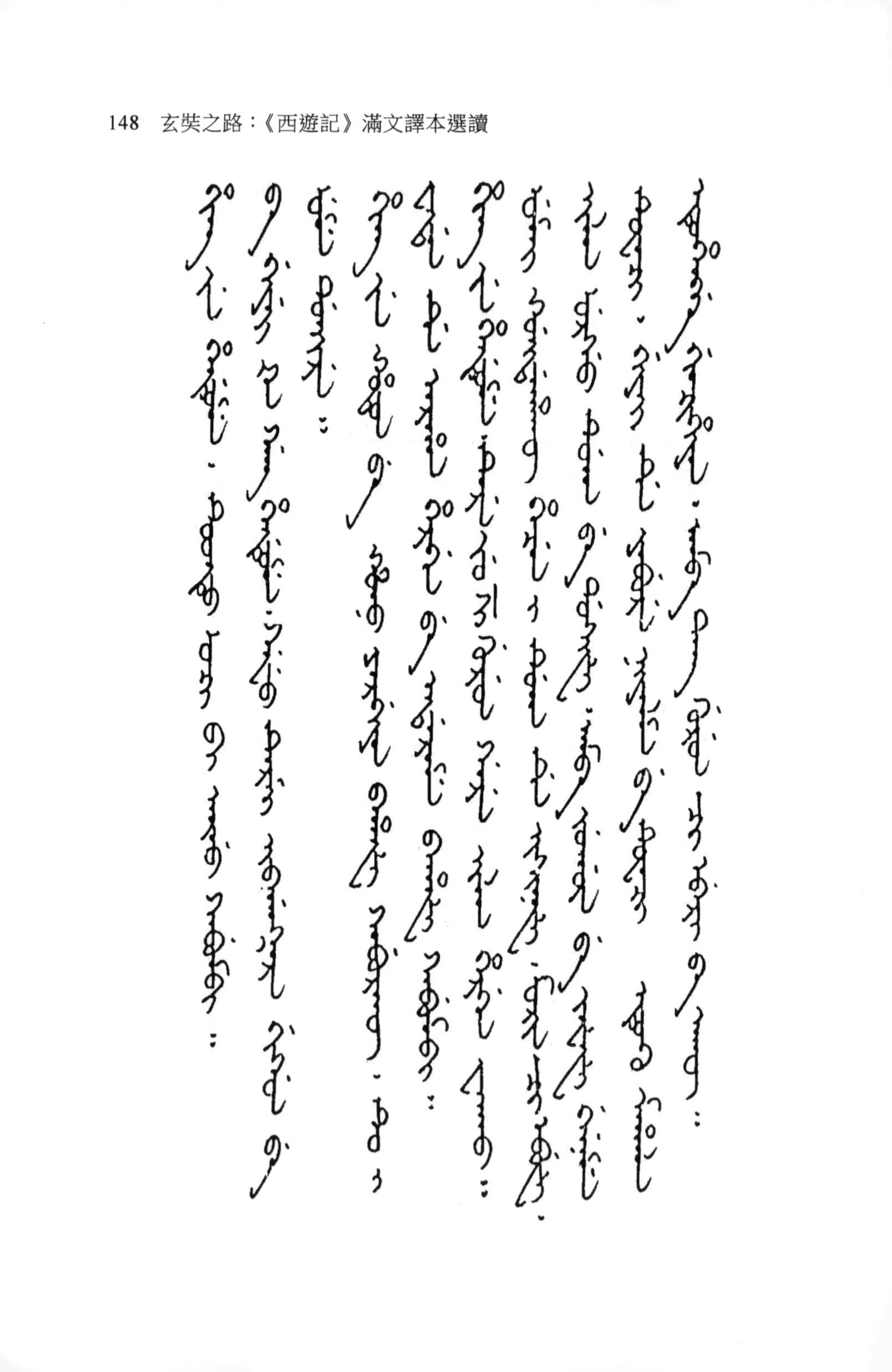

[illegible]

hing je hendume, tuttu oci bi ainu sabumbi.
ba giyei, ša seng hendume, sefu terei ibagašara gisun be ume donjire.
hing je hoton be hono yargiyan bahafi saburkū, tu i wadan de araha hergen be adarame bahafi sabumbi.
hing je hendume, tere ju dz gurun sere ilan hergen wakao.
umai goidahakū hecen i duka de isinafi, morin ci ebufi, ilan ursu duka be dosifi, amba jugūn be jafafi geneme tuwaci, giyai de yabure niyalma be tuwaci etuku mahala etuhengge gincihiyan, amba tang gurun ci eberi ba akū.

---

行者道：那我為什麼看見？
八戒、沙僧道：師父莫聽他胡說鬼話。
行者城池尚且看不明白，旗上所寫的字怎麼看得見？
行者道：那不是朱紫國三字嗎？
不多時，至城門下馬，進入三層門裏，沿著大路去時，但見街上行走之人衣冠穿戴華麗，不亞大唐。

---

行者道：那我为什么看见？
八戒、沙僧道：师父莫听他胡说鬼话。
行者城池尚且看不明白，旗上所写的字怎么看得见？
行者道：那不是朱紫国三字吗？
不多时，至城门下马，进入三层门里，沿着大路去时，但见街上行走之人衣冠穿戴华丽，不亚大唐。

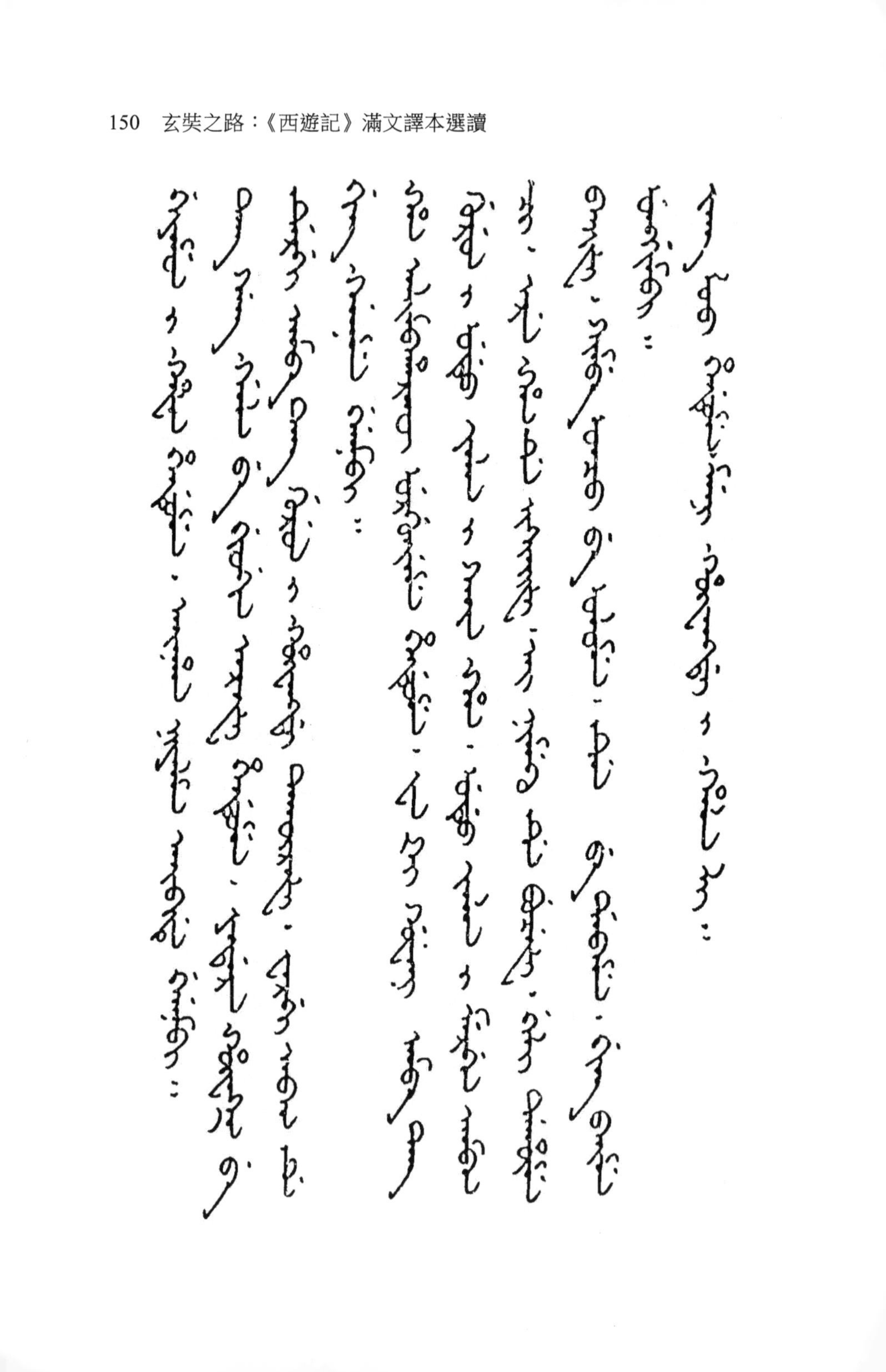

giyamun i hafan hendume, ainaha niyalma aibide genembi.
tang seng gala be giogin arafi hendume, yadara hūwašan be dergi amba tang gurun i hūwangdi takūrafi, wargi abka de ging ganame genembi.
han alimbaharkū urgunjeme hendume, fa ši suweni amba tang gurun i udu jalan i sain han, udu jalan i mergen amban ci, ere han de isinjifi, ai nimeku de bucefi, geli dahūme banjifi, simbe onco be olome, den be dabame, ging baime unggimbi.
jang loo hendume, meni hūwangdi i hala li.

---

驛官道：是什麼人？要往哪裏走？
唐僧合掌道：貧僧奉東土大唐皇帝差遣，要往西天取經。
國王不勝歡喜道：法師，你們那大唐幾朝賢君？幾輩賢臣？至於今主因何病死後又復生，著你遠涉越嶺求經？
長老道：我們皇帝姓李。

---

驿官道：是什么人？要往哪里走？
唐僧合掌道：贫僧奉东土大唐皇帝差遣，要往西天取经。
国王不胜欢喜道：法师，你们那大唐几朝贤君？几辈贤臣？至于今主因何病死后又复生，着你远涉越岭求经？
长老道：我们皇帝姓李。

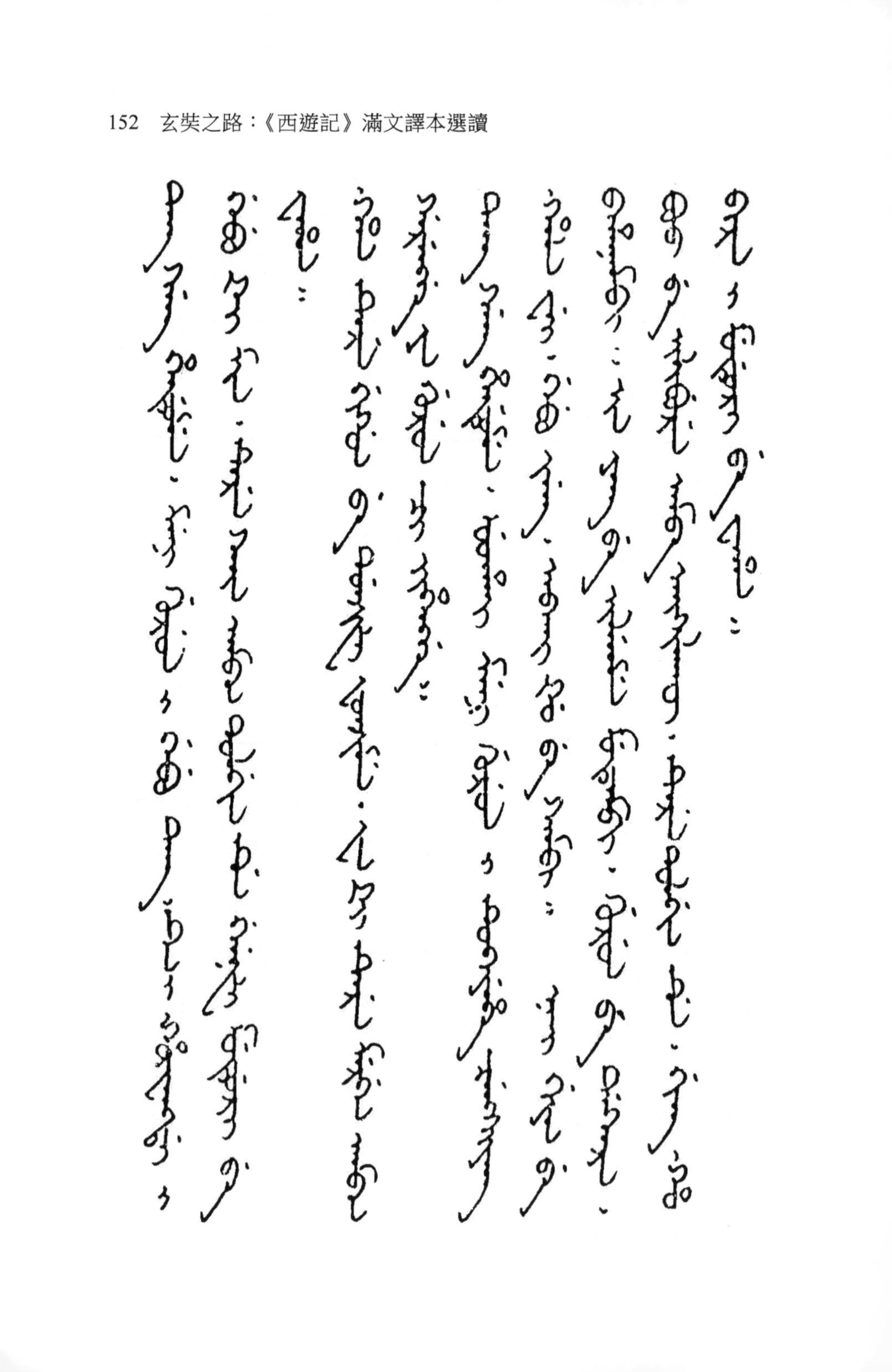

[illegible]

tang seng hendume, meni gurun i gebu tang, te i hūwangdi i gebu ši min, tere sain amban tolgin de genefi muduri be waha.
han tere gisun be donjifi fonjime, fa ši tere mergen amban serengge ya gurun ci jihengge.
tang seng hendume, uthai meni gurun i tukiyehe cengsiyang hala wei, gebu jeng, abkai šu be sambi. nai giyan be bahanambi. in yang be ilgame mutembi, gurun be dasara, boo be ilibure amba aisilakū, tere tolgin de, ging ho bira i muduri be waha.

---

唐僧道：我們國名唐，當今皇帝名世民，那賢臣在夢中去斬了龍王。
國王聞言道：法師，那賢臣是從哪邦來的？
唐僧道：就是我國擢用丞相，姓魏名徵，他知天文，會地理，能辨陰陽，是治國立家的大宰輔，他在夢中，斬了涇河龍王。

---

唐僧道：我们国名唐，当今皇帝名世民，那贤臣在梦中去斩了龙王。
国王闻言道：法师，那贤臣是从哪邦来的？
唐僧道：就是我国擢用丞相，姓魏名征，他知天文，会地理，能辨阴阳，是治国立家的大宰辅，他在梦中，斩了泾河龙王。

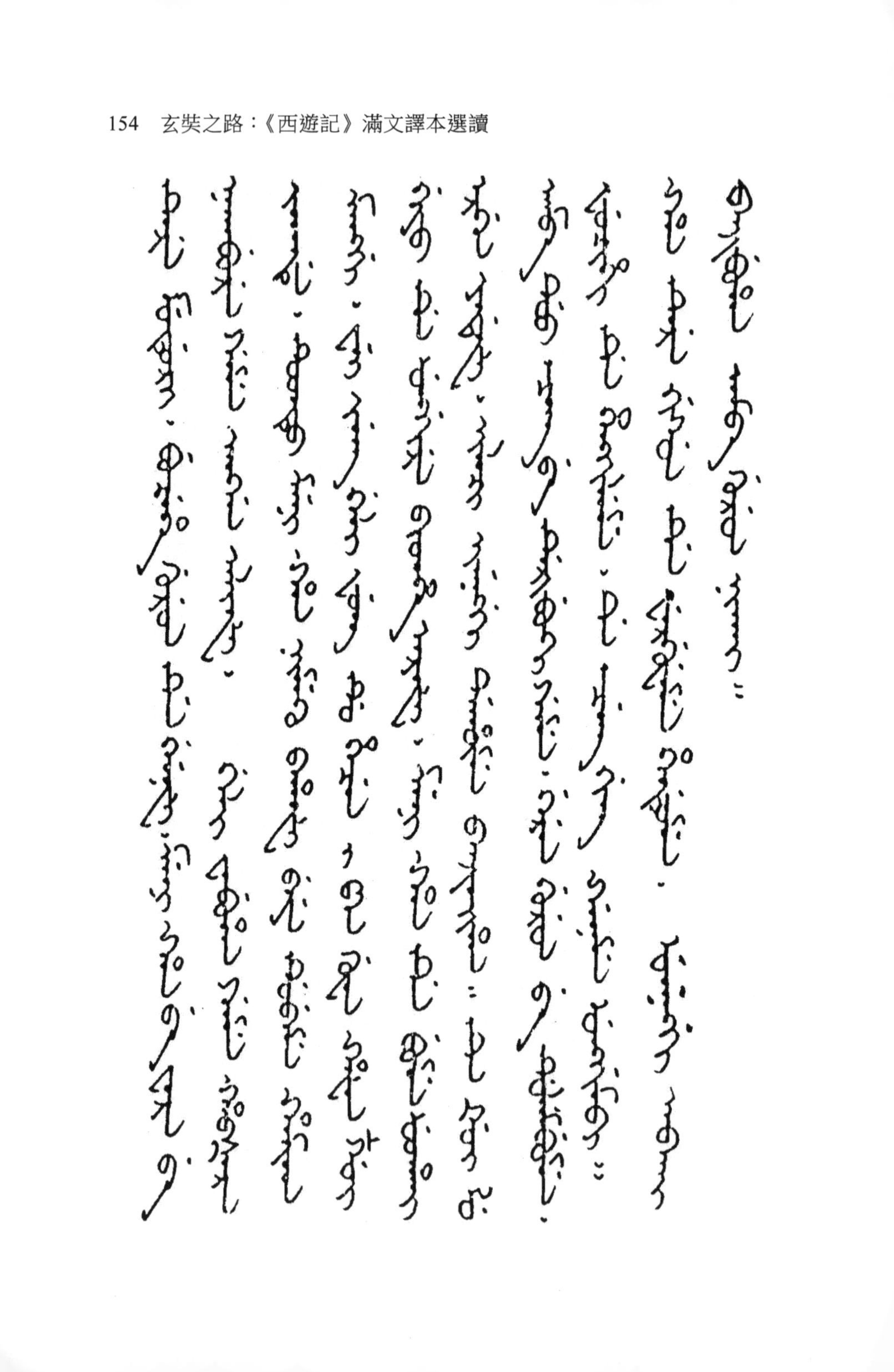

[illegible]

tere muduri, bucehe gurun de genefi, meni han be wara be nakabure seme angga aljafi, geli wabuha seme habšara jakade, tuttu meni han nimeku bahafi beye dubeme hamika manggi, wei jeng geli fung du hecen i pan guwan hafan ts'ui giyo de unggire bithe arafi, meni han de bume uthai ergen yadafi, ilaci inenggi dahūme banjinjiha. te šui lu amba doo cang be deribuki seme, geren gurun be dulembume, fucihi de hengkileme, da ceng ging ganame unggimbi.
han tere gisun de ferguweme hendume, unenggi abkai banjibuha amba gurun nikai.

---

那龍王去陰司告我王雖口允不殺，卻又被殺，因此我王遂得病，身將終後，魏徵又寫書一封，給與我王帶給酆都城判官崔珏，即於斷氣後三日復得回生。今要做水陸大道場，故遣貧僧遠涉各國，叩拜佛祖，取大乘經。
國王聞其言驚訝歎道：誠乃天朝大國啊！

---

那龙王去阴司告我王虽口允不杀，却又被杀，因此我王遂得病，身将终后，魏征又写书一封，给与我王带给酆都城判官崔珏，即于断气后三日复得回生。今要做水陆大道场，故遣贫僧远涉各国，叩拜佛祖，取大乘经。
国王闻其言惊讶叹道：诚乃天朝大国啊！

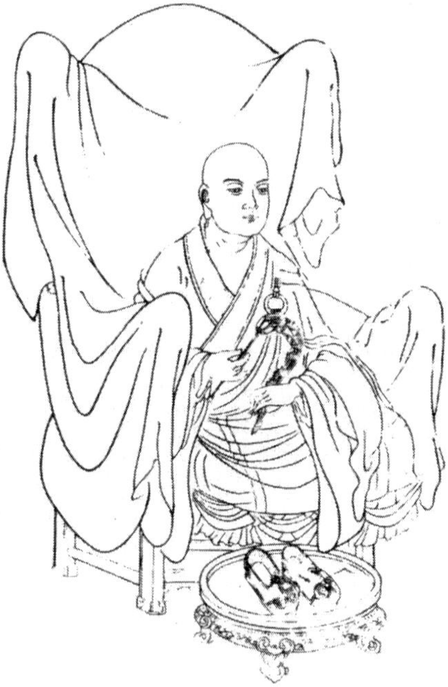

# 十四、望聞問切

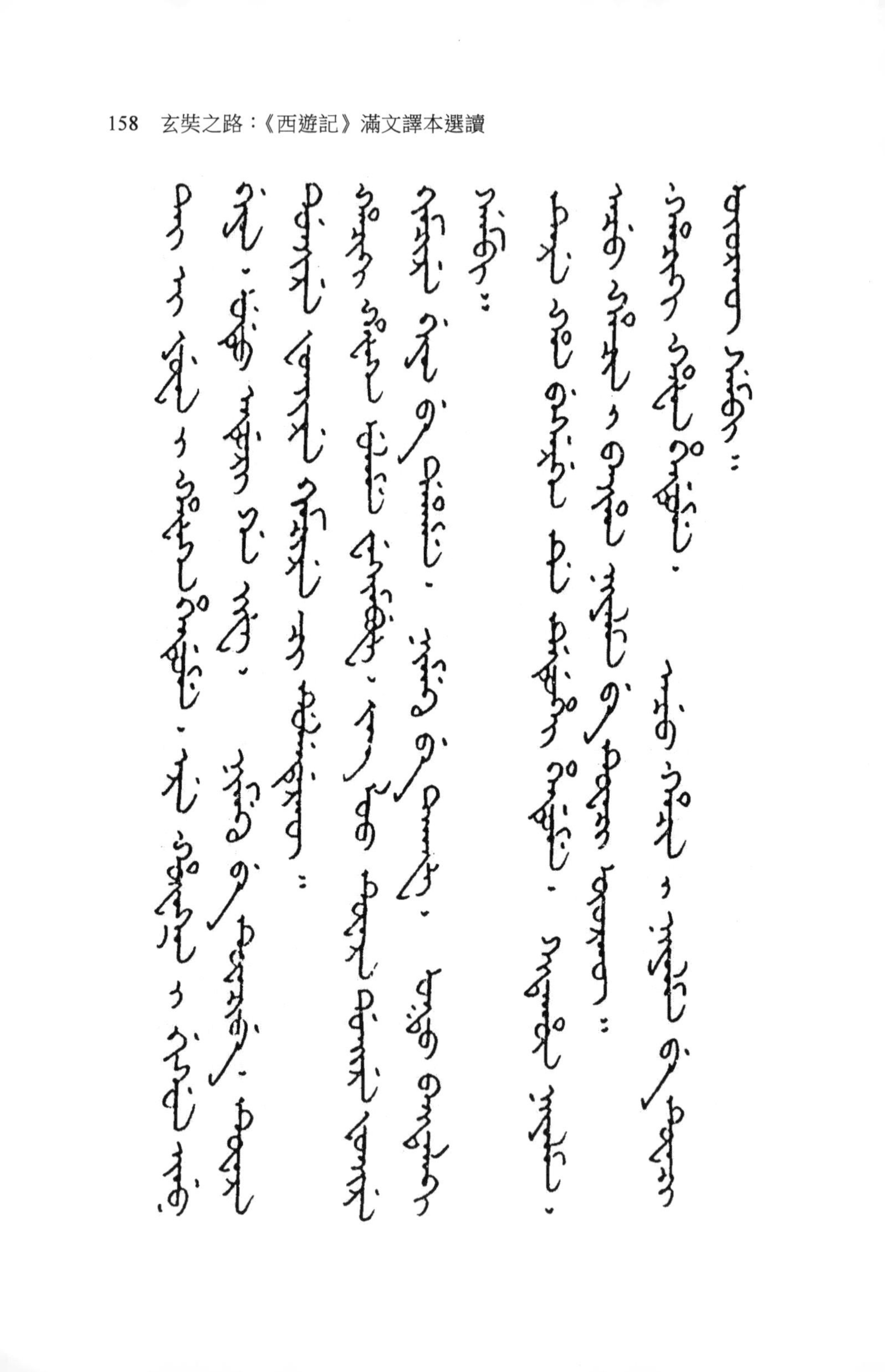

tai i yuwan i hafasa hendume, ere hūwašan i gisun inu giyan, udu enduri se jifi, nimeku be tuwacibe, tuwara donjire fonjire kimcire ci dulenderkū.
hanciki hafasa ulame wesimbufi, jang loo tuwara donjire fonjire kimcire giyan be dahame, nimeku be takafi, okto baitalaki sembi.
tere han besergen de deduhei hendume, sitahūn niyalma, encu hacin i banjiha niyalma be tuwaci ojorkū.
hanciki hafan hendume, encu hacin i niyalma be tuwaci ojorkū sembi.

---

太醫院官道：這和尚的話也有理，就是神仙們來看病，也不過望、聞、問、切。
近侍轉奏道：長老要用望、聞、問、切之理認病用藥。
那國王躺著睡在床上道：寡人見不得異樣生人。
近侍道：見不得異樣人。

---

太医院官道：这和尚的话也有理，就是神仙们来看病，也不过望、闻、问、切。
近侍转奏道：长老要用望、闻、问、切之理认病用药。
那国王躺着睡在床上道：寡人见不得异样生人。
近侍道：见不得异样人。

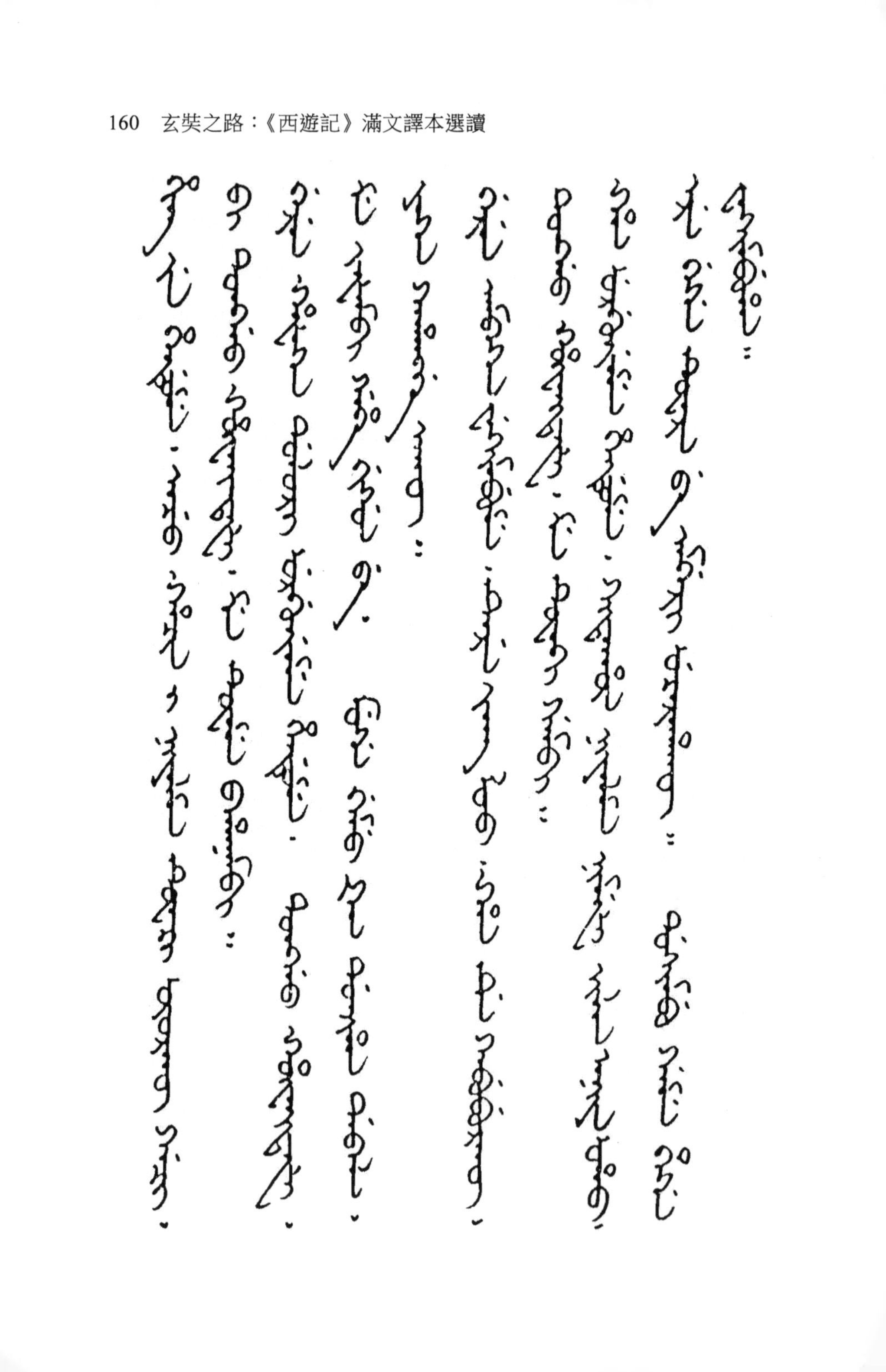

hing je hendume, encu hacin i niyalma tuwaci ojorkū seci, bi tonggo hūwaitafi, me tuwame bahanambi.
geren hafasa dolori urgunjeme hendume, tonggo hūwaitafi, me jafambi sehe gisun be, muse gemu šan donjiha dabala, yasa sahangge akū.
geren ambasa wesimbume, tere jang loo, han de sabuburkū, tonggo hūwaitafi, me tuwaki sembi.
han urgunjeme hendume, sitahūn niyalma nimefi ilan aniya oho, ere gese tuwara be emgeri ucarahakū, dosimbu seme hese wasimbuha.

---

行者道：若見不得異樣生人，我會懸絲診脈。
眾官暗喜道：懸絲診脈之說，我等皆耳聞而已，不曾眼見。
眾官奏道：那長老不見主公之面，他要懸絲診脈。
國王喜道：寡人病了三年，一次也不會遇見如此看病，宣他進來。

---

行者道：若见不得异样生人，我会悬丝诊脉。
众官暗喜道：悬丝诊脉之说，我等皆耳闻而已，不曾眼见。
众官奏道：那长老不见主公之面，他要悬丝诊脉。
国王喜道：寡人病了三年，一次也不会遇见如此看病，宣他进来。

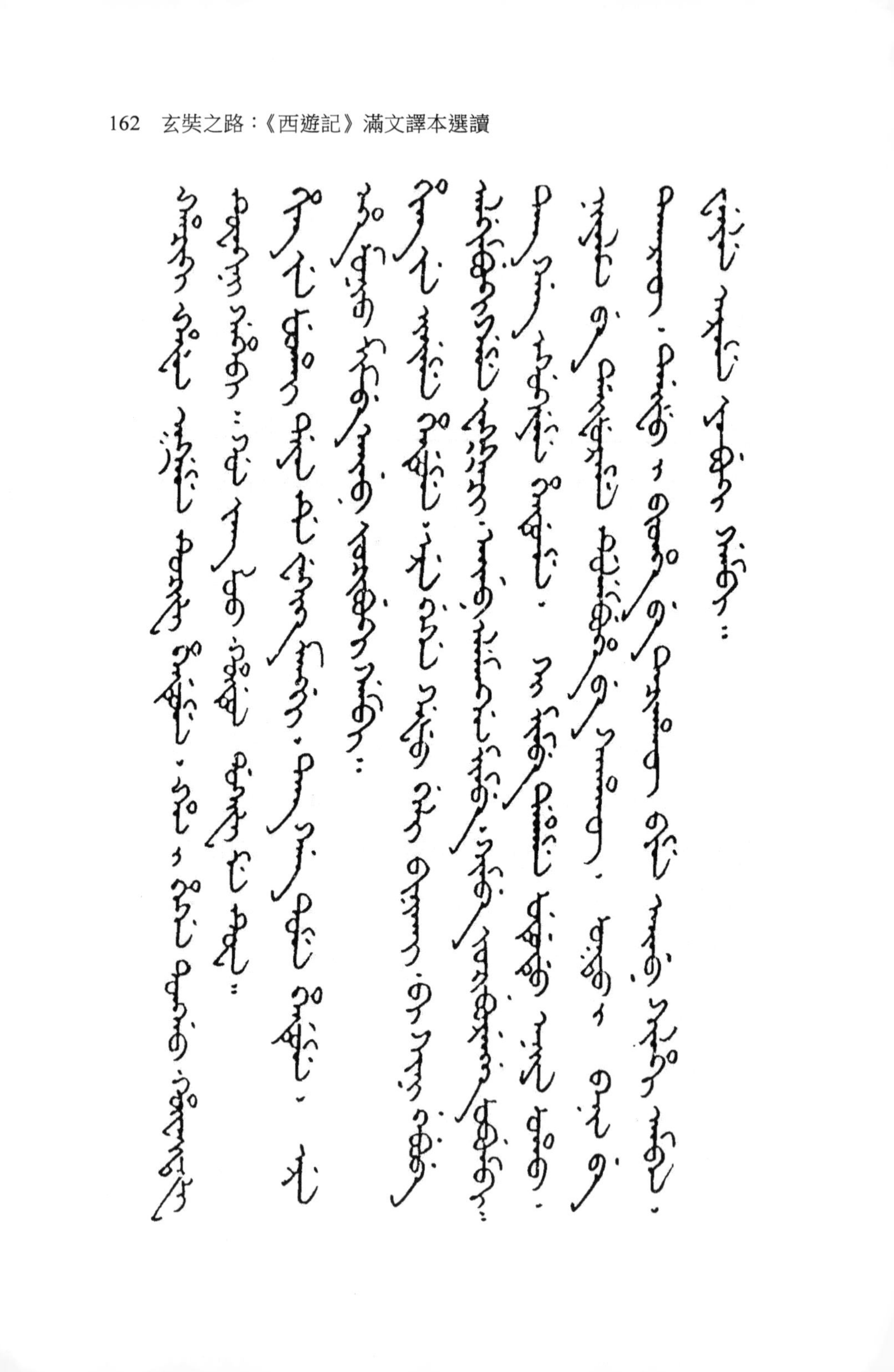

hanciki hafan ekšeme tucifi hendume, han i hese tonggo hūwaitafi tawakini sehebi. sun jang loo hūdun dosifi me tuwa.
hing je uthai diyan de wesike manggi, tang seng tome hendume, ere ehe monio mimbe ainu jocibuki sembi.
hing je injeme hendume, ere gese sefu geli binikai, bi sini gebube algimbuki seme faššaci, ainu elemangga mimbe, simbe jociburengge obumbi.
tang seng esukiyeme hendume, si mimbe dahame ududu aniya oho, niyalma be daifurame dulembuhe be sahakū, okto i banin be takarkū, daifu i bithe be tacihakū bime ainu silhi amban, weile arame yabuki sembi.

---

近侍急忙出來道：主公有旨，懸絲看診，孫長老速入宮診脈。
行者卻就上了殿，唐僧罵道：你這潑猴為何要害我？
行者笑道：哪裏有像這樣的師父啊！我努力幫你揚名，為何反說我害你？
唐僧喝道：你跟我好幾年了，哪曾見你醫好人來，連藥性也不知，醫書也未讀，怎麼大膽要犯罪過？

---

近侍急忙出来道：主公有旨，悬丝看诊，孙长老速入宫诊脉。
行者却就上了殿，唐僧骂道：你这泼猴为何要害我？
行者笑道：哪里有像这样的师父啊！我努力帮你扬名，为何反说我害你？
唐僧喝道：你跟我好几年了，哪曾见你医好人来，连药性也不知，医书也未读，怎么大胆要犯罪过？

ᠶᠣᠣᠮᡝ ᡳᠴᡳ ᡤᡝᠮᡠᠨᡳ ᠪᡝᡳᠴᡳ᠈ ᡨᡠᠸᠠᡵᠠ ᠪᡝ ᡩᠣᡵᡤᡳ ᠪᡝᠴᡳ ᠶᠠᠪᡠᡵᡝ ᡝᠮᡠ ᠪᡳᡵᡝ᠈ ᡥᡝᠨᡩᡠᠮᡝ ᠶᠠᠪᡠᠴᡳ ᡨᡝᠮᡝ

ᠮᡠᠰᡝᡳ ᡤᡝᠮᡠ ᡨᡝᡴᡝ ᠪᡝᠴᡳ ᠮᡠᠰᡝᠮᡝ ᡤᡝᠮᡠᡨᡝᡳ ᠪᡝᡩᡝᡵᡳ ᠪᠠᡵᡝ ᠪᡝ ᠰᠠᡵᡳᠴᡳ ᡤᡝᠮᡠᠮᡝ ᡝᠮᡠ ᠪᡝᠴᡳ ᠪᡝ

ᠮᡝᠨᡳ ᠪᡳᡨᡝᡥᡝ ᡨᡝᡵᡝᠴᡳ ᡩᡝᡵᡤᡳ ᠪᡝ ᡩᠣᡵᡤᡳ᠈ ᠪᡝᡳᡨᡝᡵᡝᠮᡝ ᠮᡠᡩᠠᠮᡝ᠈ ᠪᡝᠴᡳ ᡩᡠᡵᡳᠮᡝ ᡩᡝᡵᡤᡳ ᠪᡝᠴᡳ ᡝᠮᡠ

ᡳᠰᡳᠨᠵᡳ ᡩᡝ ᡨᡝᠮᡝ ᡨᡝᠮᡝ᠉ ᠪᡝᠶᡝᠮᡝ ᡳᠴᡳ ᡳᠨᡳ ᠪᡝ ᡩᡝ ᡳᠰᡳᠮᡝ

ᡳᠰᡳᠨᠵᡳᡶᡳ᠈ ᡳᠴᡳ ᠪᡝᡳᡨᡝ ᠶᠠᠪᡠᠮᡝ ᡤᡝᠮᡠ ᠪᡳᡵᡝ ᡳᠴᡳ ᡥᡝᠨᡩᡠᠮᡝ᠉

ᡝᠮᡠ ᡳᠰᡳᠨᠵᡳᡶᡳ᠈ ᠪᡝᠶᡝ ᡩᡝ ᠪᠣᡩᠣᠮᡝ ᡨᡝᠮᡝ ᠰᡝᡵᡝ᠈ ᡥᡝᠨᡩᡠᠮᡝ᠈ ᡨᡝᡵᡝ ᡩᡝ ᠪᡝᠶᡝᠮᡝ ᠮᡝᠨᡳ ᠪᡝ᠈ ᡳᠴᡳ ᡨᡝᠮᡝ

ᡤᡝᠮᡠᡨᡝᡳ᠈ ᠪᠣ ᠠᡴᡡ ᠮᡠᠰᡝᠮᡝ ᠪᡝᠶᡝᠮᡝ᠈ ᠮᡝᠨᡳ ᡳᠴᡳ ᡨᡝᡵᡝ ᠪᡝ ᡳᠴᡳ ᠪᡝᠴᡳ ᠪᠣᡩᠣᠮᡝ᠈

ᠮᡠᠰᡝᡳ ᠪᠣᡩᠣᠮᡝ ᠪᡝᡳᡨᡝ ᠪᡝ ᡤᡝᠮᡠᠮᡝ ᡳᠴᡳ ᡨᡝᡵᡝ ᡥᡝᠨᡩᡠᡥᡝ ᠮᡝᠨᡳ ᠪᡝ ᡳᠴᡳ ᡳᠴᡳ ᡤᡝᠮᡠ ᠪᠣᡩᠣᠮᡝ᠈

ᡤᡳᠰᡠᡵᡝᡥᡝ᠉

hing je injeme hendume, sefu si dule sarkūni, minde bisire udu hacin arga amba nimeku be dasame mutembi, bi tere be urunakū dulembumbi, dasaci dulerderkū udu bucecibe, dasaha niyalma de weile dere. tuttu seme wara weile de inu isinarkū, si tefi mini me tuwarangge antaka seme tuwa.
tang seng geli hendume, si, su wen bithe, nan ging, me giowei, ben ts'oo bithe be adarame araha bi seme tuwahao. ainu uttu balai holtome tonggo hūwaitafi me tuwambi seme gisurembi.

---

行者笑道：師父你原來不曉得，我有幾樣方兒，能治大病，我一定把他醫好，就是醫不好死了，雖然治庸醫之罪，也不至於判死罪。你且坐下，看我的脈理如何？
唐僧又道：你看過素問、難經、脈訣、本草等書嗎？怎麼就這樣狂言亂道，會懸絲診脈呢？

---

行者笑道：师父你原来不晓得，我有几样方儿，能治大病，我一定把他医好，就是医不好死了，虽然治庸医之罪，也不至于判死罪。你且坐下，看我的脉理如何？
唐僧又道：你看过素问、难经、脉诀、本草等书吗？怎么就这样狂言乱道，会悬丝诊脉呢？

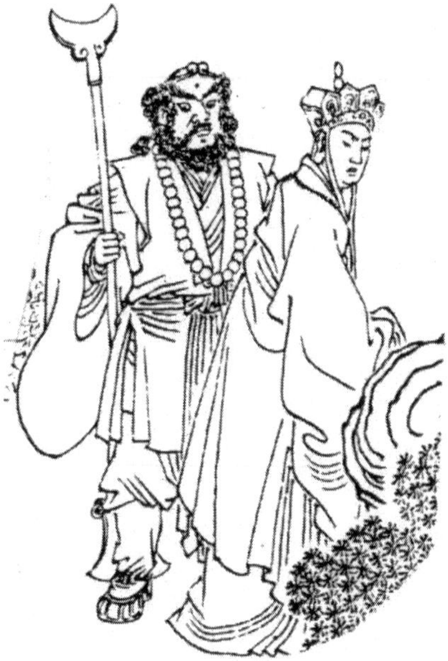

# 十五、雙鳥失群

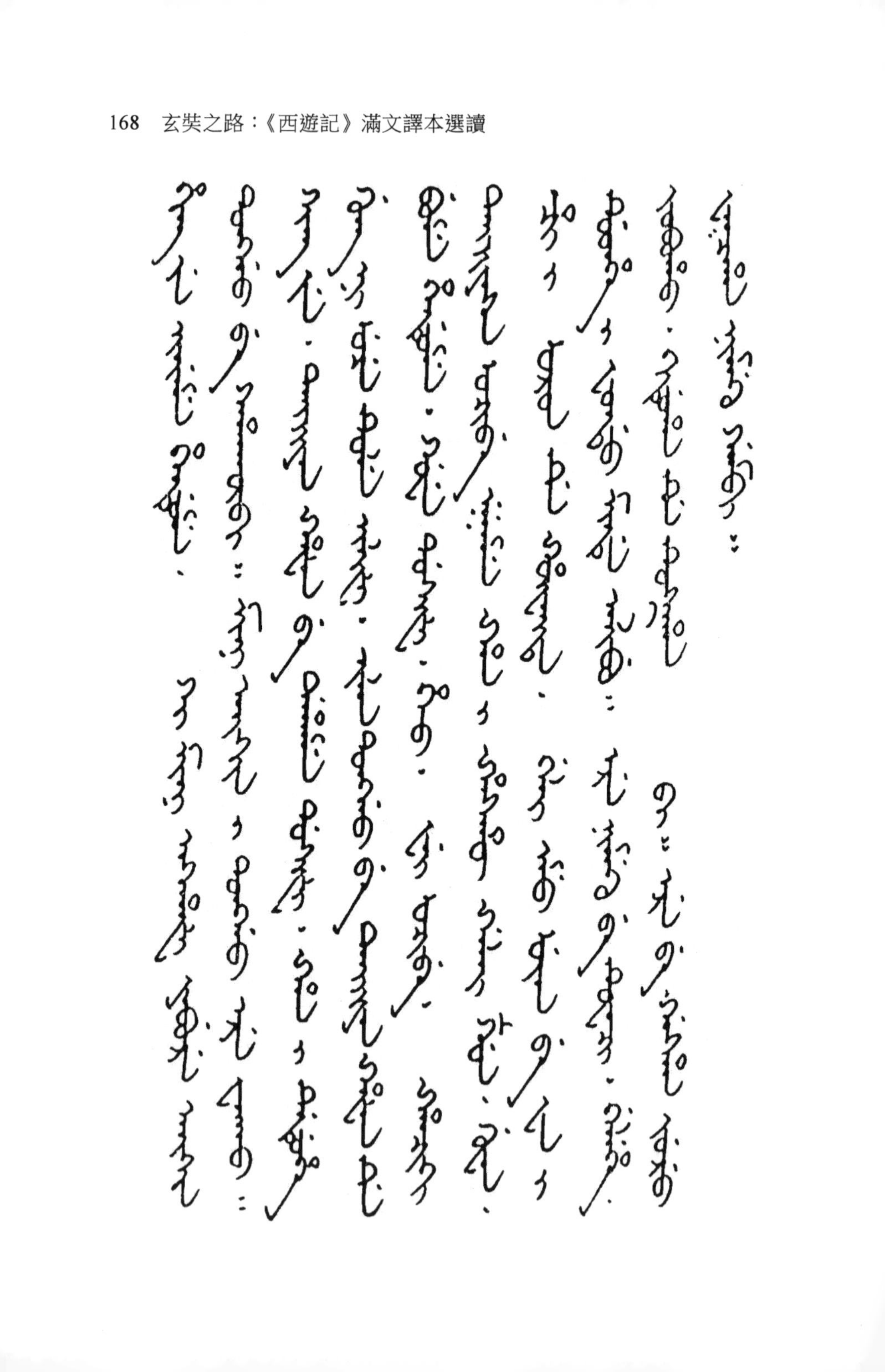

hing je injeme hendume, si mini ashafi yabure aisin tonggo be sahakūbi. mini aisin i tonggo ere wakao.
sing je, taijiyan hafan be dahame dosifi, han i deduhe gung ni uce tule ilifi, ilan tonggo be taijiyan hafan de bume hendume, suwe dosifi, heo, fei ocibe, hanciki taijiyasa ocibe neneme han i hashū galai ts'un, guwan, cy i oron de hūwaita, geli emu ujan be fa i duthe i fondo minde alibu. ere nimeku be tuwaci, gelehe, joboho, kiduha de tušaha bi. ere be gasha juru fakcaha nimeku sembi.

---

行者笑道：你不曾看見我隨身佩帶的金線。這不是我的金線嗎？
行者隨宦官進入國王寢宮門外站立，將三條線給與宦官說道：你們進去，教后妃，或近侍太監先繫在國王左手腕下，按寸、關、尺三部上，又將線頭一端從窗櫺兒穿出給我。診看此疾，是遭遇驚恐憂思，此疾叫做雙鳥失群之症。

---

行者笑道：你不曾看见我随身佩带的金线。这不是我的金线吗？
行者随宦官进入国王寝宫门外站立，将三条线给与宦官说道：你们进去，教后妃，或近侍太监先系在国王左手腕下，按寸、关、尺三部上，又将线头一端从窗棂儿穿出给我。诊看此疾，是遭遇惊恐忧思，此疾叫做双鸟失群之症。

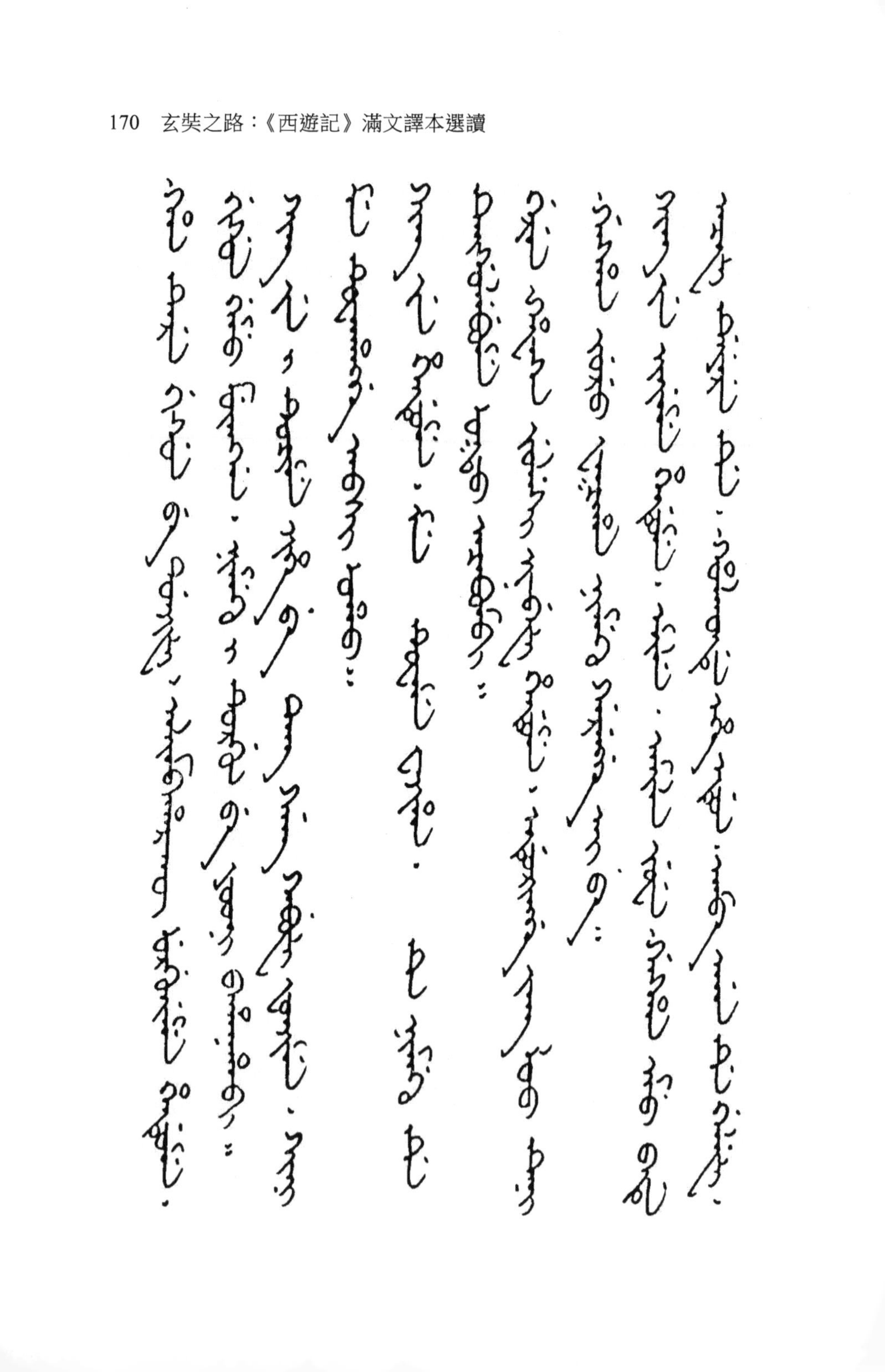

[illegible]

[illegible]

[illegible]

[illegible]

[illegible]

[illegible]

[illegible]

[illegible]

han tere gisun be donjifi, alimbaharkū urgunjeme hendume, gisun gemu mujangga, nimeku i turgun be yooni bahanahabi.
sing je i tucime jihe be tang seng sabufi fonjime, sini me tuwahangge absi oho.
sing je hendume, me tuwame wajiha, te nimeku de teisulebume okto acabumbi.
geren hafasa julesi ibefi hendume, enduringge jang loo teni gasha juru fakcaha nimeku serengge ai be.
sing je injeme hendume, emile, amila juwe gasha emu bade acafi deyere de, holkonde ehe edun, amba aga de gelefi,

---

國王聞言，不勝歡喜道：所言皆是，病情俱明白。
唐僧看見行者出來，即問：你診看的脈如何了？
行者道：診完了脈，如今對症配藥。
眾官上前道：神僧長老，適纔說雙鳥失群之症，何也？
行者笑道：有雌雄二鳥，原在一處同飛，忽因暴風驟雨驚恐，

---

国王闻言，不胜欢喜道：所言皆是，病情俱明白。
唐僧看见行者出来，即问：你诊看的脉如何了？
行者道：诊完了脉，如今对症配药。
众官上前道：神僧长老，适纔说双鸟失群之症，何也？
行者笑道：有雌雄二鸟，原在一处同飞，忽因暴风骤雨惊恐，

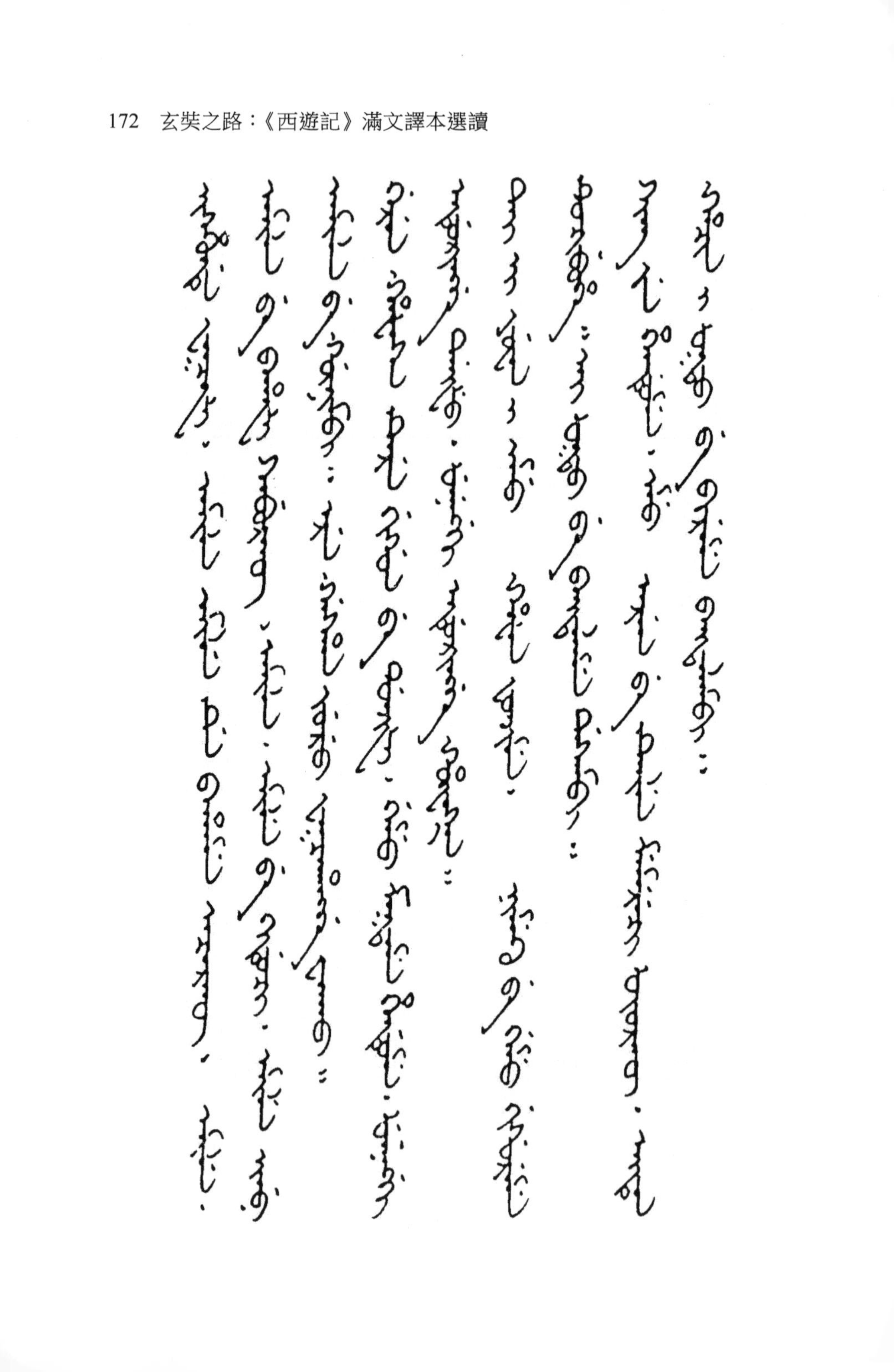

ishunde fakcafi, amila emile de bahame acarkū, emile, amila be bahafi saburkū, amila, emile be kiduci, emile inu amile be gūnimbi. ere gasha juru fakcahangge wakao.
geren hafasa tere gisun be donjifi, gemu maktame hendume, unenggi enduringge daifu, unenggi enduringge hūwašan.
tai i yuwan i emu hafan fonjime, nimeku be gemu gisureme tucibuhe. ai okto be baitalame dasambi.
sing je hendume, emu arga be teile memereci ojorkū, eiten hacin i okto be bireme baitalambi.

---

彼此失散，雄不能見雌，雌不能見雄；雄乃想雌，雌亦想雄，這不是雙鳥失群嗎？
眾官聞其言，都讚道：真是神醫，真是神僧！
太醫院一位官員問道：病情都已經說出了，要用什麼藥治療？
行者道：不可僅拘執一方，百藥一概可用。

---

彼此失散，雄不能见雌，雌不能见雄；雄乃想雌，雌亦想雄，这不是双鸟失群吗？
众官闻其言，都赞道：真是神医，真是神僧！
太医院一位官员问道：病情都已经说出了，要用什么药治疗？
行者道：不可仅拘执一方，百药一概可用。

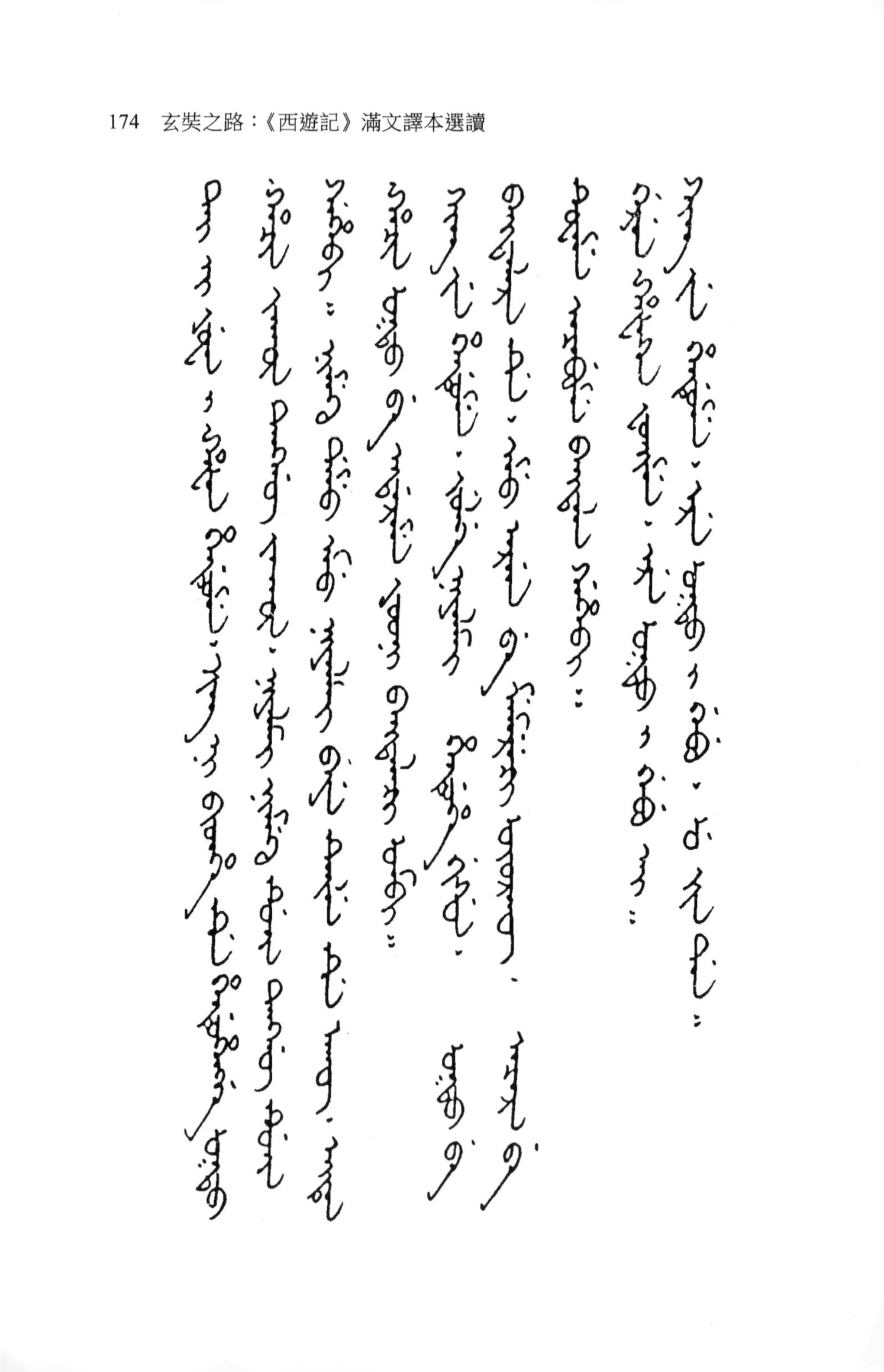

[illegible]

[illegible]

[illegible]

[illegible]

[illegible]

[illegible]

[illegible]

[illegible]

[illegible]

[illegible]

[illegible]

tai i yuwan i hafan hendume, jing〔ging〕ni bithe de henduhengge, okto hacin jakūn tanggū jakūn, niyalmai nimeku duin tanggū duin sehebi. nimeku damu emu niyalmai beye teile de akū. eiten hacin okto be adarame yooni baitalaci ombi.
sing je hendume, julge niyalmai henduhe gisun, okto be baitalara de, emu arga be memereci ojorkū, acara be tuwame acabume baitala sehebi.
geren hafasa fonjime, ere okto i gebu ai.
sing je hendume, ere okto i gebu, u jin dan.

---

太醫院官道：經云，藥有八百八味，人有四百四病。病不僅在一人之身，百藥豈可全用？
行者道：古人云，用藥不執方，合宜而用。
眾官問道：此藥何名？
行者道：此藥名烏金丹。

---

太医院官道：经云，药有八百八味，人有四百四病。病不仅在一人之身，百药岂可全用？
行者道：古人云，用药不执方，合宜而用。
众官问道：此药何名？
行者道：此药名乌金丹。

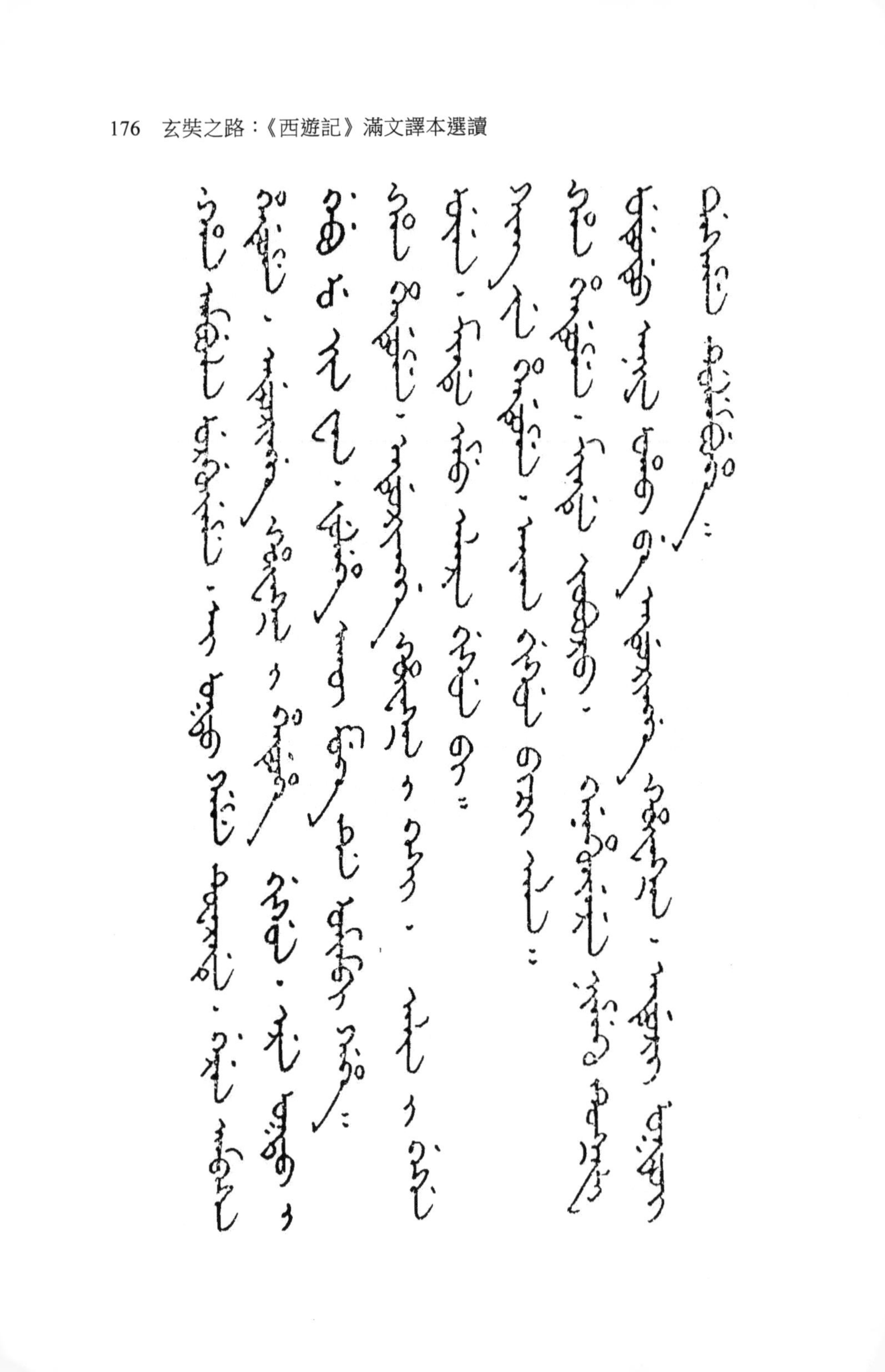

han ambula urgunjeme, ai okto seme tuwarade, geren ambasa hendume, enduringge hūwašan i henduhe gisun, ere okto i gebu u jin wan, fulehe akū muke de omimbi sehe.
han hendume, enduringge hūwašan i kesi, alin i gese ujen, minde emu alara gisun bi.
sing je hendume, aika gisun bici ala.
han hendume, minde joboro, kenehunjere nimeku tušafi ududu aniya oho be enduringge hūwašan, enduri oktoi dasame dulembuhe.

---

國王大喜，看了道：此是什麼藥？眾官道：神僧說，此藥名烏金丸，用無根水喝下。
國王道：神僧恩重如山，朕有話說。
行者道：有什麼話，說吧！
國王道：朕遭數載憂疑病，被神僧仙丹治好了。

---

国王大喜，看了道：此是什么药？众官道：神僧说，此药名乌金丸，用无根水喝下。
国王道：神僧恩重如山，朕有话说。
行者道：有什么话，说吧！
国王道：朕遭数载忧疑病，被神僧仙丹治好了。

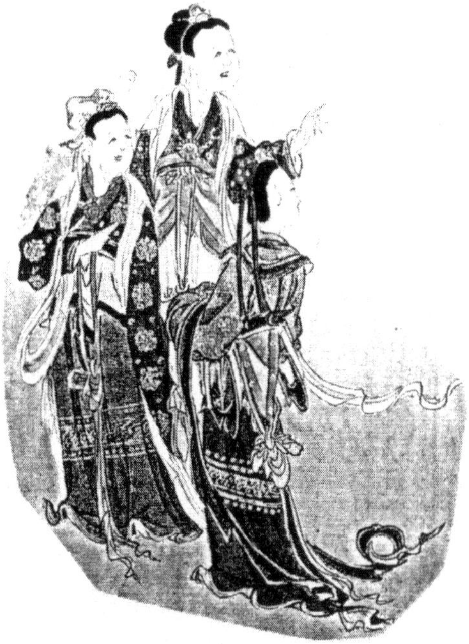

# 十六、宮中娘娘

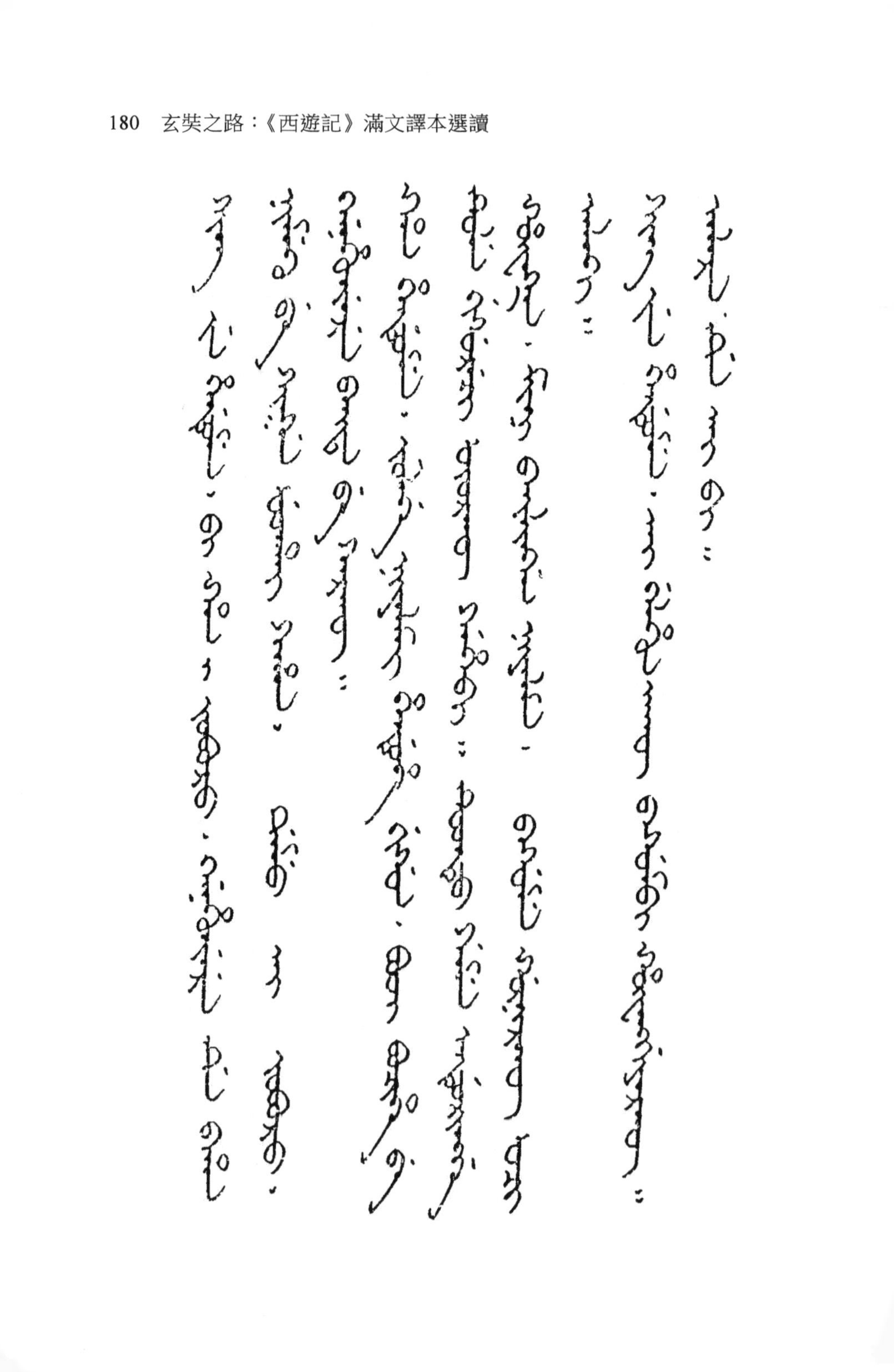

sing je hendume, bi han i joboro, kenehunjere de baha nimeku be sikse uthai saha, damu ai joboro, kenehunjere baita be sarkū.
han hendume, julge niyalmai henduhe gisun, booi bocihe be tule gisureci ojorkū sehebi. tuttu seme enduringge hūwašan, mini bailingga niyalma, basume gūnirkū oci alaki.
sing je hendume, ai gelhun akū basumbi hūwanggiyarkū. alara de ai bi.

---

行者道：昨日我就已知國王所得的是憂疑之疾，但不知憂疑何事？
國王道：古人云，家醜不可外談。奈神僧是朕恩人，若不想嘲笑才奉告。
行者道：豈敢嘲笑，無妨，請說。

---

行者道：昨日我就已知国王所得的是忧疑之疾，但不知忧疑何事？
国王道：古人云，家丑不可外谈。奈神僧是朕恩人，若不想嘲笑才奉告。
行者道：岂敢嘲笑，无妨，请说。

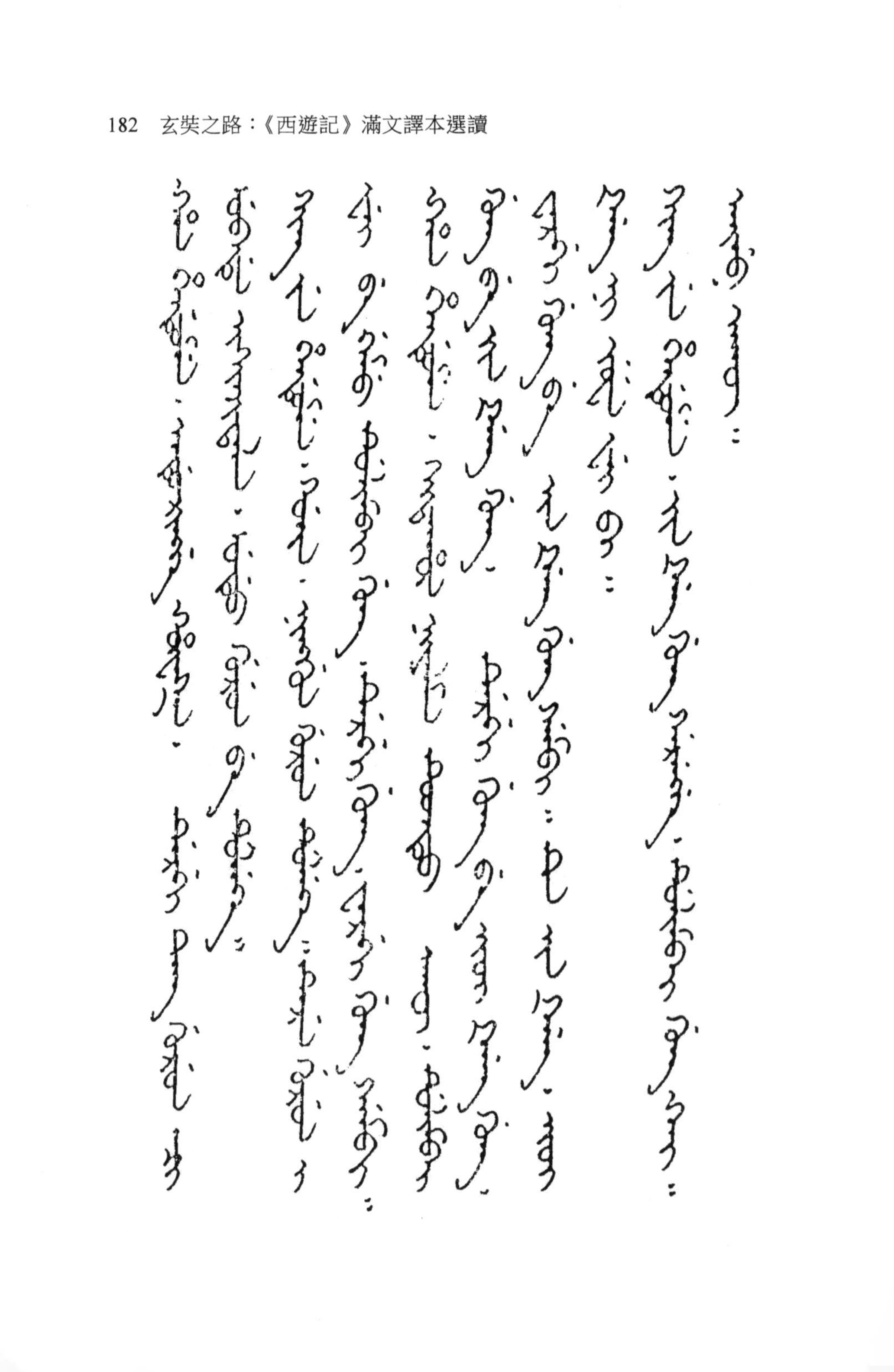

han hendume, enduringge hūwašan, dergi tang gurun ci ubade isinjitala, udu gurun be duleke.
sing je hendume, sunja, ninggun gurun duleke. tere gurun i fei be gemu dulimbai gung, dergi gung, wargi gung sembi.
han hendume, sitahūn niyalma tuttu akū, dulimbai gung be jin šeng gung, dergi gung be ioi šeng gung, wargi gung be in šeng gung sembi. te in šeng, ioi šeng ni juwe fei bi.
sing je hendume, jin šeng gung serengge, dulimbai gung kai. ainu akū.

---

國王道：神僧從東土唐朝來到這裏，經過幾個國土？
行者道：經過五、六國，那國之后都稱為正宮、東宮、西宮。
國王道：寡人不是這等稱謂，將正宮稱為金聖宮， 東宮稱為玉聖宮,西宮稱為銀聖宮,今只有銀聖、玉聖二后在宮。
行者道：金聖宮就是正宮啊！為何沒有？

---

国王道：神僧从东土唐朝来到这里，经过几个国土？
行者道：经过五、六国，那国之后都称为正宫、东宫、西宫。
国王道：寡人不是这等称谓，将正宫称为金圣宫， 东宫称为玉圣宫,西宫称为银圣宫,今只有银圣、玉圣二后在宫。
行者道：金圣宫就是正宫啊！为何没有？

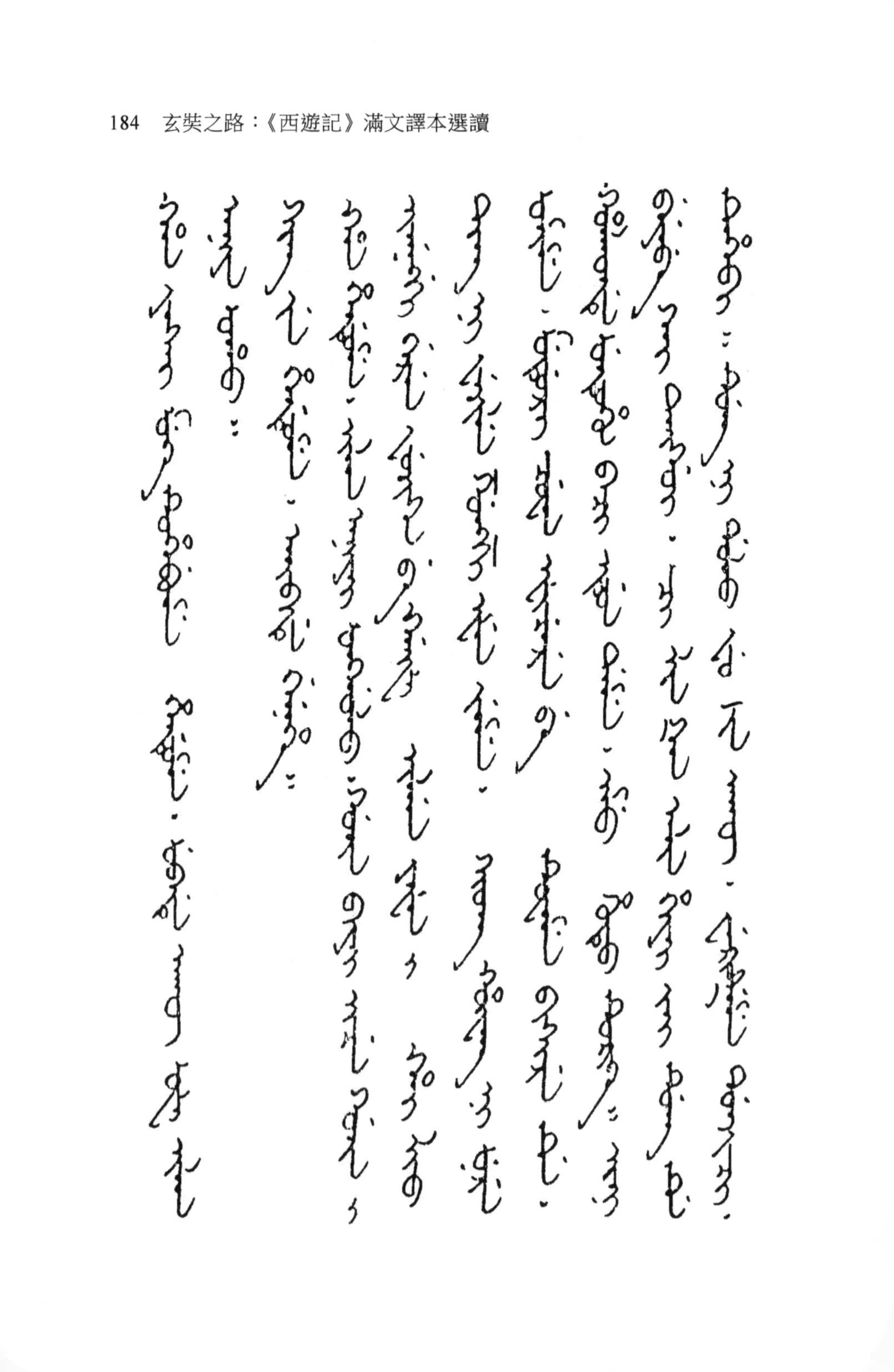

[illegible]

han yasai muke tuhebume hendume, ubade akū ofi ilan aniya oho.
sing je hendume, aibide genehe.
han hendume, ilan aniyai onggolo, sunja biyai ice sunja i inenggi geren fujisa be gaifi ilga yafan i hai lio ting ni fejile dzungdz efen jeme, siong hūwang ni nure omime, muduri cuwan eficere be tuwame bisire de, holkonde untuhun baci edun dame, emu hutu tucike. ini beyebe sai taisui, ci lin šan alin hiyai jai dung de tehebi. dung ni dolo fu žin akū, werišeme donjici,

---

國王滴淚道：不在這裏已經三年了。
行者道：向哪裏去了？
國王道：三年前，五月初五日，帶了后妃，在花園海榴亭下吃粽子，飲雄黃酒，看龍舟賽時，忽然空中刮著風，現出一個妖精.，自稱賽太歲，在麒麟山獬豸洞居住，洞中無夫人，訪聞

---

国王滴泪道：不在这里已经三年了。
行者道：向哪里去了？
国王道：三年前，五月初五日，带了后妃，在花园海榴亭下吃粽子，饮雄黄酒，看龙舟赛时，忽然空中刮着风，现出一个妖精.，自称赛太岁，在麒麟山獬豸洞居住，洞中无夫人，访闻

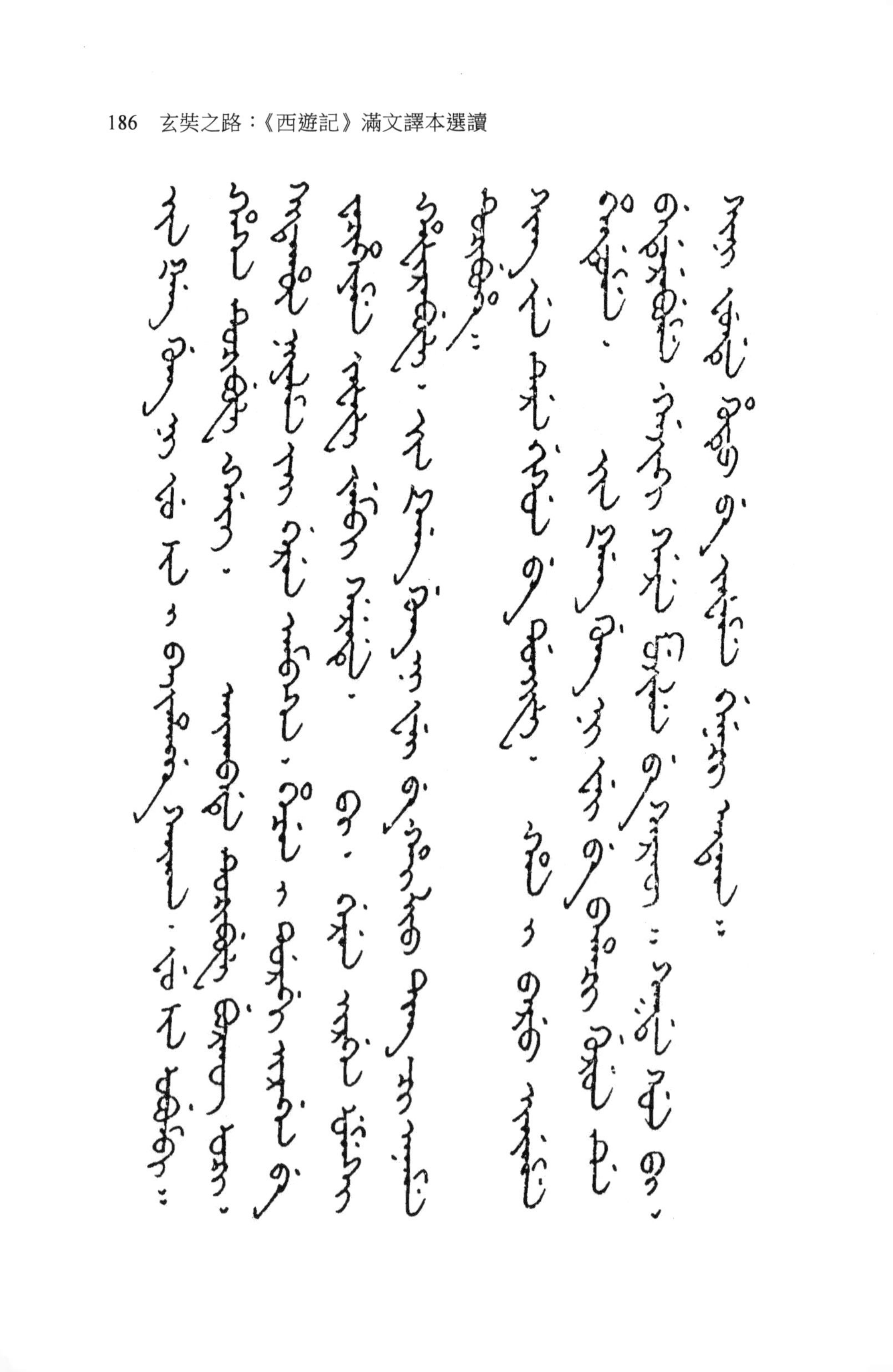

[illegible]

jin šeng gung ni fu žin i banjihangge saikan, fu žin obumbi. hasa tucibufi gaji, aikabade tucibufi burkū oci, sitahūn niyalma jai geren ambasa, hecen i dorgi irgen be wacihiyame jafafi jembi serede, bi, geren irgen umesi hafirabufi, jin šeng gung ni fei be hai lio ting ci aname tucibuhe.
sing je tere gisun be donjifi, han i baru injeme hendume, jin šeng gung ni fei be bahaci gurun de bederebume gajiki sere mujilen be sarkū. sakda sun bi, sini funde hutu be jafame geneci antaka.

---

金聖宮生的美貌，要做夫人。快快送出，如若不獻出來，就要將寡人和眾臣、滿城黎民盡皆吃絕。朕因眾民甚是無奈，將金聖宮后推出海榴亭外。
行者聞言，笑問國王道：不知心中可要金聖宮后回國？老孫我替你去捉妖何如？

---

金圣宫生的美貌，要做夫人。快快送出，如若不献出来，就要将寡人和众臣、满城黎民尽皆吃绝。朕因众民甚是无奈，将金圣宫后推出海榴亭外。
行者闻言，笑问国王道：不知心中可要金圣宫后回国？老孙我替你去捉妖何如？

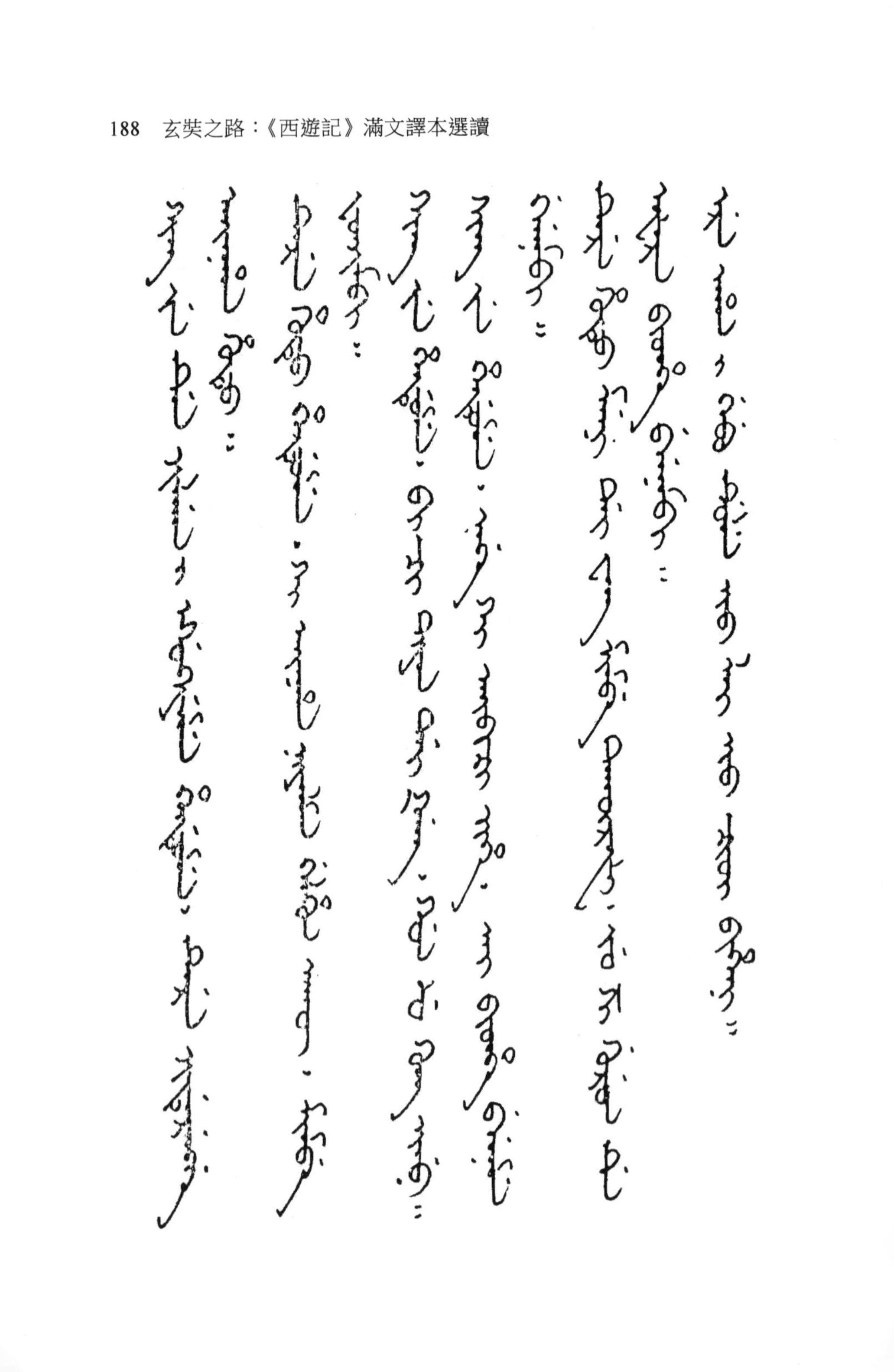

[illegible]

sing je den jilgan i esukiyeme hendume, tere jiderengge ainaha hutu.
tere hutu hendume, si ainaha niyalma gelhun akū, mimbe fonjimbi.
sing je hendume, bi ci tiyan dai šeng, sun u kung inu.
sing je hendume, age si aibici jihe, ai bithe beneme genembi.
tere hutu meni dai wang mimbe takūrafi, ju dz gurun de afara bithe benembi.
ere aha i gebu dule io lai io cioi biheni.

---

行者高聲喝道：那來的是什麼邪魔？
那怪物道：你是何人？敢來問我。
行者道：我乃齊天大聖孫悟空。
行者道：阿哥，你是從哪裏來的，去送什麼文書？
那怪物道：我們大王差我到朱紫國下戰書的。
這廝的名字原來叫做有來有去呢！

---

行者高声喝道：那来的是什么邪魔？
那怪物道：你是何人？敢来问我。
行者道：我乃齐天大圣孙悟空。
行者道：阿哥，你是从哪里来的，去送什么文书？
那怪物道：我们大王差我到朱紫国下战书的。
这厮的名字原来叫做有来有去呢！

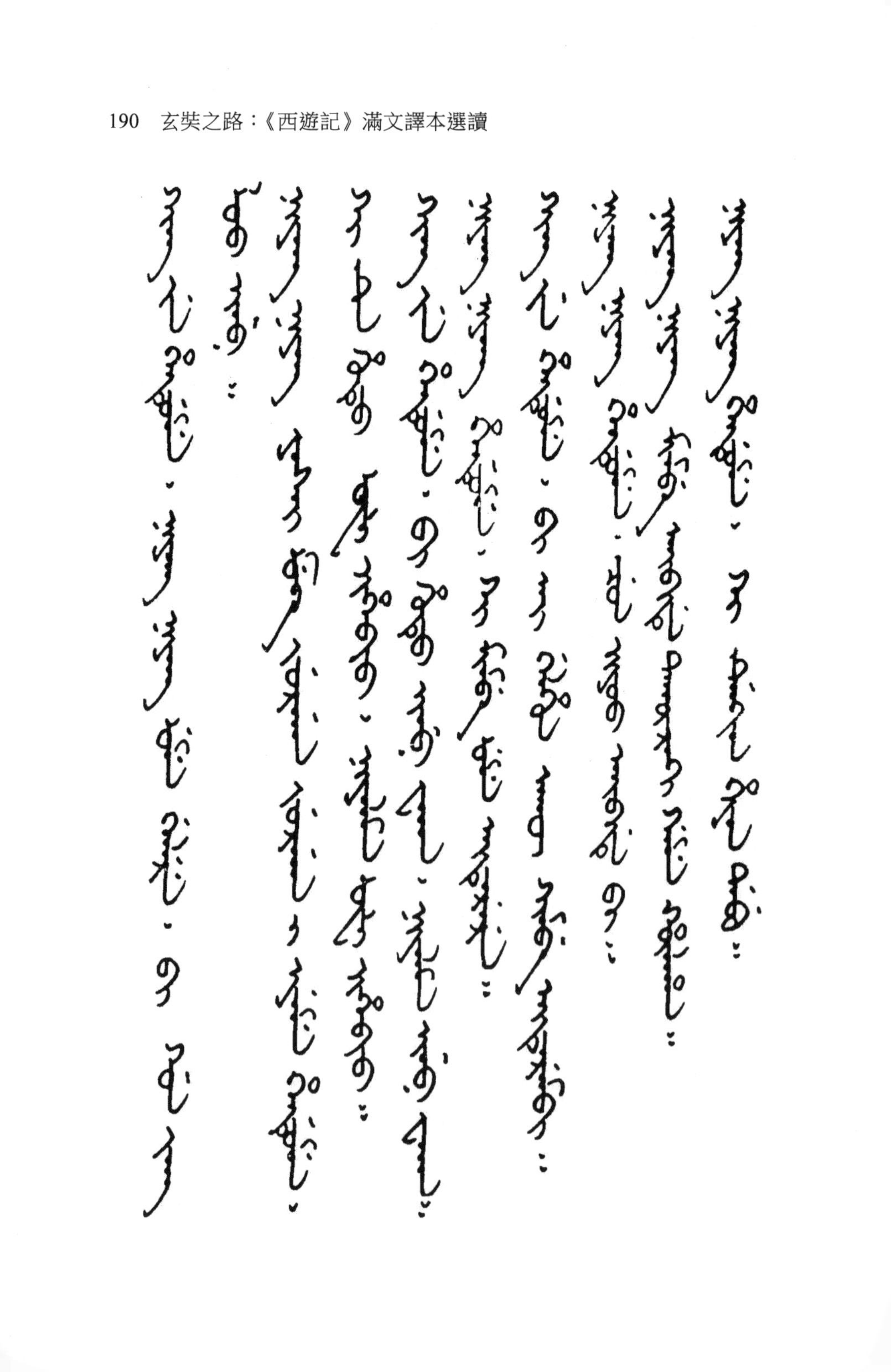

[illegible]

[illegible]

[illegible]

[illegible]

[illegible]

[illegible]

[illegible]

[illegible]

sing je hendume, niyang niyang ume gelere, bi sun jang loo inu.
niyang niyang yasai muke jurgan jurgan i eyeme hendume, si te hutu ofi jihebio, niyalma ofi jihebio.
sing je hendume, bi hutu inu waka, niyalma inu waka.
niyang niyang hendume, si mimbe ume eiterere.
sing je hendume, bi ai gelhun akū simbe eiterembi.
niyang niyang hendume, cun jiyoo aibide bi.
niyang niyang mimbe aibide takūraki seme hūlaha.
niyang niyang hendume, si dengjan hiyan dabu.

---

行者道：娘娘休恐懼，我是孫長老。
娘娘淚汪汪成行的流著道：你如今來的是鬼嗎？是人不是人？
行者道：我也不是鬼，也不是人。
娘娘道：你莫騙我。
行者道：我豈敢騙你。
娘娘道：春嬌在哪裏？
娘娘叫我哪裏差遣？
娘娘道：你點燈焚香。

---

行者道：娘娘休恐惧，我是孙长老。
娘娘泪汪汪成行的流着道：你如今来的是鬼吗？是人不是人？
行者道：我也不是鬼，也不是人。
娘娘道：你莫骗我。
行者道：我岂敢骗你。
娘娘道：春娇在哪里？
娘娘叫我哪里差遣？
娘娘道：你点灯焚香。

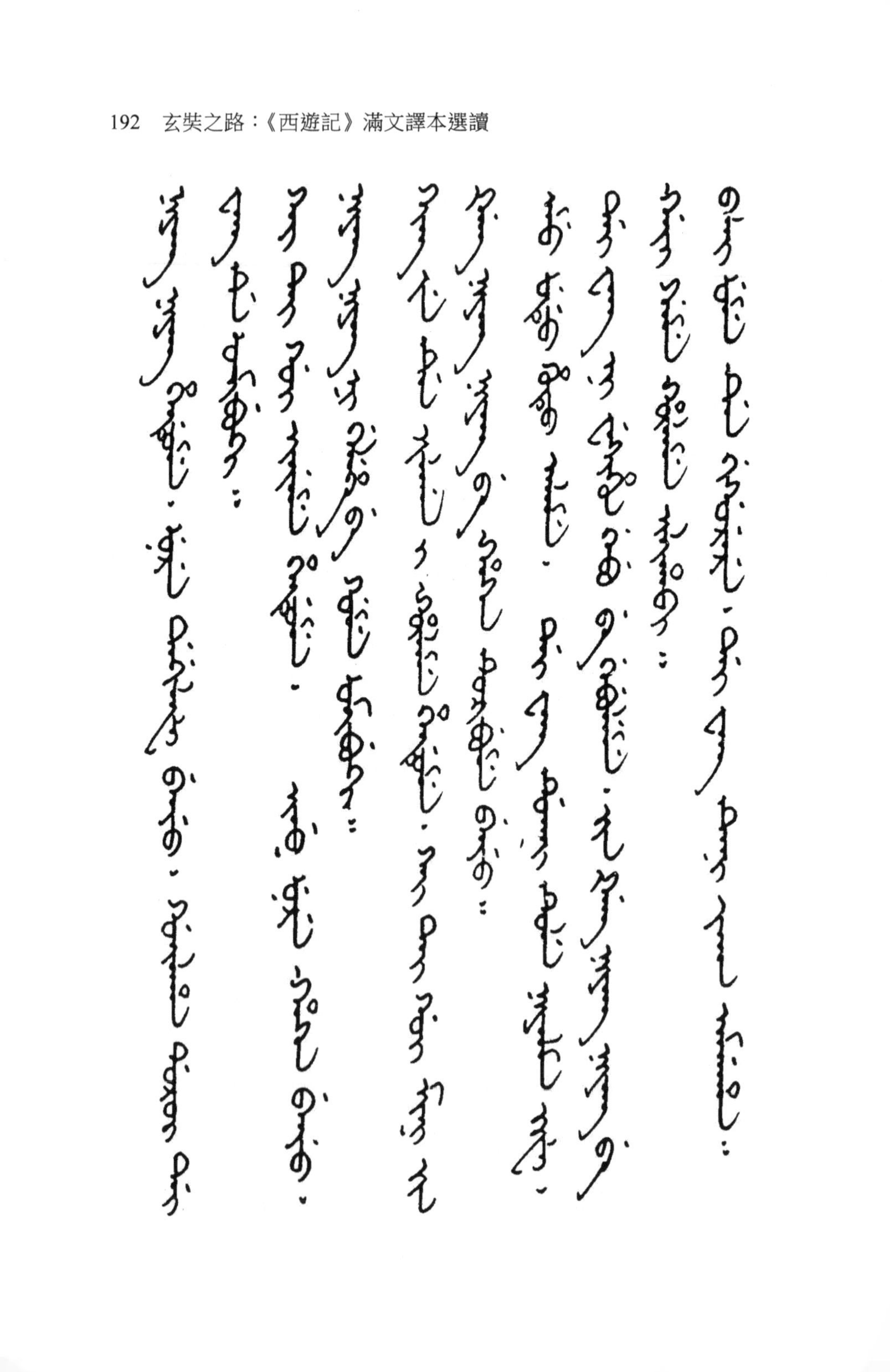

[illegible]

niyang niyang hendume, nure dagilafi benju, suilaha doroi dai wang de omibuki.
sai tai sui injeme hendume, inu nure hasa benju, niyang niyang ni gelehe be sume omibuki.
sing je den jilgan i hūlame hendume, sai tai sui mini jin šeng niyang niyang be hasa tucibume benju.
emu udu hutu alame, dai wang dukai tule niyalma jifi, dai wang ni wesihun gebu be gebuleme, jin šeng niyang niyang be gaji seme hūlame ilihabi.
balai ume den gisurere, dai wang teni jaka amgaha.

---

娘娘道：安排酒來，請大王飲酒解勞。
賽太歲笑道：正是，快將酒送來，請娘娘飲酒壓驚。
行者高聲叫道：賽太歲趕快送出我的金聖娘娘來！
幾個妖報導：大王，門外有人來叫喊大王的尊號，要金聖娘娘。
莫吆喝，大王纔睡著哩！

---

娘娘道：安排酒来，请大王饮酒解劳。
赛太岁笑道：正是，快将酒送来，请娘娘饮酒压惊。
行者高声叫道：赛太岁赶快送出我的金圣娘娘来！
几个妖报道：大王，门外有人来叫喊大王的尊号，要金圣娘娘。
莫吆喝，大王纔睡着哩！

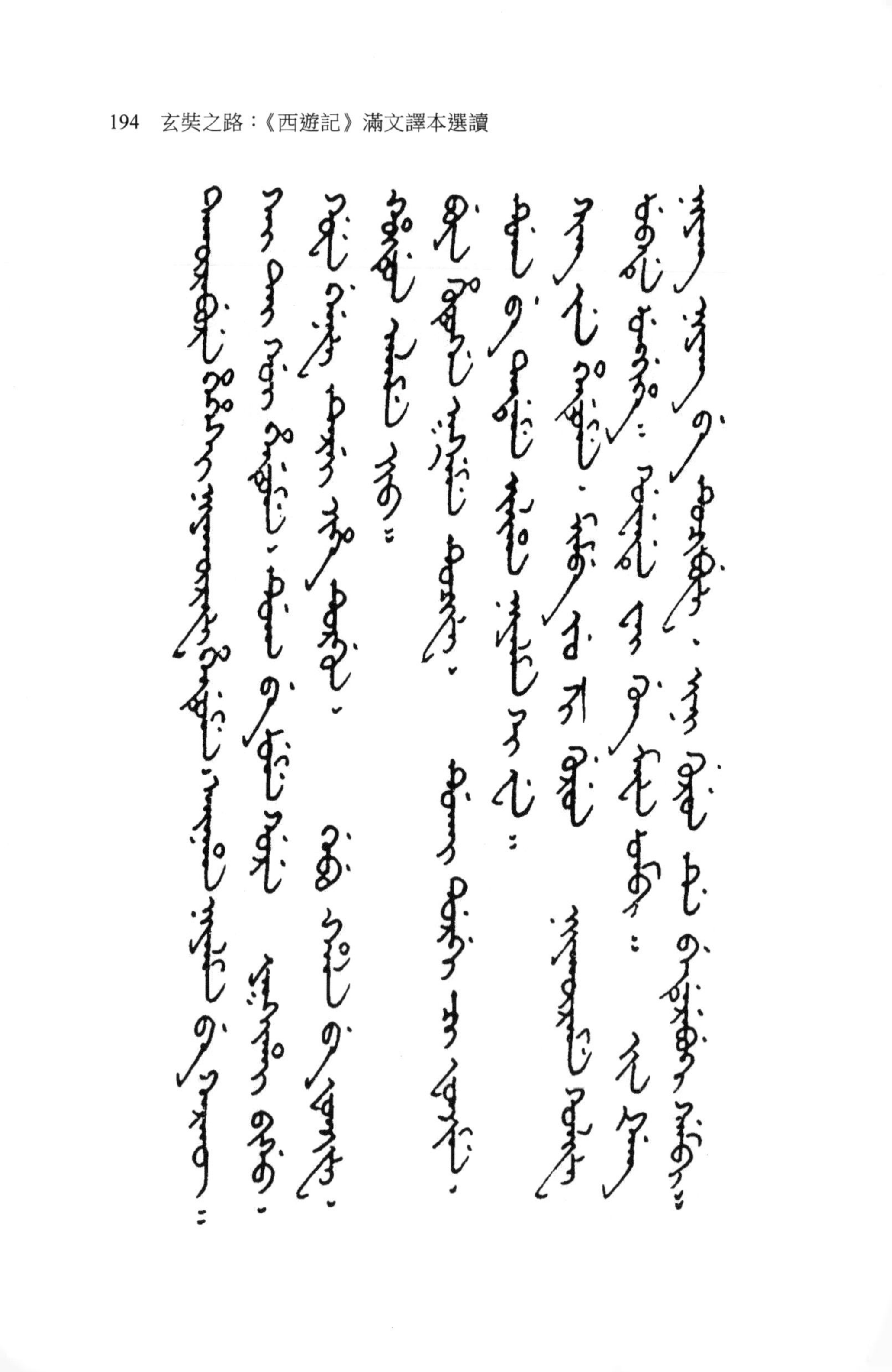

[illegible]
[illegible]
[illegible]
[illegible]
[illegible]
[illegible]
[illegible]
[illegible]
[illegible]

takūrabure hehesi niyakūrafi hendume, ainaha niyalma be sarkū.
sai tai sui hendume, duka be ume sure yaksihai bisu, suwe genefi terei jihe turgun, gebu hala be fonjifi, hūdun alame jio.
buya hutuse ekšeme tucifi, dukai dorgi ci fonjime, duka be tandame iliha niyalma si we.
sing je hendume, mimbe ju dz gurun niyakūrame solifi ubade unggihe. suwende wai gung mafa ombi. jin šeng niyang niyang be tucibufi, ini gurun de bederebuki sembi.

---

侍婢跪拜道：不知什麼人？
賽太歲道：休開門，關緊。你們去問來由，姓甚名誰？快來回報。
小妖急忙出去，從門裏隔門問道：在打門的人你是誰？
行者道：我是朱紫國拜請來這裏的，是你們的外公爺爺，送出金聖娘娘，要送他回國。

---

侍婢跪拜道：不知什么人？
赛太岁道：休开门，关紧。你们去问来由，姓甚名谁？快来回报。
小妖急忙出去，从门里隔门问道：在打门的人你是谁？
行者道：我是朱紫国拜请来这里的，是你们的外公爷爷，送出金圣娘娘，要送他回国。

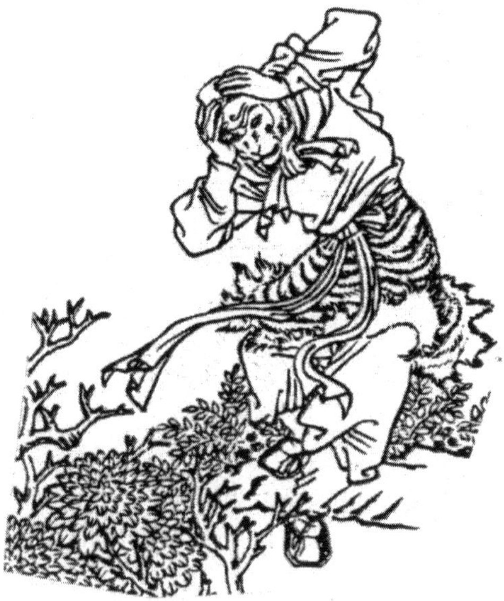

# 十七、雌雄金鈴

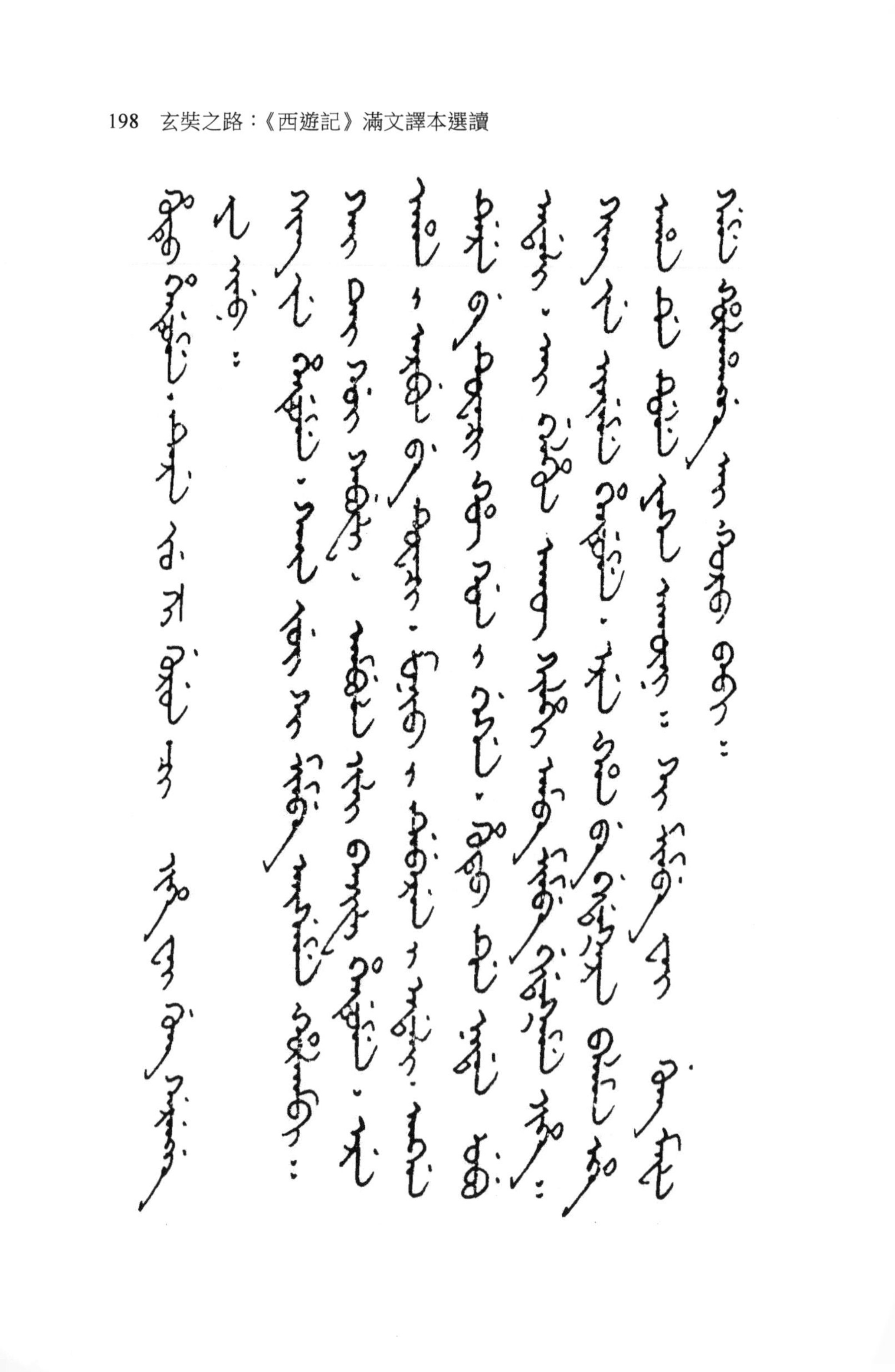

hutu hendume, tere ju dz gurun ci jihe wai gung serengge ya inu.
sing je hendume, sain jui si mimbe aiseme hūlambi.
sai tai sui sabufi, ambula jili banjifi hendume, ere aha i arbun be tuwaci, monio i deberen i adali, angga dere be tuwaci hū sun i gese, hutu de nadan ubu adali, ai gelhun akū silhi amba mimbe gidašame jihe.
sing je injeme hendume, ere han be gidašara balame ehe aha de dule yasa akūni. si mimbe wai gung mafa seme hūlahangge ai koro babi.

---

妖怪道：那朱紫國來的外公是哪個？
行者道：好孩子你叫我怎的。
賽太歲見了大怒道：看這廝的相貌像猴崽子，嘴臉似猢猻，七分像鬼，竟敢大膽來欺我。
行者笑道：這欺君潑奴原來沒眼呢！你叫我聲外公爺爺吃了什麼虧？

---

妖怪道：那朱紫国来的外公是哪个？
行者道：好孩子你叫我怎的。
赛太岁见了大怒道：看这厮的相貌像猴崽子，嘴脸似猢狲，七分像鬼，竟敢大胆来欺我。
行者笑道：这欺君泼奴原来没眼呢！你叫我声外公爷爷吃了什么亏？

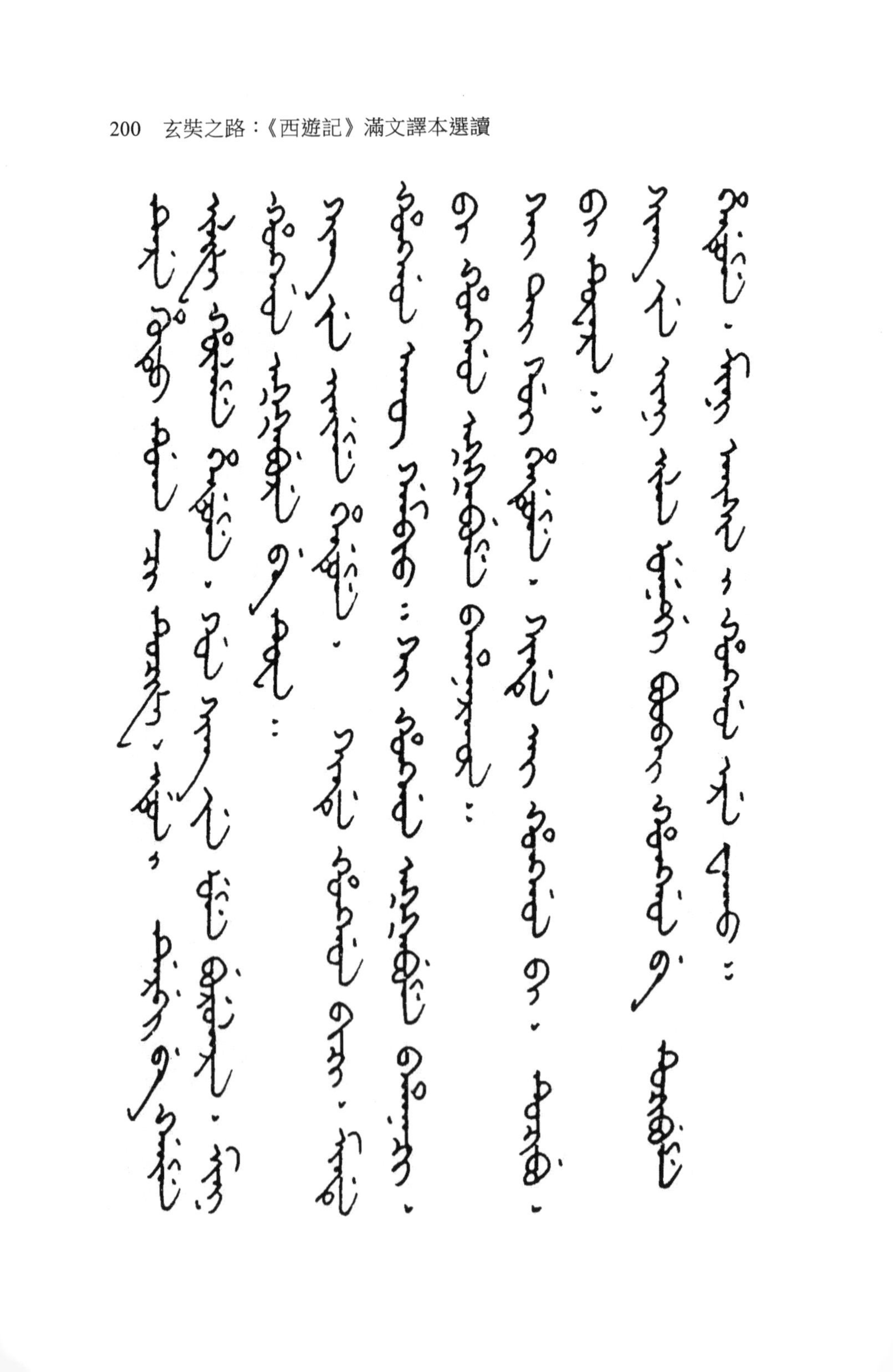

[illegible]

tere hutu duka ci tucifi, edun i dergi be gaime ilifi hūlame hendume, sun sing je ume burulara, mini honggon aššabure be tuwa.

sing je injeme hendume, sinde honggon bici, minde honggo akū sembio. si honggon aššabume bahanaci, bi honggon aššabume bahanarkūn.

sai tai sui hendume, sinde ai honggon bi, tucibu, bi tuwara.

sing je ini ilan unenggi boobai honggon be tucibume hendume, mini aisin i honggon ere wakao.

---

那妖出了門，站立上風叫道：孫行者休走，看我搖動鈴兒。
行者笑道：你有鈴，我就沒鈴嗎？你會搖，我就不會搖嗎？
賽太歲道：你有什麼鈴兒？拿出來我看！
行者拿出他的三個真寶鈴道：這不是我的金鈴兒嗎？

---

那妖出了门，站立上风叫道：孙行者休走，看我摇动铃儿。
行者笑道：你有铃，我就没铃吗？你会摇，我就不会摇吗？
赛太岁道：你有什么铃儿？拿出来我看！
行者拿出他的三个真宝铃道：这不是我的金铃儿吗？

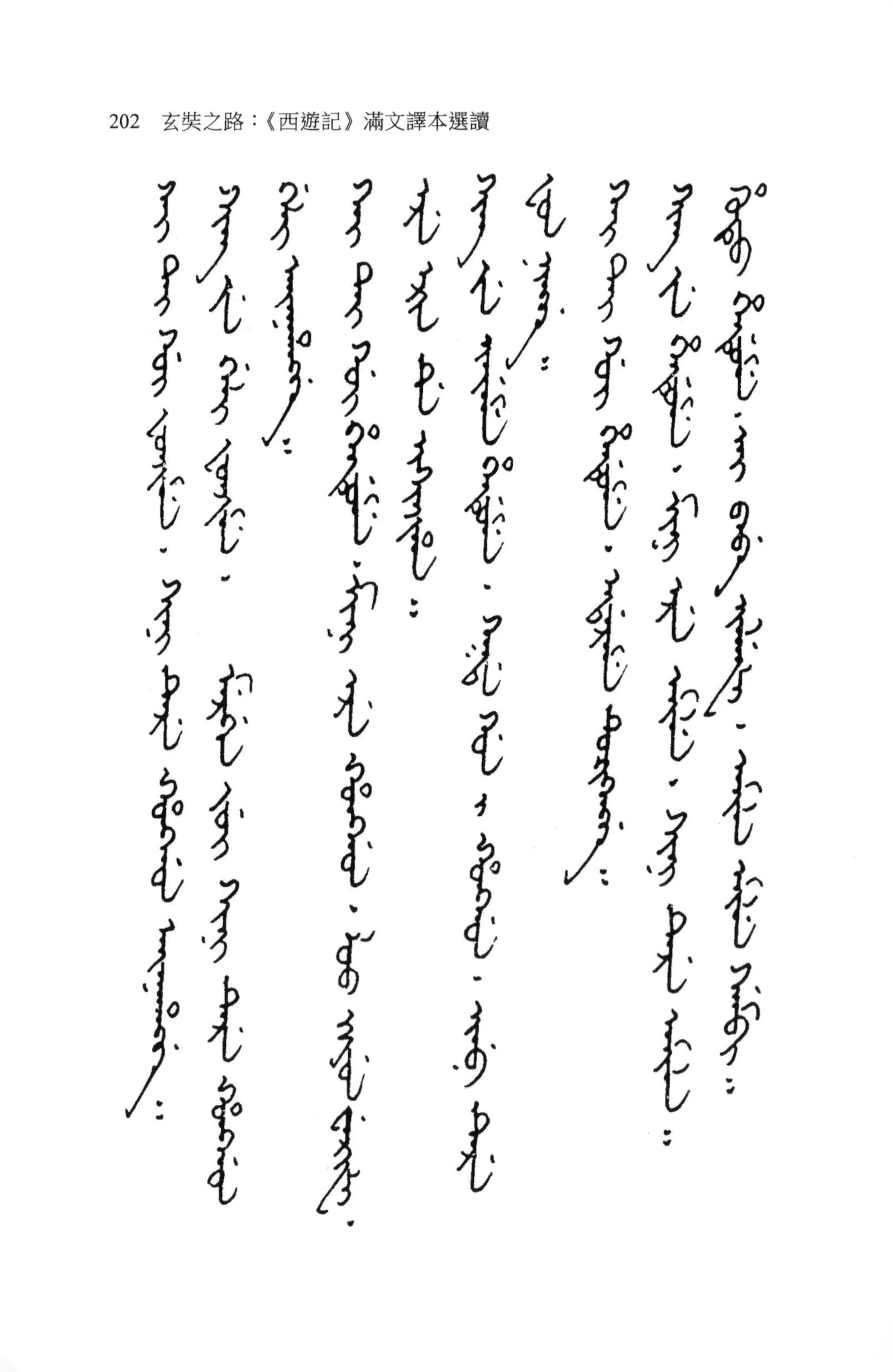

sai tai sui fonjime, sini tere honggon ainahangge.
sing je geli fonjime, mergen jui sini tere honggon geli ainahangge.
sai tai sui hendume, mini ere honggon, loo jiyun werifi, ere erin de isinjiha.
sing je injeme hendume, sakda sun i honggon, inu tere fon ningge.
sai tai sui hendume, adarame tucikengge.
sing je hendume, mini ere emile, sini tere amila.
hutu hendume, ai babe ilgafi, amila emile sembi.

---

賽太歲問道：你那鈴兒是哪裡來的？
行者又問道：賢甥，你那鈴兒又是哪裡來的？
賽太歲道：我這鈴兒，是老君留下到如今。
行者笑道：老孫的鈴兒，也是那時候的。
賽太歲道：怎生出處？
行者道：我這雌來你那雄。
妖怪道：如何辨得雌雄？

---

赛太岁问道：你那铃儿是哪里来的？
行者又问道：贤甥，你那铃儿又是哪里来的？
赛太岁道：我这铃儿，是老君留下到如今。
行者笑道：老孙的铃儿，也是那时候的。
赛太岁道：怎生出处？
行者道：我这雌来你那雄。
妖怪道：如何辨得雌雄？

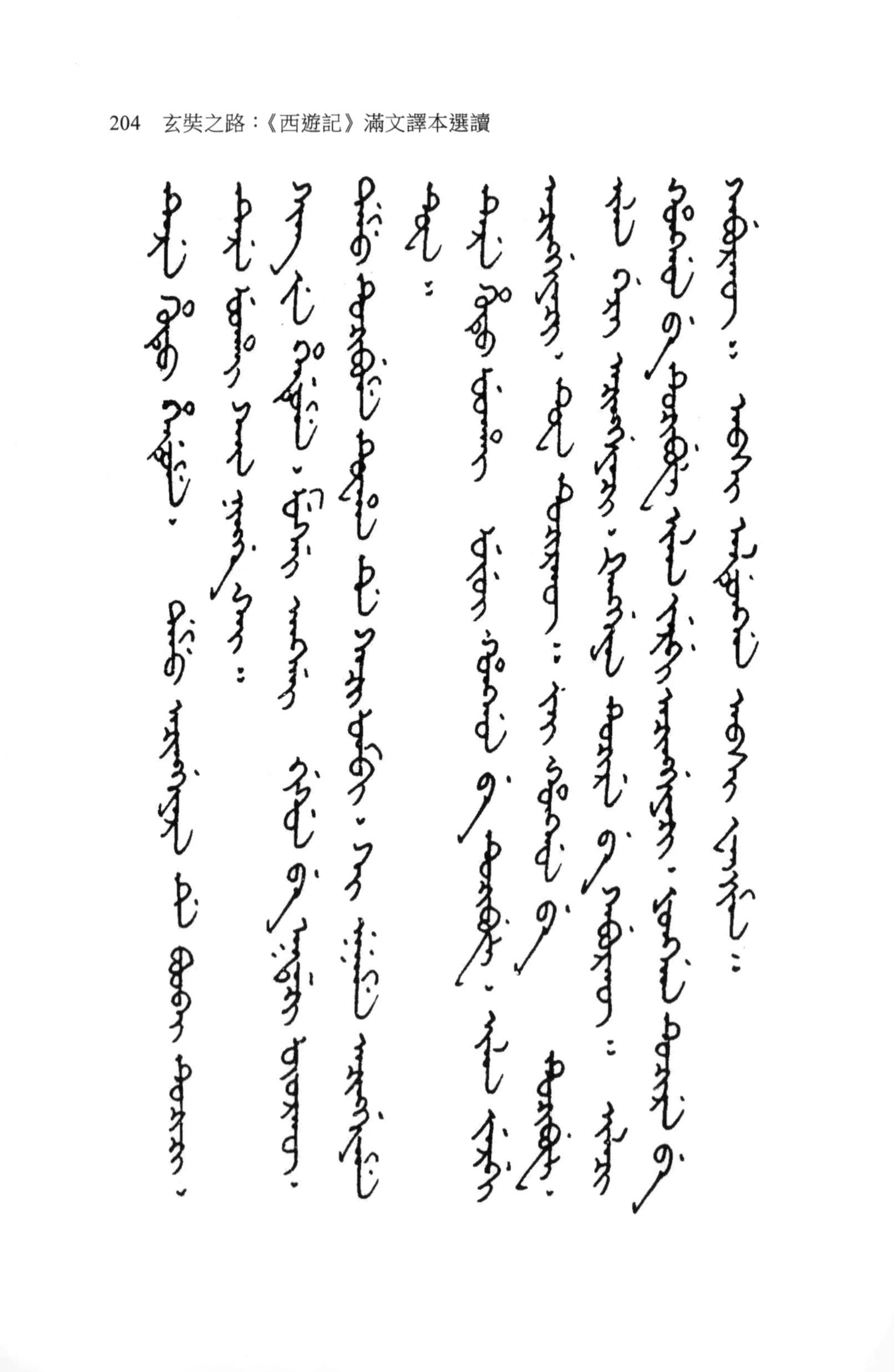

[illegible]

tere hutu hendume, damu acinggiyara de boobai tucici, tere uthai sain ningge kai.
sing je hendume, musei anggai gisun be akdaci ojorkū, damu tucibume tuwaha de saci ombi, si neneme acinggiyame tuwa.
tere hutu uthai ujui honggon be tucibufi, ilan jergi acinggiyaci, tuwa tucirkū. jai honggon be tucibufi, ilan geri acinggiyaci, šanggiyan tucire be saburkū. ilaci honggon be tucibufi ilan jergi acinggiyaci, yonggan tucire be saburkū. absi aldungga absi faijima.

---

那妖道：但只是搖出寶貝來，那就是好的。
行者道：我們口說無憑，只要拿出來看就可知道，讓你先搖搖看。
那妖就拿出頭一個鈴兒，搖了三下[5]，火不出來。拿出第二個，搖了三下，不見煙出。拿出第三個，搖了三下，不見沙出，怪哉怪哉！

---

那妖道：但只是摇出宝贝来，那就是好的。
行者道：我们口说无凭，只要拿出来看就可知道，让你先摇摇看。
那妖就拿出头一个铃儿，摇了三下，火不出来。拿出第二个，摇了三下，不见烟出。拿出第三个，摇了三下，不见沙出，怪哉怪哉！

---

[5] 搖了三下，句中「三下」，規範滿文讀作“ilanggeri”，此作“ilan jergi”，異。

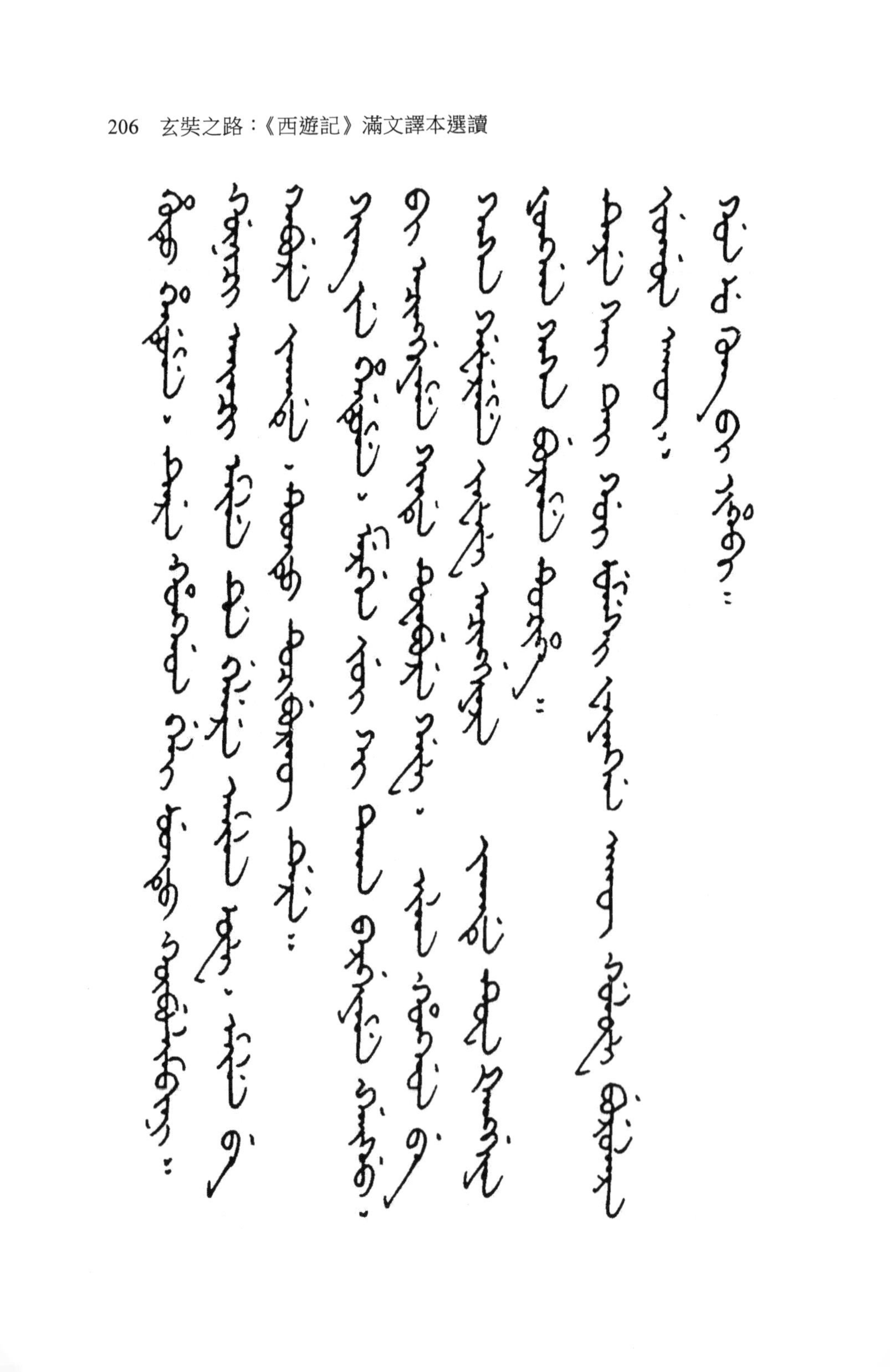

[illegible]

[illegible]

[illegible]

[illegible]

[illegible]

[illegible]

[illegible]

[illegible]

[illegible]

[illegible]

hutu hendume, tere honggon geli uttu kūbulimbini. gūnici ainci emile de gelere amila ofi, emile be sabure jakade, tuttu tuciburkū dere.
sing je hendume, mergen jui si taka bargiyame gaisu, bi acinggiyame sinde tuwabure sefi, ilan honggon be sasa seferême jafafi acinggiyara jakade, tuwa šanggiyan yonggan sasa burame tucihe.
tere sai tai sui umesi fayangga akū golofi burulara jugūn akū.
sun u kung bi jihebi.

---

妖怪道：那鈴兒又如此變了，這雄的想是懼內，見了雌的，就這樣不出來吧！
行者道：賢甥，你暫且收起來吧！我搖給你看，一把抓住三個鈴兒一齊搖起來，煙火黃沙一齊滾出來。
那賽太歲嚇得魂飛魄散，無路可逃。
孫悟空我來了。

---

妖怪道：那铃儿又如此变了，这雄的想是惧内，见了雌的，就这样不出来吧！
行者道：贤甥，你暂且收起来吧！我摇给你看，一把抓住三个铃儿一齐摇起来，烟火黄沙一齐滚出来。
那赛太岁吓得魂飞魄散，无路可逃。
孙悟空我来了。

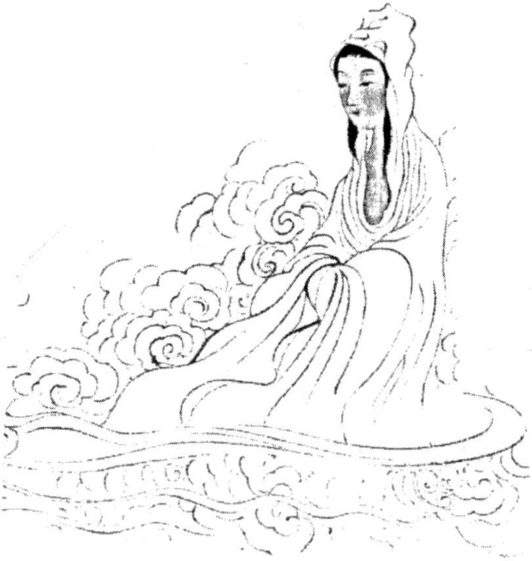

# 十八、甘露滅火

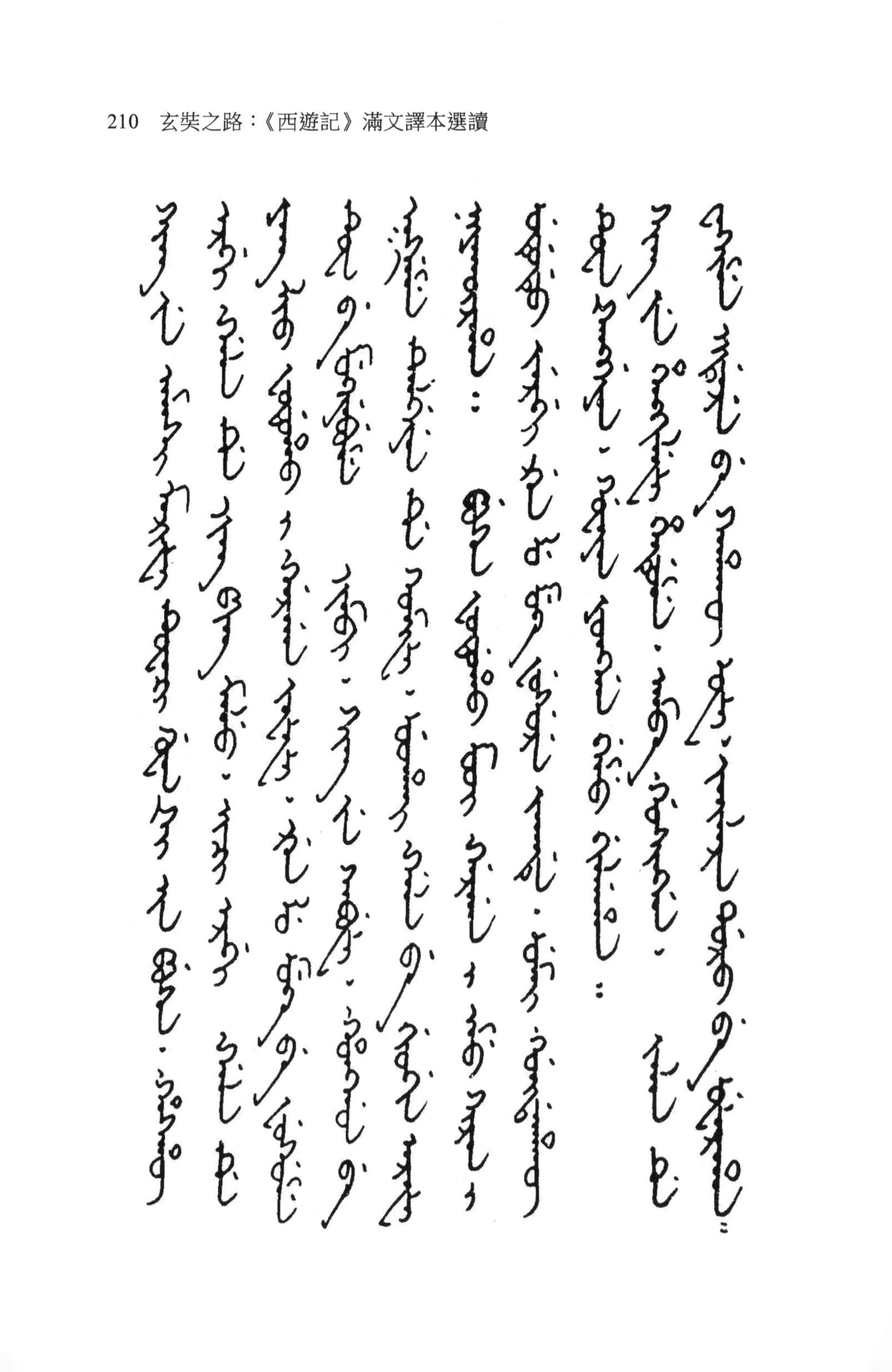

sing je amasi marifi tuwaci guwan ši in pusa, hashū ergi gala de jing ping malu, ici ergi gala de yang lio fodoho i gargan jafafi, g'an lu muke be fusume tuwa be mukiyebume jimbi, sing je sabufi, honggon be ekšeme telgiyen de somifi, uthai gala be giogin arafi niyakūraha. pusa fodoho mooi gargan i emu siran i ududu jergi g'an lu muke fusure jakade, umai goidahakū tuwa šanggiyan, suwayan yonggan gemu gilgaha.
sing je hengkilefi hendume, amba gosingga, jalan de wasime jidere be sahakū ofi, jailara doro be ufaraha.

---

行者回頭觀望，是觀世音菩薩，左手拿著淨瓶，右手拿著楊柳枝，灑下甘露來滅火。行者看見後，急著把鈴兒藏在腰間，即合掌跪拜。菩薩將柳枝一連灑了幾點甘露水，霎時間煙火黃沙俱消失了。
行者叩頭道：不知大士臨凡，有失迴避。

---

行者回头观望，是观世音菩萨，左手拿着净瓶，右手拿着杨柳枝，洒下甘露来灭火。行者看见后，急着把铃儿藏在腰间，即合掌跪拜。菩萨将柳枝一连洒了几点甘露水，霎时间烟火黄沙俱消失了。
行者叩头道：不知大士临凡，有失回避。

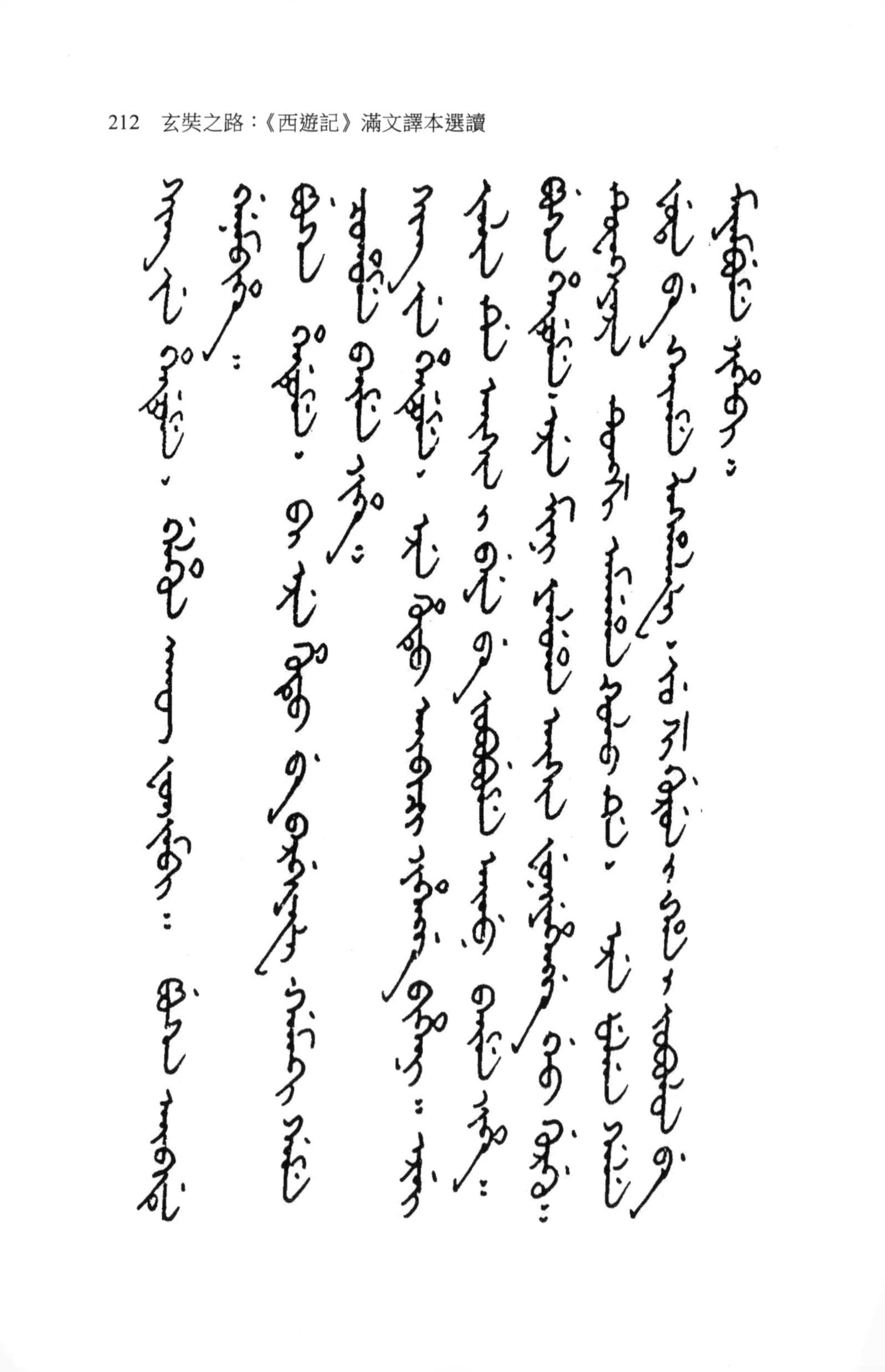

sing je hendume, gelhun akū fonjimbi. pusa aibide genembihe.
pusa hendume, bi ere hutu be bargiyafi gamaki seme cohome baime jihe.
sing je hendume, ere hutu aibici jihengge biheni. erei jalin de aisin i beye be jobobume ainu baime jihe.
pusa hendume, ere mini yaluha aisin funiyehengge geo gurgu. tuwakiyara tungdz amgaha šolo de, ere ulga sele futa be kajame lashalafi, ju dz gurun i han i jobolon be mayambume jihebi.

---

行者道：敢問菩薩何往？
菩薩道：我特來收尋這怪。
行者道：這怪是從哪裏來的？為何有勞金身臨凡來尋？
菩薩道：這是我乘坐的金毛犼，因牧童盹睡，此畜趁隙咬斷鐵索，來與朱紫國王消災。

---

行者道：敢问菩萨何往？
菩萨道：我特来收寻这怪。
行者道：这怪是从哪里来的？为何有劳金身临凡来寻？
菩萨道：这是我乘坐的金毛犼，因牧童盹睡，此畜趁隙咬断铁索，来与朱紫国王消灾。

ᠪᠣᠴᠣ ᡠᠨᡨᡠᡥᡠᠨ᠈ ᡩᡝ ᠪᡳ᠈ ᡨᡝᡵᡝ ᡠᠨᡨᡠᡥᡠᠨ ᡳ ᠰᡝᠮᡝ᠉

ᠮᡝᠨᡤᡝ ᠴᡳ ᡠᠨᡨᡠᡥᡠᠨ᠈ ᠵᡳᠯᡝ ᠠᡴᡡ ᠪᡝ ᡠᠨᡨᡠᡥᡠᠨ ᡳ ᠪᡝᡳᡝᠨ᠉

ᠪᠣᠴᠣ ᡨᡝᡵᡝ ᡠᠨᡨᡠᡥᡠᠨ᠈ ᡨᡝ ᠪᡠᡥᡳᠶᡝᠮᡝ ᠮᡝᠨ ᠪᡝ ᠰᡳᠮᡝ ᡨᡠᠸᠠᠮᡝ

ᡤᡳᠰᡠᠨ᠉

ᠮᡝᠨᡤᡝ ᠴᡳ ᠰᡝᠮᡝ ᡠᠨᡨᡠᡥᡠᠨ᠈ ᠪᡳ ᠪᡝᡳᡝᠨ ᡩᡝᡵᡤᡳ᠉

ᠪᠣᠴᠣ ᡠᠨᡨᡠᡥᡠᠨ ᠨᡝᠨᡝᠮᡝ ᠪᡝᡳᡝᠨ ᠨᡝᠨᡝᡴᡝ ᠪᡳ ᠪᡝ ᡝᡵᡤᡝ ᡤᡡᠨᡳᠨ᠉

ᠮᡝᠨᡤᡝ ᠴᡳ ᡤᡝᠮᡠᠨ ᡤᡳᠰᡠᠨ ᡠᠨᡨᡠᡥᡠᠨ᠈ ᡩᡝᠮᡠ ᡤᡡᠨᡳᠨ᠈ ᡤᡡᠨᡳᠮᡝ

ᡨᡠᠸᠠᠮᡝ ᠪᡝ ᡤᡠᠸᠠᠮᡝ᠈ ᡤᡡᠨᡳᠮᡝ ᠪᡝ ᡨᡠᠸᠠᠮᡝ ᠮᡝᠨᡝᡴᡝ᠉

ᠪᠣᠴᠣ ᡤᡡᠨᡳᠮᡝ ᠪᡝ ᡠᠮᡝᡥᡝᠨ᠈ ᡤᡡᠨᡳᠮᡝ ᡤᡳᠰᡠᠨ ᠵᡝᡴᡠ ᠪᡳ

ᡨᡠᠸᠠᠮᡝ ᠵᡳᠯᡝ ᡩᡝᡵᡤᡳ ᠪᡳᠰᡳᡵᡝ ᡤᡡᠨᡳᠮᡝ ᠪᡝ ᡨᡠᠸᠠᠮᡝ᠉

pusa hendume, u kung, mini honggon be gaji.
sing je hendume, sakda sun sini honggon be sahakū.
pusa esukiyeme hendume, ere hūlhatu monio hasa tucibufi gaji.
sing je injeme hendume, bi sahakū yargiyan.
pusa hendume, si sabuhakū seci, bi jin gu el tarini hūlambi.
sing je uthai golofi hendume, ume hūlara, honggon minde bi sefi, honggon be tucibufi alibuha.
pusa honggon be alime gaifi, heo gurgu i meifen de monggolibufi, gurgu duin bethe ci šu ilga banjimbi.

---

菩薩道：悟空還我鈴來。
行者道：老孫不曾見你的鈴兒。
菩薩喝道：這賊猴，速速拿出來。
行者笑道：我實不曾見。
菩薩道：你若不曾見，我念緊箍兒咒。
行者就害怕了道：莫念，鈴兒在我這裏。說完，拿出鈴兒奉上。
菩薩收了鈴兒套在犼項下，犼足生蓮花。

---

菩萨道：悟空还我铃来。
行者道：老孙不曾见你的铃儿。
菩萨喝道：这贼猴，速速拿出来。
行者笑道：我实不曾见。
菩萨道：你若不曾见，我念紧箍儿咒。
行者就害怕了道：莫念，铃儿在我这里。说完，拿出铃儿奉上。
菩萨收了铃儿套在犼项下，犼足生莲花。

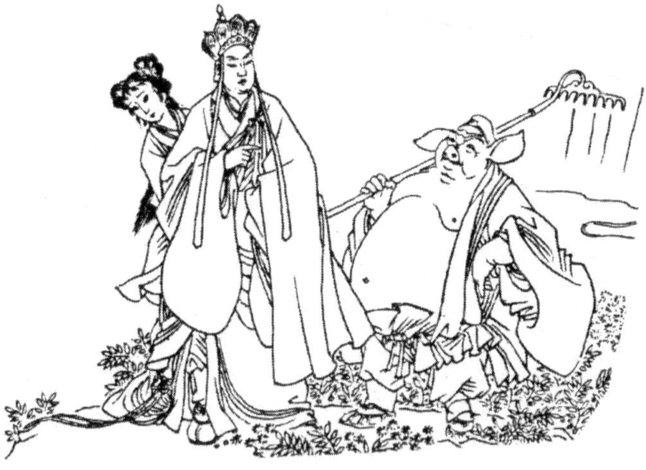

# 十九、浴池濯垢

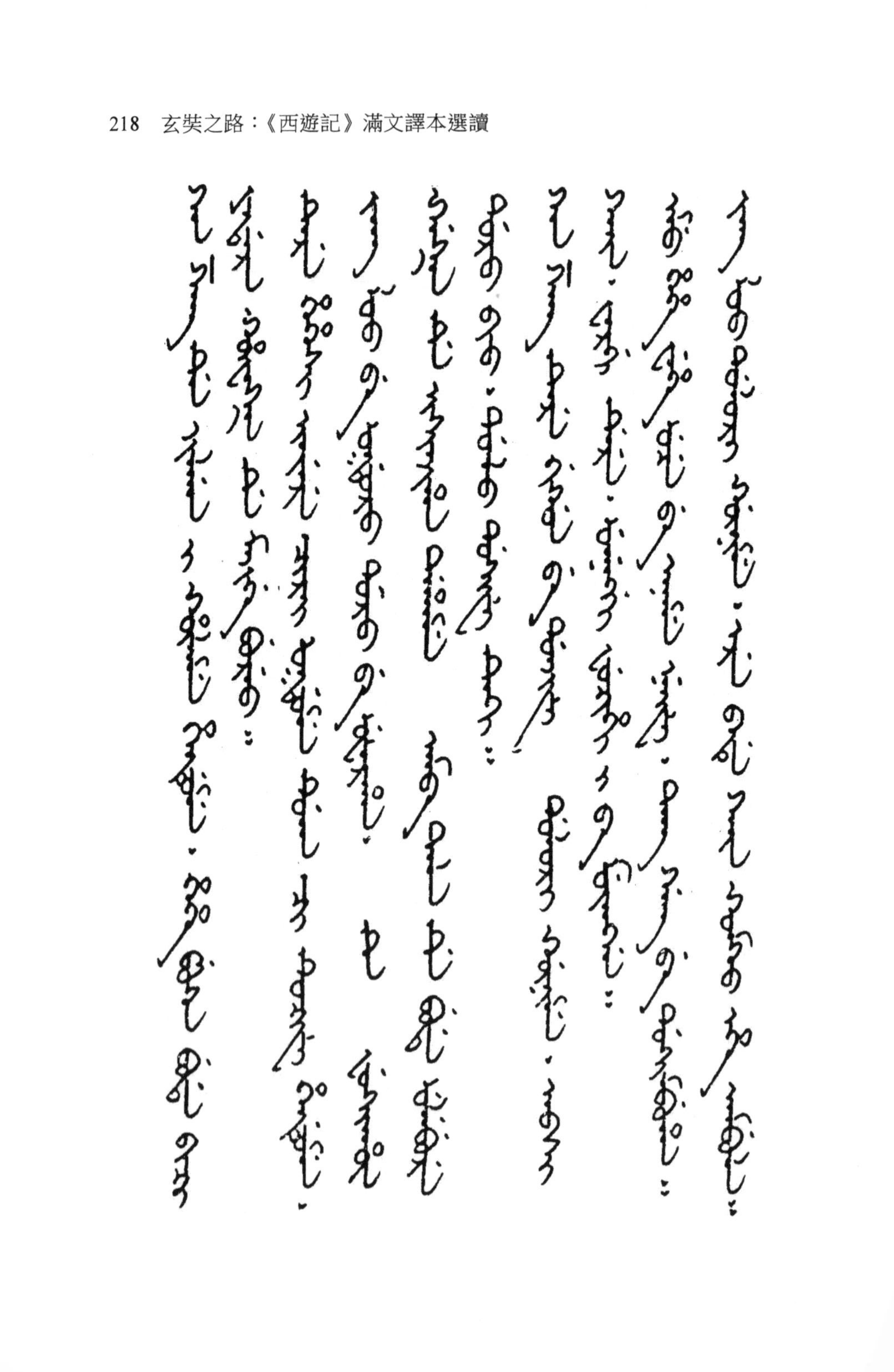

san dzang den jilgan i hūlame hendume, hehe pusa buda bici yadara hūwašan de majige bureo.
tere hehesi injere cirai okdome duka ci tucifi hendume, jang loo be okdoro doro be ufaraha, te fusihūn gašan de isinjiha dahame amba tala de buda ulebure doro bio, dolo dosifi teki.
san dzang tere gisun be donjifi dolori gūnime. absi sain, wargi dere, unenggi fucihi i ba mujangga.
emu hehe wehe uce be aname neifi, tang seng be dosimbuha.
jang loo dolori gūnime, ere bade sain komso ehe ambula.

---

三藏高聲喊道：女菩薩，貧僧隨緣布施些齋吃。
那些女子笑吟吟的迎出門來道：長老失迎了，今到荒莊，有在大野外齋僧之理嗎？請入裏面坐。
三藏聞其言暗想：善哉！西方真是佛地。
一女子推開石頭門，請唐僧進入裏面。
長老暗忖道：這裡少吉多凶。

---

三藏高声喊道：女菩萨，贫僧随缘布施些斋吃。
那些女子笑吟吟的迎出门来道：长老失迎了，今到荒庄，有在大野外斋僧之理吗？请入里面坐。
三藏闻其言暗想：善哉！西方真是佛地。
一女子推开石头门，请唐僧进入里面。
长老暗忖道：这里少吉多凶。

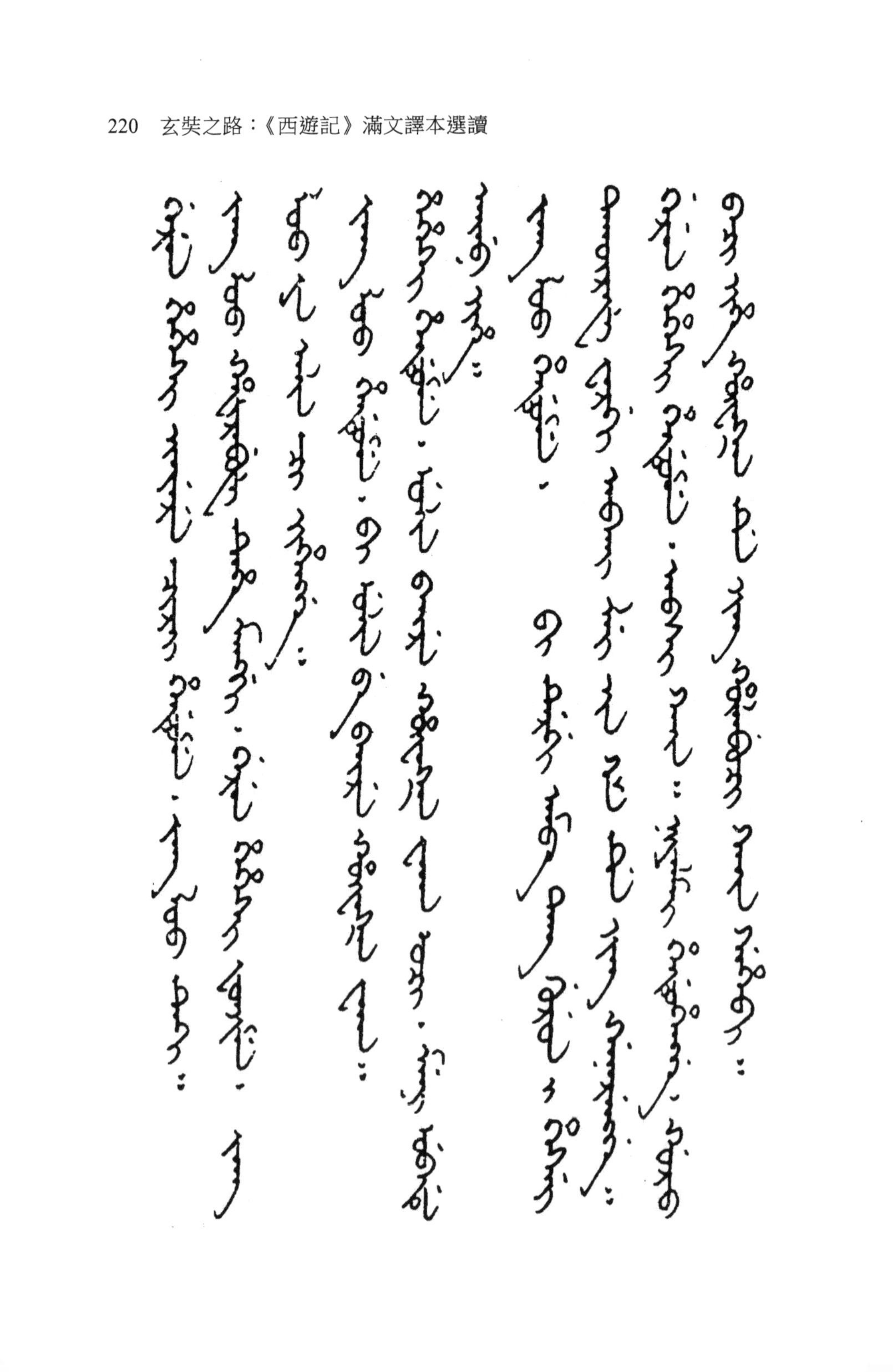

geren hehesi injere cirai hendume, jang loo teki.
jang loo hafirabufi tehe manggi, geren hehesi fonjime, jang loo ya alin ci jihengge.
jang loo hendume, bi ulin be baire hūwašan waka.
hehesi hendume, ulin baire hūwašan waka oci, meni ubade ainu jihe.
jang loo hendume, bi dergi amba tang gurun i hesei takūrafi wargi abkai lei in sy de jing〔ging〕ganarengge.
geren hehesi hendume, absi sain. niyalmai henduhengge, goro baci jihe hūwašan de jing〔ging〕hūlabuci sain sehebi.

---

眾女子笑吟吟地道：長老請坐。
長老沒奈何[6]，只得坐了。眾女子問道：長老來自何寶山？
長老道：我不是化緣的和尚。
眾女子道：若不是化緣的和尚，為何來我們這裡？
長老道：我是東土奉旨差去西天雷音寺取經者。
眾女子道：好好好，常言道：遠來的和尚好念經。

---

众女子笑吟吟地道：长老请坐。
长老没奈何，只得坐了。众女子问道：长老来自何宝山？
长老道：我不是化缘的和尚。
众女子道：若不是化缘的和尚，为何来我们这里？
长老道：我是东土奉旨差去西天雷音寺取经者。
众女子道：好好好，常言道：远来的和尚好念经。

---

6 長老沒奈何，句中「沒奈何」滿文讀作“hafirabufi”，意即「困窘」。

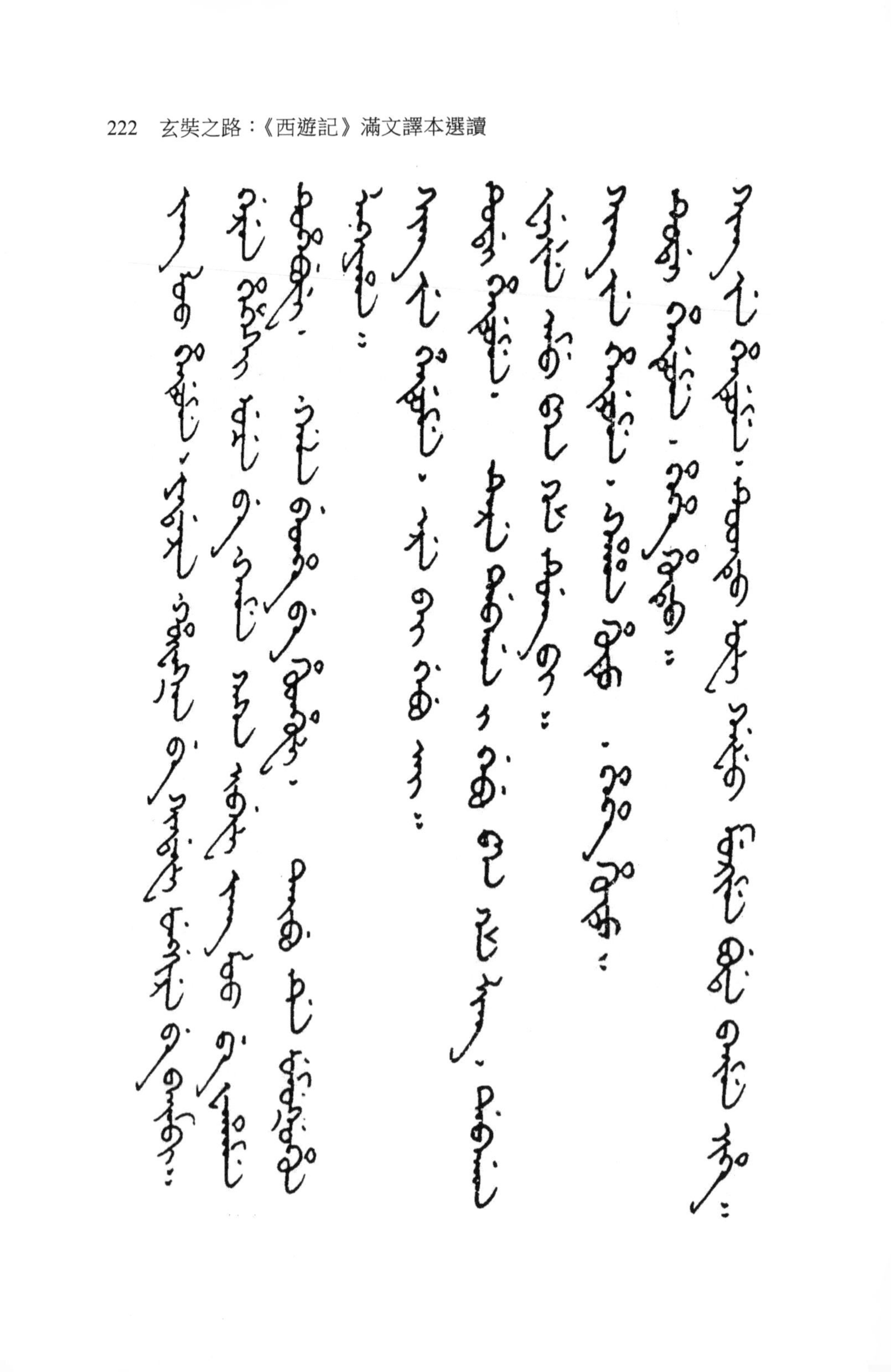

[illegible]

jang loo hendume, yadara hūwašan be sindafi unggire be baimbi.
geren hehesi uce be kame sasa ibefi jang loo be fahame tuhebufi, gala bethe be huthufi, taibu de umušuhun lakiyaha.
sing je hendume, ere bai gebu ai.
tudi hendume, tere dabagan i gebu pan sy ling, dabagan fejile emu pan sy dung bi.
sing je hendume, haha hutu, hehe hutu.
tudi hendume, hehe hutu.
sing je hendume, tuttu ofi sefu murime buda baime jihe.

---

長老道：請放貧僧去吧！
眾女子攔住門，一齊上前把長老摜倒，綑了手腳，倒掛樑上。
行者道：這裡的地名叫做什麼？
土地道：那嶺叫做盤絲嶺，嶺下有一個盤絲洞。
行者道：是男怪，是女怪？
土地道：是女怪。
行者道：因此師父要來化齋。

---

长老道：请放贫僧去吧！
众女子拦住门，一齐上前把长老掼倒，捆了手脚，倒挂梁上。
行者道：这里的地名叫做什么？
土地道：那岭叫做盘丝岭，岭下有一个盘丝洞。
行者道：是男怪，是女怪？
土地道：是女怪。
行者道：因此师父要来化斋。

ᡨᡠᠸᠠᡴᠠ ᠪᠣᠯᡥᠣᠩᡤᡳ᠈ ᡩᠣᠰᡳᡴᡳ ᡝᠨᡩᡠᡵᡳᠩᡤᡝ ᡨᠣᠪᡨᠣᠨ ᡳᠯᡳ ᠪᡝ ᡩᠣᠰᡳᡴᡳ ᡝᠮᡠ

ᡝᠪᡝ ᡨᡠᠸᡝᠨᡳ ᠰᡝᠪᡳᠯᡳ ᡨᡝᠮᡝᡝ ᠪᡝ᠈ ᡩᡠᠯᡳ ᡝᠮᡠᡤᡝ ᠪᡝ ᡝᡵᡤᡝᠮᠪᡳ ᡤᡳᡵᡤᡳᠨ ᠪᡳᠩᡤᡳᠶᡝ᠉

ᠵᡳᡥᡝ ᠪᠣᡥᠣᠯᡳ ᡨᡠᠸᠠᡵᠠ ᡩᠣᠰᡳ᠈ ᡨᡠᠸᠠᠪᡠᠩᡤᡳ ᠰᡠᠸᠠ ᡝᡨᡝᡵᡝ᠈ ᡝᠮᡠᡤᡝ ᡳᠯᡳ ᠪᡝ

ᡥᡝᠨᡩᡠᠩᡤᡝ ᡤᡳᠰᡠᡵᡝᠮᡝ᠉

ᠠᠮᠪᠠ ᡳᠨ ᠪᠣᡥᠣᠯᡳᠩᡤᡳ᠈ ᠪᡳᠯᡳ ᠵᡝᡴᡝ ᠪᡝ ᡤᡝᡵᡤᡝᠨ ᡥᠠᡵᠠᠯᠠᠮᡝ᠉

ᡥᠠᠨᡳ ᠪᠣᡥᠣᠯᡳᠩᡤᡳ᠈ ᠵᡳᡥᡝ ᠪᠣᡥᠣᠯᡳᠩᡤᡳ ᡤᡝᡵᡤᡝᠨ ᠪᡝ ᡥᡝᠨᡩᡠᠮᡝ ᡝᠮᡠ ᡥᡝᠨᡩᡠᠮᡝ

ᠮᡠᠯᡝ ᡥᡝᠨᡩᡠᠩᡤᡝ ᡝᠮᡠᡤᡝ ᡤᡳᠰᡠᡵᡝᠮᡝ᠉

ᡝᠮᡠ ᠪᠣᠣᠯᡳᠩᡤᡳ ᠪᠣᡥᠣᠯᡳᠩᡤᡳ᠈ ᡝᠮᡠ ᡨᡠᠸᠠᡴᡳ ᠵᡳᡥᡝ ᡩᠣᠰᡳᡴᡳ

ᡤᡝᡵᡤᡝᠨ ᠪᡝ ᡥᡝᠨᡩᡠᠮᡝ ᡝᠮᡠ᠉

tudi hendume, tondo julergi ubaci ilan bai dubede emu jo geo ciowan šeri bi, tere abkai banjibuha halhūn muke. ere hutuse ubade jifi, tehe ci ebsi, jo geo ciowan be ejeleme gaiha.
sing je hendume, tere šeri be ejelefi ainambi.
tudi hendume, ere hutuse šeri be ejelefi, emu inenggi ilan jergi ebišeme genembi.
emu hehe hūlame hendume, muse ebišefi tere tarhūn hūwašan be teliyefi jeki.

土地道：正南上離此三里，有一座濯垢泉，那是天生的熱水，自從這妖精到此居住以來，佔據了濯垢泉。
行者道：佔了此泉何幹？
土地道：這妖精佔了此泉，一日三遭去洗澡。
一個女子喊道：我們洗了澡，蒸了那胖和尚喫去。

土地道：正南上离此三里，有一座濯垢泉，那是天生的热水，自从这妖精到此居住以来，占据了濯垢泉。
行者道：占了此泉何干？
土地道：这妖精占了此泉，一日三遭去洗澡。
一个女子喊道：我们洗了澡，蒸了那胖和尚吃去。

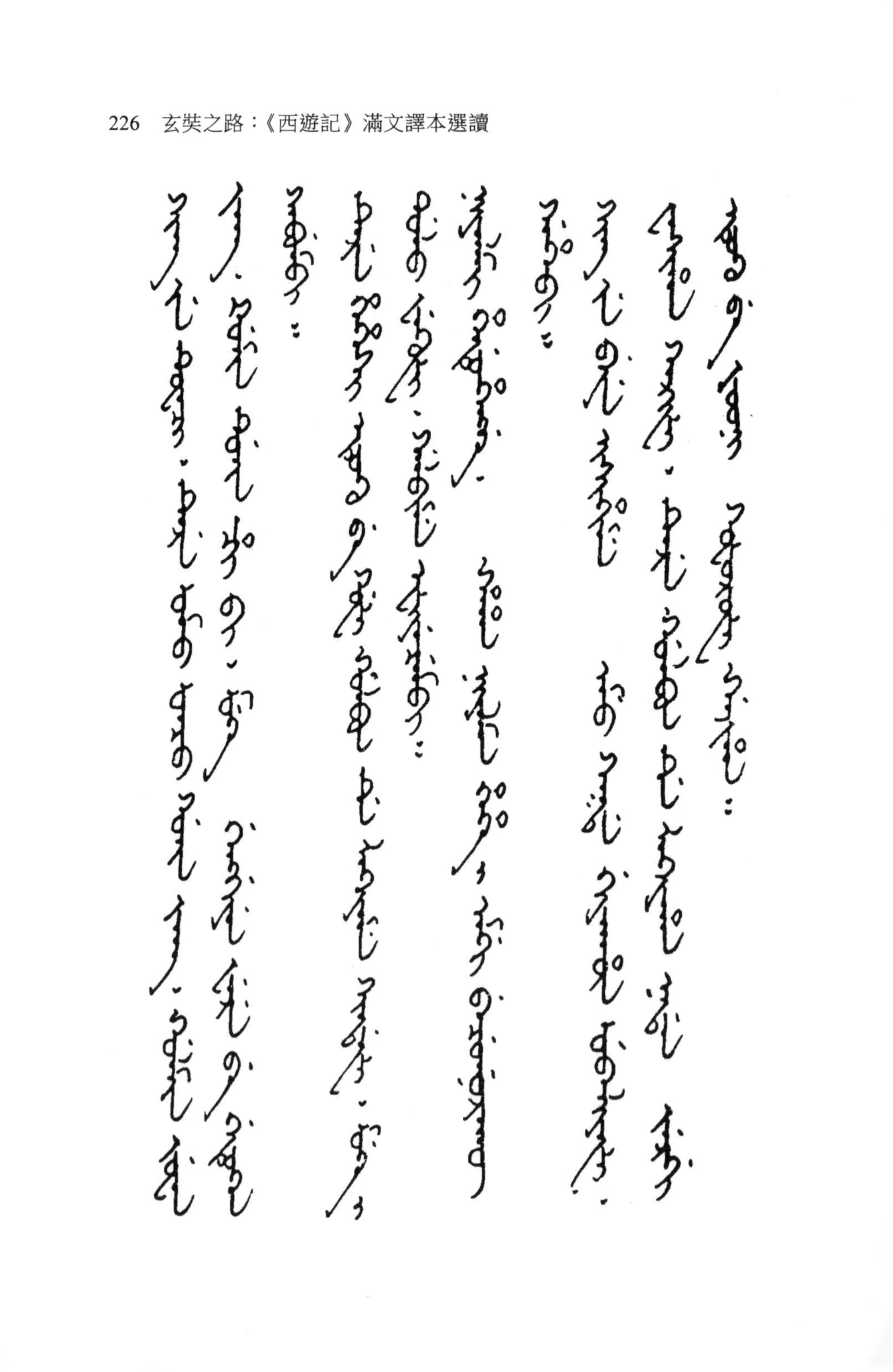

[illegible]

sing je tuwaci, tere omo onco sunja jang, golmin juwan jang, šumin duin c'y bi, muke genggiyen fere be getuken sabumbi.
tere hehesi etuku be sufi golbon de lakiyame sindafi, muke i dolo fekufi, selbime efiyecembi.
niyalmai henduhengge, haha niyalma hehe i emgi becunurakū sehebi.
sing je beye isihime emu sakda giyahūn ubaliyafi, wasiha sarifi, tere golbon de lakiyaha nadan jergi etuku be yooni soforofi gajiha.

---

行者細看那浴池，闊有五丈，長十丈，深四尺，水清澈見底。
那些女子脫了衣服，掛在衣架上，跳下水裡，游水頑耍。
常言道：男不與女鬥。
行者搖身變做一隻老鷹，展翅飛下，把那掛在衣架上的七套衣服全都叼來了。

---

行者细看那浴池，阔有五丈，长十丈，深四尺，水清澈见底。
那些女子脱了衣服，挂在衣架上，跳下水里，游水顽耍。
常言道：男不与女斗。
行者摇身变做一只老鹰，展翅飞下，把那挂在衣架上的七套衣服全都叼来了。

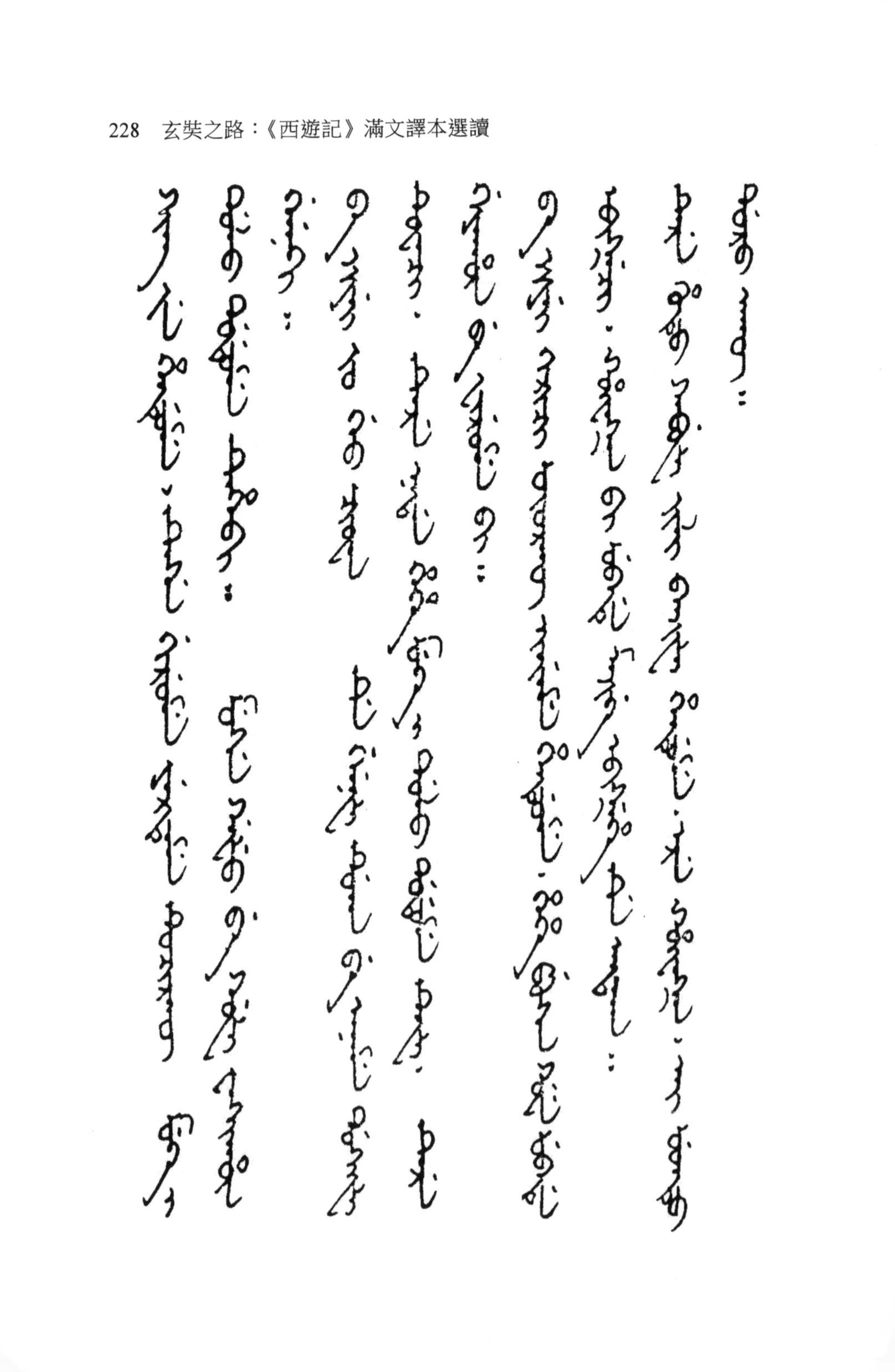

sing je hendume, tese girume yerteme tucirkū muke i dolo dodome tehebi. muse sefu be sufi wasihūn geneki.
ba jiyei jo geo ciowan de genefi duka be aname dosifi tuwaci, tere nadan hehe muke i dolo dodome tefi, tere giyahūn be firume bi.
ba jiyei kirici ojorkū injeme hendume, hehe pusa suwe ubade ebišeci, hūwašan bi ubade majige ebišehe de antaka.
tere hutu sabufi jili banjifi hendume, ere hūwašan, ai uttu doro akū.

---

行者道：他們害羞不出來，蹲在水中。我們救出師父西去吧！
八戒到濯垢泉去，推門進去看時，只見那七個女子蹲在水裏，在咒罵那鷹。
八戒忍不住笑道：女菩薩，你們在這裏洗澡哩！和尚我在這洗洗何如？
那妖精見了發怒道：這個和尚，為何這樣無禮？

---

行者道：他们害羞不出来，蹲在水中。我们救出师父西去吧！
八戒到濯垢泉去，推门进去看时，只见那七个女子蹲在水里，在咒骂那鹰。
八戒忍不住笑道：女菩萨，你们在这里洗澡哩！和尚我在这洗洗何如？
那妖精见了发怒道：这个和尚，为何这样无礼？

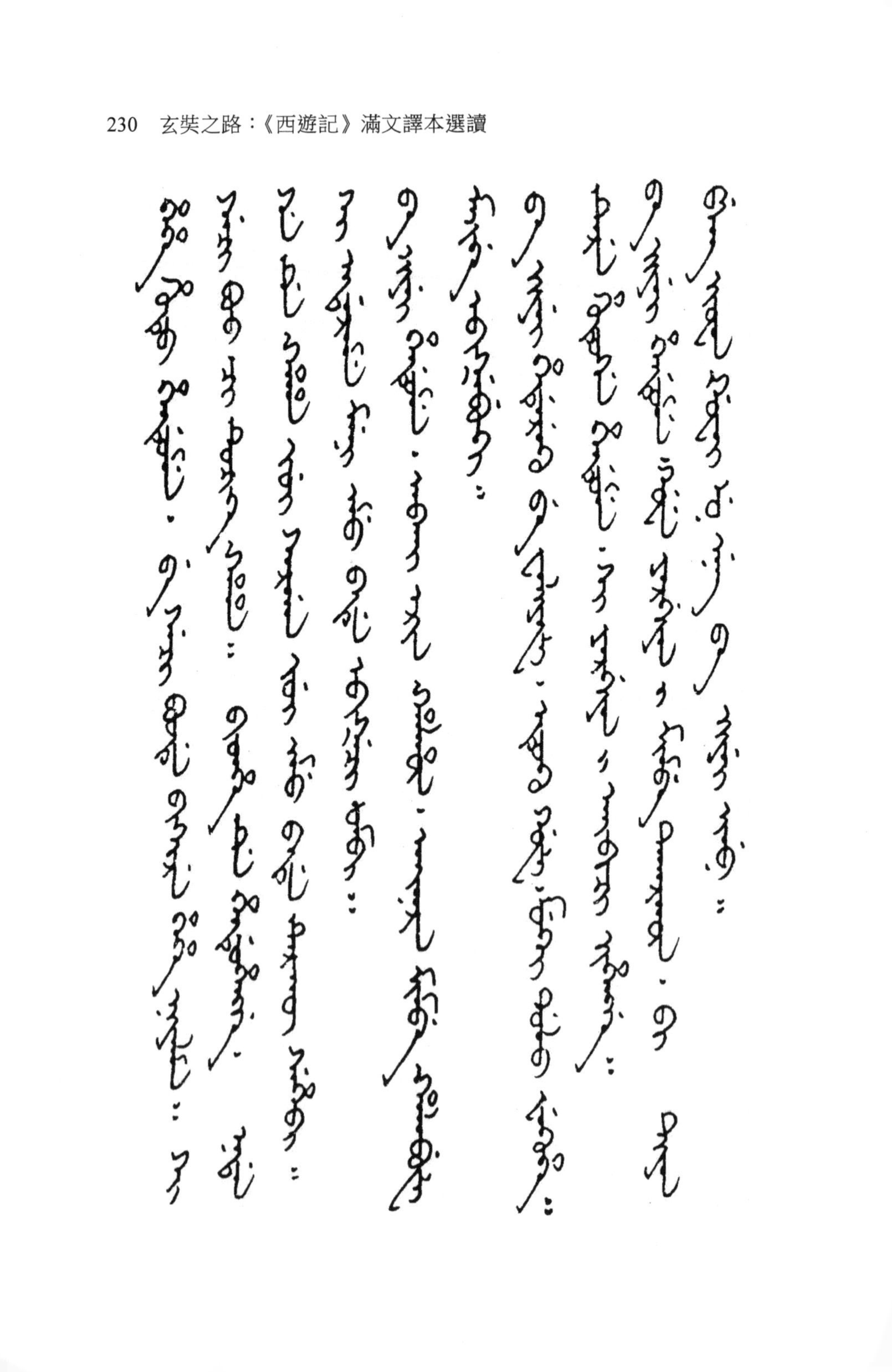

[illegible]

[illegible]

[illegible]

[illegible]

[illegible]

[illegible]

[illegible]

[illegible]

[illegible]

[illegible]

hehe hutu hendume, be seci boode bisire hehe niyalma. si seci boo ci tucike haha. bithe de henduhengge, nadan se de haha jui sargan jui emu bade terkū sehebi. si adarame meni emu bade ebišeci ombi.
ba jiyei hendume, abkai erin halhūn, ainara mimbe halabufi majige ebišebuki.
ba jiyei hedereku be waliyafi, etuku sufi, mukei dolo fekuhe.
tere hutuse hendume, si yargiyan i aibici jihengge.
ba jiyei hendume, suwe yargiyan i mimbe takarkūn, bi tiyan peng iowan šuwai u neng ba jiyei inu.

---

女妖道：我們是在家的女流，你是個出家的男子。書云，七年男女不同席。你怎麼可以和我們同處洗澡？
八戒道：天氣炎熱，沒奈何，將就讓我洗洗吧！
八戒丟下釘耙，脫了衣服，跳下水裏。
那妖精道：你端的是從何處來的？
八戒道：你們端的不認得我，我是天篷元帥悟能八戒是也。

---

女妖道：我们是在家的女流，你是个出家的男子。书云，七年男女不同席。你怎么可以和我们同处洗澡？
八戒道：天气炎热，没奈何，将就让我洗洗吧！
八戒丢下钉耙，脱了衣服，跳下水里。
那妖精道：你端的是从何处来的？
八戒道：你们端的不认得我，我是天篷元帅悟能八戒是也。

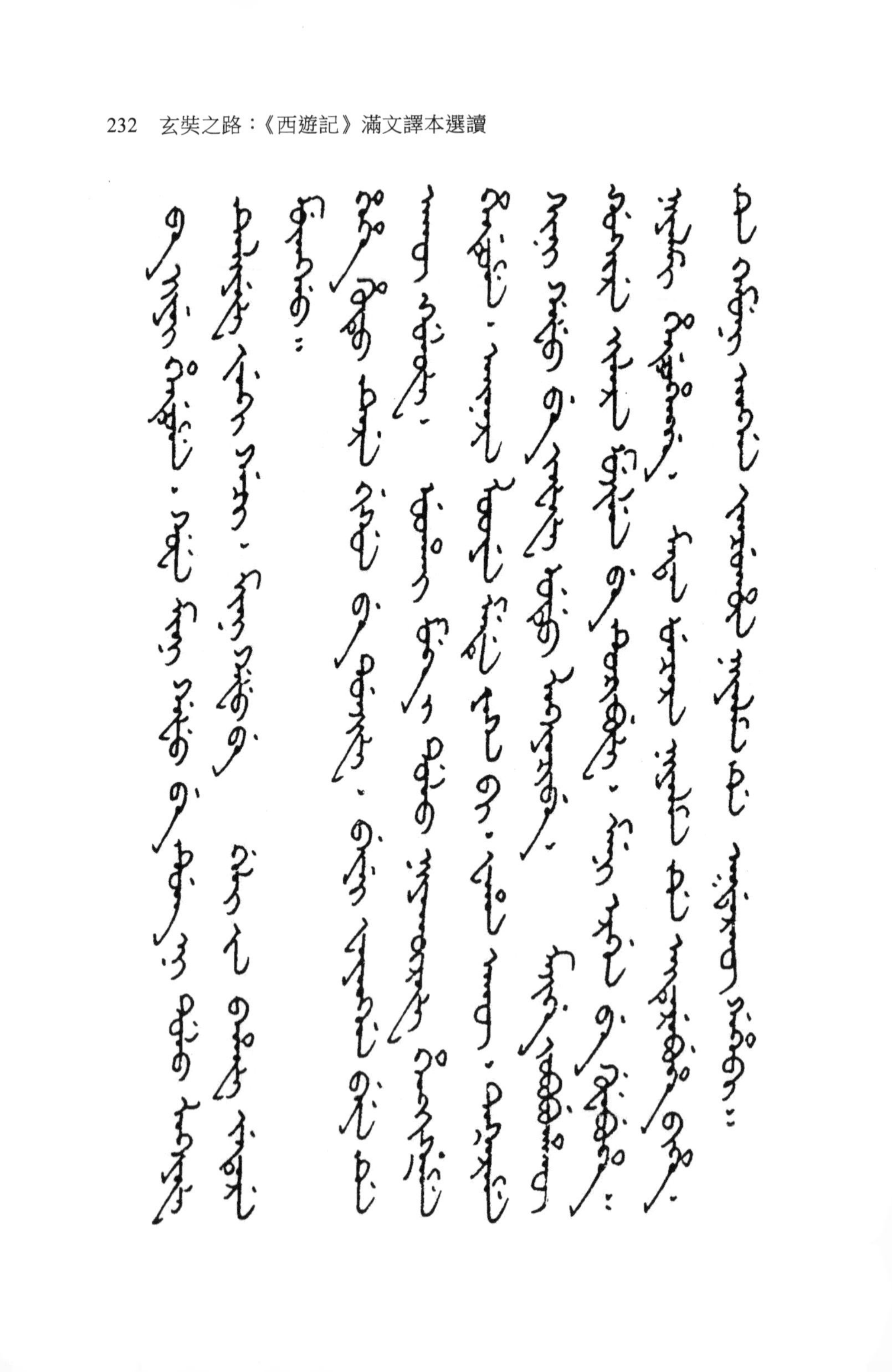

ba jiyei hendume, suwe mini sefu be dung ni dolo lakiyafi teliyefi jeki seci, mini sefu be geli ja bahafi jetere mujanggao.
hehe hutu tere gisun be donjifi, beyei fayangga beye de akū golofi, uthai muke i dolo niyakūrafi hengkišeme hendume, ainara looye mende yasa bi, faha akū, tašarame sini sefu be jafafi udu lakiyacibe, majige jobobuhakū gosire jilara mujilen be tucibufi, meni ergen be guwebuhe.
niyalmai henduhengge, matan uncara niyalma de eiterebuhe bihe, te kemuni angga jancuhūn niyalma de akdarkū sehebi.

---

八戒道：你們把我師父吊在洞裡，想要蒸來吃，我的師父又真的容易喫到的嗎？
那些妖怪聞言，魂不附體，就在水中跪拜道：無論如何望老爺念我們有眼無珠，誤捉了你的師父，雖然吊掛起來，並無一點兒傷害，望乞慈悲心饒了我們的命吧！
俗話說：曾被賣糖人欺騙，到今仍不信口甜人。

---

八戒道：你们把我师父吊在洞里，想要蒸来吃，我的师父又真的容易吃到的吗？
那些妖怪闻言，魂不附体，就在水中跪拜道：无论如何望老爷念我们有眼无珠，误捉了你的师父，虽然吊挂起来，并无一点儿伤害，望乞慈悲心饶了我们的命吧！
俗话说：曾被卖糖人欺骗，到今仍不信口甜人。

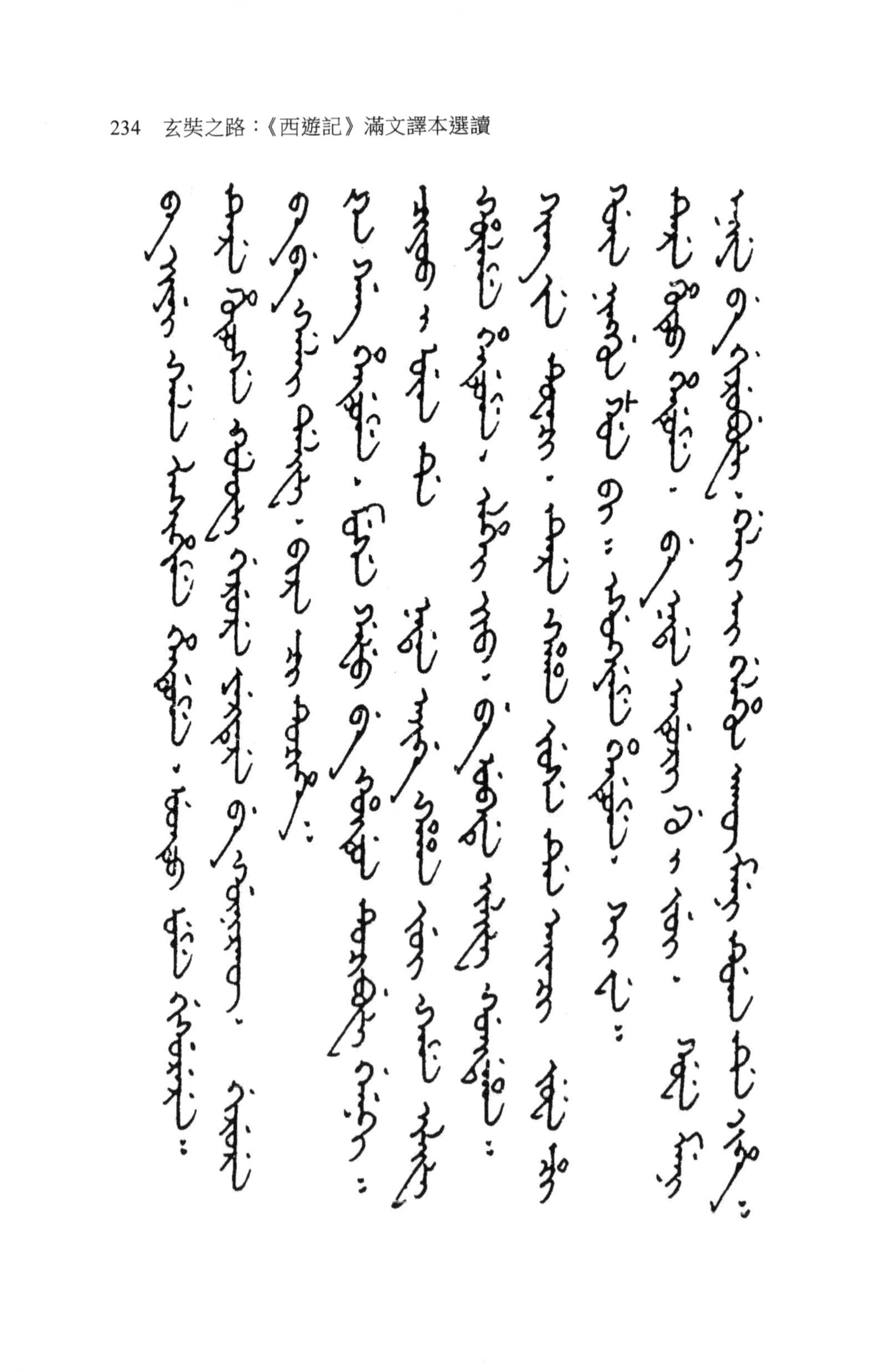

ba jiyei gala lasihime hendume, uttu ume gisurere.
tere hutuse golofi girure yertere be gūnirkū, girure ba be galai dalifi, bira ci tucihe.
ša seng hendume, muse sefu be hūdun tucibufi geneki.
ciyoo i ujan de nadan ajige haha jui kame ilifi hūlame hendume, elhei jio, be ubade ilifi goidaha.
sing je tuwaci, tere haha juse den ainci juwe c'y sunja ninggun ts'un bi. esukiyeme hendume, si we.
tere hutu hendume, be nadan enduri gu i jui, suwe meni eniye be girubufi, geli ai gelhun akū meni duka de jihe.

---

八戒搖手道：莫說這話。
那些妖怪嚇得不顧什麼羞恥，用手遮住害羞處，跳出水來。
沙僧道：我等快去救師父。
橋頭有七個小男孩擋住喊道：慢來，我們在這裡久等了。
行者細看，那些男孩，高約二尺五、六寸。喝道：你是誰？
那妖道：我們是七仙姑的兒子，你們欺辱了我們的母親，還敢來到我們門上。

---

八戒摇手道：莫说这话。
那些妖怪吓得不顾什么羞耻，用手遮住害羞处，跳出水来。
沙僧道：我等快去救师父。
桥头有七个小男孩挡住喊道：慢来，我们在这里久等了。
行者细看，那些男孩，高约二尺五、六寸。喝道：你是谁？
那妖道：我们是七仙姑的儿子，你们欺辱了我们的母亲，还敢来到我们门上。

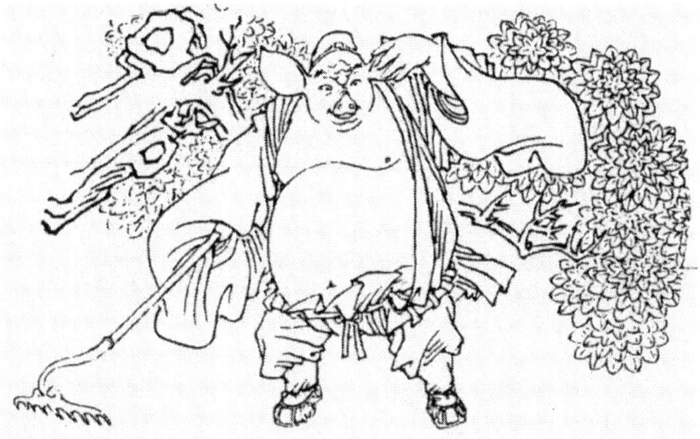

# 二十、紅棗毒茶

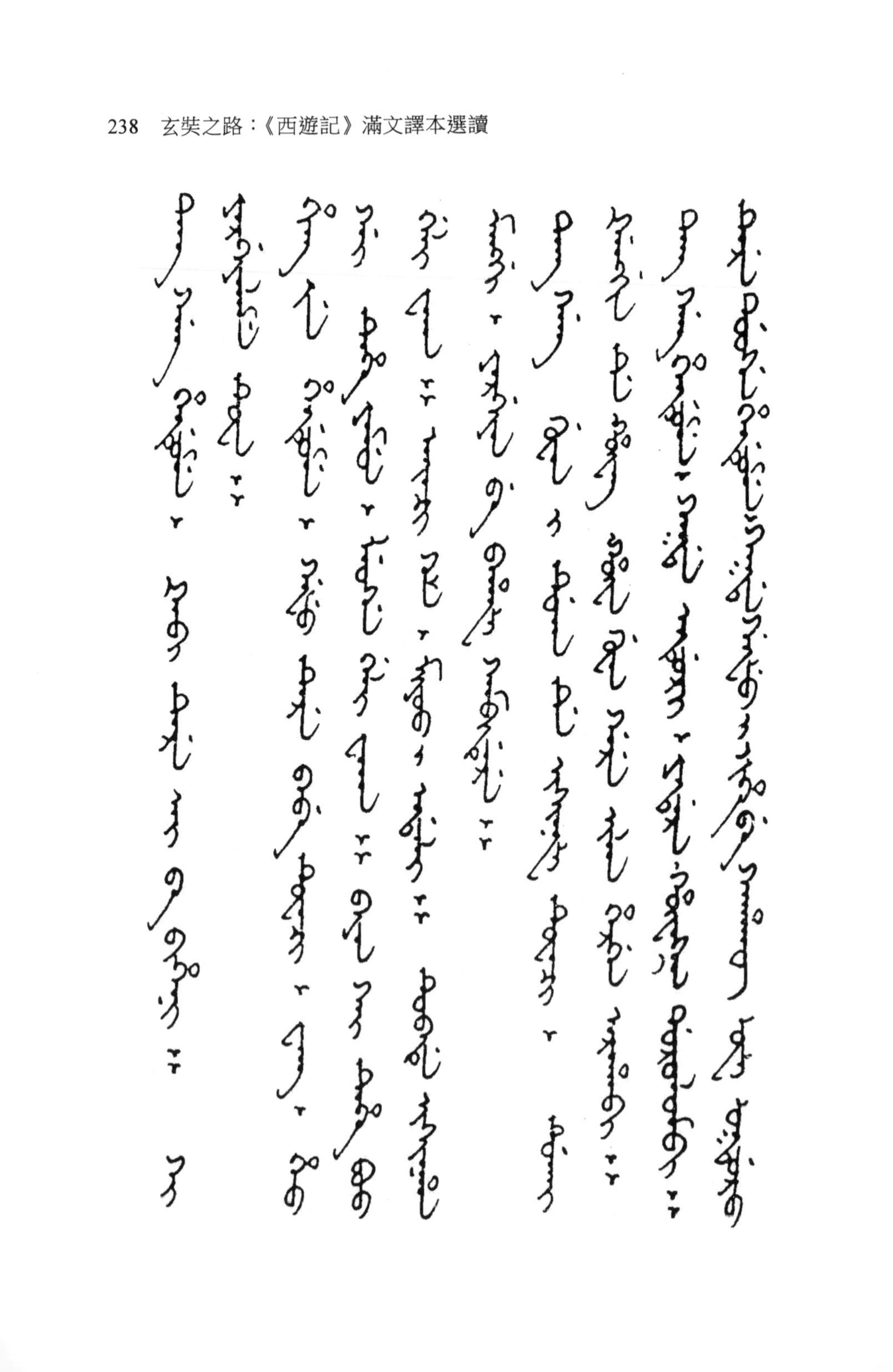

tang seng hendume, šabi tere ai ba biheni. si yargiyalame tuwa.
hing je hendume, sefu tere babe tuwaci, wang, heo sei tehe yamun, leose geli waka. bayan sai tehe boo geli waka. ainci sy, miyoo i adali. tubade isinaha manggi, yargiyan be bahafi sambidere.
tang seng guwan i duka de isinafi tuwaci, dukai šenggin de hūwang hūwa guwan sere ilan hergen arahabi.
tang seng hendume, sakda enduri, yadara hūwašan dorolombi.
tere doose hendume, sakda sefu i jihe be sahakū ofi okdoro

---

唐僧道：徒弟，那是什麼地方呢？你端的觀看。
行者道：師父，觀看那裡，又不像王侯們所駐衙門樓房，又不像富翁居住的家，卻像寺廟，到那裏後，或知端的。
唐僧到達觀門後觀看，在門額上寫著黃花觀三字。
唐僧道：老神仙，貧僧行禮了。
那道士道：不知老師父來，

---

唐僧道：徒弟，那是什么地方呢？你端的观看。
行者道：师父，观看那里，又不像王侯们所驻衙门楼房，又不像富翁居住的家，却像寺庙，到那里后，或知端的。
唐僧到达观门后观看，在门额上写着黄花观三字。
唐僧道：老神仙，贫僧行礼了。
那道士道：不知老师父来，

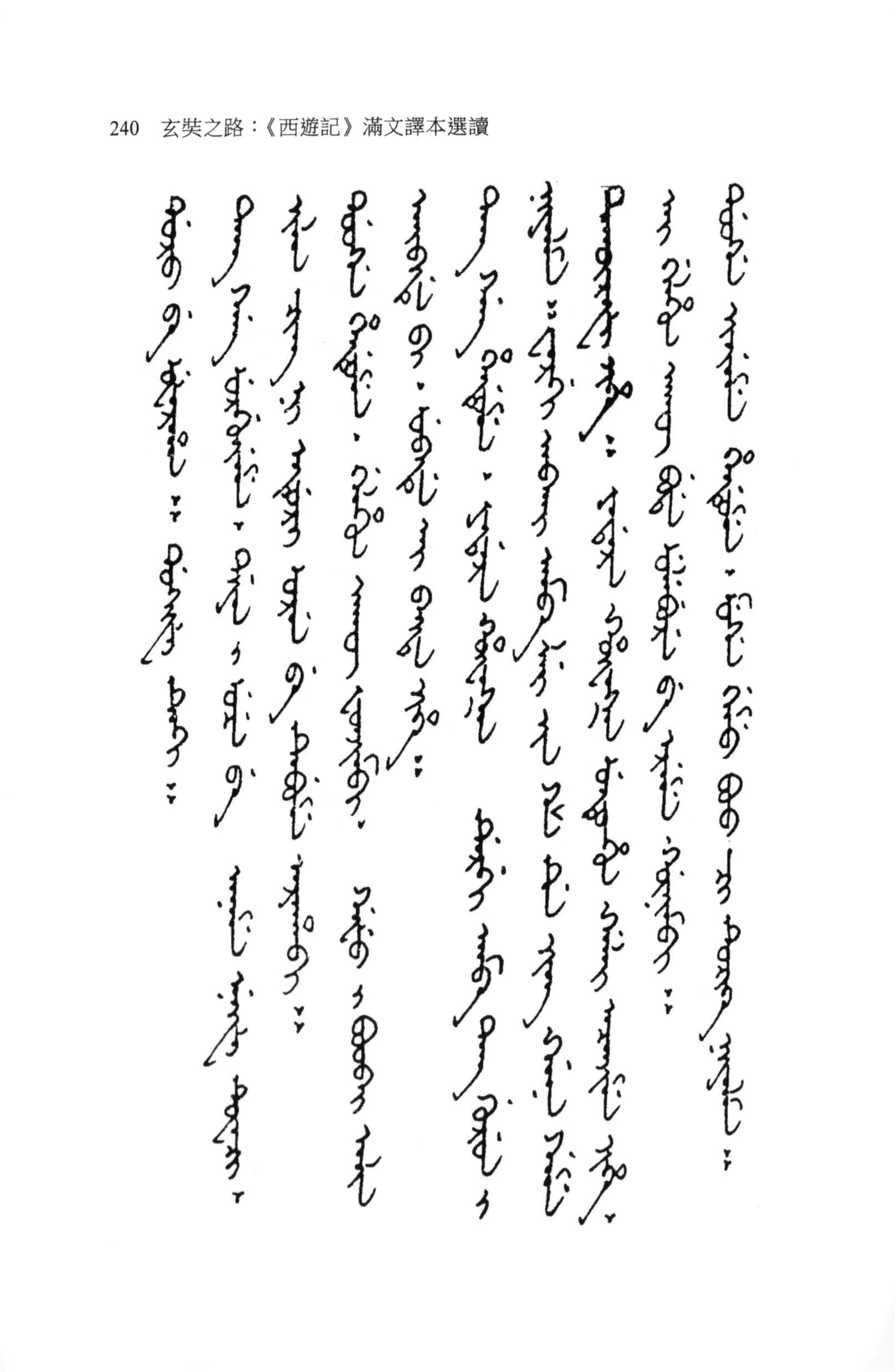

doro be ufaraha. dosifi teki.
tang seng urgunjeme, diyan i uce be aname neifi tuwaci, ilan cing ni enduri oren〔ūren〕be tebume arahabi.
doose hendume, gelhun akū fonjimbi, sefu i boobai alin aibide bi, ubade ai baita jihe.
tang seng hendume, yadara hūwašan dergi amba tang gurun i niyalma. wargi abkai amba lei in sy de jing gana seme takūrafi jihe. yadara hūwašan untuhun galai acanjime jihe, ai gelhun akū buda ulebure be ereme gūnimbi.
doose injeme hendume, muse gemu boo ci tucike niyalma.

---

失迎了，請進裡面坐。
唐僧歡喜，推開殿門，見有三清神像。
道士道：敢問師父的寶山在哪裏？到此何幹？
唐僧道：貧僧乃東土大唐人，差往西天大雷音寺取經來的。貧僧素手來見，怎麼敢望賜齋？
道士笑道：我們都是出家人。

---

失迎了，请进里面坐。
唐僧欢喜，推开殿门，见有三清神像。
道士道：敢问师父的宝山在哪里？到此何干？
唐僧道：贫僧乃东土大唐人，差往西天大雷音寺取经来的。贫僧素手来见，怎么敢望赐斋？
道士笑道：我们都是出家人。

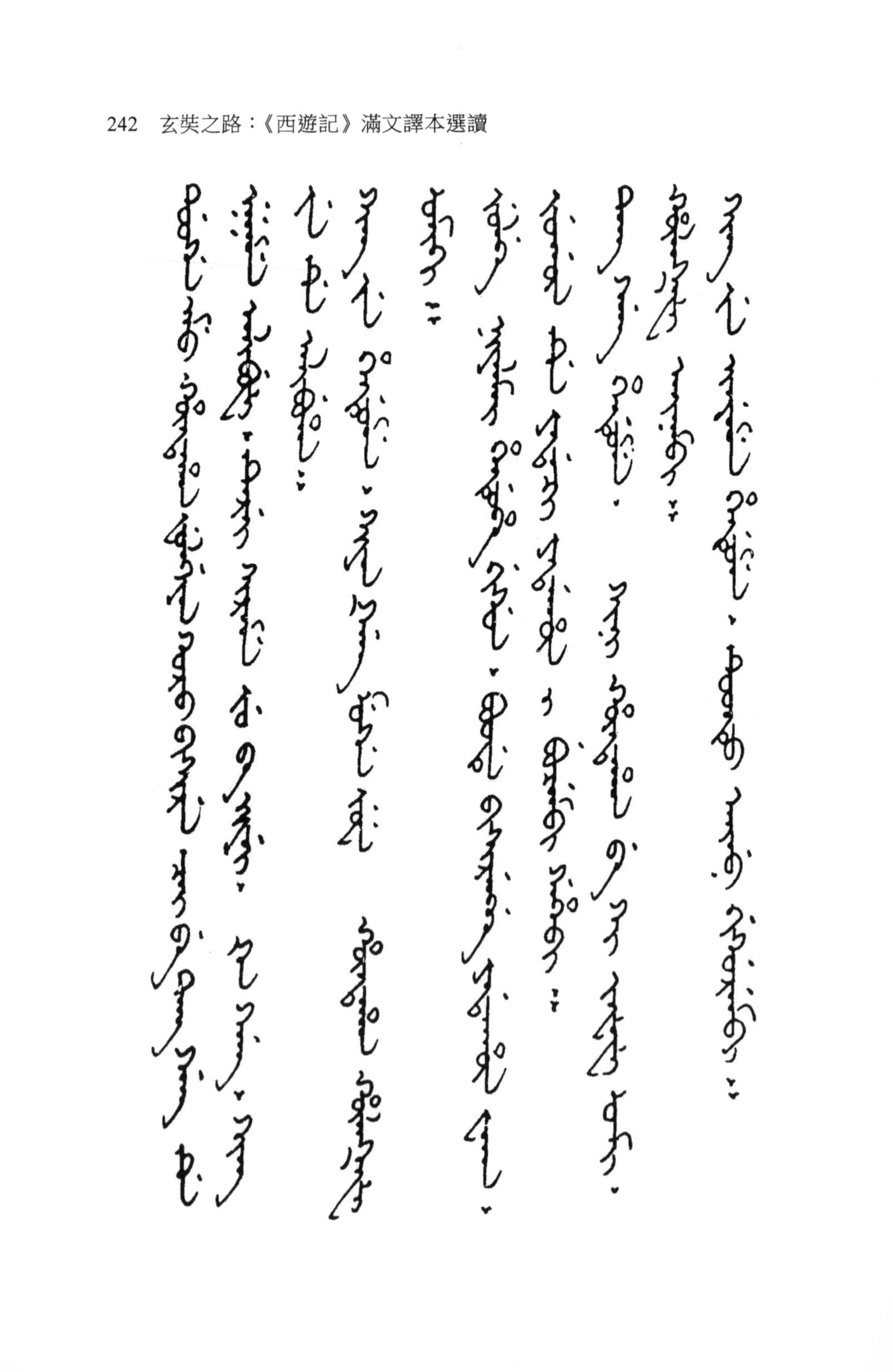

doose emu hūntahan fulgiyan soro bisire cai be tang seng de neneme alibufi, terei sirame ju ba jiyei, ša seng, sing je de alibuha.
sing je hendume, siyan šeng muse juwe hūntahan hūlašafi omiki.
julge niyalmai henduhe gisun, boode bisirengge yadahūn waka, jugūn de yadaci yadahūn i bucembi sehebi.
tang seng hendume, sini hūntahan be si jafafi omi, hūlašafi ainambi.
sing je injeme hendume, tuttu ainu gisurembi.

---

道士把一杯有紅棗的茶先奉給唐僧，其次先後奉給豬八戒、沙僧、行者。
行者道：先生，我們兩人換杯喝吧！
古人云：在家不是貧，路貧貧死人。
唐僧道：你喝你拿的那杯吧！換怎的？
行者笑道：說哪裏話！

---

道士把一杯有红枣的茶先奉给唐僧，其次先后奉给猪八戒、沙僧、行者。
行者道：先生，我们两人换杯喝吧！
古人云：在家不是贫，路贫贫死人。
唐僧道：你喝你拿的那杯吧！换怎的？
行者笑道：说哪里话！

ᠪᡳ ᠰᡳᠨᡳ ᠣᠴᡳ ᠪᡝ ᡨᡠᠸᠠᠮᡝ ᡨᡠᠴᡳᠪᡠᡥᡝ· ᠠᠨᠠᠮᡝ ᠪᡝ ᠮᡳᠨᡳ ᡠᠯᡥᡳᡥᡝ·

ᠪᠠᡳᠮᡝ ᠪᡠᠯᡝ ᡩᡝ ᠪᠣᠯᠣ· ᠣᠪᡠᡥᡝ ᠮᡝᠨᡳ ᠮᡝᠨᡳᡥᡳ ᡥᠠᡵᠠᠮᡝ· ᠣᡴᠣ ᡤᡡᠯᡳᠩᡤᡝ

ᠮᡳᠨᡳ ᡝᠯᡝ ᠰᡠᠸᡝᠩᡤᡝ ᠨᡳᠶᠠᠯᠮᠠ ᠪᡳ ᠣᡴᠣ ᡝᡵᡝᠩᡤᡝ ᠮᡠᠵᡳᠯᡝ· ᡤᡝᠮᡠ ᠮᡝᠩᡤᡠᠨ

ᠮᡝᠨᡳ ᠪᡠᡥᡝ ᠵᠠᠯᡳᠨ ᡨᡝ· ᡝᡵᡝ ᡨᡝ ᡝᡵᡝ ᠪᠣᡩᠣᠮᡝ ᠮᡝᠨᡳᡳ ᠰᡠᠨᡳᡥᡝ

ᡤᡡᠨᡳᠮᡝ ᠪᡠᠰᡝ ᠪᡠ ᡝᠰᡝ ᠪᡝ ᠮᡠᠰᡝ ᡤᡡᠨᡳᠩᡤᡝ· ᡠᡳᠯᡝᡥᡝ· ᡨᡝ

ᡨᡠᠴᡳᠮᡝ ᡩᡝᡵᡝ ᠪᡳ ᠮᡝᠮᡝ ᡳᠴᡳᡥᡝ· ᠪᡠᡵᡝ ᠠᡨᡝ ᠮᡝᠨᡳ ᠪᡳ ᠮᡝᠮᡝᠰᡳ

ᠰᠠᡵᡤᠠᠨ ᠪᡠᡵᡝ ᠪᡠᡥᡝ ᠪᡝ ᠮᡝᠰᡝᡥᡝ· ᡤᡡᠨᡳᠮᡝ ᡝᡵᡝ ᡩᡝ ᡨᡠᠰᡳᡥᡝ ᠰᡠᡵᡝᠩᡤᡝ·

ᠪᡳᡥᡝ ᡳ ᠮᡝᠯᡝᡥᡝ ᠪᡝ ᡨᡝᠰᡝᠮᡝ· ᡝᡵᡝ ᡩᡝ ᡤᡡᠨᡳᠩᡤᡝ ᠰᡠᡵᡝᠮᡝ·

ᠠᠨᡳᠶᠠᠯᡳ· ᡤᡡᠯᡳᠩᡤᡝ ᡳ ᠪᡳ ᠪᡝᡩᡝᡵᡝᠮᡝ ᡤᡡᠯᡳᠩᡤᡝ ᠰᡠᡵᡝᠩᡤᡝ ::
ᠪᡠᡥᡝ ᠪᡳ ᠪᡠᡵᡝ ᠮᡝᠮᡝ ᠠᠨᡳᠶᠠᠨ

ba jiyei emu de oci uruke, jai de oci kangkaha, daci duha muwa, guwejihe amba niyalma ofi, emu hūntahan cai ilan fulgiyan soro be emu angga omifi, faha nisihai nunggehe. tang seng, ša seng geli wacihiyame omiha. umai goidahakū tuwaci ba jiyei i cira gūwaliyafi, ša seng ni juwe yasa ci muke eyeme, tang seng ni angga ci obonggi silenggi tucime teci toktorkū, gemu na de tuhenehe.
sing je oktolobuha be safi, cai hūntahan be jafafi, doose i dere be baime fahara de, doose ulhi dalire jakade, hūntahan na de tuhefi hūwajaha.

---

八戒一則飢餓，二則口渴，原本就是腸粗胃大的人，把一杯茶三個紅棗一口喝了，把果仁一併嚥下肚裡。唐僧、沙僧也都喝光了。一霎時只見八戒臉上變色，沙僧兩眼流淚，唐僧口中吐沫，坐不住，都暈倒在地。
行者知是遭毒，舉起茶杯，望道士臉上擲過去時，道士將袖子遮擋，杯子落在地上粉碎了。

---

八戒一则饥饿，二则口渴，原本就是肠粗胃大的人，把一杯茶三个红枣一口喝了，把果仁一并咽下肚里。唐僧、沙僧也都喝光了。一霎时只见八戒脸上变色，沙僧两眼流泪，唐僧口中吐沫，坐不住，都晕倒在地。
行者知是遭毒，举起茶杯，望道士脸上掷过去时，道士将袖子遮挡，杯子落在地上粉碎了。

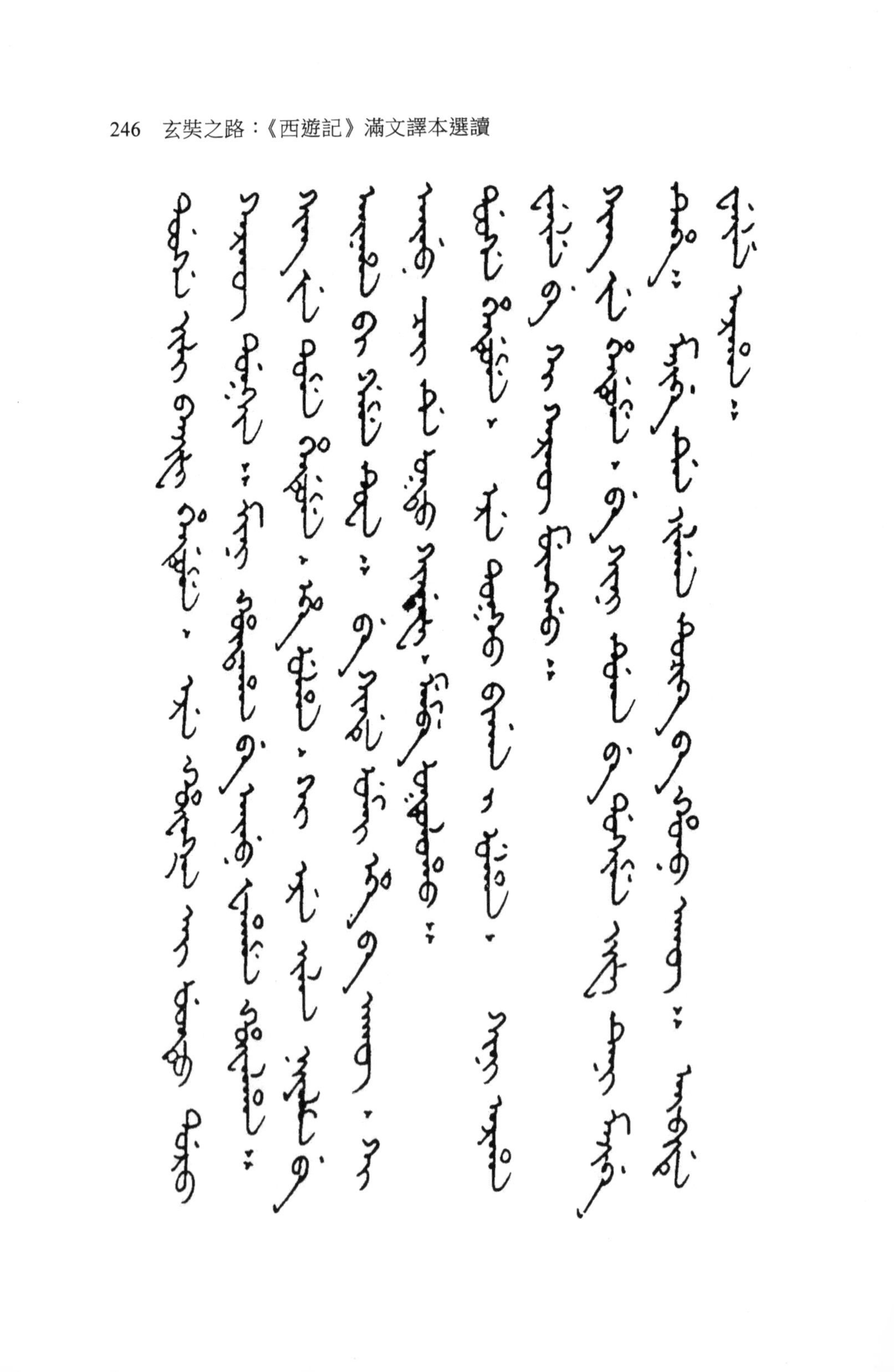

doose jili banjifi hendume, ere hūwašan ai uttu doro sarkū doksin. mini hūntahan be ainu fahame hūwalaha.
sing je tome hendume, ehe ulha, si ere ilan niyalma be ainaha bi seme tuwa. be sinde umai ehe ba akū, si ainu cai de okto sindafi, membe oktoloho.
doose hendume, ere tokso bigan i ulha, sini araha weile be si sarkū mujanggao.
sing je hendume, be sini duka be dosime jifi teni majige tehe. majige den jilgan tucike ba hono akū. aibide weile araha.

---

道士怒道：這和尚為何如此十分不知禮貌，怎麼把我的杯摔碎了？
行者罵道：壞畜生，你看這三個人是怎麼說？我們並沒有不好之處，你為什麼在茶裡放藥毒我們？
道士道：這個村畜生，你真不知你撞下禍來？
行者道：我們纔進你的門坐一會兒，連一點高聲也不曾有，哪裏撞下什麼禍？

---

道士怒道：这和尚为何如此十分不知礼貌，怎么把我的杯摔碎了？
行者骂道：坏畜生，你看这三个人是怎么说？我们并没有不好之处，你为什么在茶里放药毒我们？
道士道：这个村畜生，你真不知你撞下祸来？
行者道：我们纔进你的门坐一会儿，连一点高声也不曾有，哪里撞下什么祸？

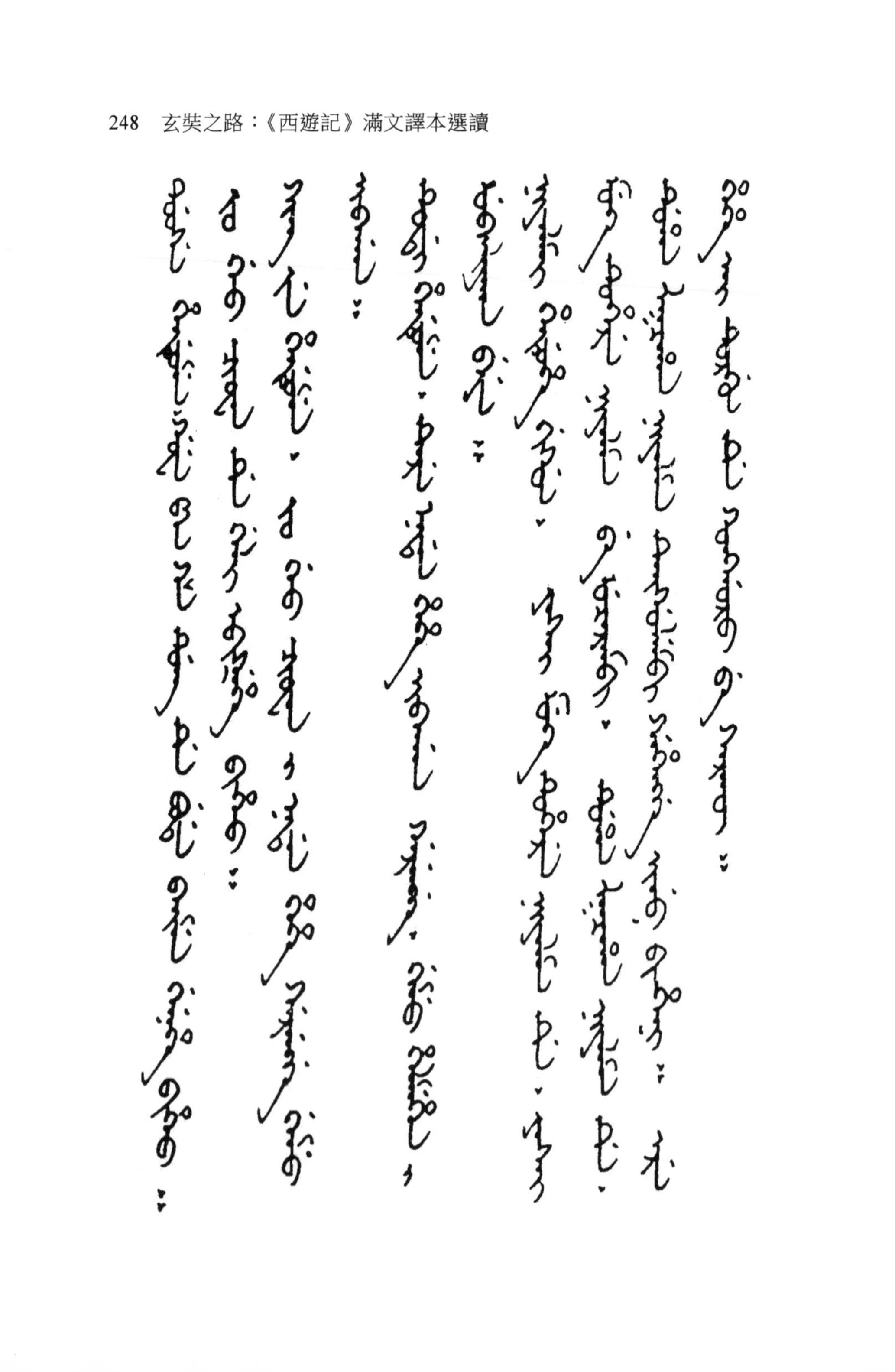

doose hendume, suwe pan sy dung de buda baime genehe biheo. jo geo ciowan de geli ebišehe biheo.
sing je hendume, jo geo ciowan i nadan hehe serengge gemu ibagan.
tudi hendume, tere nadan hehe ibagan serengge, gemu helmehen i ubaliyaka beye.
niyalmai henduhe gisun, yasai muke tuhere niyalma de, yasai muke tuhere niyalma be ucarambi, duha lakcaha niyalma de, duha lakcaha niyalma teisulembi sehengge inu biheni. ere hehe ai turgun de songgoro be sarkū.

---

道士道：你們可曾到盤絲洞去化齋嗎？也可曾在濯垢泉洗澡嗎？
行者道：濯垢泉的七個女子，都是妖怪。
土地道：那七個女妖怪，都是蜘蛛變的人身。
俗話說：流淚人逢流淚人，斷腸人遇斷腸人。不知這婦人什麼緣故哭泣？

---

道士道：你们可曾到盘丝洞去化斋吗？也可曾在濯垢泉洗澡吗？
行者道：濯垢泉的七个女子，都是妖怪。
土地道：那七个女妖怪，都是蜘蛛变的人身。
俗话说：流泪人逢流泪人，断肠人遇断肠人。不知这妇人什么缘故哭泣？

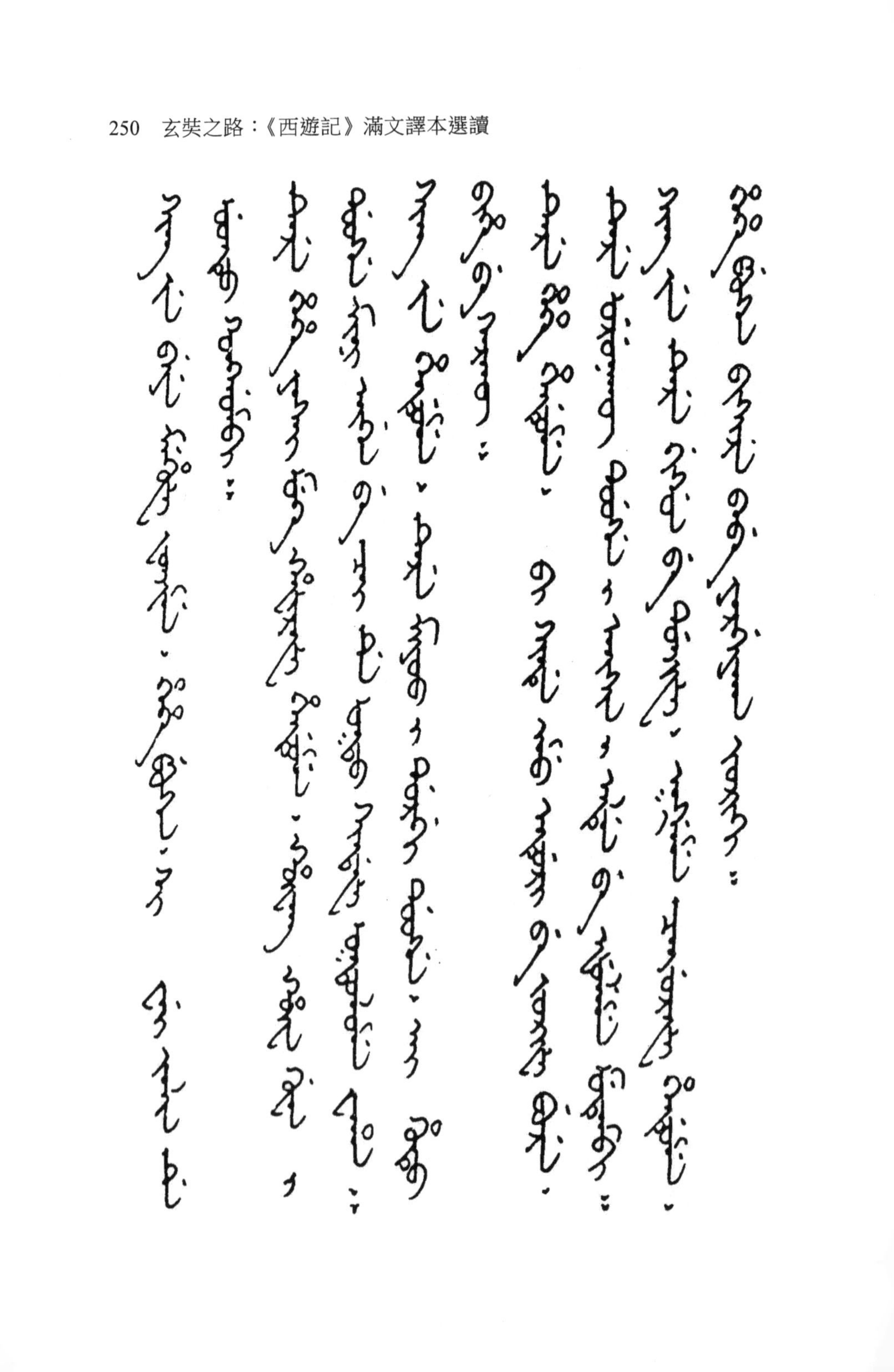

sing je beye mehufi fonjime, hehe pusa, si wei jalin de uttu songgombi.
tere hehe yasai muke hafirafi hendume, hūwang hūwa guwan i doose mini eigen be cai de okto sindafi oktolome waha.
sing je hendume, tere miyoo i dorgi doose ai hutu bihe be sarkū.
tere hehe hendume, bi sinde emu enduri be jorifi bure, tere urunakū doose i aisin i elden be efuleme mutembi.
sing je tere gisun be donjifi, ekšeme canjurafi hendume, hehe pusa bisire babe yargiyaka joriki.

---

行者躬身道：女菩薩，你為什麼人這樣哭泣？
那婦人噙淚道：我丈夫被黃花觀道士在茶裏放藥毒死了。
行者道：那觀裏道士，不知是個什麼妖精。
那婦人道：我教你去請一位仙人，他能破得道士的金光。
行者聞言，連忙作揖道：女菩薩，端的指教所在之處。

---

行者躬身道：女菩萨，你为什么人这样哭泣？
那妇人噙泪道：我丈夫被黄花观道士在茶里放药毒死了。
行者道：那观里道士，不知是个什么妖精。
那妇人道：我教你去请一位仙人，他能破得道士的金光。
行者闻言，连忙作揖道：女菩萨，端的指教所在之处。

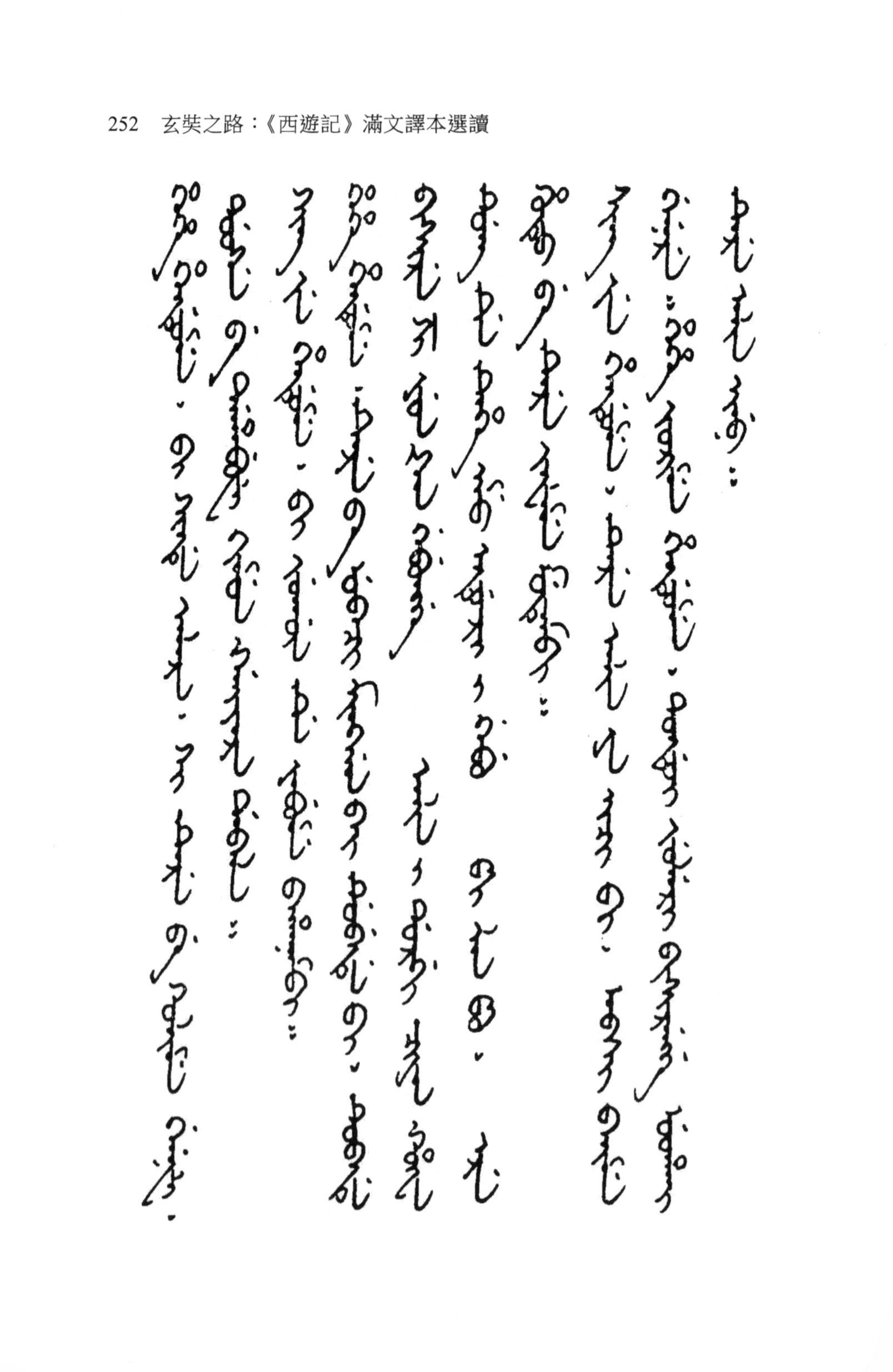

hehe hendume, bi sinde alara, si tere be solime genefi, doose be dahabufi kimun gaijara dabala.
sing je hendume, bi jugūn de yabume bahanambi.
hehe hendume, tere ba ubaci minggan bai dubede bi, tubade bisire dz yun šan gebungge alin i dorgi ciyan hūwa dung de tehe emu enduri i gebu pi lan po, ere hutu be tere jafame mutembi.
sing je hendume, tere alin ya ici bi, absi baime genere. hehe jorime hendume, tondoi juleri bisirengge uthai tere alin inu.

---

婦人道：我告訴你，你去請他降了道士，只可報讎而已。
行者道：我會走路。
婦人道：那裏離此處有千里之遙，那裏有紫雲山，山中的千花洞住著一位仙人，名喚毗藍婆，他能捉拿此怪。
行者道：那山座落何方？往哪裏去？婦人指道：在正南的便是那山。

---

妇人道：我告诉你，你去请他降了道士，只可报雠而已。
行者道：我会走路。
妇人道：那里离此处有千里之遥，那里有紫云山，山中的千花洞住着一位仙人，名唤毗蓝婆，他能捉拿此怪。
行者道：那山座落何方？往哪里去？妇人指道：在正南的便是那山。

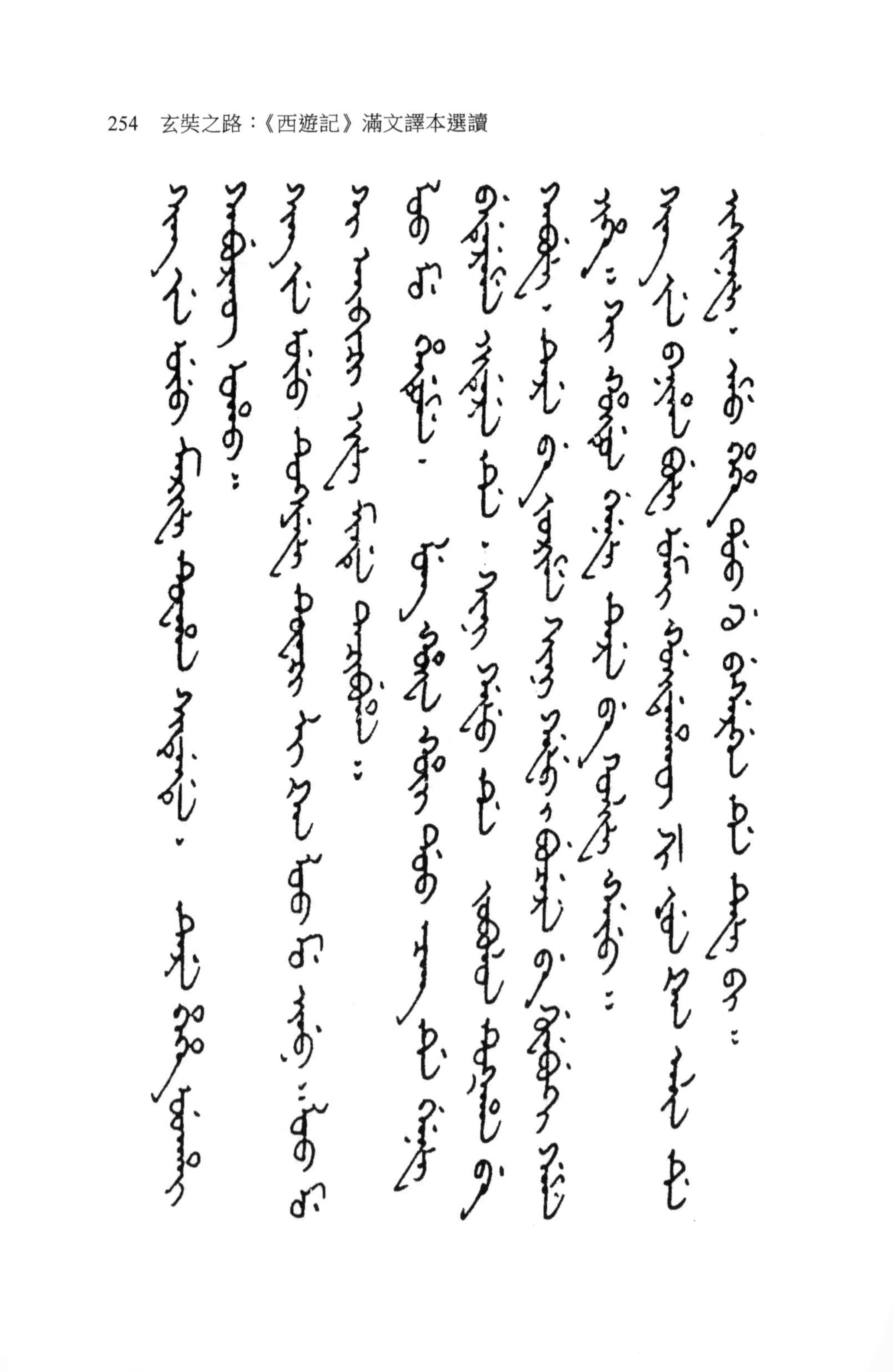

sing je uju marifi tuwaha sidende, tere hehe uthai saburkū oho.
sing je uju tukiyefi tuwaci li šan loo mu inu. loo mu ši aibici jifi minde tacibuha.
loo mu hendume, lung hūwa hūi doo cang de genefi bedereme jidere de, sini sefu de jobolon tušaha be sabufi, tere be jorime sini sefu i bucere be guwebuki seme jihe. si hūdun genefi tere be solifi gaju.
sing je baniha bufi umai goidahakū dz yun šan alin de isinafi, emu hehe doo gu besergen de tefi bi.

---

行者回頭觀看時，那女子就不見了。
行者擡頭觀看，是黎山老姆。老姆你從何處來指教我？
老姆道：赴龍華會[7] 回來時，見你師父遭難，特來指示救你師父，你快去請他來。
行者致謝後沒多久來到紫雲山，有一個女道姑坐在榻上。

---

行者回头观看时，那女子就不见了。
行者抬头观看，是黎山老姆。老姆你从何处来指教我？
老姆道：赴龙华会回来时，见你师父遭难，特来指示救你师父，你快去请他来。
行者致谢后没多久来到紫云山，有一个女道姑坐在榻上。

---

7 龍華會，滿文讀作“lung hūwa hūi doo cang”，意即「龍華會道場」。

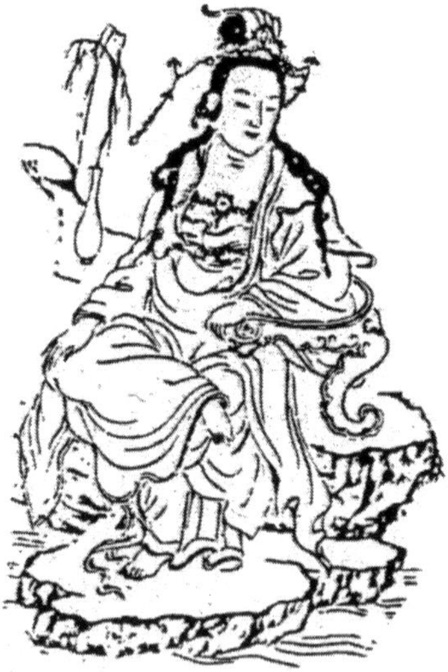

# 二十一、菩薩破邪

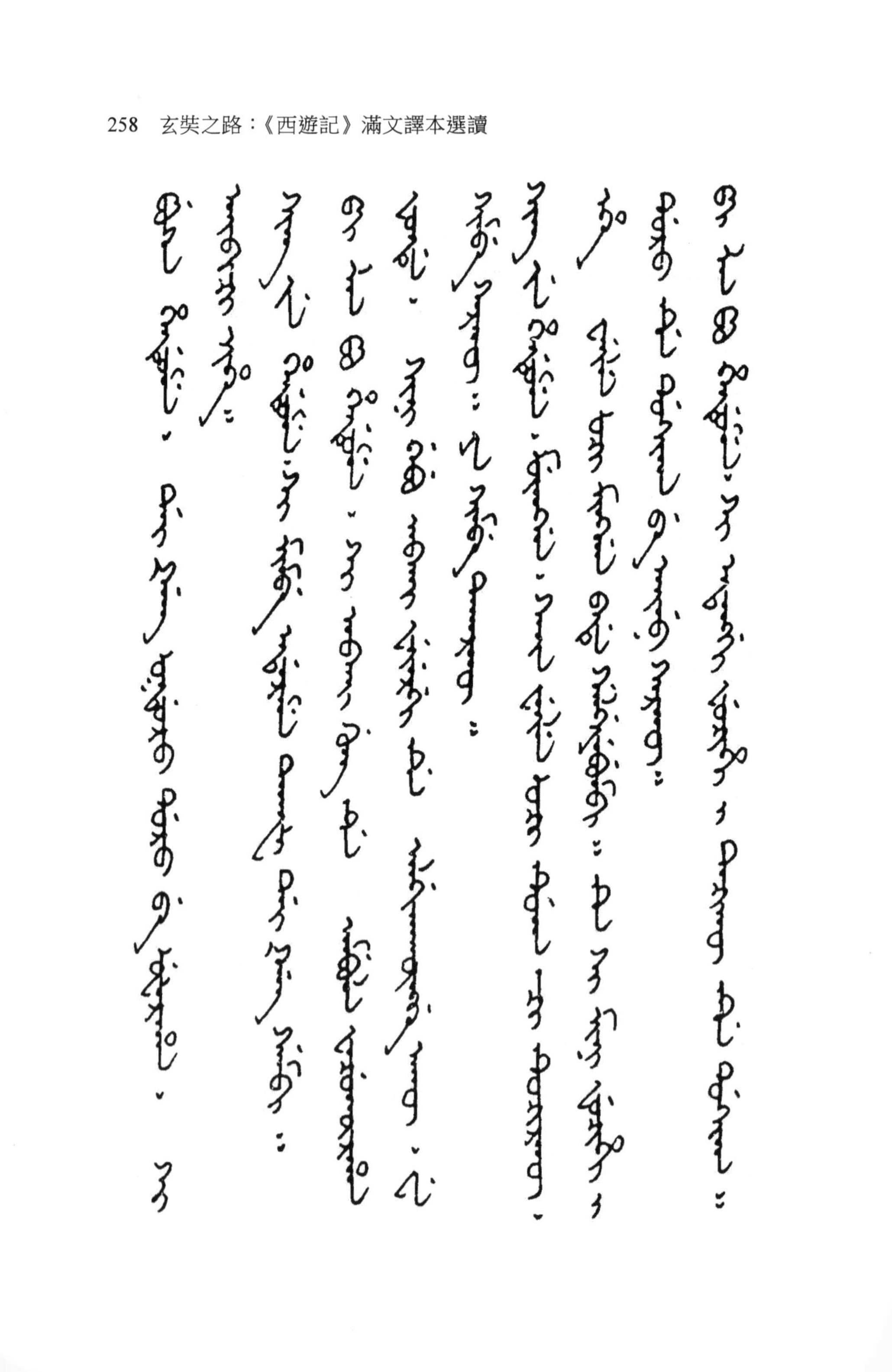

pusa hendume, dai seng okdoro doro be ufaraha, si aibici jihe.
sing je hendume, si mimbe adarame takafi dai seng sembi.
pi lan po hendume, si abkai gung de ambula facuhūraha fonde, sini gebu abkai fejergi de algikakūngge akū, we simbe sarkū. ya simbe takarkū.
sing je hendume, mujangga, sain weile oci duka ci tucirkū, ehe weile oci minggan bade selgiyebumbi. te si mini fucihi i doro de dosika be ainu sarkū.
pi lan po hendume, si atanggi fucihi i tacikū de dosika.

---

菩薩道：大聖失迎了，你是從哪裡來的？
行者道：你怎麼認得我叫做大聖？
毗藍婆道：你大鬧天宮時，你的名字，天下無不傳揚，誰人不識你？
行者道：是，好事不出門，惡事傳千里。如今我已皈依佛門，你為何不曉得？
毗藍婆道：你幾時皈依？

---

菩萨道：大圣失迎了，你是从哪里来的？
行者道：你怎么认得我叫做大圣？
毗蓝婆道：你大闹天宫时，你的名字，天下无不传扬，谁人不识你？
行者道：是，好事不出门，恶事传千里。如今我已皈依佛门，你为何不晓得？
毗蓝婆道：你几时皈依？

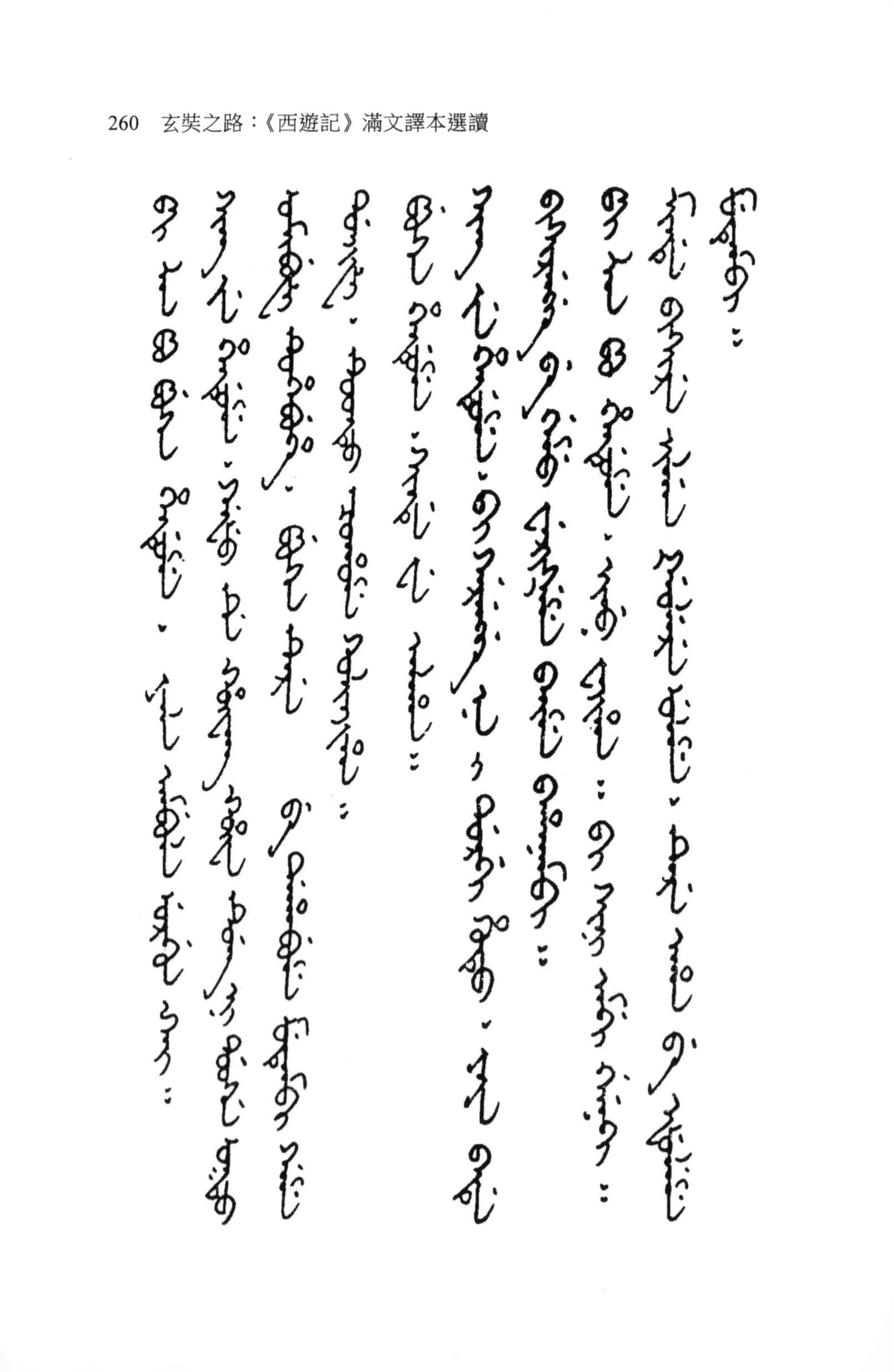

pi lan po pusa hendume, yala ambula urgun kai.
sing je hendume, sefu de hūwang hūwa dung ni doose okto omibufi tuhebuhe, pusa tere be dahabume mutembi seme donjifi, tuttu cohome solinjiha.
pusa hendume, sinde we alaha.
sing je hendume, bi serengge na i dorgi hutu, yaya bade bisirengge be gemu werišeme baime bahanambi.
pi lan po hendume, inu wajiha. bi sini emgi geneki.
minde bisire ilga šeolere ulme, tere aha be efuleme mutembi.

---

毗藍婆菩薩道：恭喜恭喜。
行者道：師父被黃花洞道士毒倒，聞菩薩能收服他，因此特來拜請。
菩薩道：是誰告訴你的？
行者道：我是個地裏鬼，不管哪裏，都會訪著。
毗藍婆道：也罷。我和你去吧！我有繡花針，能破那廝。

---

毗蓝婆菩萨道：恭喜恭喜。
行者道：师父被黄花洞道士毒倒，闻菩萨能收服他，因此特来拜请。
菩萨道：是谁告诉你的？
行者道：我是个地里鬼，不管哪里，都会访着。
毗蓝婆道：也罢。我和你去吧！我有绣花针，能破那厮。

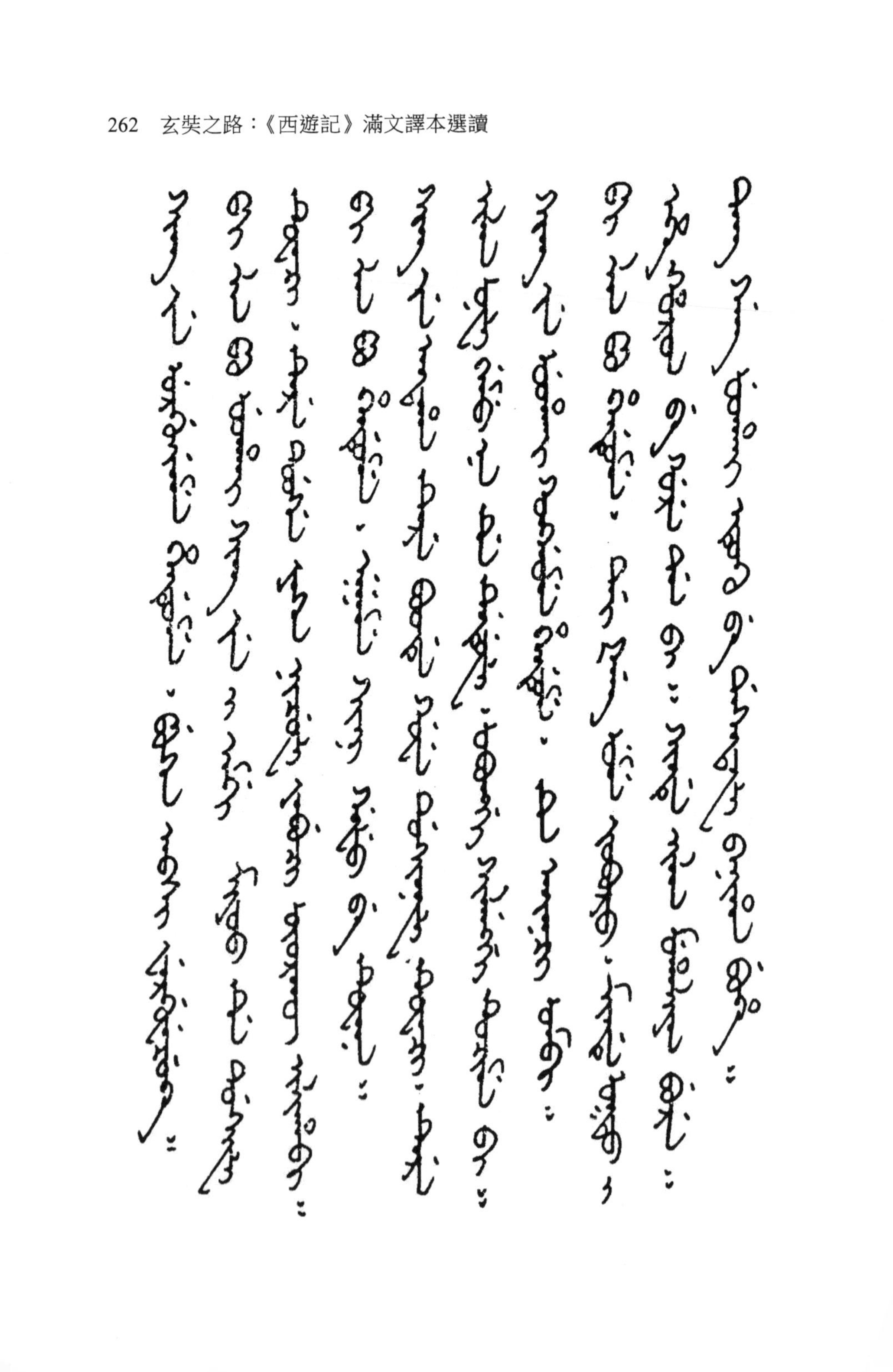

[illegible]

sing je urgunjeme hendume, pusa absi ferguwecuke.
pi lan po uthai sing je i emgi miyoo de dosifi tuwaci, tere doose yasa nicufi yabuci ojorkū ilihabi.
pi lan po hendume, neneme sini sefu be tuwana.
sing je antaha tere boode suwe dosinafi tuwaci, tere ilan nofi gemu na de dedufi, obonggi silenggi tucime bi.
sing je uthai songgome hendume, te ainaci ombi.
pi lan po hendume, dai šeng ume joboro, minde okto i ehe horon be sure dan bi. sinde ilan muhaliyan bure.
tang seng uthai etuku be dasatafi baniha buhe.

---

行者喜道：菩薩妙哉！
毗藍婆就與行者進入觀裏，只見那道士閉了眼，站立不能舉步。
毗藍婆道：先去看你的師父。
行者徑入客廳看時，那三人都躺臥在地上，吐著口沫。
行者即流淚哭道：如今怎麼好？
毗藍婆道：大聖休悲，我這裏有解毒丹，送你三丸。唐僧即整衣致謝。

---

行者喜道：菩萨妙哉！
毗蓝婆就与行者进入观里，只见那道士闭了眼，站立不能举步。
毗蓝婆道：先去看你的师父。
行者径入客厅看时，那三人都躺卧在地上，吐着口沫。
行者即流泪哭道：如今怎么好？
毗蓝婆道：大圣休悲，我这里有解毒丹，送你三丸。唐僧即整衣致谢。

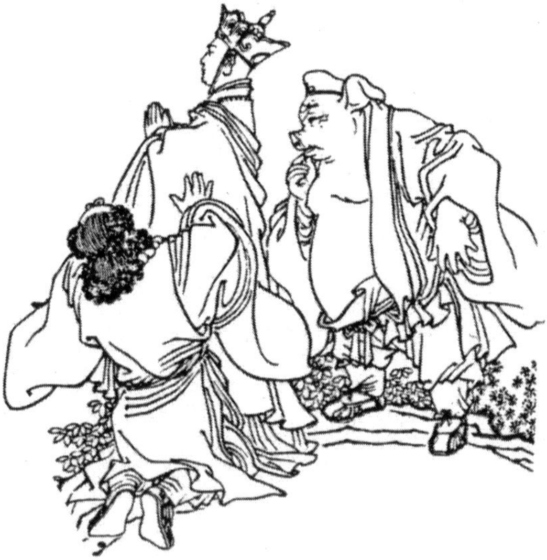

# 二十二、沙僧滴淚

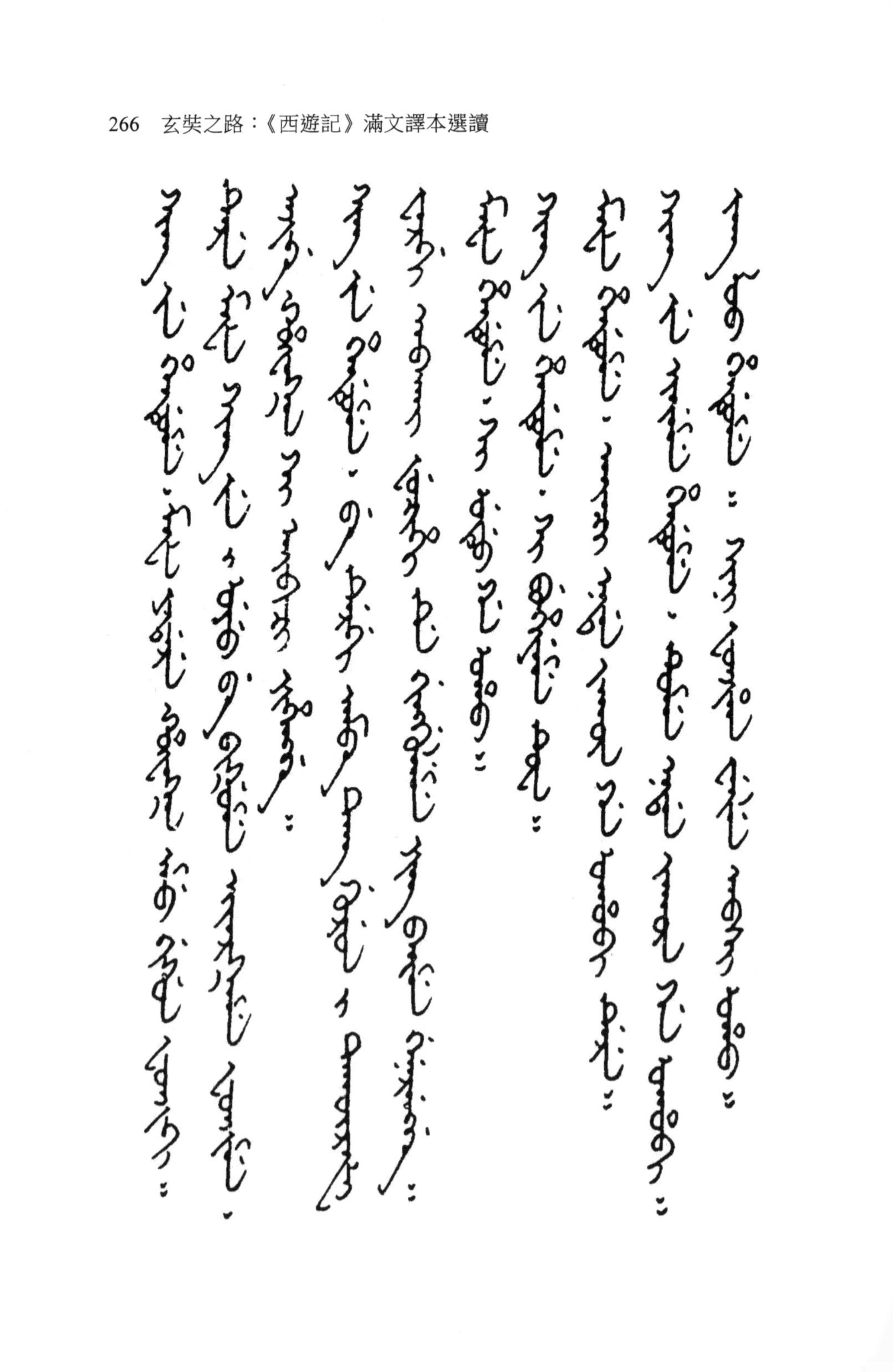

[illegible]

sing je hendume, mafa yadara hūwašan emu gisun fonjiki.
tere mafa sing je i uju be bišume ijaršame fonjime, ajige hūwašan si aibici jihengge.
sing je hendume, be dergi amba tang gurun i takūrafi wargi abkai fucihi de gingguleme jing baime generengge.
mafa hendume, si udu se oho.
sing je hendume, si buhiyeme tuwa.
mafa hendume, ainci nadan jakūn se ohobi dere.
sing je injeme hendume, tumen nadan jakūn se ohobi.
Jang loo hendume, sini fonjiha weile absi oho.

---

行者道：老公公，貧僧想問一句話。
那老公公摸著行者的頭笑嘻嘻問道：小和尚，你是哪裏來的？
行者道：我們是東土大唐差往西天拜佛求經的。
老公公道：你幾歲了？
行者道：你猜猜看。
老公公道：猜想有七、八歲了吧！
行者笑道：有一萬個七、八歲了。
長老道：你所問的事如何了？

---

行者道：老公公，贫僧想问一句话。
那老公公摸着行者的头笑嘻嘻问道：小和尚，你是哪里来的？
行者道：我们是东土大唐差往西天拜佛求经的。
老公公道：你几岁了？
行者道：你猜猜看。
老公公道：猜想有七、八岁了吧！
行者笑道：有一万个七、八岁了。
长老道：你所问的事如何了？

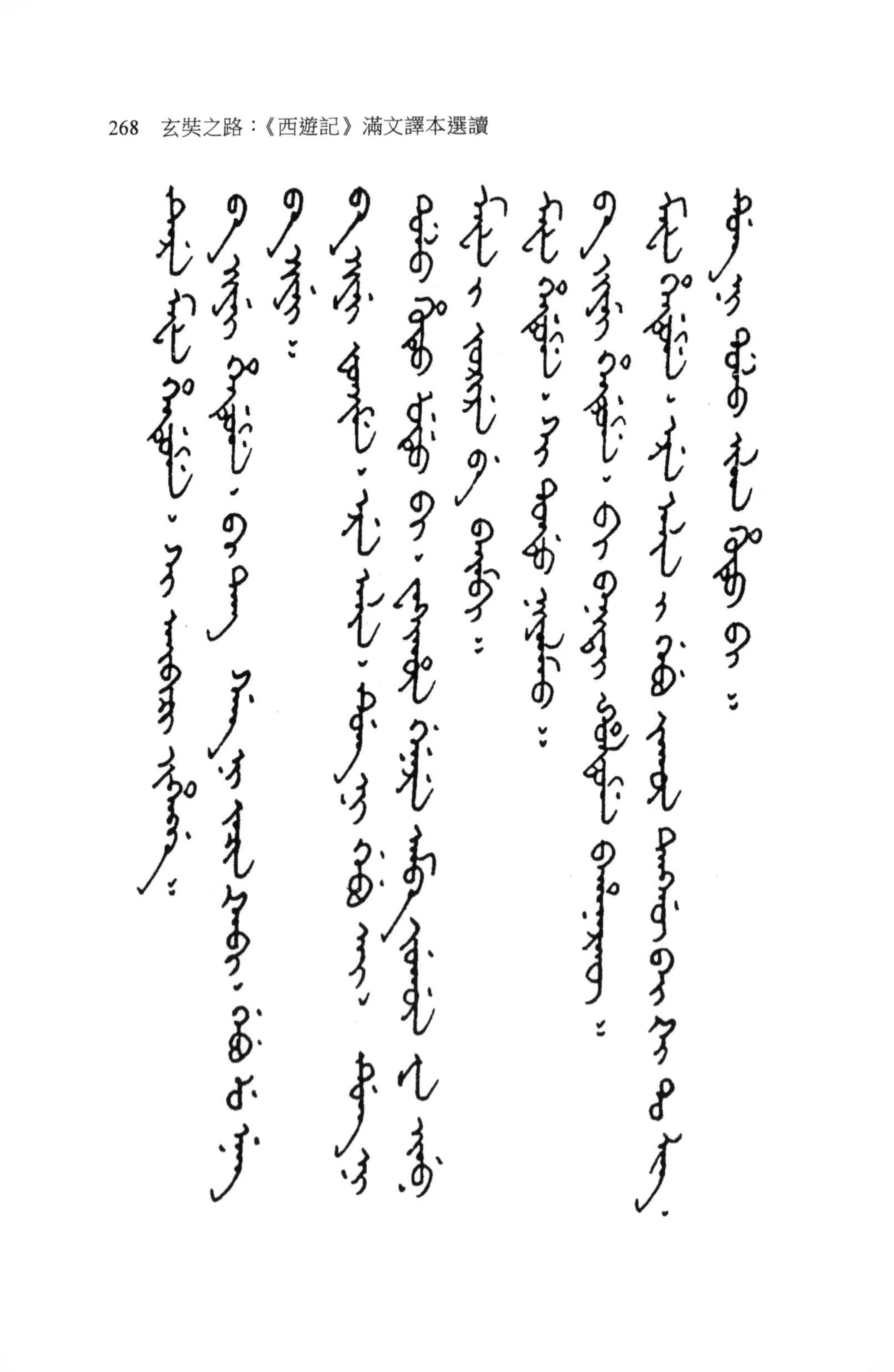

[illegible]

tere mafa hendume, si aibici jihengge.
ba jiyei hendume, bi tang seng ni jacin šabi, gebu u neng ba jiyei.
ba jiyei fonjime, ere alin, dung ni gebu ai, dung ni dolo hutu udu bi, wasihūn genere amba jugūn ya inu, mafa i jorire be baimbi.
mafa hendume, si tondo niyalmao.
ba jiyei hendume, bi banitai holtome bahanarkū.
mafa hendume, ere alin i gebu jakūn tanggū bai ši to ling, dung ni dolo ilan hutu bi.

---

那老公公道：你是哪裏來的？
八戒道：我是唐僧第二個徒弟，名叫悟能八戒。
八戒問道：此山洞名叫什麼？洞中有幾個妖精？哪裏是西去大路？請公公指示。
老公公道：你是老實人嗎？
八戒道：我本性不會虛詐。
老公公道：此山叫做八百里獅駝嶺，洞裡有三個魔頭。

---

那老公公道：你是哪里来的？
八戒道：我是唐僧第二个徒弟，名叫悟能八戒。
八戒问道：此山洞名叫什么？洞中有几个妖精？哪里是西去大路？请公公指示。
老公公道：你是老实人吗？
八戒道：我本性不会虚诈。
老公公道：此山叫做八百里狮驼岭，洞里有三个魔头。

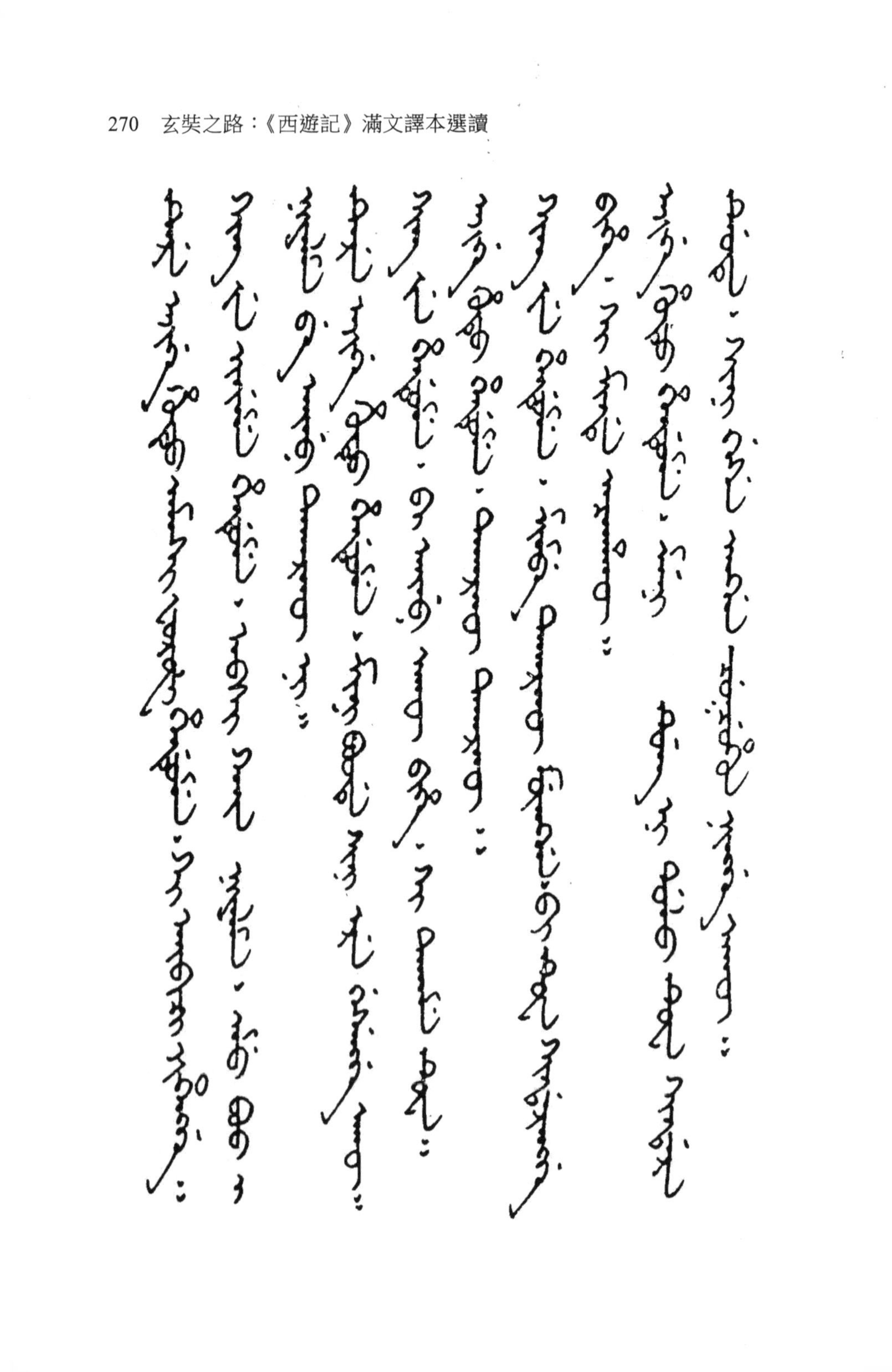

tere ajige hutu amasi forofi hendume, si aibici jihengge.
sing je injeme hendume, absi sain niyalma, emu boo i niyalma be ainu takarkū ni.
tere ajige hutu hendume, mini boode sini ere gesengge akū.
sing je hendume, bi ainu akū bihe, si takame tuwa.
ajige hutu hendume, takarkū takarkū.
sing je hendume, mimbe takarkū mujangga, bi tuwa sindarangge bihe, si minde acahakū.
ajige hutu hendume, meni dung ni dolo tuwa sindara deote, sini gese angga cukcuhun ningge akū.

---

那小妖回頭道：你是哪裡來的？
行者笑道：好人呀！一家人也不認得呢！
那小妖道：我家沒有像這樣的。
行者道：怎的沒我，你認認看。
小妖道：認不得！認不得！
行者道：不認得我，是真的，我是燒火的，你沒見過我。
小妖道：我們洞裡燒火的兄弟們，沒有人像你尖嘴的。

---

那小妖回头道：你是哪里来的？
行者笑道：好人呀！一家人也不认得呢！
那小妖道：我家没有像这样的。
行者道：怎的没我，你认认看。
小妖道：认不得！认不得！
行者道：不认得我，是真的，我是烧火的，你没见过我。
小妖道：我们洞里烧火的兄弟们，没有人像你尖嘴的。

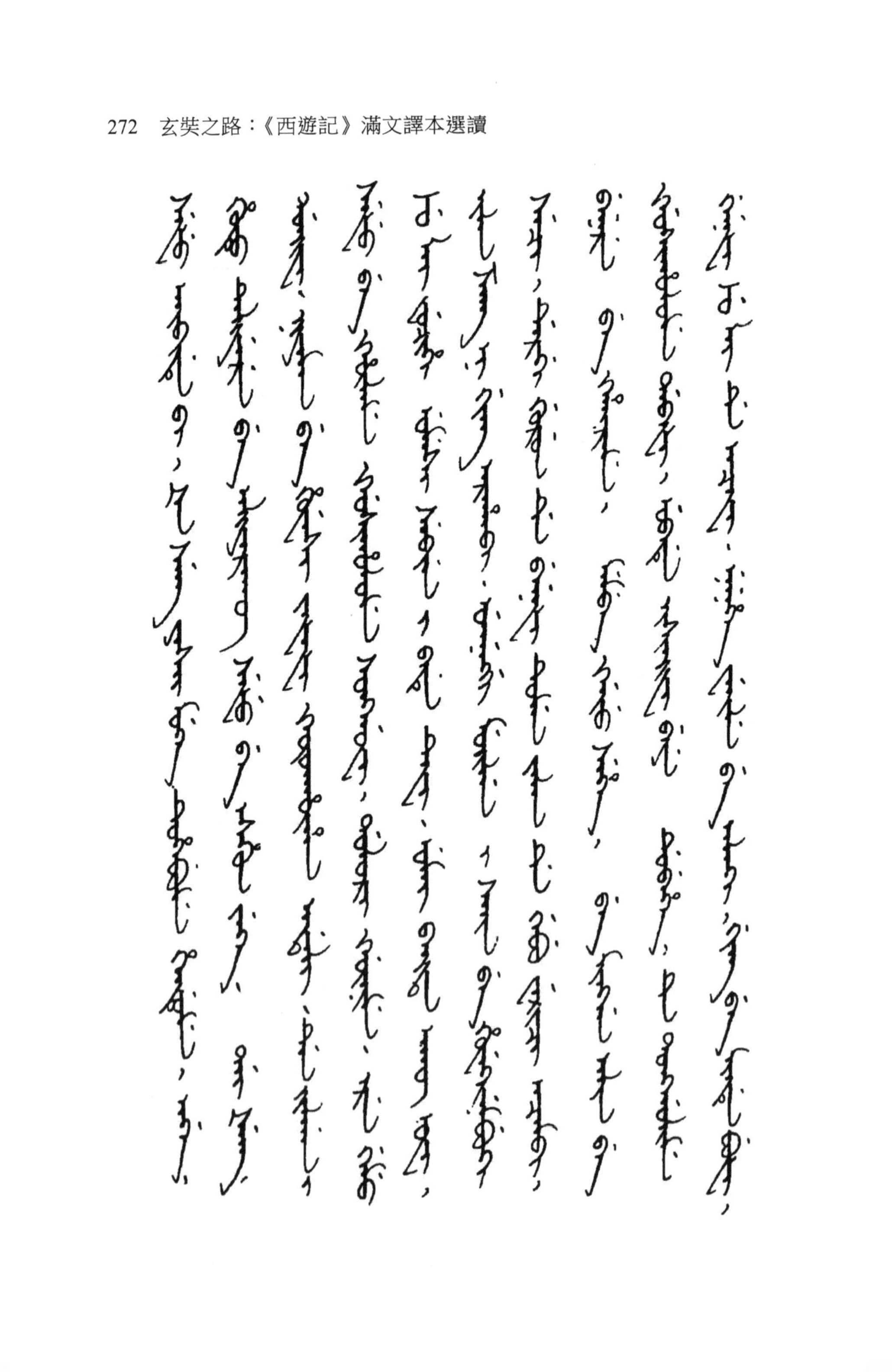

sefu aibide bi. ša seng yasai muke tuhebume hendume, age, hutu teliyere be aliyarakū sefu be eshun jeke. dai šeng donjifi, niyaman be huwesi jafafi kūthūha adali, den jilgan i sefu be hūlame gosiholome songgofi, dolori gūnime, ere gemu žu lai fucihi umesi sebjen i bade tefi, umai baita akū ofi, ilan dzang ni ging arahabi, unenggi mujilen i sain be huwekiyembuki seci, dergi gurun de benefi tumen jalan de gebu werici acambi, benere be hairame, membe gaju sehe. be minggan alin be gosiholome dabafi, ubade isinjifi beye dubehe. te tonggolime genefi žu lai de acafi, nenehe weile be alaki, ging be minde bufi,

---

師父在哪裡？沙僧滴淚道：哥啊！妖精不等蒸熟，就夾生喫了。大聖聽了，心如刀攪，放聲慟哭，喊叫師父。心中自忖道：這都是如來佛坐在那極樂之境，沒得事幹，寫了三藏經，若果誠心勸善，理當送上東土，萬世留名，卻又捨不得送去，而要我們來取。我們苦越千山，到此身終喪命，如今且翻身駕雲去見如來，告訴前事，把經給我，

---

师父在哪里？沙僧滴泪道：哥啊！妖精不等蒸熟，就夹生吃了。大圣听了，心如刀搅，放声恸哭，喊叫师父。心中自忖道：这都是如来佛坐在那极乐之境，没得事干，写了三藏经，若果诚心劝善，理当送上东土，万世留名，却又舍不得送去，而要我们来取。我们苦越千山，到此身终丧命，如今且翻身驾云去见如来，告诉前事，把经给我，

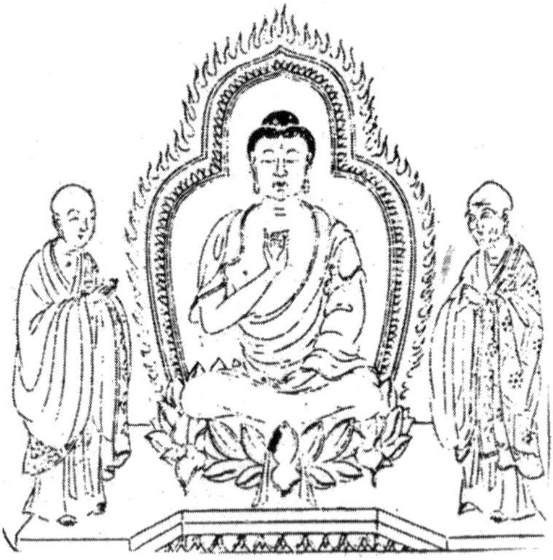

# 二十三、如來收妖

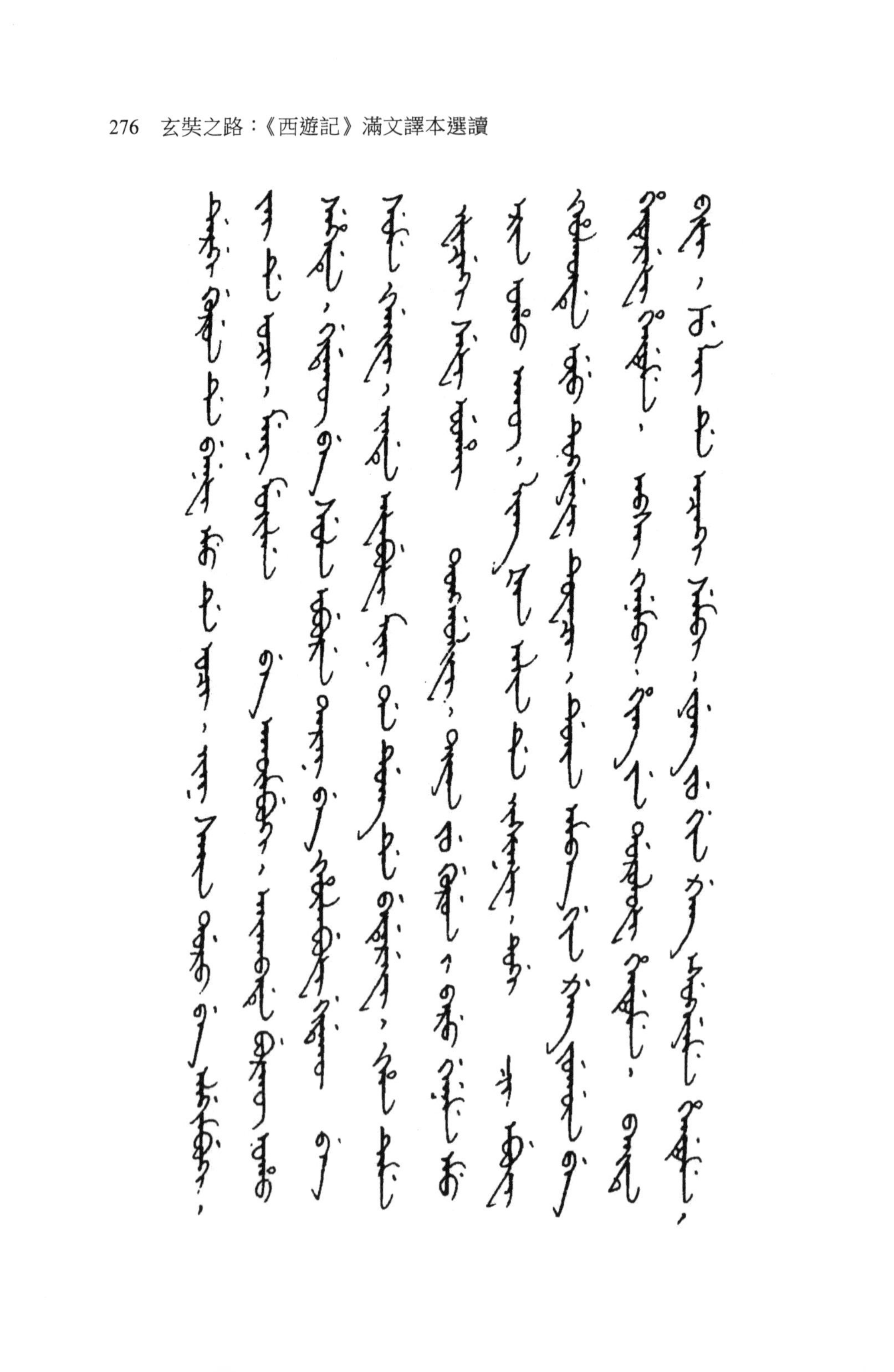

dergi gurun de benefi emu de oci, ini sain doro be algimbuki, jai de oci, meni mujilen be akūmbuki. aikabade burkū oho sehede, gidakū be sula obure tarni be hūlabufi gidakū be sume gaifi, inde afabufi mini da dung de bederefi, han teme eficeki sefi, uthai tonggolifi, tiyan ju gurun i baru geneme, emu erin oho akū, ling šan alin de isinafi, tugi ci ebufi holkonde uju tukiyefi tuwaci, duin amba gin g'ang jugūn be heturefi hendume, absi genembi. hing je dorolofi hendume, baita bifi, žu lai de acaki sembi. yung ju gin g'ang esukiyeme hendume,

送上東土，一則傳揚善果，二則了我等心願。倘若不肯給我，教他把鬆箍咒念念解下，把箍子交還給他，我想還歸本洞為王頑耍吧！說罷就翻身駕雲，徑投天竺而去，不消一個時辰，就到靈山，按落雲頭，忽然擡頭，見四大金剛擋住道：哪裡走？行者施禮道：有事要見如來。永住金剛喝道：

送上东土，一则传扬善果，二则了我等心愿。倘若不肯给我，教他把松箍咒念念解下，把箍子交还给他，我想还归本洞为王顽耍吧！说罢就翻身驾云，径投天竺而去，不消一个时辰，就到灵山，按落云头，忽然抬头，见四大金刚挡住道：哪里走？行者施礼道：有事要见如来。永住金刚喝道：

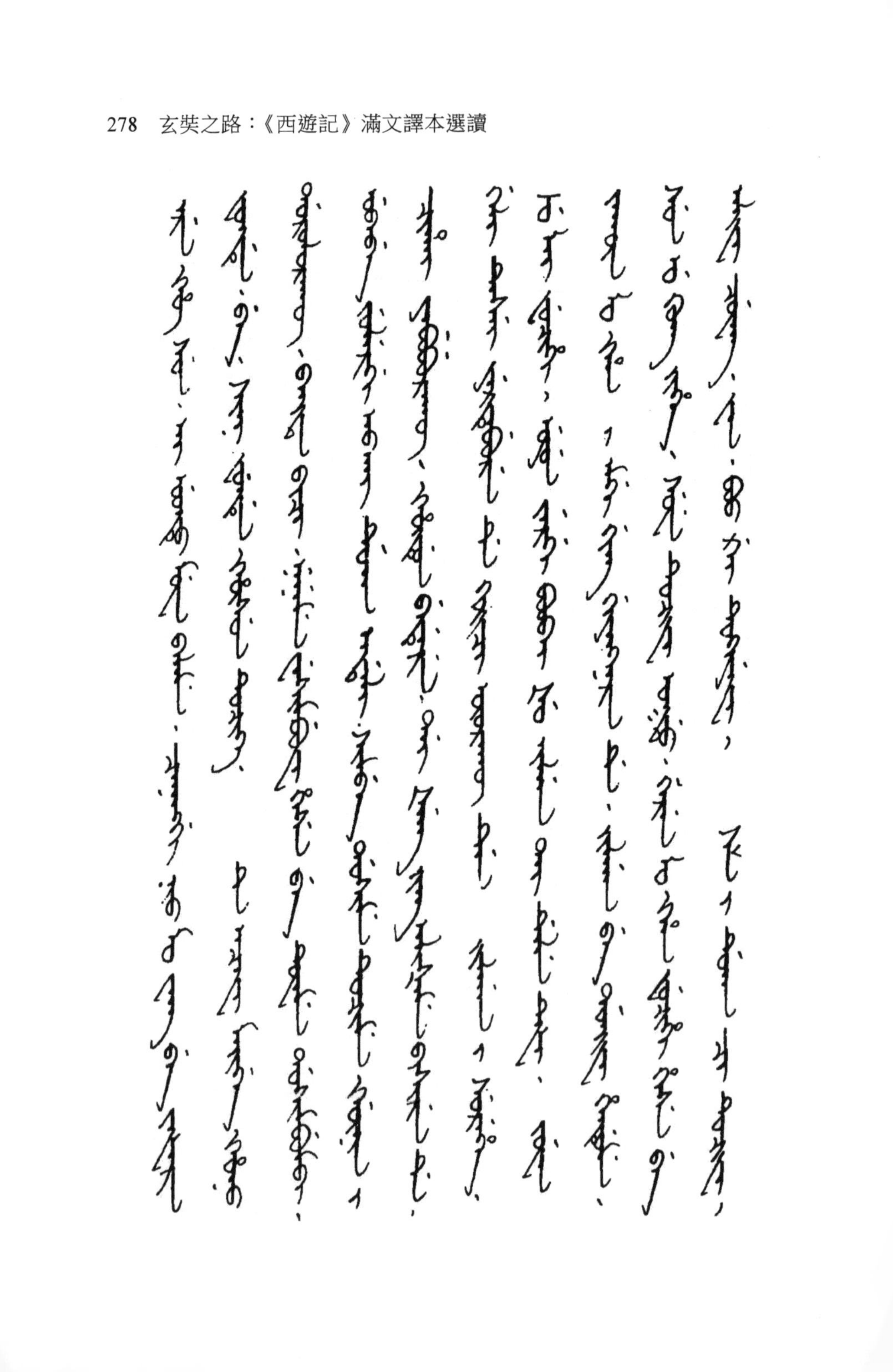

ere hū sun, ai uttu muwa balame, cananggi nio mo wang be jafara fonde, be, sini funde hūsun tucike, te acafi majige hono dorolorakū, baita bici, neneme wesimbufi hese be tuwame dosimbumbi. ubabe julergi abkai duka adali, simbe dosime tucime gūnin i cihai yabuburakū, hūdun bedere. dai šeng jing ališame bisire de, geli tesei yertebure de kirici ojorakū den jilgan i surehe, žu lai fucihi, uyun jergi boobai šu ilga tai dele tefi, juwan jakūn lo han i emgi ging giyangnara de, jilgan be donjifi hendume, sun u kung jihe, suwe tucifi okdo, geren lo han fucihi hese be alifi cuwang, fan, boo g'ai tukiyefi, sy i duka ci tucifi,

---

這猢猻，為何如此粗狂，前者捉拏牛魔王時，我等為你出力，今日見面，全不為禮，有事先奏，奉旨進入。這裏不比南天門，不讓你隨意進出行走，快回去。大聖正在煩惱，又被他們羞辱，忍不住大呼小叫。如來佛祖坐在九層寶蓮臺上，與十八羅漢講經，聞聲道：孫悟空來了，你們出去迎接，眾羅漢領佛祖旨意扛擡幢幡寶蓋，出了寺門，

---

这猢狲，为何如此粗狂，前者捉拏牛魔王时，我等为你出力，今日见面，全不为礼，有事先奏，奉旨进入。这里不比南天门，不让你随意进出行走，快回去。大圣正在烦恼，又被他们羞辱，忍不住大呼小叫。如来佛祖坐在九层宝莲台上，与十八罗汉讲经，闻声道：孙悟空来了，你们出去迎接，众罗汉领佛祖旨意扛抬幢幡宝盖，出了寺门，

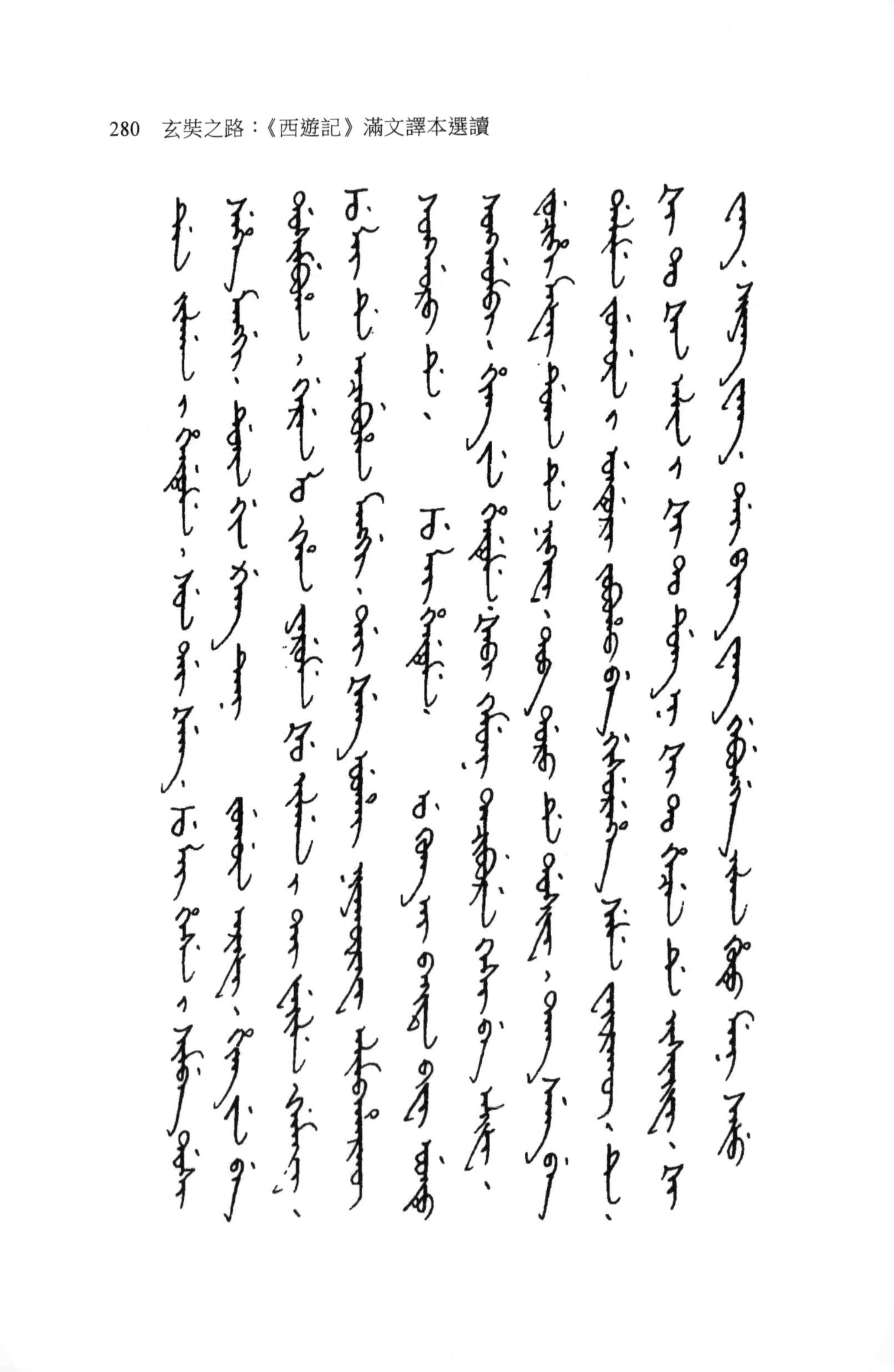

den jilgan i hendume, sun dai šeng, žu lai hese i simbe dosi sehe manggi, duin gin g'ang teni jugūn arafi, hing je be dosimbuha. geren lo han yarume šu ilga i tai fejile gamafi, žu lai de acabuha manggi, dai šeng uthai niyakūrafi alimbaharkū songgoro de, žu lai hendume, u kung ai baita bifi uttu songgombi. hing je hendume, šabi kemuni tacibure kesi be alifi, fucihi mafai duka de nikefi, tob doro de dosifi, tang seng be dalime jugūn i unduri joboho be gisurehe seme wajirakū. te, ši to šan alin i ši to dung ni ši to hecen de isinjifi, ši wang, siyang wang, dai ping wang gebungge ilan hutu meni sefu

---

高聲道：孫大聖，如來有旨讓你進來。四金剛纔讓路，讓行者進入。眾羅漢引至蓮台下，見如來，大聖即下跪慟哭。如來道：悟空有何事，這樣慟哭？行者道：弟子常奉教誨之恩，託庇佛祖爺爺門下，皈依正果，保護唐僧，沿途苦不堪言。今至獅駝山獅駝洞獅駝城，獅王、象王、太平王三個妖魔，

---

高声道：孙大圣，如来有旨让你进来。四金刚纔让路，让行者进入。众罗汉引至莲台下，见如来，大圣即下跪恸哭。如来道：悟空有何事，这样恸哭？行者道：弟子常奉教诲之恩，托庇佛祖爷爷门下，皈依正果，保护唐僧，沿途苦不堪言。今至狮驼山狮驼洞狮驼城，狮王、象王、太平王三个妖魔，

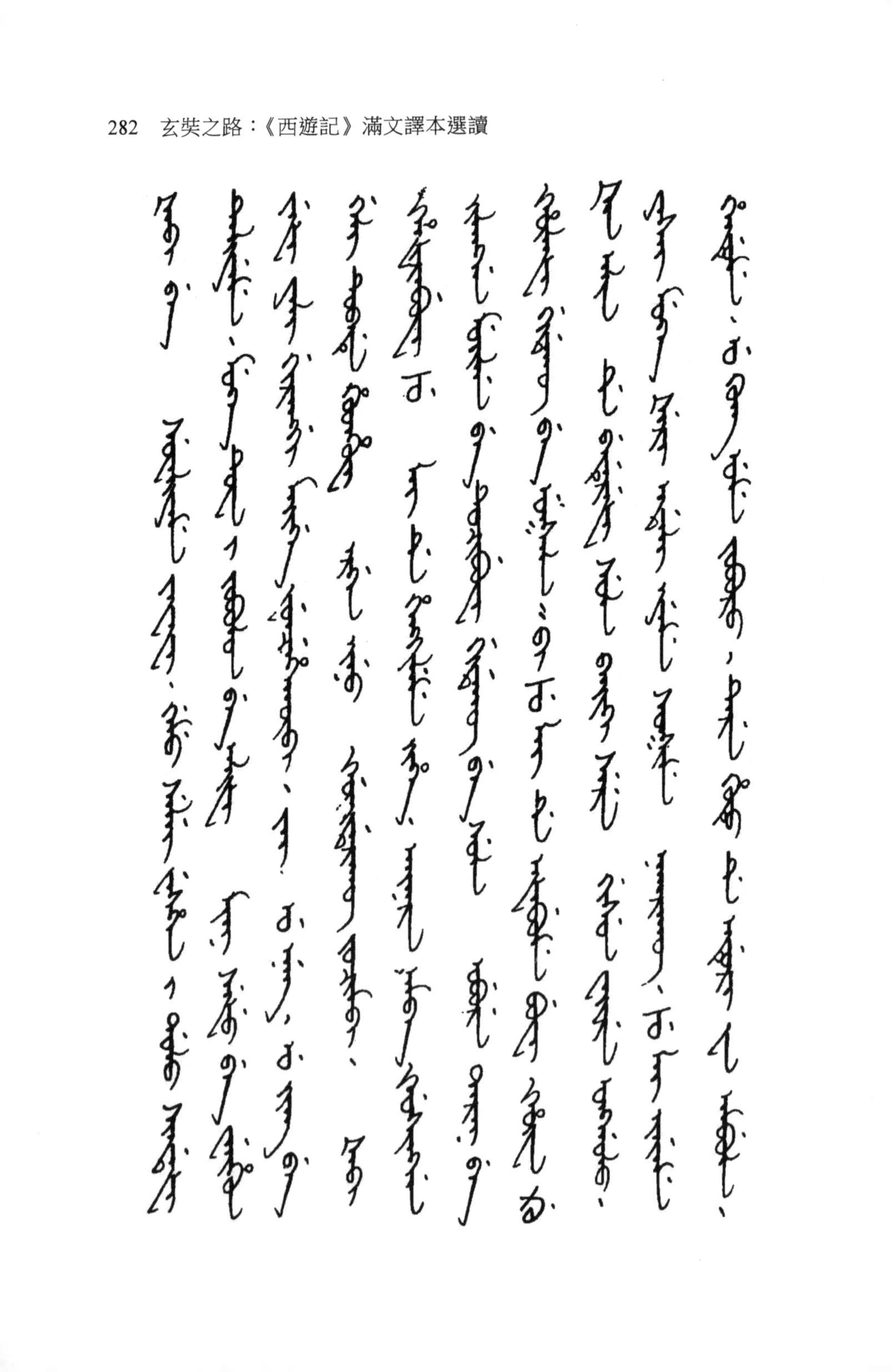

šabi be suwaliyame jafafi, gemu selei feshen i dolo sindafi teliyeme, muke tuwa i jobolon be alifi mini sefu be weihun jefi yali giranggi majige funcehekūbi. jai u neng, u jing be geli tubade huthufi ergen inu goidarakū jocimbi. šabi hafirabufi žu lai de hengkileme jihe, ainara amba gosingga jilangga mujilen be tucibufi gidakū be sula obure tarni be hūlafi gidakū be uksala. bi žu lai de afabume bufi hūwa g'o šan alin de bederefi sula banjiki sere gisun wajire onggolo, yasai muke šeri adali eyeme soksime nakarakū. žu lai injeme hendume, u kung ume joboro, tere hutu de enduri fa ambula,

---

把我等師徒一併捉去，都放在鐵籠裡蒸煮，受水火之難，生喫了我師父，骨肉無存。再悟能、悟淨又綁在那裏，不久，亦將喪命。弟子沒奈何，來參拜如來，無論怎麼樣發大慈悲心，念誦鬆箍咒，我將箍解脫交給如來後，回花果山閒暇過日子吧！話未了，淚如泉湧，吞聲哭泣不止。如來笑道：悟空莫煩惱，那妖精神通廣大，

---

把我等师徒一并捉去，都放在铁笼里蒸煮，受水火之难，生吃了我师父，骨肉无存。再悟能、悟净又绑在那里，不久，亦将丧命。弟子没奈何，来参拜如来，无论怎么样发大慈悲心，念诵松箍咒，我将箍解脱交给如来后，回花果山闲暇过日子吧！话未了，泪如泉涌，吞声哭泣不止。如来笑道：悟空莫烦恼，那妖精神通广大，

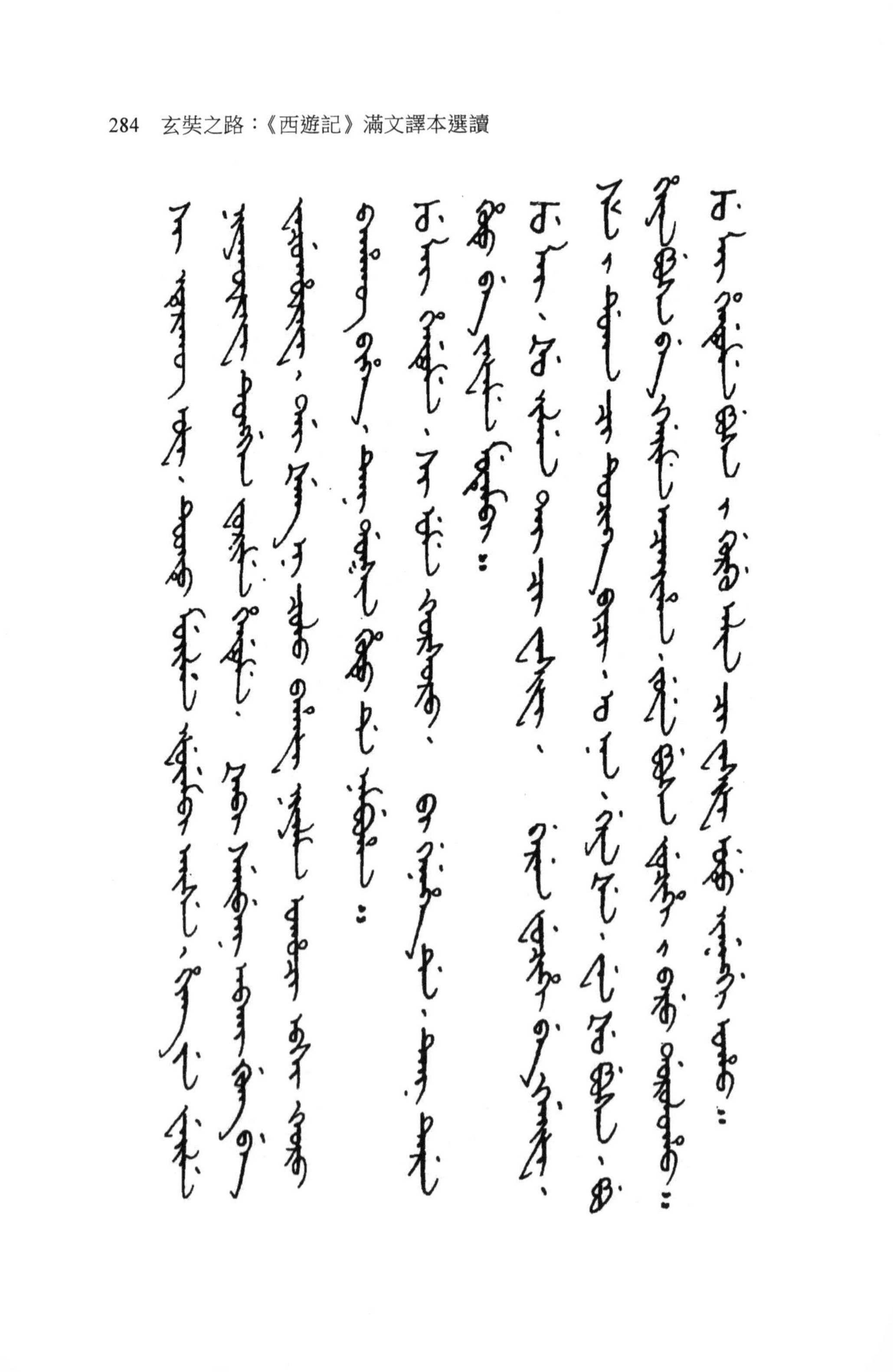

si eterakū ofi, tuttu mujilen efujembi aise. hing je fejile niyakūrafi tunggen forime hendume, šabi seibeni abkai gung be facuhūrafi, dai šeng ni colo bahafi niyalma ohoci ebsi koro bahakū bihe, teni doksin hutu de nambuha.
žu lai hendume, si ume korsoro, bi genehe de, teni tere hutu be jafame mutembi.
žu lai, šu ilga tai ci wasifi, geren fucihi be gaifi, sy i duka ci tucike bici, o nan, giya še, wen šu pusa, pu hiyan pusa be gajime acanjiha, juwe pusa fucihi i baru doroloho.
žu lai hendume, pusa i gurgu alin ci wasifi udu inenggi oho.

---

你勝不得他，所以這樣心痛吧！
行者下跪拍著胸膛道：弟子昔日大鬧天宮後，得到大聖之號，自為人以來，不曾喫虧，今番卻被毒魔抓住。
如來道：你且休怨恨，那妖怪須是我去，方可收得。
如來下蓮臺，率同諸佛出寺門。阿難、迦葉帶領文殊菩薩、普賢菩薩來見，二菩薩對佛禮拜。
如來道：菩薩之獸，下山幾日了。

---

你胜不得他，所以这样心痛吧！
行者下跪拍着胸膛道：弟子昔日大闹天宫后，得到大圣之号，自为人以来，不曾吃亏，今番却被毒魔抓住。
如来道：你且休怨恨，那妖怪须是我去，方可收得。
如来下莲台，率同诸佛出寺门。阿难、迦叶带领文殊菩萨、普贤菩萨来见，二菩萨对佛礼拜。
如来道：菩萨之兽，下山几日了。

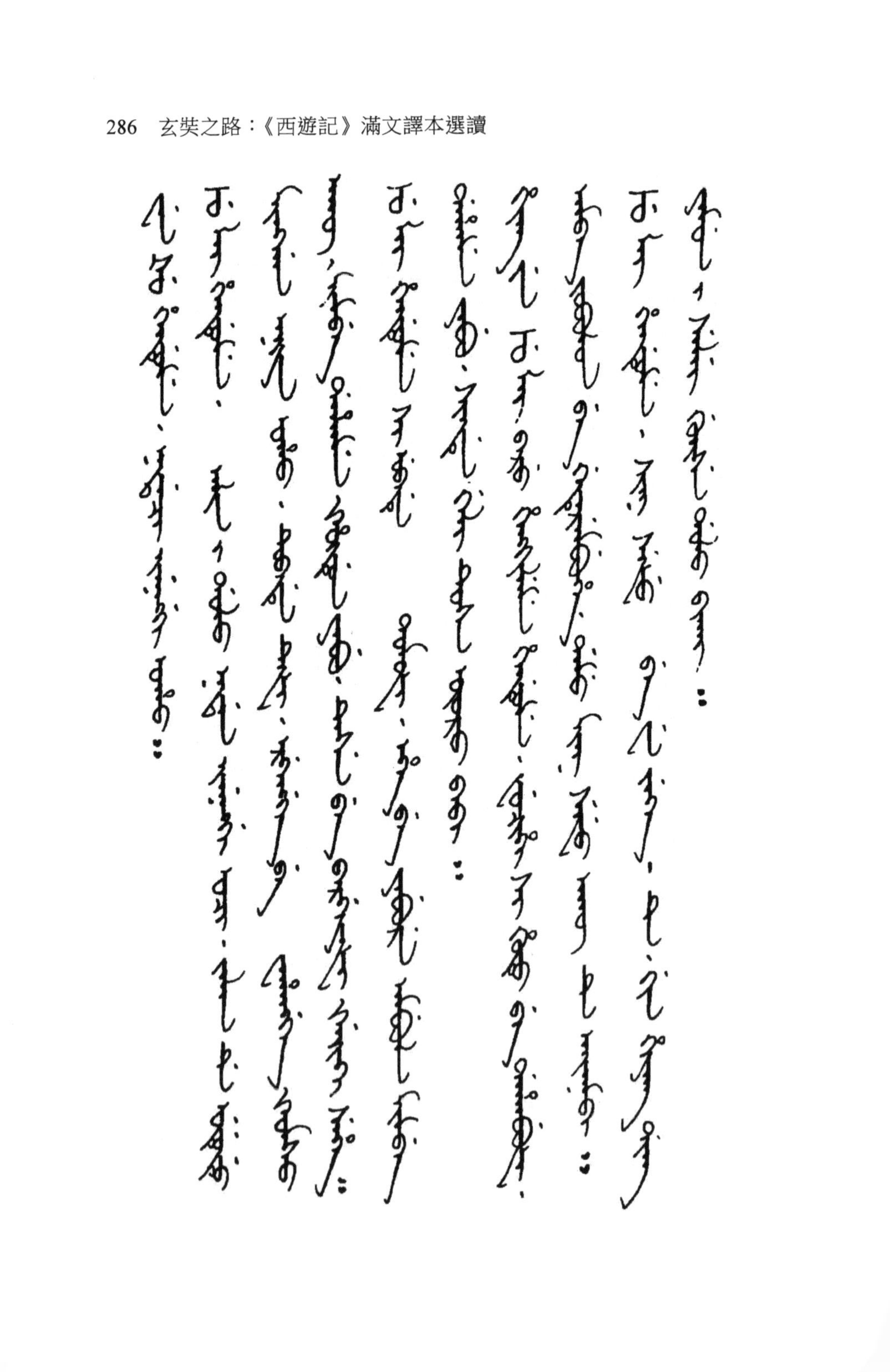

[illegible]

wen šu hendume, nadaci inenggi oho.
žu lai hendume, alin i dolo nadan inenggi oci, jalan de ududu mingan aniya oho, tubade tefi, ergengge be wahangge komso akū, mimbe dahame hūdun yabu, tese be bargiyafi gajiki sehe.
žu lai hendume, si ubade tomofi, ehe be yabure ambula mimbe dahame yabu, sinde geli tusa ojoro babi.
hing je žu lai baru hengkileme hendume, fucihi si hutu be dahabufi, amba jobolon be geterembuhe, damu mini sefu akū te ainambi.
žu lai hendume, sini sefu be we jeke, te, gin hiyang ting yamun i selei guise dolo bikai.

---

文殊道：第七日了。
如來道：山中七日，世上已幾千年了，在那裏殺了不少生靈，快隨我去收服他們。
如來道：你在此處多生業障，跟我去，對你大有利益。
行者向如來叩頭道：佛爺，你收服了妖精，除了大害，只是沒了我師父，如今奈何？
如來道：你的師父誰喫他？如今在那錦香亭衙門鐵櫃裏啊！

---

文殊道：第七日了。
如来道：山中七日，世上已几千年了，在那里杀了不少生灵，快随我去收服他们。
如来道：你在此处多生业障，跟我去，对你大有利益。
行者向如来叩头道：佛爷，你收服了妖精，除了大害，只是没了我师父，如今奈何？
如来道：你的师父谁吃他？如今在那锦香亭衙门铁柜里啊！

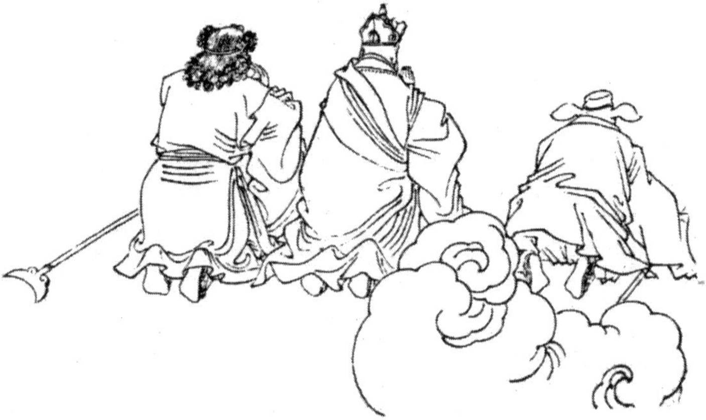

# 二十四、籠中男孩

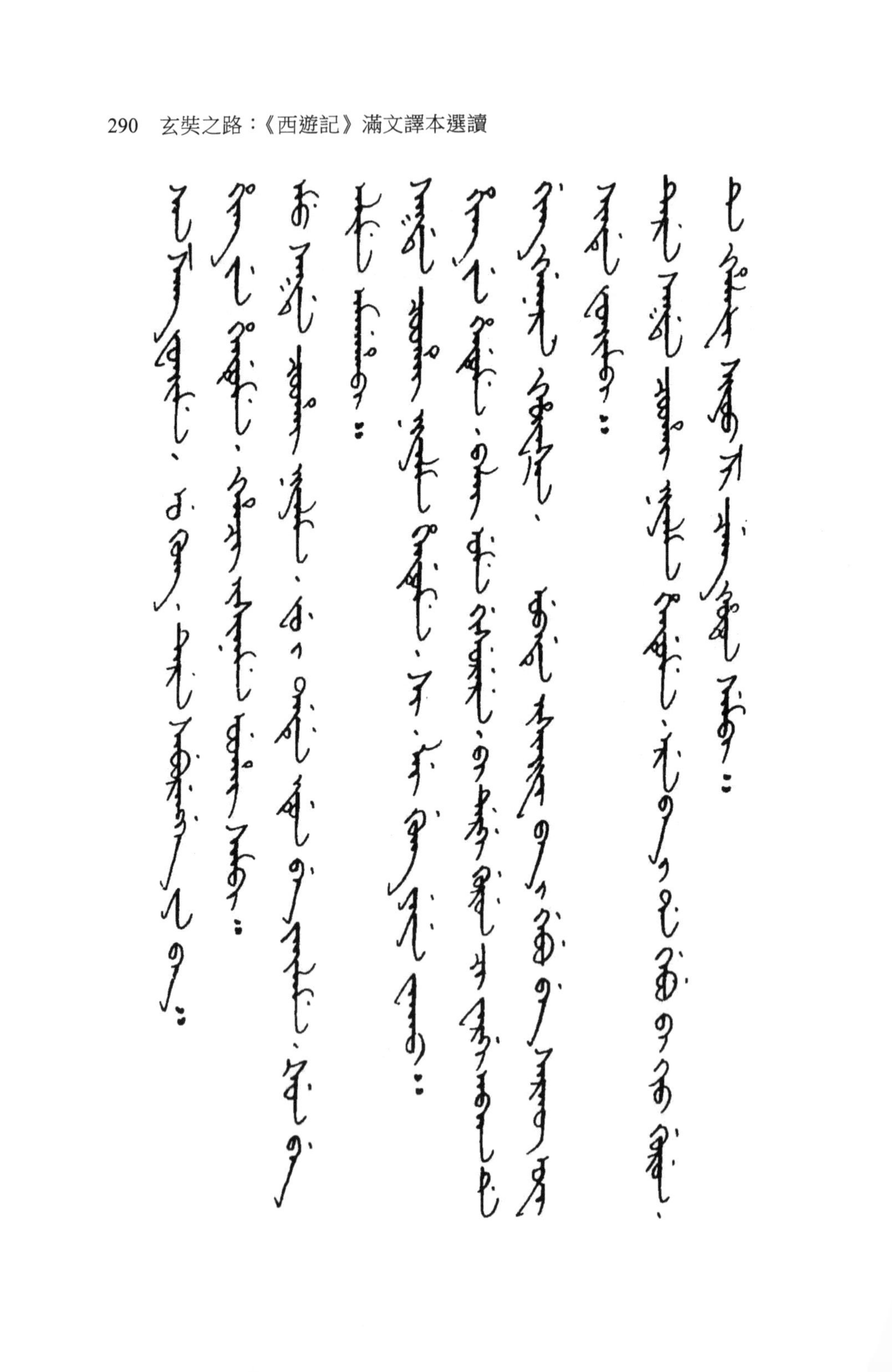

[illegible]

[illegible]

[illegible]

[illegible]

[illegible]

[illegible]

[illegible]

[illegible]

[illegible]

san dzang fonjime, u kung, tere saburengge ya ba.
hing je hendume, hanci isiname uthai sambi.
emu sakda coohai niyalma, fu i dade edun be jailame, šun be alime amgahabi.
sakda coohai niyalma hendume, si, lei gung yeye wakao.
hing je hendume, balai ume gisurere, bi dergi gurun ci wargi abka de ging ganara hūwašan, ubade isinjifi ba i gebu be sarkū ofi sinde fonjimbi.
tere sakda coohai niyalma hendume, ere ba i da gebu bi kio gurun, te halafi siyoo dz ceng hoton sembi.

---

三藏問道：悟空，那可見的是什麼所在？
行者道：到跟前就知道。
一個老軍人在牆下避風，向陽而睡。
老軍人道：你不是雷公爺爺嗎？
行者道：休亂說，我是從東土去西天取經的和尚，適纔到這裏，因不知地名，所以問你。
那老軍人道：此處地方，原名比丘國，如今改為小子城。

---

三藏问道：悟空，那可见的是什么所在？
行者道：到跟前就知道。
一个老军人在墙下避风，向阳而睡。
老军人道：你不是雷公爷爷吗？
行者道：休乱说，我是从东土去西天取经的和尚，适纔到这里，因不知地名，所以问你。
那老军人道：此处地方，原名比丘国，如今改为小子城。

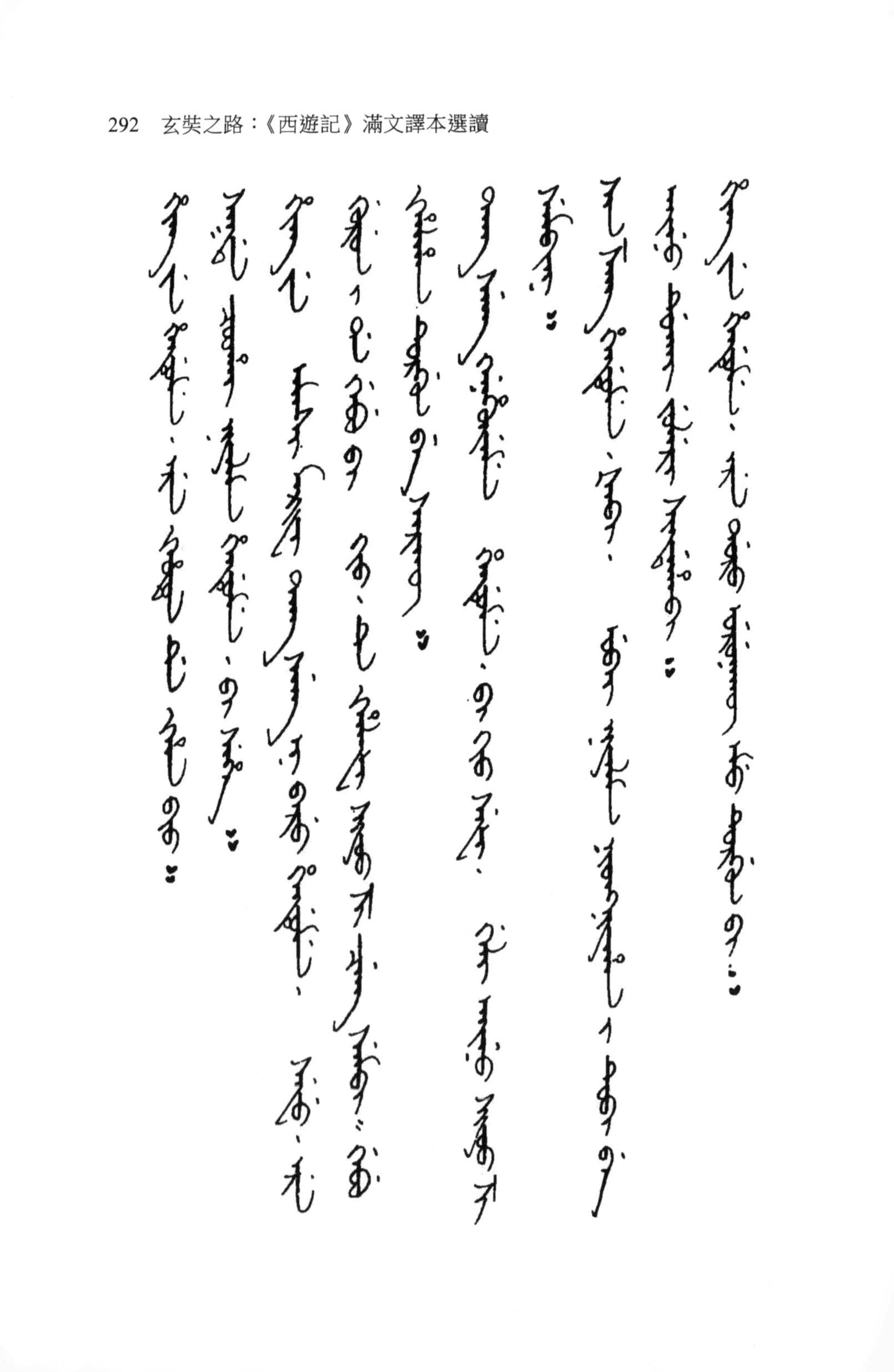

[illegible]

[illegible]

[illegible]

[illegible]

[illegible]

[illegible]

[illegible]

[illegible]

hing je hendume, ere hoton de han bio.
sakda coohai niyalma hendume, bi sehe.
hing je amasi marifi tang seng ni baru hendume, sefu, ere gurun i da gebu bi kio, te halafi siyoo dz ceng sembi. gebu halaha turgun be sarkū.
tang seng kenehunjeme hendume, bi kio sefi, geli ainu siyoo dz sembini.
san dzang hendume, šabi, ubai niyalma niongniyaha i tubi be ainu dukai juleri sindahabi.
hing je hendume, ere doro urunakū emu turgun bi.

---

行者道：這城中有國王嗎？
老軍人道：有。
行者轉身對唐僧說道：師父，這國名原喚比丘，今改稱小子城，改名緣故，不得而知。
唐僧疑惑道：既云比丘，又為何叫做小子呢？
三藏道：徒弟，此處人家，為何將鵝籠放在門前？
行者道：其間必有個緣故。

---

行者道：这城中有国王吗？
老军人道：有。
行者转身对唐僧说道：师父，这国名原唤比丘，今改称小子城，改名缘故，不得而知。
唐僧疑惑道：既云比丘，又为何叫做小子呢？
三藏道：徒弟，此处人家，为何将鹅笼放在门前？
行者道：其间必有个缘故。

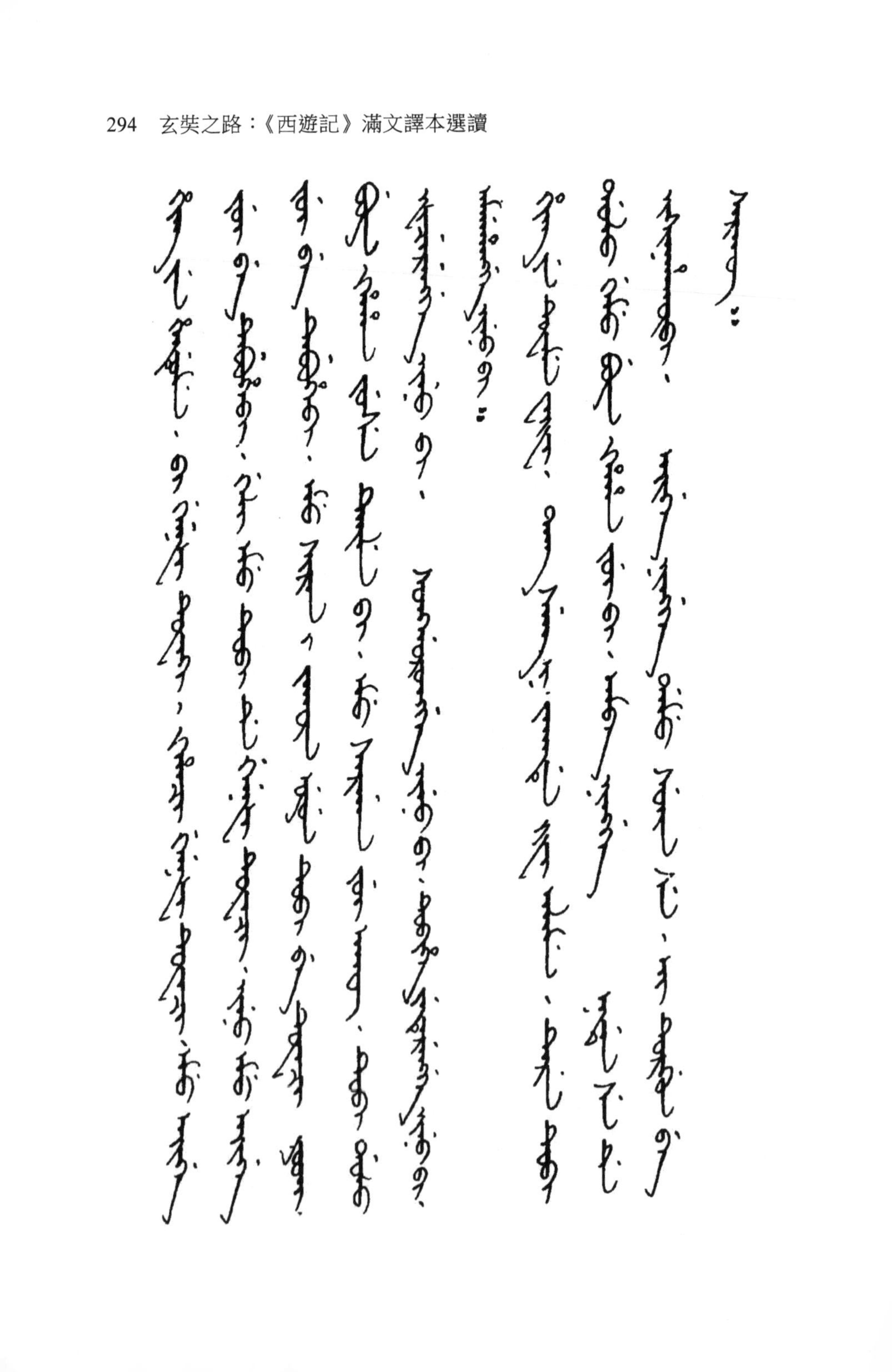

hing je hendume, bi genefi tuwaki, hanci genefi tuwaci, emu ajige jui be tebuhebi, geli emu tubi de genefi tuwaci, inu emu ajige jui be tebuhebi. emu siran i jakūn uyun tubi be tuwaci yooni buya haha juse teile bi, emu sargan jui akū, tubi dolo eficerengge inu bi, songgorongge inu bi, tubihe jeterengge inu bi, amgahangge inu bi.
hing je tuwame wajifi, tang seng ni jakade jifi alame, tere tubi dolo gemu buya haha jui bi, amba ningge nadan se de isinahakūbi, ajige ningge damu sunja se, ai turgun be sarkū.

---

行者道：我上前看看，近前觀看，坐的是一個小孩，再去一個籠子看，也是坐了一個小孩。一連看了八、九個籠子，都只是小男孩，無一女孩，有的在籠中頑耍，有的啼哭，有的吃水果，有的在睡覺。
行者看罷，來到唐僧跟前報稱：那籠裏都是小男孩，大的不滿七歲，小的只有五歲，不知何故？

---

行者道：我上前看看，近前观看，坐的是一个小孩，再去一个笼子看，也是坐了一个小孩。一连看了八、九个笼子，都只是小男孩，无一女孩，有的在笼中顽耍，有的啼哭，有的吃水果，有的在睡觉。
行者看罢，来到唐僧跟前报称：那笼里都是小男孩，大的不满七岁，小的只有五岁，不知何故？

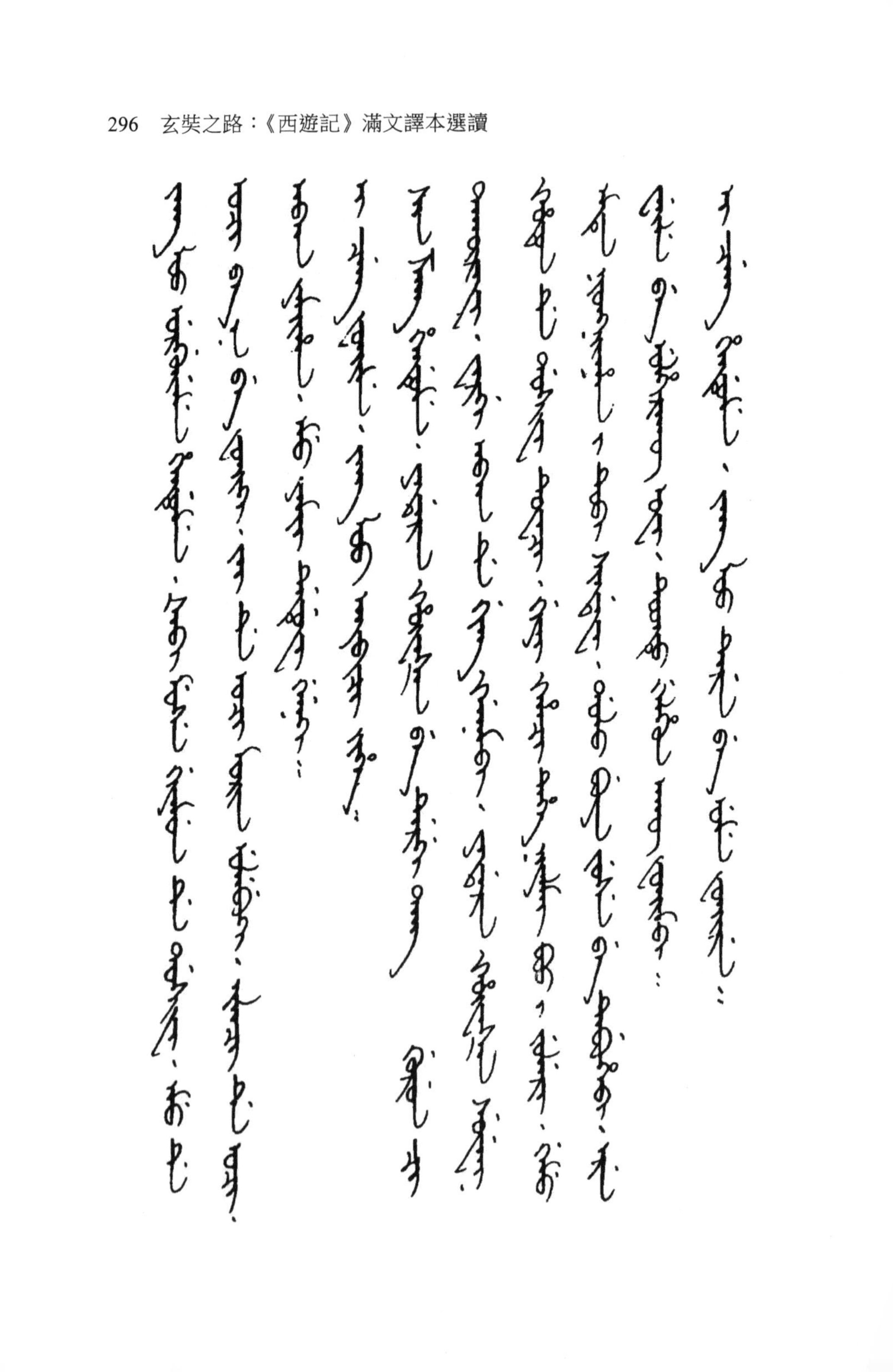

jang loo urgurjeme hendume, šabi muse giyamun de dosifi, emu de oci ba na be fonjiki, jai de oci morin ulebuki, ilaci de oci, abka yamjiha, emu yamji〔dobori〕dedufi geneki.
i ceng fonjime, jang loo aibici jihe.
san dzang hendume, yadara hūwašan be dergi tang gurun ci takūrafi, wargi abka de ging ganambi. yadara hūwašan suweni hoton de dosifi tuwaci, giyai hanci tehe niyalmai boo i juleri, gemu emte niongniyaha i tubi sindafi, dolo buya juse be tebuhebi, ere weile be ulhirakū ofi, tuttu gelhun akū fonjimbi.
i ceng hendume, jang loo tere be ume fonjire.

---

長老喜道：徒弟，我們且進驛裏去，一則問地方，二則去餵馬，三則天晚投宿一晚去。
驛丞問道：長老自何方來？
三藏道：貧僧東土大唐差往西天取經。貧僧進入你們城裏時，見街坊人家前面，皆各放一個鵝籠，裏面各裝小孩，此事不明，故敢動問。
驛丞道：長老莫問。

---

长老喜道：徒弟，我们且进驿里去，一则问地方，二则去喂马，三则天晚投宿一晚去。
驿丞问道：长老自何方来？
三藏道：贫僧东土大唐差往西天取经。贫僧进入你们城里时，见街坊人家前面，皆各放一个鹅笼，里面各装小孩，此事不明，故敢动问。
驿丞道：长老莫问。

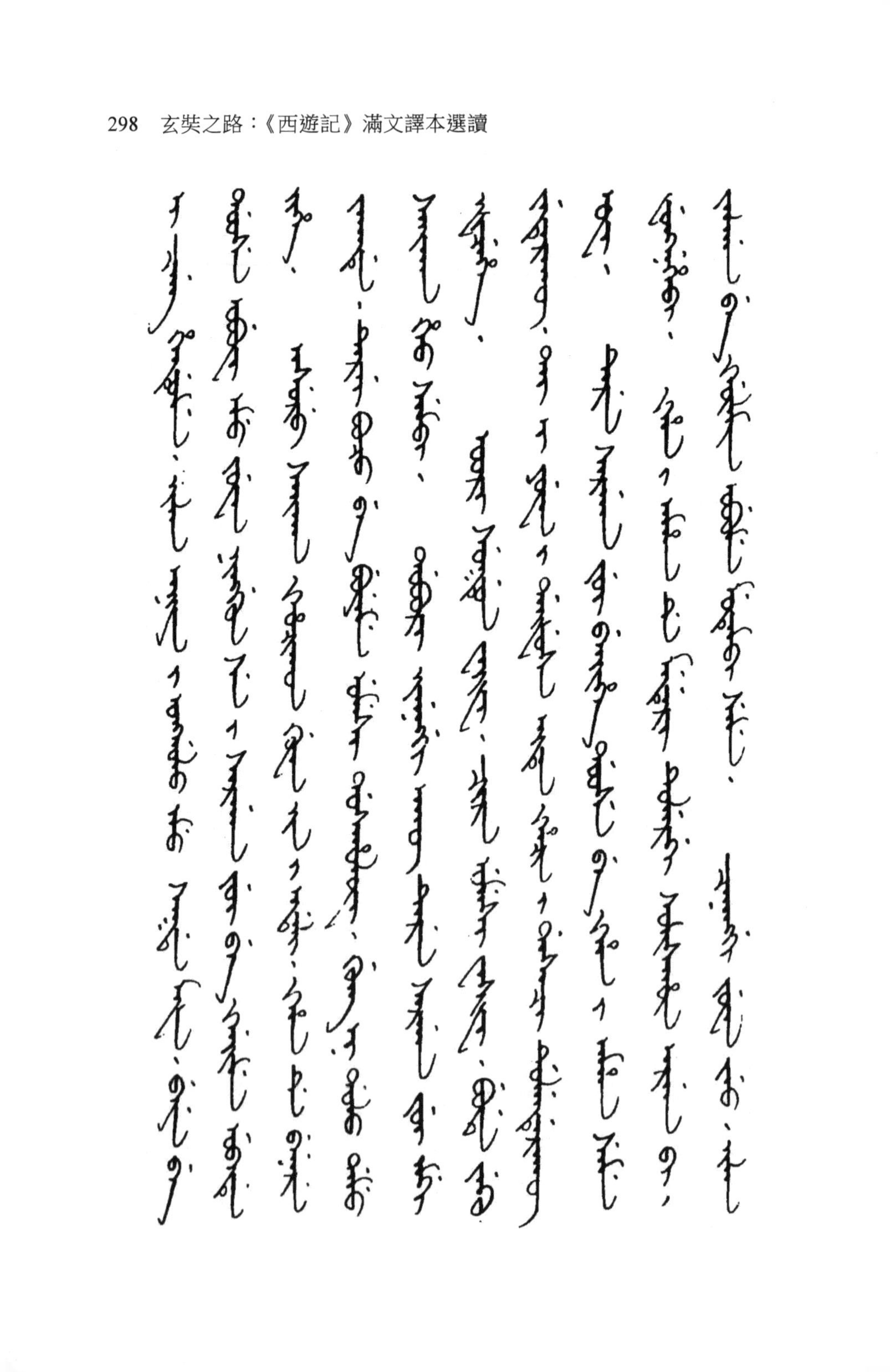

[illegible]

i ceng hendume, ilan aniya i onggolo emu sakda mafa, beye be doose obufi emu juwan ninggun se i sargan jui be gajime ubade jihe, asuru saikan hocikon guwan in i adali, han de benere jakade, terei boco be buyeme umesi dosholofi, gung ni dolo damu saikan heo sembi. dobori inenggi akū tere sargan jui emgi eficehe, oori sukdun wajifi, cira umesi wasifi, buda jeku jeterakū. tai i yuwan i daifusa eiten hacin i dasaci dulenderakū ofi, tere sargan jui benjihe doose be han i amha seme fungnehebi. han i amha de mederi tulergi somishūn arga bi, jalgan be golmin obume mutembi seme, cananggi juwan jeo, ilan

---

驛丞道：三年前，有一老人，把自己扮做道士，攜帶一個十六歲的小女子來到這裡，小女子面貌嬌俊如觀音，獻給國王，喜愛其美色，十分寵幸，號為宮中唯一美后。不分晝夜，與那女子一起戲耍，以致精氣疲困，氣色十分羸弱，飲食不進。太醫院大夫用盡一切良方，不能療治。封那進女子的道士為國丈。國丈有海外秘方，能使人長壽，日前去十洲三

---

驿丞道：三年前，有一老人，把自己扮做道士，携带一个十六岁的小女子来到这里，小女子面貌娇俊如观音，献给国王，喜爱其美色，十分宠幸，号为宫中唯一美后。不分昼夜，与那女子一起戏耍，以致精气疲困，气色十分羸弱，饮食不进。太医院大夫用尽一切良方，不能疗治。封那进女子的道士为国丈。国丈有海外秘方，能使人长寿，日前去十洲三

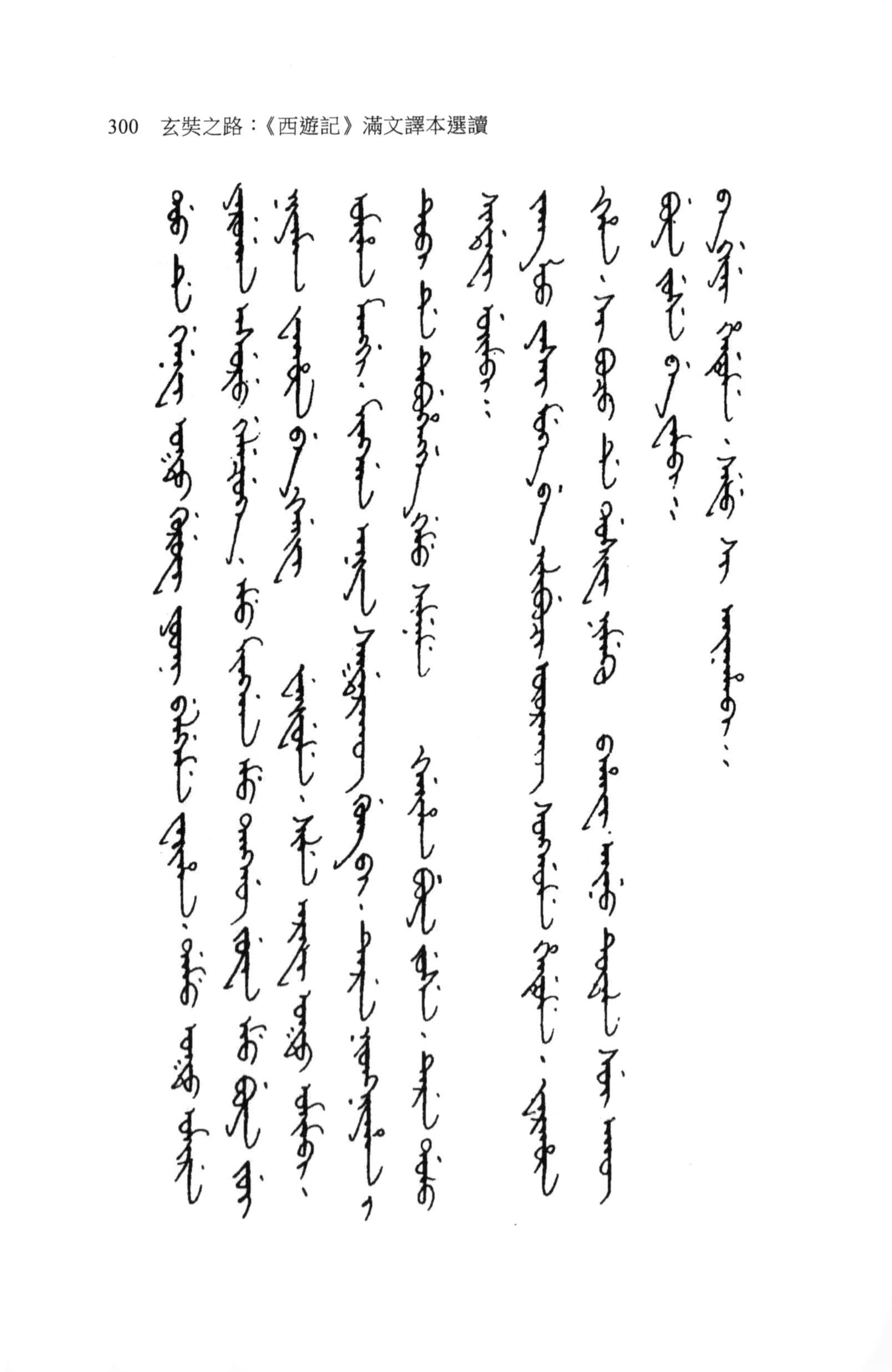

doo de genefi okto gurufi yooni belgeme wajiha, damu okto omire yarugan asuru gelecuke, emu minggan emu tanggū juwan emu buya jui niyaman fahūn be gaifi feifume, sile arafi okto omimbi, omiha manggi, minggan aniya sakdarakū gung bi. tere niongniyaha i tubi de tebuhengge gemu simneme gaiha buya juse, tere dolo sindafi ujimbi.
jang loo yasai muke be ilibuci ojorakū songgome hendume, farhūn han, si boco de dosifi nimeku bahafi ainu tutala sui akū buya juse be wambi.
ba giyei hendume, sefu si ainahabi.

---

島採藥來，俱已完備，但只是藥引很可怕，單用著一千一百一十一個小兒的心肝，煎湯服藥，服後有千年不老之功。那些裝在鵝籠裡的，都是選來的小兒，放在那裏面養。
長老止不住眼淚哭道：昏君，你貪色生病[8]，怎麼要殺害這許多無辜的小兒。
八戒道：師父，你怎麼了？

---

岛采药来，俱已完备，但只是药引很可怕，单用着一千一百一十一个小儿的心肝，煎汤服药，服后有千年不老之功。那些装在鹅笼里的，都是选来的小儿，放在那里面养。
长老止不住眼泪哭道：昏君，你贪色生病，怎么要杀害这许多无辜的小儿。
八戒道：师父，你怎么了？

---

8 貪色，規範滿文讀作“boco de doosifi”，此作“boco de dosifi” ，異。

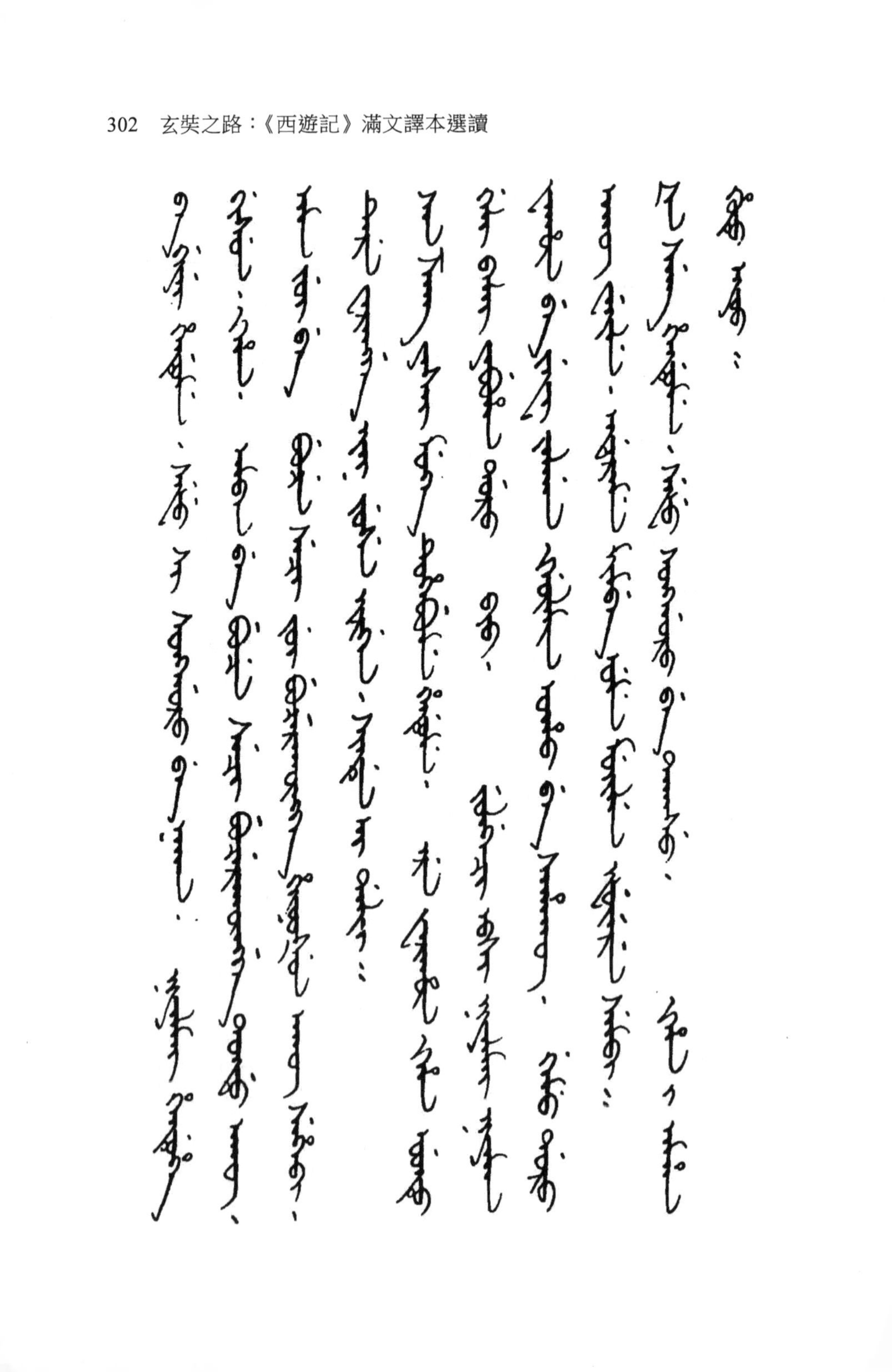

ba giyei hendume, sefu si songgoro be naka, niyalmai henduhe gisun, han, amban be buce seci bucerakūngge tondo akū, ama jui be buce seci jui bucerakūngge hiyoošun akū sehebi. tere warangge ini juse irgen, sinde ai dalji.
san dzang yasai muke tuhebume hendume, ere farhūn han uttu geli balai yabuha doro bio. julgeci ebsi niyalmai niyaman fahūn be jefi jalgan golmin oho be sahakū, gemu doro akū weile, adarame mimbe ume mujilen efujere sembi.
ša seng hendume, sefu songgoro be takasu, han i amha hutu ayoo.

---

八戒道：師父，你不要哭，俗話說：君要臣死，不死不忠；父要子亡，子不亡不孝。他殺的是他的子民，與你何干？
三藏滴淚道：這昏君一味亂行有道嗎？從來也不見喫人心肝可以長壽的，這都是無道之事，教我怎麼不傷心？
沙僧道：師父，且莫哭泣，國丈恐怕是個妖精。

---

八戒道：师父，你不要哭，俗话说：君要臣死，不死不忠；父要子亡，子不亡不孝。他杀的是他的子民，与你何干？
三藏滴泪道：这昏君一味乱行有道吗？从来也不见吃人心肝可以长寿的，这都是无道之事，教我怎么不伤心？
沙僧道：师父，且莫哭泣，国丈恐怕是个妖精。

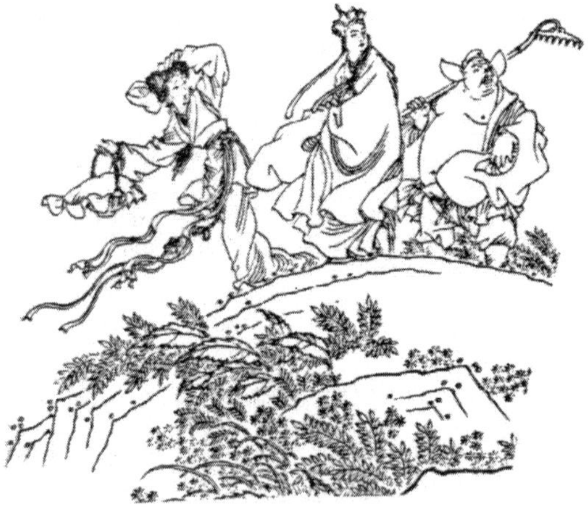

# 二十五、松林佳人

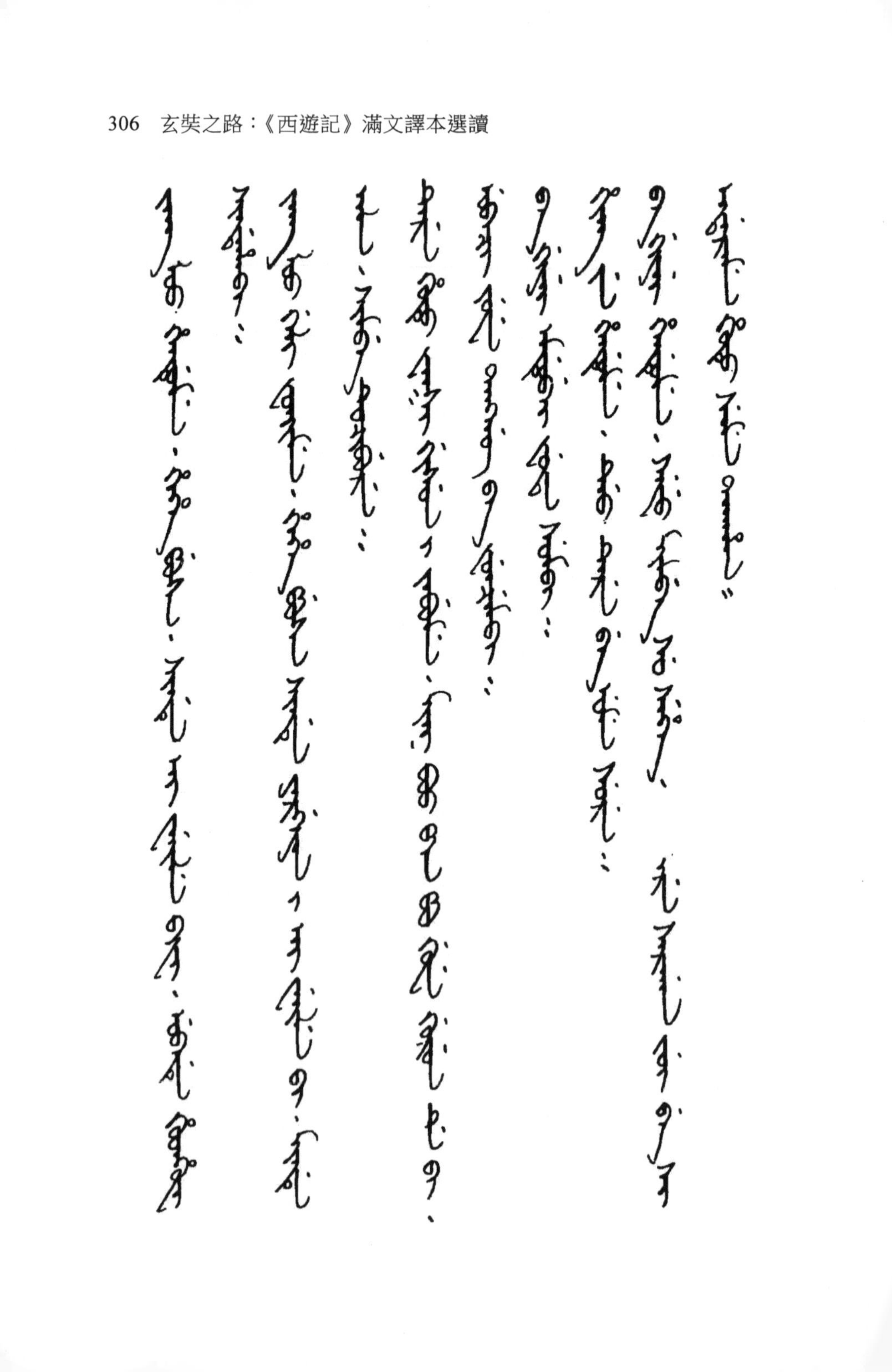

[illegible]

[illegible]

[illegible]

[illegible]

[illegible]

[illegible]

[illegible]

[illegible]

[illegible]

[illegible]

jang loo hendume, hehe pusa, sinde ai weile bifi, ubade huthufi sindahabi.
jang loo geli fonjime, hehe pusa sinde yargiyan i ai weile bi, minde ala, simbe tucibure.
tere hutu faksi gisun i jabume, mini boo pin po guwe gurun de bi, ubaci juwe tanggū ba funcembi.
ba giyei emdubei futa sumbi.
hing je hendume, deo tere be ume sure.
ba giyei hendume, sefu mimbe su sehe, ere sargan jui be si adarame hutu seme takaha.

---

長老道：女菩薩，你有什麼事？綁在這裡。
長老又問道：女菩薩你真的有什麼事？告訴我，我救你。
那妖怪巧言答道：我家住在貧婆國，離此有二百餘里。
八戒只管解繩子。
行者道：兄弟莫解它。
八戒道：師父教我解，這個女子，你怎麼認得是個妖怪？

---

长老道：女菩萨，你有什么事？绑在这里。
长老又问道：女菩萨你真的有什么事？告诉我，我救你。
那妖怪巧言答道：我家住在贫婆国，离此有二百余里。
八戒只管解绳子。
行者道：兄弟莫解它。
八戒道：师父教我解，这个女子，你怎么认得是个妖怪？

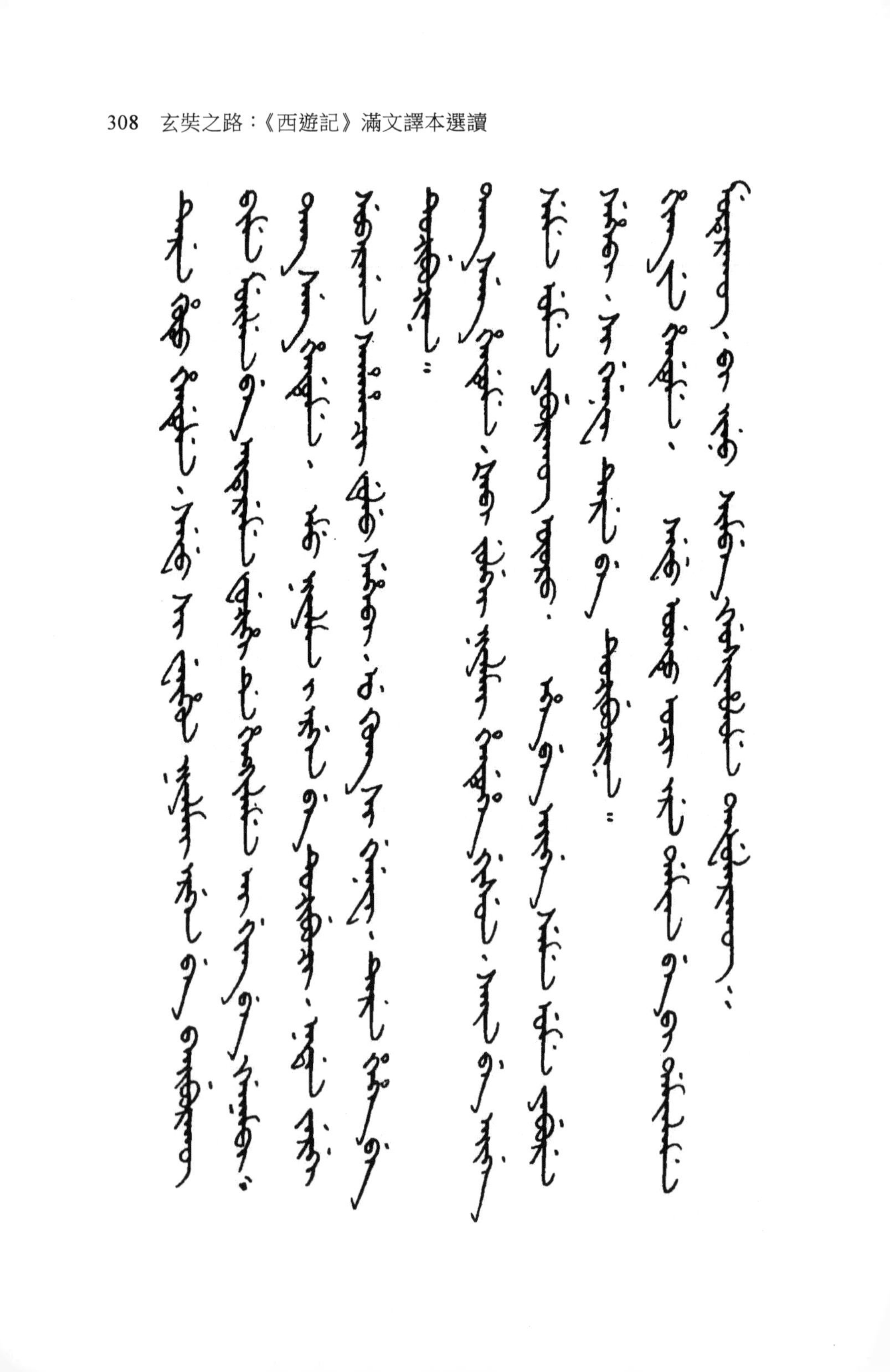

tere hutu hendume, sefu si weihun niyalmai ergen be banjiburakū bime mujilen be eitereme fucihi de hengkileme ai ging be ganambi.
tang seng hendume, emu niyalma i ergen be tucibuci, nadan jergi subargan sahahaci fulu sehebi. u kung si genefi, tere hehe be tucibucina.
tang seng hendume, šabi julgei niyalmai henduhe gisun, sain be ajige seme ume yaburakū ojoro, ehe be ajige seme ume yabure sehebi. si genefi tere be tucibucina.
hing je hendume, sefu uttu oci ere damjan be bi damjalame muterakū, bi inu simbe gosiholome tafularakū.

---

那妖怪道：師父，你放著活人的性命還不救，昧心拜佛取何經？
唐僧道：救人一命，勝造七級浮屠。悟空你去救那女子吧！
唐僧道：徒弟，古人云：毋以善小而不為，毋以惡小而為之。你去救他吧！
行者道：師父若是如此，這個擔子我卻擔不起，我也不苦勸你。

---

那妖怪道：师父，你放着活人的性命还不救，昧心拜佛取何经？
唐僧道：救人一命，胜造七级浮屠。悟空你去救那女子吧！
唐僧道：徒弟，古人云：毋以善小而不为，毋以恶小而为之。你去救他吧！
行者道：师父若是如此，这个担子我却担不起，我也不苦劝你。

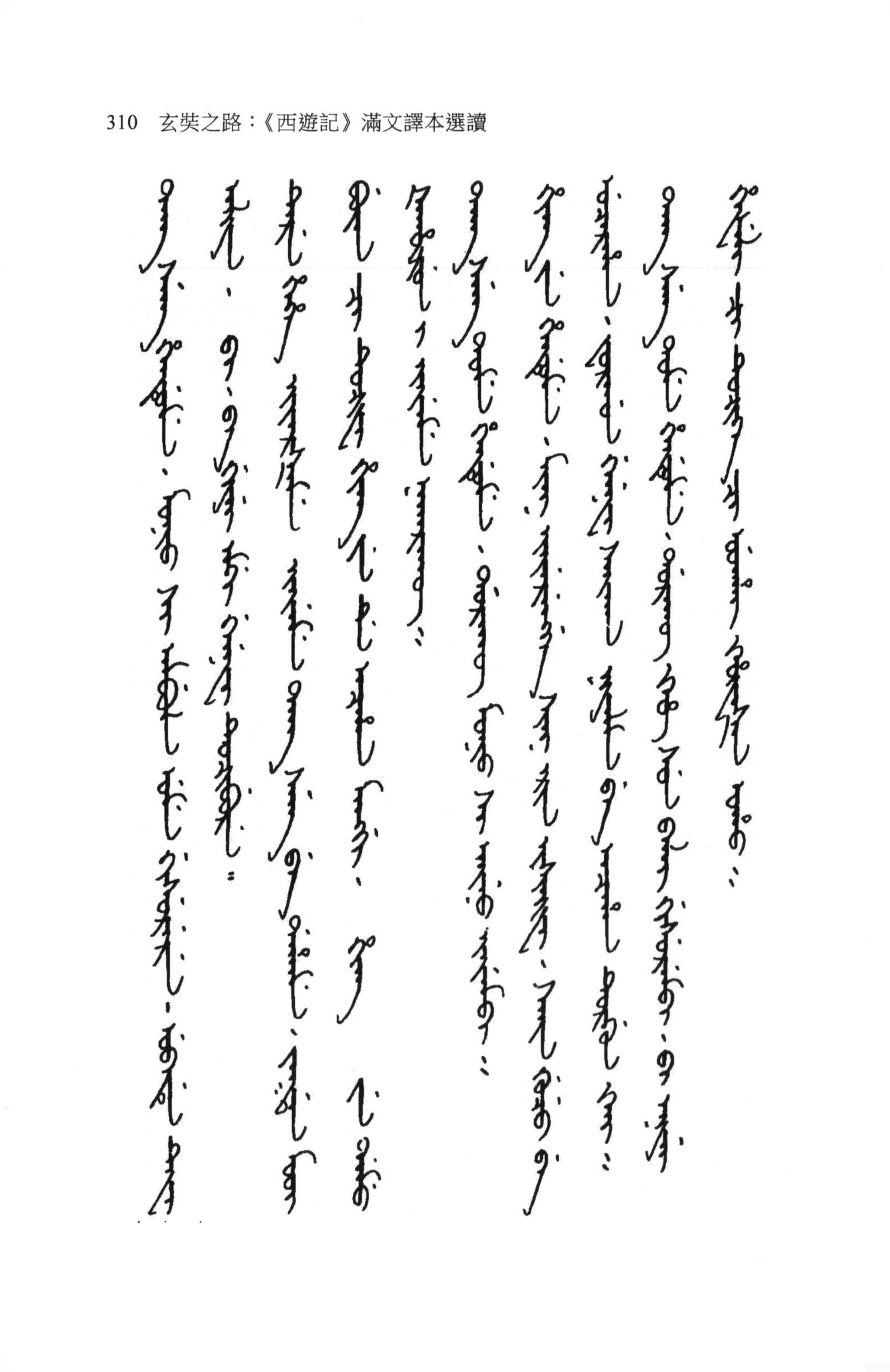

[illegible]

tang seng hendume, monio si ambula ume gisurere, ubade tefi aliya, bi, ba giyei emgi genefi tucibure.
tere hehe ijaršame injeme tang seng be dahame, jakdan mooi bujan ci tucifi hing je de acaha manggi, hing je damu šahūrun i injeme nakarakū.
tang seng tome hendume, dorakū monio si ainu injembi.
hing je hendume, mini injerengge sini erin isinjifi, sain gucu be ucaraha, forgon genefi saikan niyalma be acaha turgun kai.
tang seng tome hendume, dorakū hū sun balai gisurembi, bi eniyei hefeli ci tucike ci uthai hūwašan oho.

---

唐僧道：猴頭你莫多說，坐在這裏等，我和八戒去救他。
那女子笑盈盈跟著唐僧出了松林，見了行者後，行者只是冷笑不止。
唐僧罵道：潑猴頭你笑怎的？
行者道：我笑的是你時來逢好友，運去遇佳人的緣故啊！
唐僧罵道：潑猢猻亂說，我出娘胎後就當了和尚。

---

唐僧道：猴头你莫多说，坐在这里等，我和八戒去救他。
那女子笑盈盈跟着唐僧出了松林，见了行者后，行者只是冷笑不止。
唐僧骂道：泼猴头你笑怎的？
行者道：我笑的是你时来逢好友，运去遇佳人的缘故啊！
唐僧骂道：泼猢狲乱说，我出娘胎后就当了和尚。

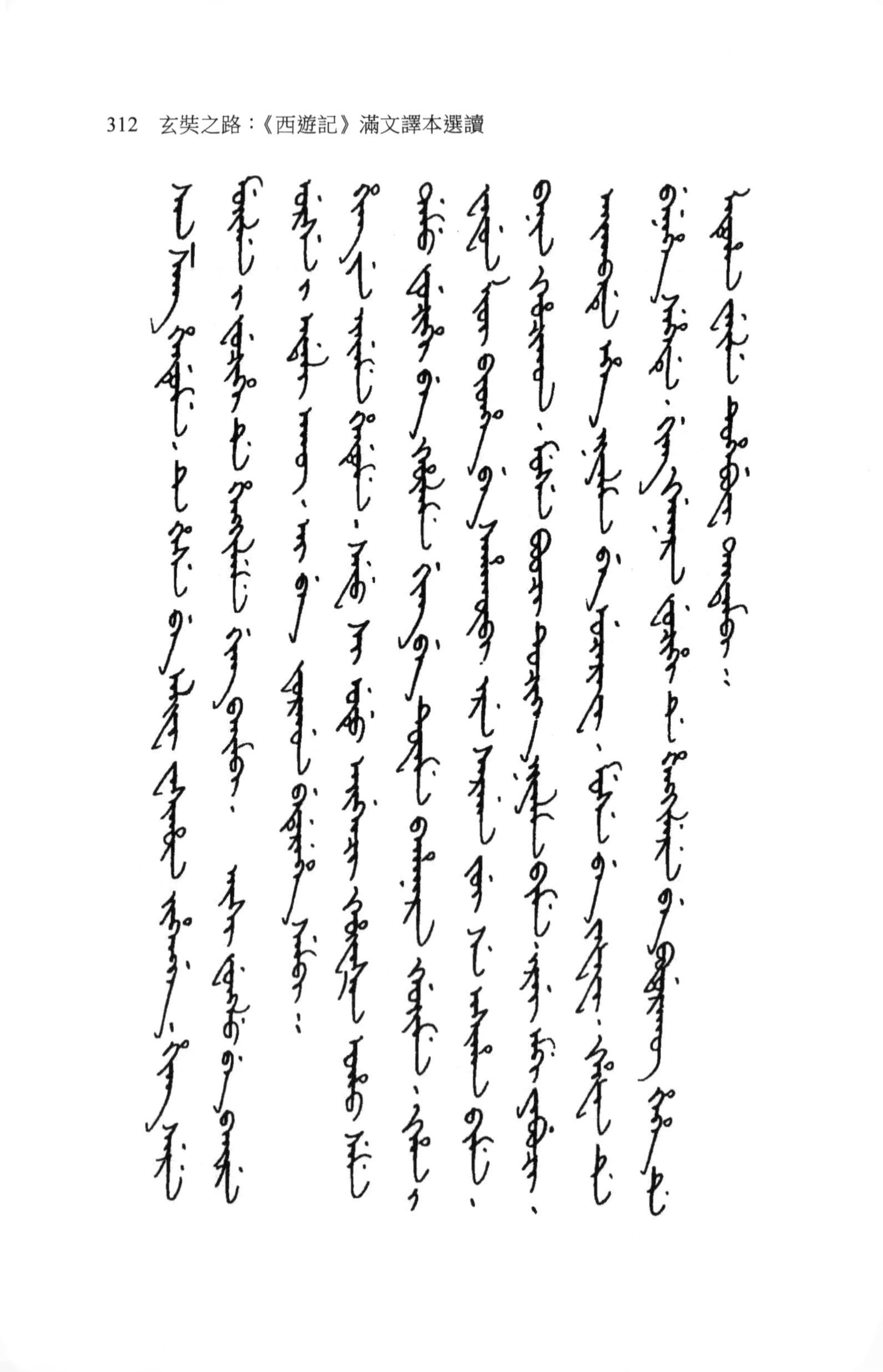

san dzang hendume, te hese be alifi wasihūn jihengge, hing sere mujilen i fucihi de hengkileme ging baimbi, aisi funglu be baire urse i adali akū, ai be forgon bederehe sembi.
hing je injeme hendume, sefu si udu ajigenci hūwašan oho seme damu fucihi be hūlame ging be tuwame bahanara gojime, han i fafun lioi bithe be sahakūbi. ere sargan jui se asihan bime, banin hocikon, muse booci tucike niyalma bime, erei emgi yabuci, aikabade ehe niyalma be ucarafi, muse be jafafi, hafan de benehe sehede, ging ganara fucihi de hengkilere be bodorakū hehe de latuha weile tuhebufi tantambi.

---

三藏道：如今奉旨西來，虔誠拜佛取經，與求取利祿之輩不同，說什麼運去時來？
行者笑道：師父你雖然自幼為僧，只會念佛看經，卻不曾見王法律例。這女子年少標緻，我們乃出家人，同他一齊行走，倘或遇到歹人，把我們捉拿送官，不論取經拜佛，竟判定強姦婦人之罪責打。

---

三藏道：如今奉旨西来，虔诚拜佛取经，与求取利禄之辈不同，说什么运去时来？
行者笑道：师父你虽然自幼为僧，只会念佛看经，却不曾见王法律例。这女子年少标致，我们乃出家人，同他一齐行走，倘或遇到歹人，把我们捉拿送官，不论取经拜佛，竟判定强奸妇人之罪责打。

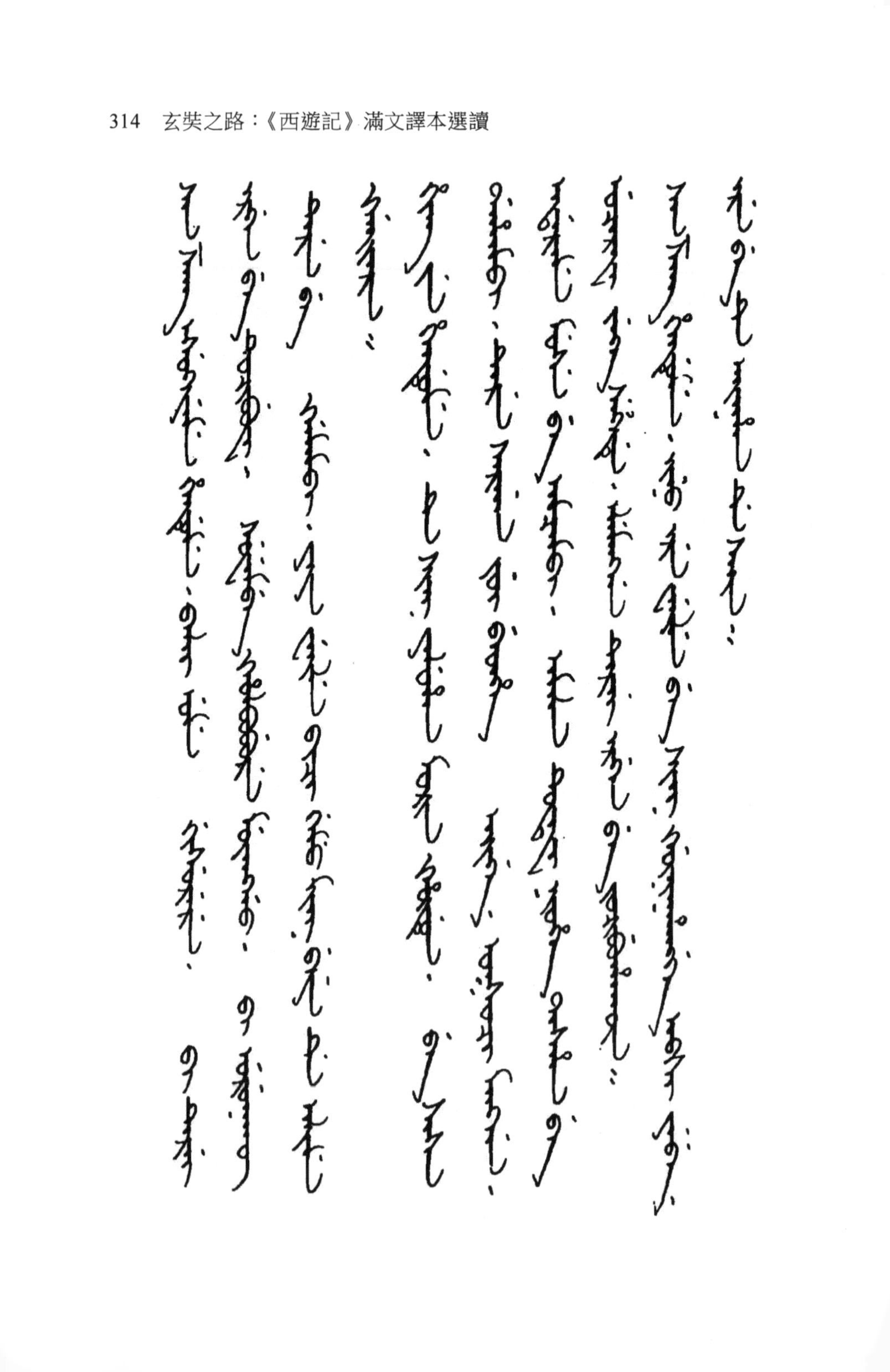

[illegible]

san dzang esukiyeme hendume, balai ume gisurere, bi terei ergen be tucibufi, suwembe holbobure mujanggo. bi urunakū tere be gamambi, yaya weile bici gemu mini beye de alime gaijara.
hing je hendume, te sini yaluha morin hūdun, be sasa dahambi, tere sargan jui bethe ajige, oksoci mangga, adarame muse be amcambi. amala tutafi niohe tasha be ucarafi jeke sehede, elemangga terei ergen be jocibuhakūn.
san dzang hendume, inu ere weile be sini gūnihangge absi yebe, ere be te ainaha de sain.

---

三藏喝道：莫亂說，我救了他的性命，真的連累你們嗎？我一定要帶他去，凡事都由自己承擔。
行者道：如今你坐的馬快，我們一齊跟隨，那女子腳小，難於邁步，怎麼追得上我們？落在後面，遇著狼虎一口吃了，不是反而害了他的性命嗎？
三藏道：正是，這件事幸好你想到，今該如何處置纔好？

---

三藏喝道：莫乱说，我救了他的性命，真的连累你们吗？我一定要带他去，凡事都由自己承担。
行者道：如今你坐的马快，我们一齐跟随，那女子脚小，难于迈步，怎么追得上我们？落在后面，遇着狼虎一口吃了，不是反而害了他的性命吗？
三藏道：正是，这件事幸好你想到，今该如何处置纔好？

ᡦᡠᠰᡝᠩ ᠨᡳ ᡦᡠᠰᡝᠯᡳ᠈ ᠵᡳ ᡥᡝᡵᡝᠯᡝ ᡨᡝᡵᡝ ᡝᡵᡝᠰᡝ ᠪᡠᠮᠪᡠ ᡤᡝᠨᡝᡥᡝ᠉

ᠰᡝᠯᡝ ᡨᡝᡵᡝ ᡦᡠᠰᡝᠯᡳ᠈ ᠪᡝ ᡠᡵᡝᠨ ᡝᡵᡝᠰᡝ ᡤᡝᡵᡝᠨ ᡨᡝᡵᡝ ᡝᡵᡝᠰᡝ ᠪᡠᠮᠪᡠ ᡤᡝᠨᡝᡥᡝ᠉

ᠰᡝᠯᡝ ᡨᡝᡵᡝ ᡦᡠᠰᡝᠯᡳ᠈ ᠵᡝᠪᡠ ᡝᡵᡝ ᡤᡝᠯᡳ ᡝᡵᡝᡥᡝ᠈ ᠪᡝ ᡠᠮᡝᠰᡳ ᡥᡝᡵᡝᡥᡝ

ᠮᡝᠨᡳ ᠰᡝᡵᡝᠮᡝ᠈ ᡥᡝᡵᡝᠯᡝ ᠵᡳ ᠮᡝᠨᡝ ᡝᡵᡝᡥᡝ ᡤᡝᡵᡝᠨ ᠪᡠᠮᠪᡠ ᡤᡝᡵᡝ᠈ ᡝᡵᡝᠯᡝ

ᡥᡝᡵᡝᠯᡝ ᠪᡳ ᠪᡳ ᡝᡵᡝᡥᡝ ᠪᡠᠮᠪᡠᠮᡝ᠉

ᡦᡠᡵᡝᠯᡳ ᠮᡝᠨᡝᠯᡳ ᡝᡵᡝᠯᡝ ᡦᡠᠰᡝᠯᡳ᠈ ᠪᡝᡵᡝᠯᡳ ᡝᡵᡝᡥᡝ ᡝᡵᡝᠮᡝ ᡝᡵᡝᠮᠪᡳ

ᠮᡝᠨᡝᠮᡝ ᠪᡝᡵᡝᡥᡝ᠈ ᠮᡝᠨᡝᠮᡝ ᡤᡝᡵᡝᠨ ᡤᡝᡵᡝᠯᡝ

ᠮᡝᠨᡳ ᠰᡝᡵᡝᠮᡝ ᠮᡝᠨᡝᠮᡝ᠈ ᡝᡵᡝᠮᡝ ᡝᡵᡝᡥᡝ ᡝᡵᡝᠯᡝ ᡝᡵᡝᠮᡝ᠈ ᡝᡵᡝᠯᡝ

ᠮᡠᠰᡝ ᠵᡳ ᡝᡵᡝᠮᡝ ᡝᡵᡝᠯᡝ ᡝᡵᡝᠮᡝᡵᡝ ᡝᡵᡝᠰᡝᠮᡝ᠉

hing je hendume, si morin de sundalabufi gamame yabu.
san dzang hendume, bi terei emgi sundalafi adarame yabumbi.
san dzang hendume, tuttu oci wajiha, bi inu emu udu okson yabume mutembi, morin ci ebufi suweni emgi elhei yabuki, sula morin be ba giyei kutulekini.
hing je ambula injeme hendume, beliyen ningge si elemangga jabšambi, sefu simbe gosime morin kutulebumbi.
san dzang hendume, ere monio geli balai gisurembi. julgei niyalmai henduhe gisun, morin minggan babe yabure gojime, niyalma akū ci ini cisui yabume muterakū sehebi.

---

行者道：你抱他上馬同騎行走吧！
三藏道：我怎麼好與他同騎行走？
三藏道：也罷，我也能走得幾步，等我下馬同你們慢慢走，八戒牽著空馬吧！
行者大笑道：獃子，你倒僥倖，師父憐愛你讓你牽馬哩！
三藏道：這猴頭又亂說。古人云：馬行千里，無人不能自往。

---

行者道：你抱他上马同骑行走吧！
三藏道：我怎么好与他同骑行走？
三藏道：也罢，我也能走得几步，等我下马同你们慢慢走，八戒牵着空马吧！
行者大笑道：呆子，你倒侥幸，师父怜爱你让你牵马哩！
三藏道：这猴头又乱说。古人云：马行千里，无人不能自往。

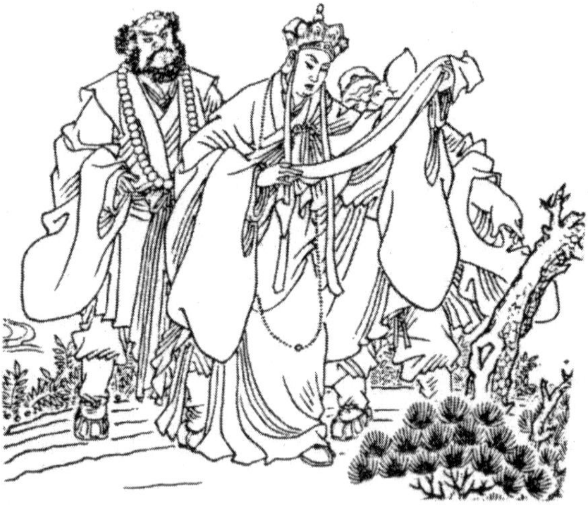

# 二十六、羅漢臨凡

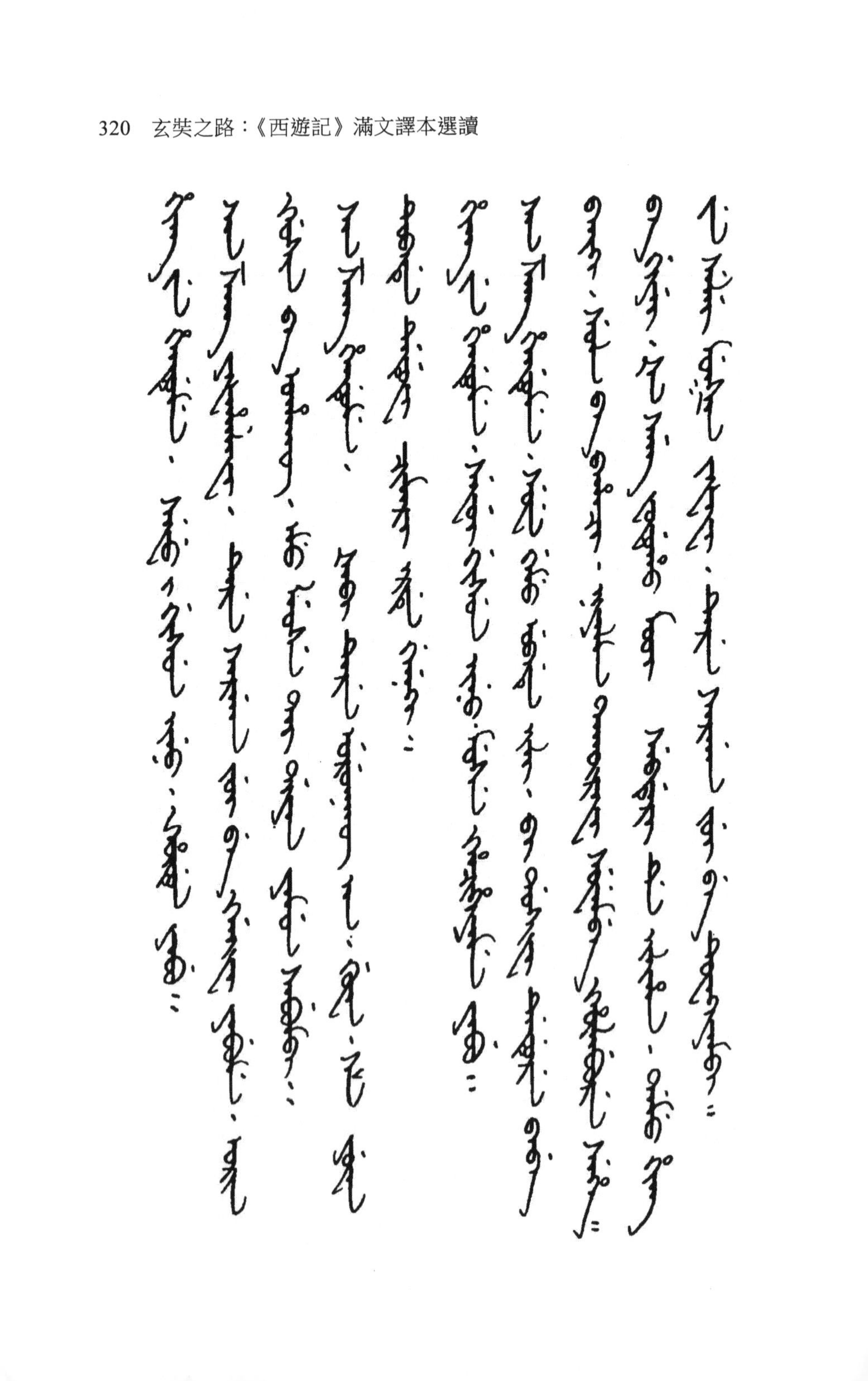

[illegible]

hing je hendume, sefu i gisun inu, hūdun yabu.
san dzang yafahalafi, tere sargan jui be gaifi yabume, orin gosin〔gūsin〕ba ohakū, emu leose tai diyan yamun sabumbi.
san dzang hendume, šabi tere urunakū an, guwan, sy yuwan tubade dedufi cimari erde geneki.
hing je hendume, sefui gisun inu, muse hacihiyame yabu.
san dzang hendume, suwe gemu ubade ili, bi dosifi dedure babe baiki, sula ba bahaci, niyalma takūrafi suwembe hūlabure sehe.
ba giyei, ša seng fodoho mooi sebderi de iliha, damu hing je selei mukšan jafafi, tere sargan jui be tuwakiyambi.

---

行者道：師父說得是，快走。
三藏拽步前走，帶著那女子行走，不二、三十里，見一座樓臺殿閣。
三藏道：徒弟，那裡必定是一座菴觀寺院，在那裏住宿，明日早行吧！
行者道：師父的話有理，我們趕緊走吧！
三藏道：你們都站在這裡，我進去找住宿地方，若有空處，再派人叫你們。
八戒、沙僧都站在柳蔭下，只有行者拿了鐵棒看守那女子。

---

行者道：师父说得是，快走。
三藏拽步前走，带着那女子行走，不二、三十里，见一座楼台殿阁。
三藏道：徒弟，那里必定是一座庵观寺院，在那里住宿，明日早行吧！
行者道：师父的话有理，我们赶紧走吧！
三藏道：你们都站在这里，我进去找住宿地方，若有空处，再派人叫你们。
八戒、沙僧都站在柳荫下，只有行者拿了铁棒看守那女子。

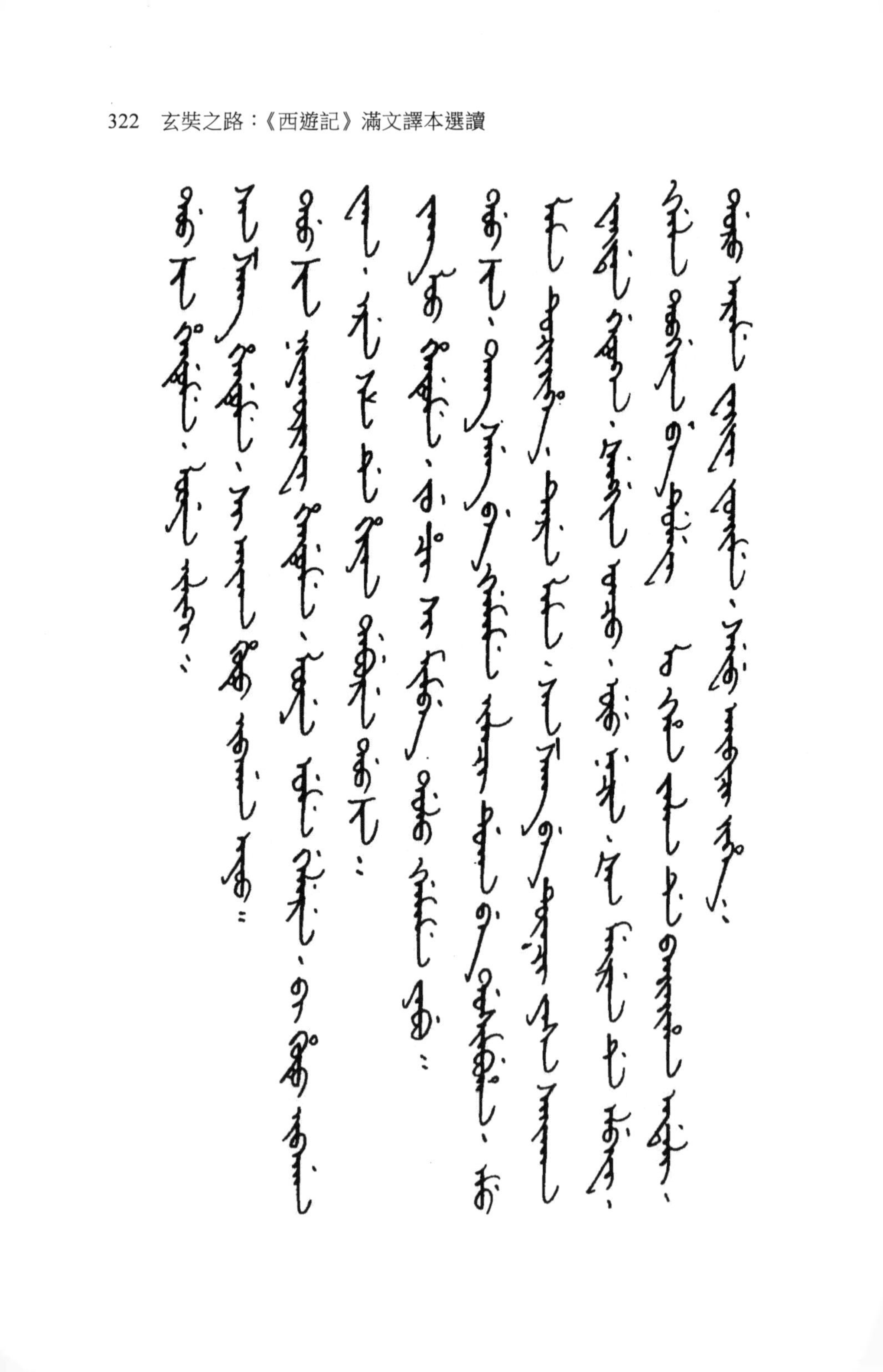

doo žin hendume, looye iliki.
san dzang hendume, si aika hutu ibagan ayoo.
doo žin niyakūrafi hendume, looye ume gelere, bi hutu ibagan waka, ere sy de hiyan dabure doo žin.
jang loo hendume, ju c'y si mimbe dolo gamame yabu.
doo žin, tang seng be gamame ilaci duka be dosimbuha. emu lama tucinjihe, tere lama, san dzang be tuwaci yasa saikan faidan getuken, šenggin onco, uju necin, šan meiren de elbefi, gala tobgiya be dulefi lo han jalan de banjinjiha adali, doro arame wajifi fonjime, sefu aibici jihe.

---

道人道：老爺，請起。
三藏道：你恐怕是魍魎妖精？
道人跪下道：老爺，莫怕，我不是妖精，是這寺裏點香的道人。
長老道：住持，你帶我到裏面去。
道人帶唐僧進入第三層門內。見一個喇嘛出來，那喇嘛見三藏眉清目秀，額闊頂平，耳垂肩，手過膝，好似羅漢臨凡，行禮畢，問道：師父是從何處來的？

---

道人道：老爷，请起。
三藏道：你恐怕是魍魉妖精？
道人跪下道：老爷，莫怕，我不是妖精，是这寺里点香的道人。
长老道：住持，你带我到里面去。
道人带唐僧进入第三层门内。见一个喇嘛出来，那喇嘛见三藏眉清目秀，额阔顶平，耳垂肩，手过膝，好似罗汉临凡，行礼毕，问道：师父是从何处来的？

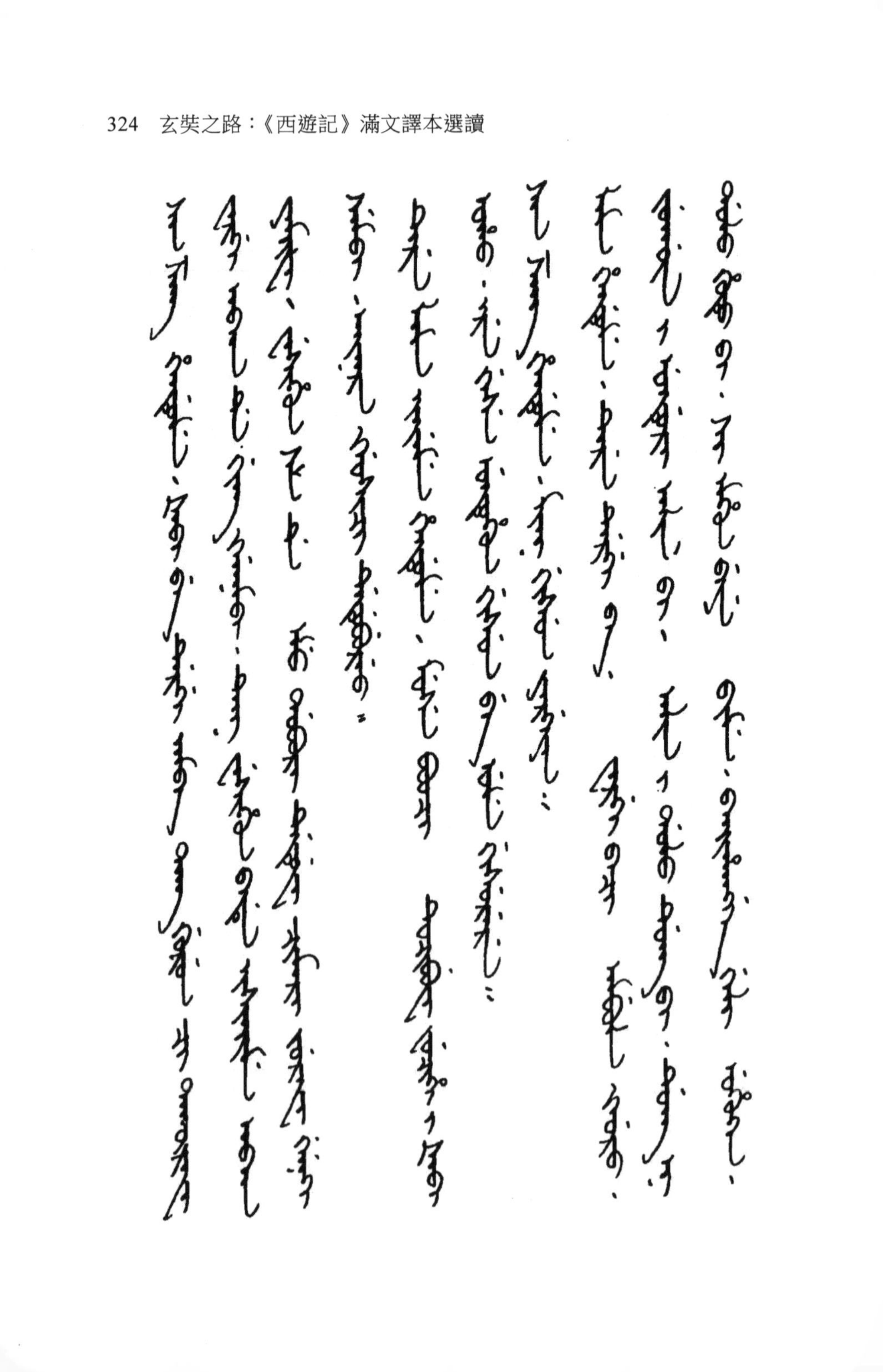

san dzang hendume, šabi be dergi amba tang gurun ci takūrafi wargi abka de ging ganambi, teni wesihun bade isinjime abka yamjifi, wesihun sy de emu dobori dedufi cimari jurafi geneki sembi, ainara gosici dedubureo.
tere lama injeme hendume, muse booci tucibufi fucihi i šabi oho, ere gese untuhun gisun be ume gisurere.
san dzang hendume, mini gisun yargiyan.
lama hendume, tere dergi ba, wargi baci ambula goro, jugūn i unduri alin bi, alin i dolo dung bi, dung ni dolo hutu bi, si emhun beye bime, banjihangge geli uhuken,

---

三藏道：弟子奉東土大唐差往西天取經，適行至寶方天晚，來到寶刹，借宿一宵，明早啟行，無論怎麼請垂憐借宿。
那喇嘛笑道：我們既出家做了佛門弟子，切莫說如此空話。
三藏道：我說的是實話。
喇嘛道：從那東土到西天，路程遙遠，沿途有山，山中有洞，洞中有妖精，你是單身，又生得嬌嫩，

---

三藏道：弟子奉东土大唐差往西天取经，适行至宝方天晚，来到宝刹，借宿一宵，明早启行，无论怎么请垂怜借宿。
那喇嘛笑道：我们既出家做了佛门弟子，切莫说如此空话。
三藏道：我说的是实话。
喇嘛道：从那东土到西天，路程遥远，沿途有山，山中有洞，洞中有妖精，你是单身，又生得娇嫩，

ᡝᠯᡝᠪᡝ ᡤᡳᠰᡠᡵᡝ ᡶᡠᠯᡝᡥᡝ ᠨᡝᠰᡠᡴᡝᠨ ᠪᡝᠶᡝᠪᡝ᠉

ᡝᠯᡝ ᡨᡝᡵᡝ ᡤᠣᠰᡳᠩᡤᠠ ᠪᠣᠣᡵᡝ ᡝᡵᡝ ᡤᡡᠨᡳᠨ ᠪᡝ ᡥᡝᠰᡝᠪᡝ᠈ ᡠᠯᡥᡳᠮᠪᡠᡵᡝ᠈

ᠠᠪᡴᠠᡳ ᡨᡝᠪᡝ ᠠᠮᠪᡠᠯᠠ ᡨᡠᠮᡝᠨ ᡠᠯᡥᡳᠮᡝ᠈ ᡤᡝᡵᡝᠨ ᡨᡝᠮᡝ ᡳᠯᡳᡥᠠ ᡝᡵᡝᠨ ᠪᡝ ᡝᡵᡝ ᠨᡳᠶᠠᠯᠮᠠ ᠪᡝ ᡝᠮᡠ ᠪᡠᠮᡝ

ᠮᡝᠰᡳ ᡨᡝᠮᡝᠩᡤᡝ ᡨᡝᠪᡝ ᡨᡝᠯᡝ᠈ ᠨᠠᡵᡤᠠ ᠪᠣᡵᡝ ᠮᡝᠰᡳ ᡨᡝᠮᡝᠩᡤᡝ ᠣᠪᡠᡵᡝ ᡳᠯᡳᡥᠠ᠈ ᠠᡵᡤᠠ ᡨᡝᠮᡝᠩᡤᡝ

ᠨᡝᠰᡳ ᠨᡝᠴᡳᠨ᠉

ᡝᡵᡝ ᡝᠯᡝ ᡤᠣᠰᡳᠩᡤᠠ᠈ ᡨᡝᡵᡝ ᠪᡝᠶᡝᠪᡝ᠈ ᡝᠮᡠ ᡝᡵᡝᠪᡝ ᠪᡠᠮᡝ᠉

ᡝᡵᡝ ᡳᠯᡳᡥᠠ ᡤᠣᠰᡳᠩᡤᠠ᠈ ᡨᡝᠰᡳ ᡨᡝᠰᡳᠪᡝ ᡤᡳᠰᡠᡵᡝ᠈ ᡳᠰᡳᠨᠠᡵᠠ ᡶᡠᠯᡝᡥᡝ ᠪᡝ ᠰᡝᡵᡝ ᠪᡝ ᡠᠯᡥᡳᠮᡝ᠈ ᡤᡡᠨᡳᠨ ᠪᡝ ᡝᡵᡝᠮᠪᡝ

ᠨᡝᠰᠣᠮᠪᡠᡵᡝ ᡨᡝᠪᡝᠯᡝ᠈ ᡝᡵᡝᠨ ᠪᡝ ᡤᡳᠰᡠᡵᡝ ᡝᠮᡝᠰᡝ ᡨᡝᠮᡝᠪᡝ ᡤᡝᡵᡝᠨ ᡳᠯᡳᡥᠠ

ᡤᡳᠰᡠᡵᡝᠪᡝ᠈ ᠠᠮᠪᡠᠯᠠ ᡥᡝᡶᡝᠯᡳ ᠠᡴᡡᠮᠪᡠᠮᡝ ᠪᡠᡥᡝ ᡠᠯᡥᡳᠮᡝ ᡠᠯᡥᡳᠪᡠᡵᡝ᠉

ainaha ging ganara niyalmai adali.
san dzang hendume, boihoji ejen i gisun inu, yadara hūwašan emhun adarame ubade isinjimbi. minde jai ilan šabi bi, alin be ucaraci jugūn neime, muke be ucaraci kiyoo came, mimbe karmame ubade isibuha.
tere lama hendume, ilan šabi aibide bi.
san dzang hendume, dukai tule ilifi aliyahabi.
lama hendume, sefu si sarkū, meni ubade tasha niohe, hūlha holo, hutu ibagan niyalma be wambi. inenggi šun de geleme goro generakū, abka yamjime uthai duka uce yaksimbi.

---

哪裏像個取經的人？
三藏道：院主的話也是，貧僧孤身一人怎麼能到此？我還有三個徒弟，逢山開路，遇水架橋，保護我到這裏。
那喇嘛道：三位徒弟何在？
三藏道：站在門外等候。
喇嘛道：師父，你不知道，我們這裏有虎狼、盜賊、妖精殺人。白日怕太陽不敢遠出，天晚就閉了門戶。

---

哪里像个取经的人？
三藏道：院主的话也是，贫僧孤身一人怎么能到此？我还有三个徒弟，逢山开路，遇水架桥，保护我到这里。
那喇嘛道：三位徒弟何在？
三藏道：站在门外等候。
喇嘛道：师父，你不知道，我们这里有虎狼、盗贼、妖精杀人。白日怕太阳不敢远出，天晚就闭了门户

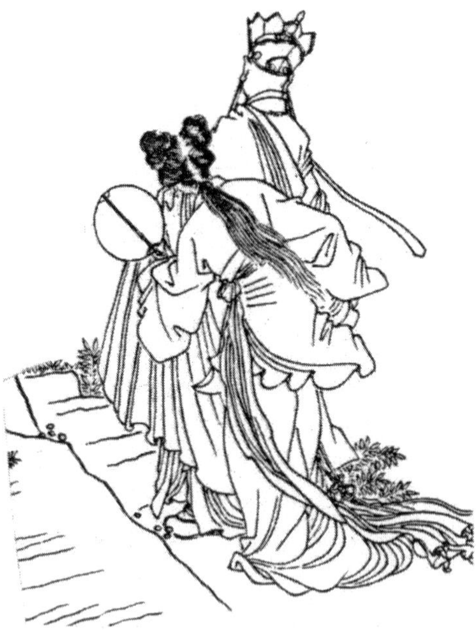

# 二十七、星光月皎

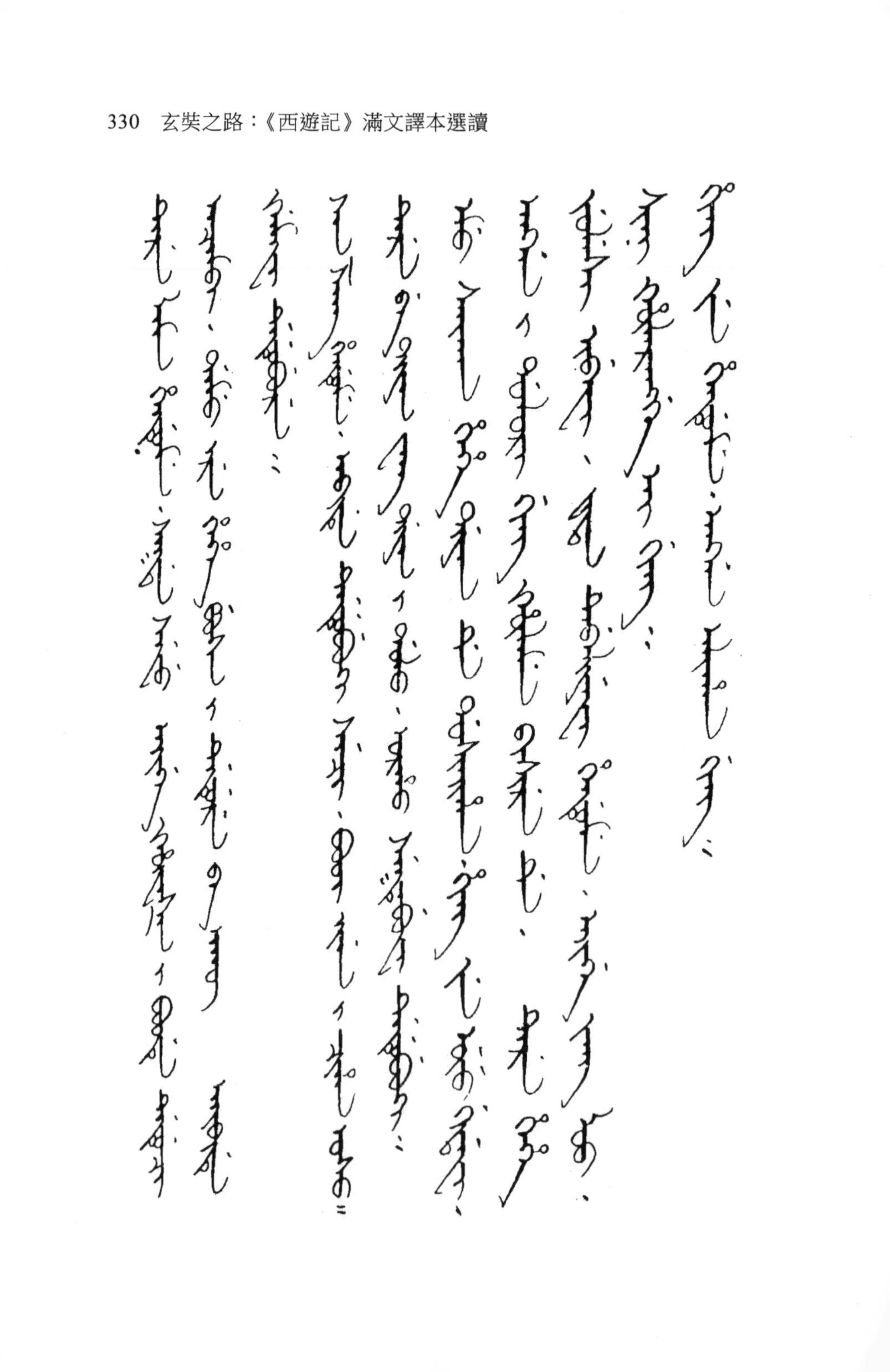

[illegible]

[illegible]

[illegible]

[illegible]

[illegible]

[illegible]

[illegible]

[illegible]

[illegible]

tere lama hendume, sakda sefu ajige hūwašan i boode deduci acambi, damu ere hehe pusa i dedure ba akū, aibide gamafi dedubure.
san dzang hendume, abide dedubuki seci, booi ejen i ciha oso.
tere be tiyan wang diyan i dolo, orho sektebufi dedubuki.
emu saikan hehe diyan de dosinjiha, hing je uju gidafi, angga i dolori ging hūlame bisire de, tere hehe julesi ibefi, fita tebeliyefi hendume, ajige jang loo, sini hūlarangge ai ging.
hing je hendume, angga aljaha ging.

---

那喇嘛道：老師父應在小和尚房中住宿，但這位女菩薩沒有住宿處，不知在哪裏睡好？
三藏道：要在哪裡睡，隨院主意思。
請他在天王殿裡鋪草睡吧！
一個美貌女子進入殿裡，行者低頭口裏只管念經，那女子近前緊緊摟住道：小長老念的是什麼經？
行者道：許諾經。

---

那喇嘛道：老师父应在小和尚房中住宿，但这位女菩萨没有住宿处，不知在哪里睡好？
三藏道：要在哪里睡，随院主意思。
请他在天王殿里铺草睡吧！
一个美貌女子进入殿里，行者低头口里只管念经，那女子近前紧紧搂住道：小长老念的是什么经？
行者道：许诺经。

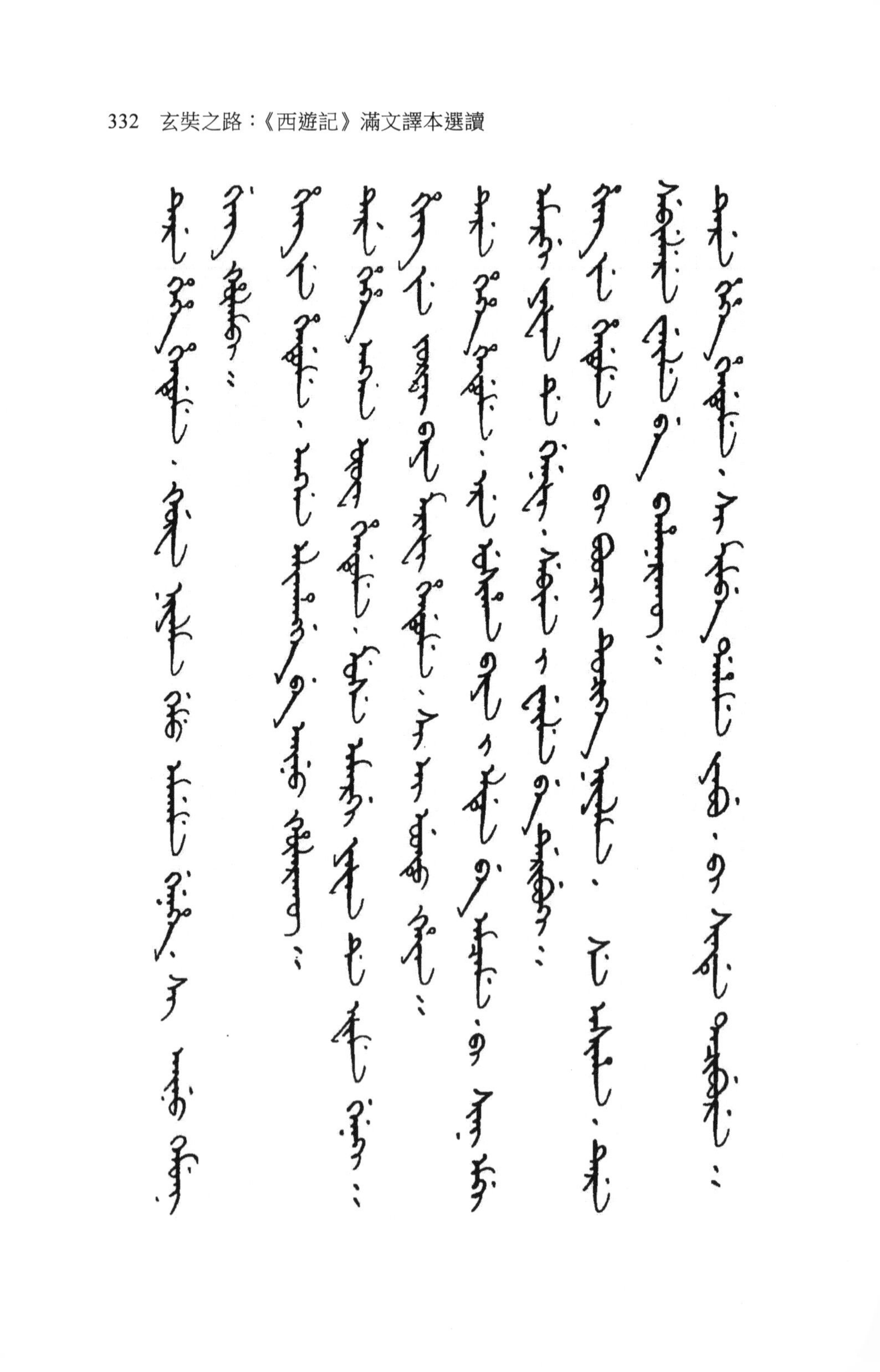

tere hehe hendume, gūwa niyalma gemu amgame genehe, si ainu kemuni ging hūlambi.
hing je hendume, angga aljahangge be ainu hūlarakū.
tere hehe angga ojofi hendume, muse amargi yafan de efime geneki.
hing je jortai beye marafi hendume, si ai uttu hayan.
tere hehe hendume, ere usiha biya i elden be amcame, bi sini emgi amargi yafan de genefi, sebjen i weile be deribuki.
hing je hendume, bi booci tucike niyalma, se asihan, tere sebjelere weile be bahanarakū.
tere hehe hendume, si mimbe dahame yabu, bi sinde tacibure.

---

那女子道：別人都睡覺去了，你為什麼還在念經？
行者道：許下的如何不念？
那女子親嘴道：我們後花園玩耍去吧！
行者故意轉身去道：你何以如此淫蕩？
那女子道：趁今宵星光月皎，我和你到後花園去交歡吧！
行者道：我是出家人，年紀尚幼，不會交歡之事。
那女子道：你跟我去，我教你。

---

那女子道：别人都睡觉去了，你为什么还在念经？
行者道：许下的如何不念？
那女子亲嘴道：我们后花园玩耍去吧！
行者故意转身去道：你何以如此淫荡？
那女子道：趁今宵星光月皎，我和你到后花园去交欢吧！
行者道：我是出家人，年纪尚幼，不会交欢之事。
那女子道：你跟我去，我教你。

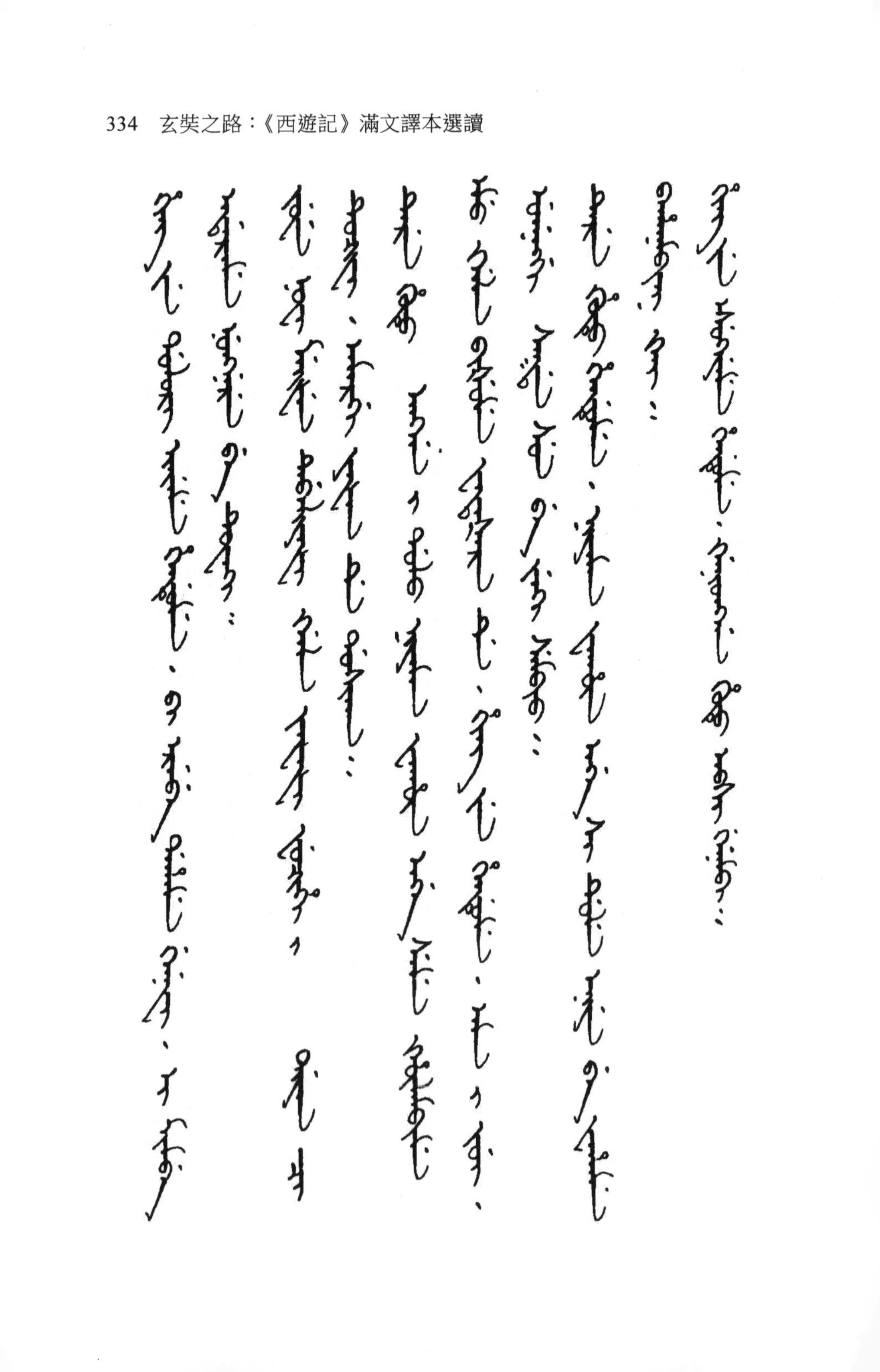

hing je dolori injeme hendume, bi erebe dahame genefi, i mimbe adarame nungnere be tuwaki.
juwe nofi meifen tebeliyefi gala jafafi fucihi i diyan ci tucifi, amargi yafan de dosika.
tere hutu angga i dolo, niyaman fahūn age seme hūlambime emu gala bišume fatašara de, hing je hendume, ama i jui, unenggi sakda sun be jeki sembio.
tere hutu hendume, niyaman fahūn age si dule eniye be fahame bahanambini kai.
hing je esukiyeme hendume, ganiongga hutu absi genembi.

---

行者暗笑道：我跟他去，看他怎樣騷擾我。
兩人摟著肩，攜著手，出了佛殿，進入後花園裏。
那妖怪口裏喊著心肝哥哥，一手撫摸掐他時，行者道：爸的兒，真的要喫老孫嗎？
那妖怪道：心肝哥哥，你原來會跌娘啊！
行者喝道：妖怪往哪裏走。

---

行者暗笑道：我跟他去，看他怎样骚扰我。
两人搂着肩，携着手，出了佛殿，进入后花园里。
那妖怪口里喊着心肝哥哥，一手抚摸掐他时，行者道：爸的儿，真的要吃老孙吗？
那妖怪道：心肝哥哥，你原来会跌娘啊！
行者喝道：妖怪往哪里走。

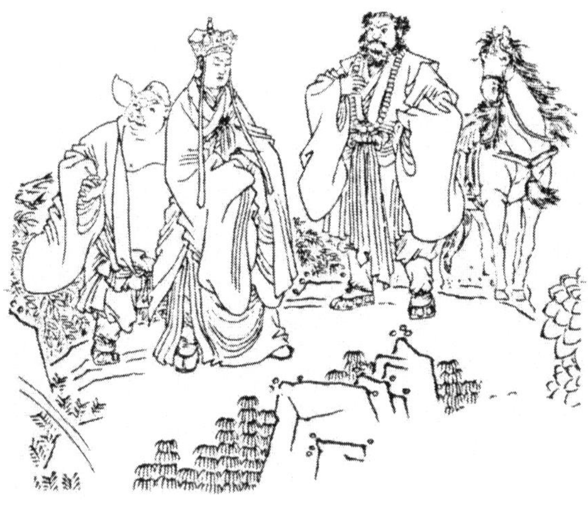

# 二十八、西方佛地

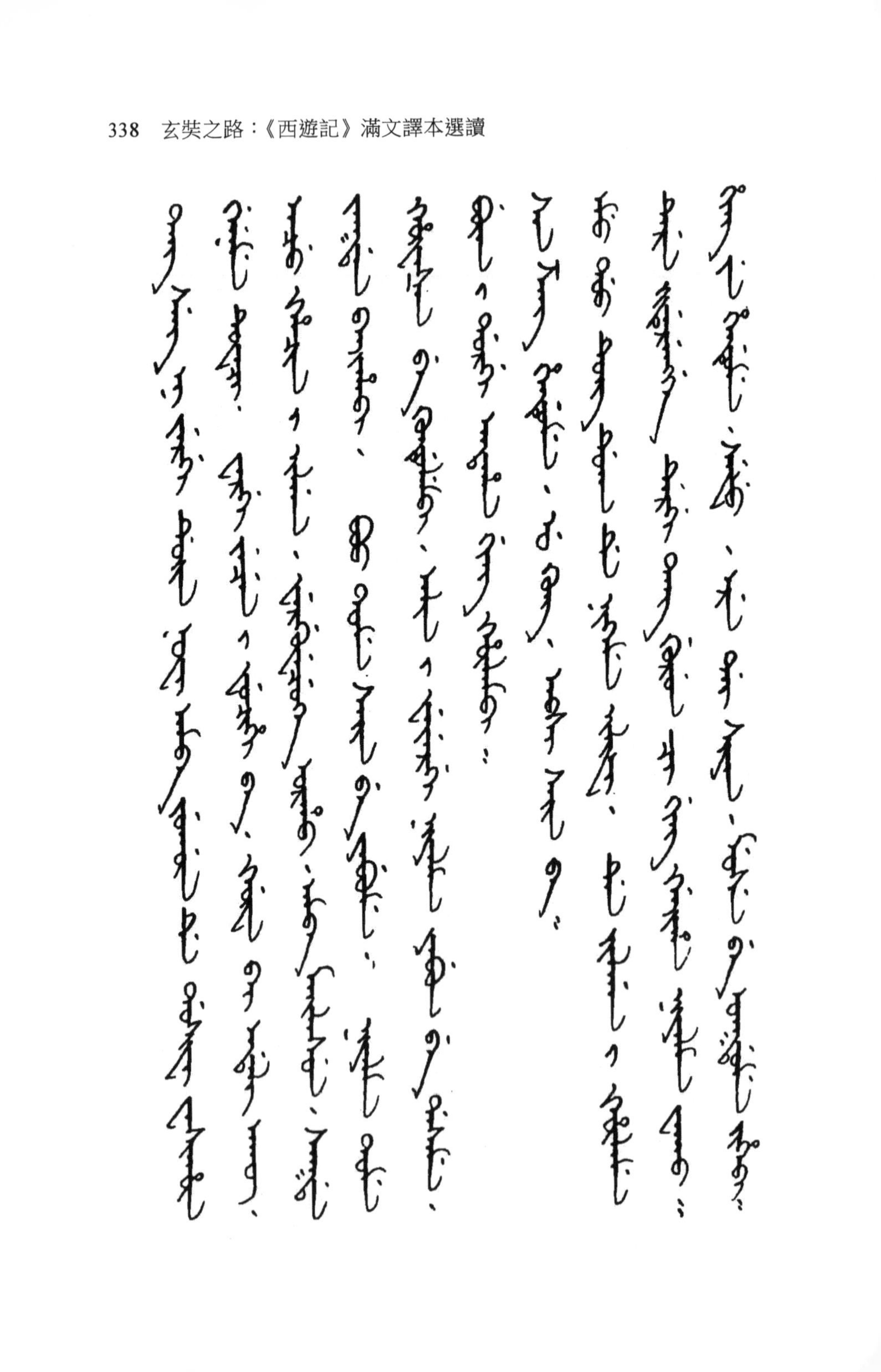

[illegible]

tang seng ni jergi duin nofi amba jugūn de dosifi wasihūn geneme tuwaci, wargi jecen i fucihi ba, gūwa bai adali akū, encu hacin i ilga, ferguwecuke orho, amba mailasun, sakda jakdan banjihabi. boo tome sain be yabume, niyalma tome hūwašan be kundulembi, alin i fejergi niyalma yabun be dasame, bujan i dorgi antaha ging hūlambi.
san dzang hendume, u kung, absi sain ba.
emu doo tung duka de nikeme ilifi, den jilgan i hūlame tere jiderengge dergi tang gurun ci ging gajiha niyalma wakao.
hing je hendume, sefu, ere dai siyan, muse be okdome jihebi.

---

唐僧等四人上了大路西去，見西方佛地，與他處不同，生長了琪花瑤草，古柏蒼松。家家行善，人人敬僧，山下人修行，林間客誦經。
三藏道：悟空，多麼好的地方啊！
一個道童斜立在門前，高聲叫道：那來的莫非東土大唐取經人嗎？
行者道：師父，這大仙來接我們。

---

唐僧等四人上了大路西去，见西方佛地，与他处不同，生長了琪花瑶草，古柏苍松。家家行善，人人敬僧，山下人修行，林间客诵经。
三藏道：悟空，多么好的地方啊！
一个道童斜立在门前，高声叫道：那来的莫非东土大唐取经人吗？
行者道：师父，这大仙来接我们。

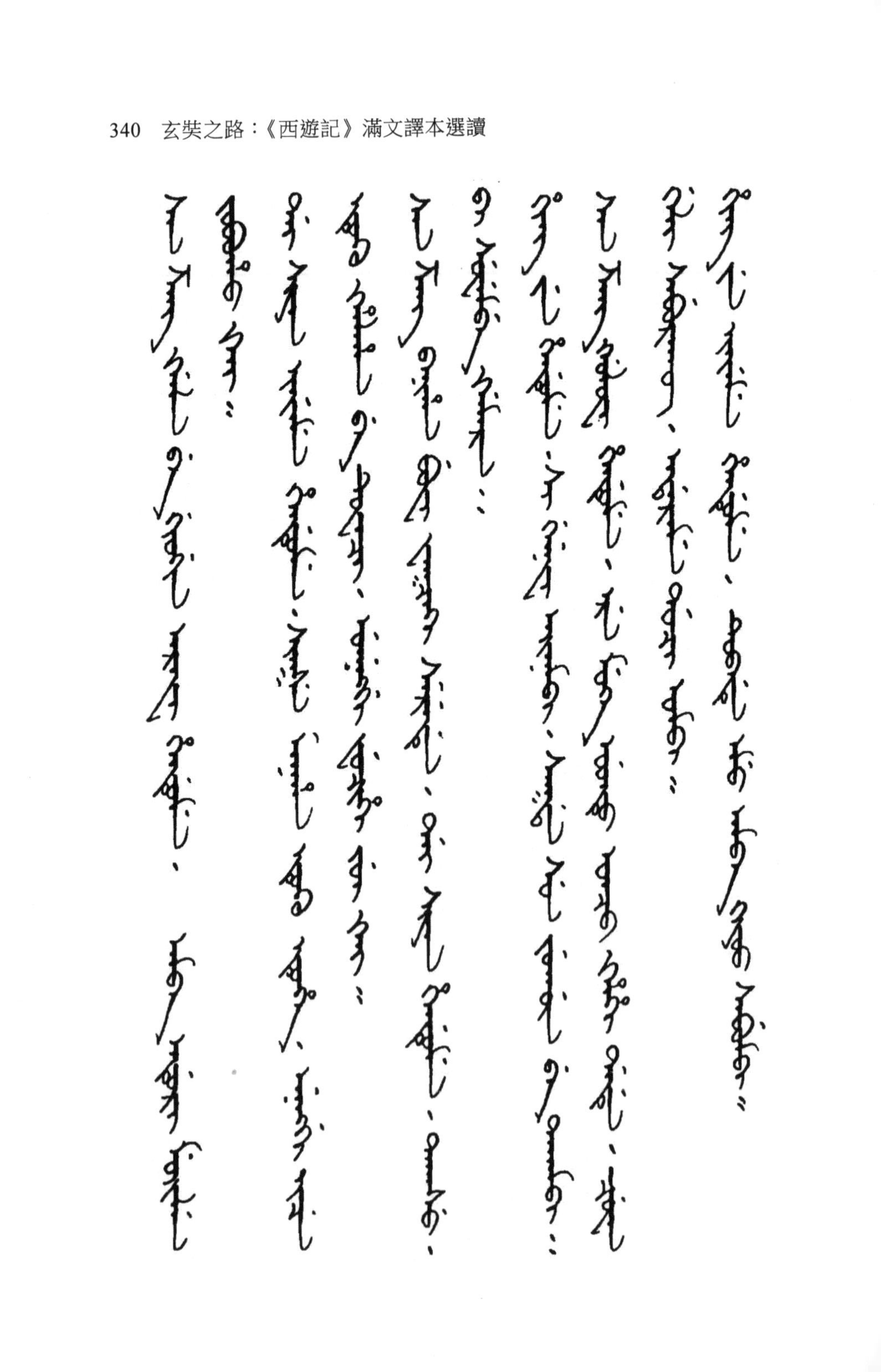

[illegible]

san dzang gala be giogin arafi hendume, amba enduri mujilen joboho kai.
dai siyan injeme hendume, sikse manaha etuku etuhe, enenggi ice etuku halaha be tuwaci, unenggi fucihi jui kai.
san dzang baniha bufi fakcaki serede, dai siyan hendume, takasu, bi suwembe gamara.
hing je hendume, si genefi ainambi, sakda sun jugūn be takambi.
san dzang golofi hendume, ere muke uttu onco hahi dade, cuwan geli saburakū, adarame doci ombi.
hing je injeme hendume, tubade emu amba kiyoo sabumbi.

---

三藏合掌道：有勞大仙盛意。
大仙笑道：昨日穿破爛衣服，今日換了新衣服，覩此真是佛子啊！
三藏致謝想拜別，大仙道：且慢，等我帶你們去。
行者道：你去做什麼？老孫認得路。
三藏心驚道：此水這般寬闊洶湧，又不見舟楫，如何可渡[9]？
行者笑道：看那裏是一座大橋。

---

三藏合掌道：有劳大仙盛意。
大仙笑道：昨日穿破烂衣服，今日换了新衣服，覩此真是佛子啊！
三藏致谢想拜别，大仙道：且慢，等我带你们去。
行者道：你去做什么？老孙认得路。
三藏心惊道：此水这般宽阔汹涌，又不见舟楫，如何可渡？
行者笑道：看那里是一座大桥。

---

[9] 如何可渡，滿文讀作"adarame doci ombi"，句中"doci"，規範滿文讀作"dooci"。

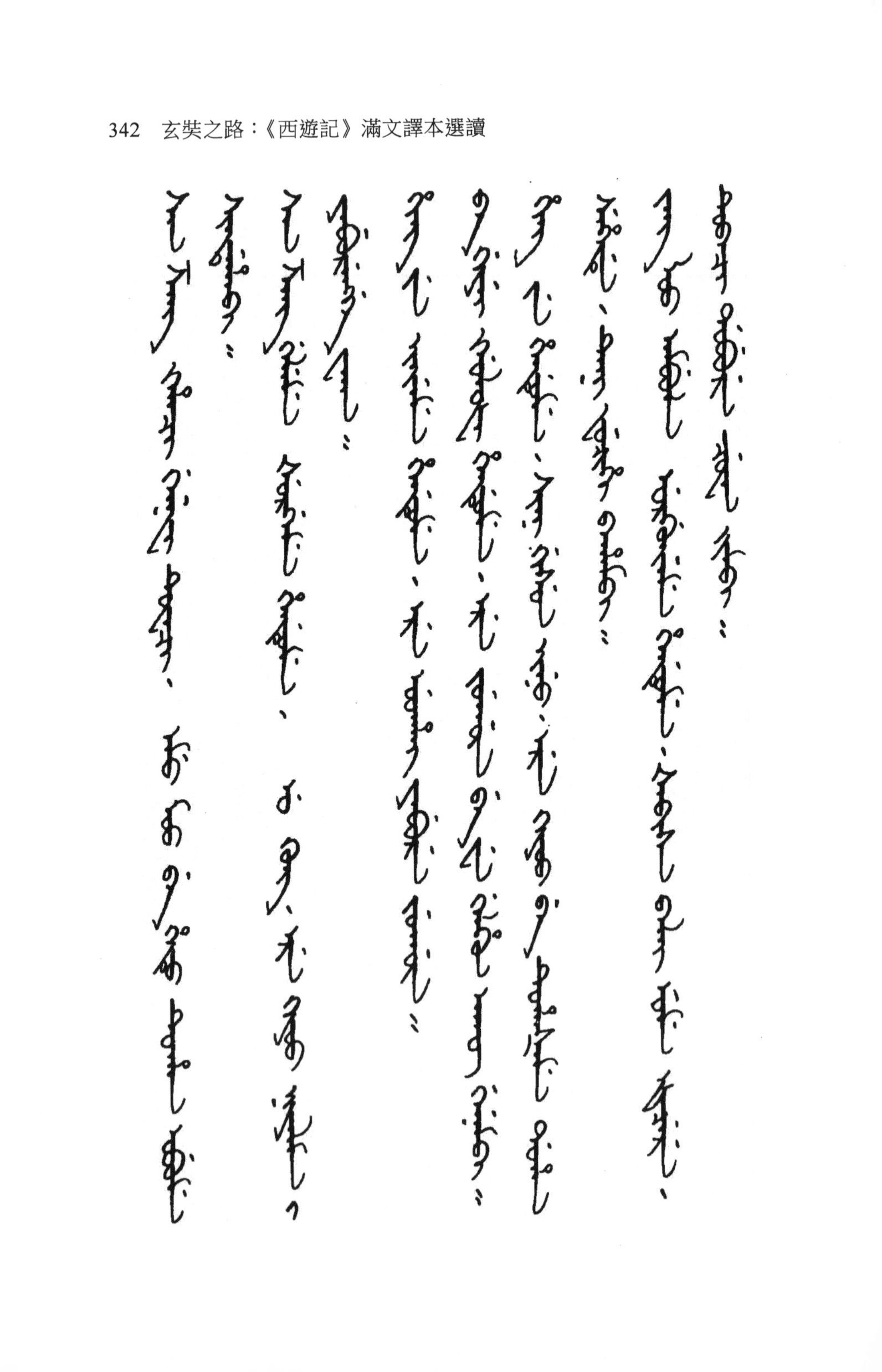

[illegible]

[illegible]

[illegible]

[illegible]

[illegible]

[illegible]

[illegible]

[illegible]

san dzang hanci genefi tuwaci, emu moo be hetu tuhan obume sindahabi.
san dzang geleme šurgeme hendume, u kung, ere kiyoo niyalma i yaburengge waka.
hing je injeme hendume, ere uthai yabure jugūn.
ba giyei golofi hendume, ere jugūn be we gelhun akū genembi.
hing je hendume, sini gisun inu, ere kiyoo be tuhašame doha sehede, teni fucihi bahambi.
jang loo ambula urgunjeme hendume, šabisa balai ume eficere, tubaci dobure cuwan jimbi.

---

三藏近前去看時，放了一根獨木橋。
三藏心驚道：悟空，這橋不是人走的。
行者笑道：這就是走的路。
八戒驚恐道：這路哪個敢走？
行者道：你說的是，走過這獨木橋，方可成佛。
長老大喜道：徒弟們休得亂玩，那裏有渡船來了。

---

三藏近前去看时，放了一根独木桥。
三藏心惊道：悟空，这桥不是人走的。
行者笑道：这就是走的路。
八戒惊恐道：这路哪个敢走？
行者道：你说的是，走过这独木桥，方可成佛。
长老大喜道：徒弟们休得乱玩，那里有渡船来了。

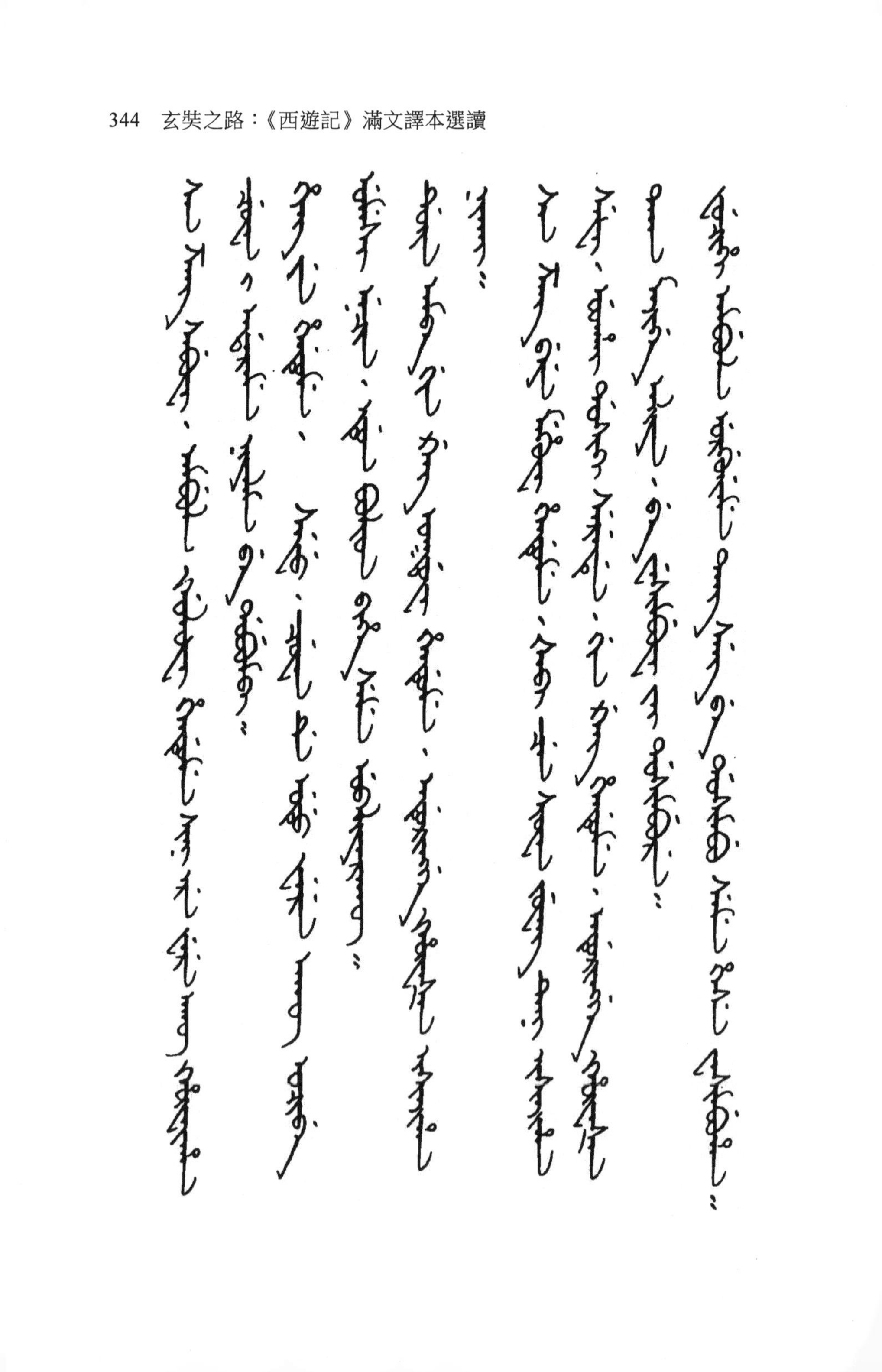

[illegible]

san dzang sabufi, ambula golofi hendume, sini ere fere akū hūwajaha cuwan i adarame niyalma be dobumbi.
hing je hendume, sefu, cuwan de udu fere akū ocibe umesi necin, edun boljon bihe seme ubaliyarakū.
duin amba gin g'ang okdofi hendume, enduringge hūwašan isinjiha nikai.
san dzang beye mehufi hendume, šabi cen siowan juwang teni isinjiha sefi, uthai dosiki serede, gin g'ang hendume, enduringge hūwašan taka majige aliya, be wesimbufi jai dosimbure.
fucihi ambula urgunjeme tang seng be dosimbu seme hese wasimbuha.

---

三藏見了，大驚道：你這無底的破船如何渡人？
行者道：師父，這船雖是無底，卻很平穩，縱有風浪，也不翻覆。
四大金剛迎道：聖僧到了啊！
三藏俯身道：弟子陳玄奘纔到。言畢，就要進門。
金剛道：聖僧，且少待，容我們稟過後再進入。
佛祖大喜降旨召唐僧進入。

---

三藏见了，大惊道：你这无底的破船如何渡人？
行者道：师父，这船虽是无底，却很平稳，纵有风浪，也不翻覆。
四大金刚迎道：圣僧到了啊！
三藏俯身道：弟子陈玄奘纔到。言毕，就要进门。
金刚道：圣僧，且少待，容我们禀过后再进入。
佛祖大喜降旨召唐僧进入。

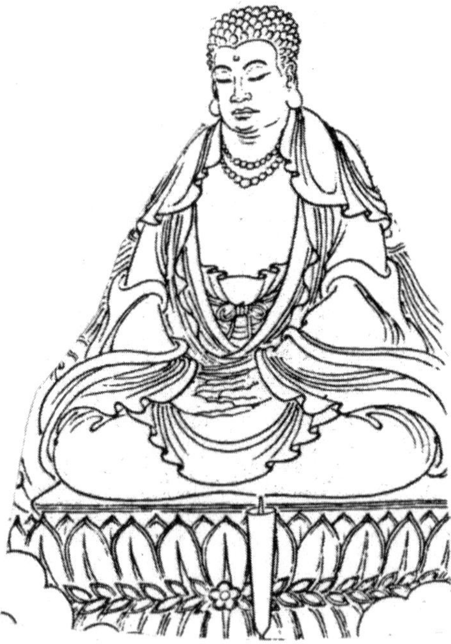

# 二十九、三藏眞經

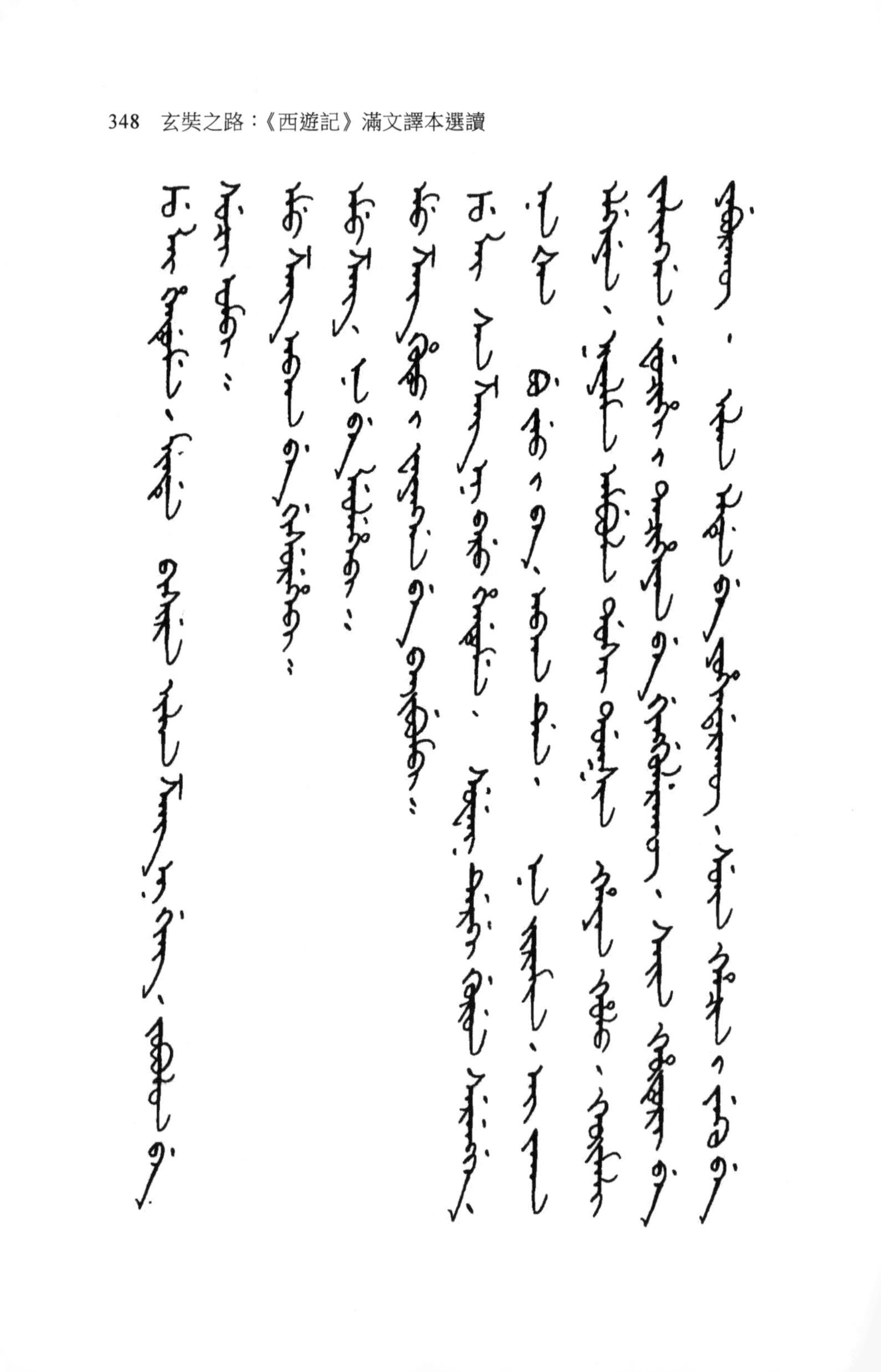

žu lai hendume, minde bisire ilan dzang ni ging, jobolon be suci ombi.
emu dzang abka be gisurehebi.
emu dzang, na be leolehebi.
emu dzang hutu i fayangga be banjibumbi.
žu lai san dzang ni baru hendume, suweni dergi gurun serengge, nan šan bu jeo i ba, abka den, na jiramin, ai jaka elgiyen, niyalma ambula dosi doksin hayan holo, koimali jalingga, fucihi i tacihiyan be ginggulerakū, sain hūturi be yaburakū, ilan elden be yohindarakū, sunja hacin i jeku be

---

如來道：我有三藏經，可免災難。
一藏談天。
一藏論地。
一藏度鬼。
如來對三藏言曰：你們東土，乃南贍部洲，因天高地厚，物豐人稠，多貪多暴，多淫多誑，多欺多詐，不敬佛教，不行善福，藐視三光，不重五穀，

---

如来道：我有三藏经，可免灾难。
一藏谈天。
一藏论地。
一藏度鬼。
如来对三藏言曰：你们东土，乃南赡部洲，因天高地厚，物丰人稠，多贪多暴，多淫多诳，多欺多诈，不敬佛教，不行善福，藐视三光，不重五谷，

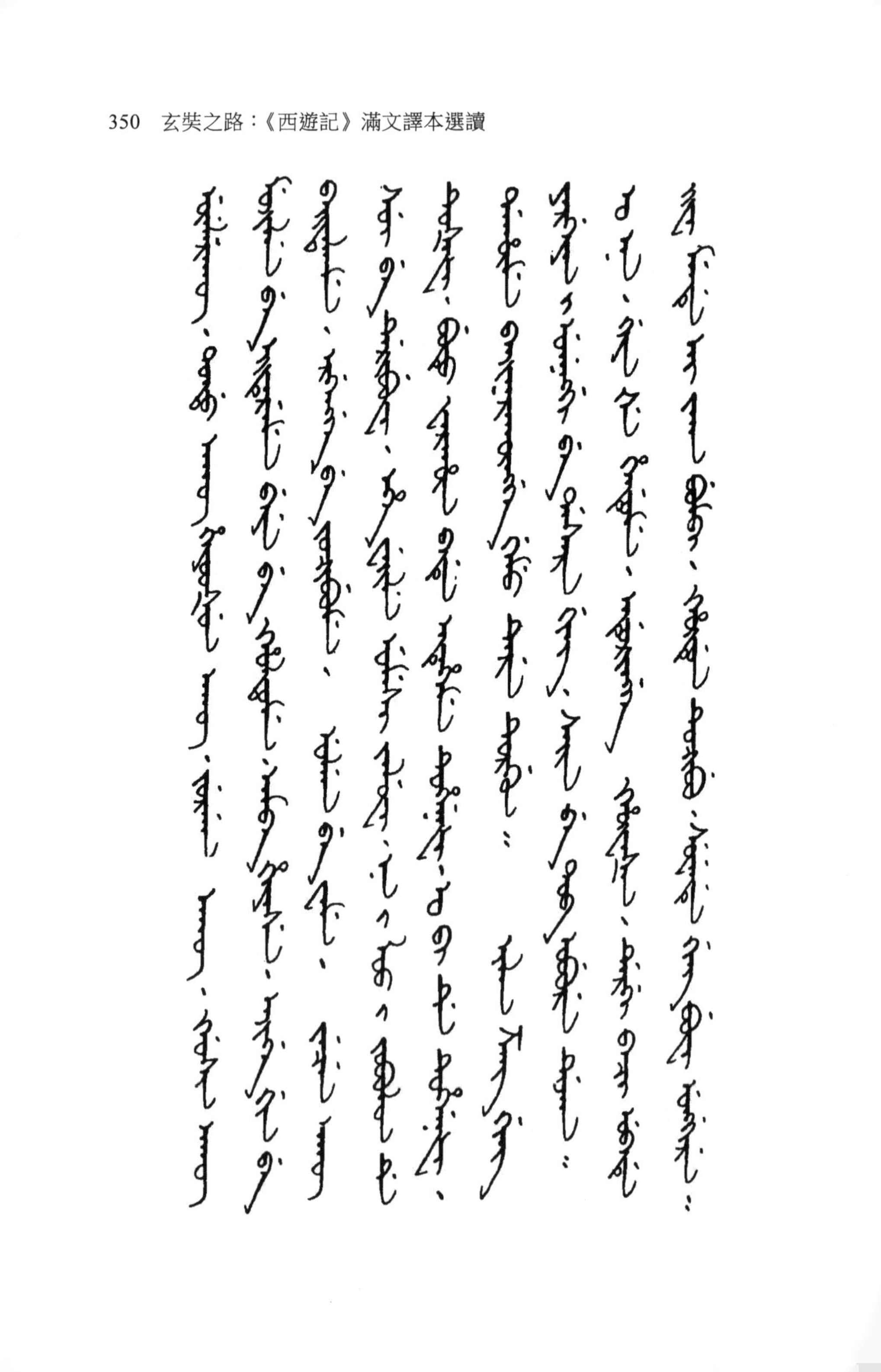

ujelerakū, tondo akū, hiyoošun akū, jurgan akū, gosin akū, mujilen be eitereme beye be holtome, amba hiyase, ajige gin be baitalame, ergengge be jocibume, ulga be wame, jecen akū sui be deribufi, ehe weile umesi jalufi, na i loo i jobolon de tušafi, butu farhūn bade enteheme tuhenefi, o bi de tuhenefi, dahūme banjinarakūngge gemu tere turgun. ilan dzang ging yargiyan i unenggi be dasara ging, sain be tob obure duka.
o nan, giya še hendume, enduringge hūwašan, dergi baci ubade jifi, mende ai jaka bumbi, hūdun tucibu, suwende ging bufi unggire.

---

不忠不孝，不義不仁，瞞心昧己，使用大斗小秤，害命殺生，造下無邊之孽，罪盈惡滿，故遭地獄之災[10]，永墮幽冥，墜入阿鼻，不得超生者，皆此之故。三藏經真是修真之經，正善之門。
阿難、迦葉道：聖僧從東土到此，有什麼禮物送給我們，快拿出來，好給你們經回去。

---

不忠不孝，不义不仁，瞒心昧己，使用大斗小秤，害命杀生，造下无边之孽，罪盈恶满，故遭地狱之灾，永堕幽冥，坠入阿鼻，不得超生者，皆此之故。三藏经真是修真之经，正善之门。
阿难、迦叶道：圣僧从东土到此，有什么礼物送给我们，快拿出来，好给你们经回去。

---

10 地獄，滿文讀作“na i loo”，意即「地牢」；規範滿文讀作“na i gindana”。

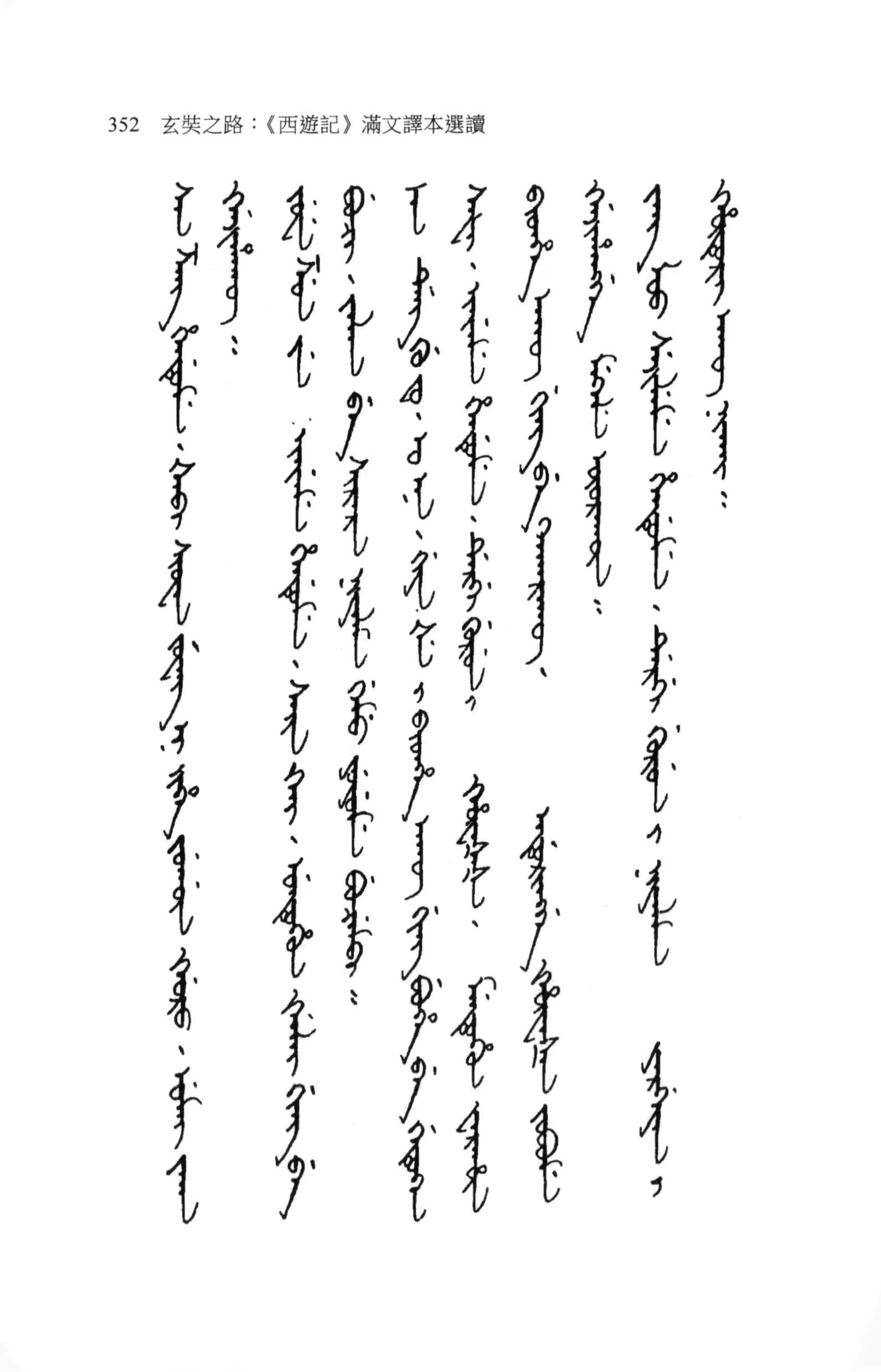

[illegible]

[illegible]

[illegible]

[illegible]

[illegible]

[illegible]

[illegible]

[illegible]

[illegible]

[illegible]

san dzang hendume, šabi siowan juwang ni jihe jugūn goro, umai jaka gajihakū.
juwe dzun je injeme hendume, sain kai, untuhun galai ging be buci, jalan be sirara niyalma gemu yuyume bucembi.
žan deng gu fo, o nan, giya še i bithe akū ging buhe be getuken safi, injeme hendume, dergi gurun i hūwašaša, mentuhun farhūn bithe akū ging be takarakū, enduringge hūwašan jobome gajihangge mekele ojorakūn.
jang loo sejileme hendume, dergi gurun i niyalma yargiyan i hūturi akū nikai.

---

三藏道：弟子玄奘，來路迢遙，並未帶來禮物。
二尊者笑道：好啊！白手傳經繼世的人都要餓死。
燃燈古佛明白知道阿難、迦葉給了無字經，笑道：東土眾僧，愚迷不識無字經，卻不枉費了聖僧來取經？
長老歎道：東土之人真是無福啊！

---

三藏道：弟子玄奘，来路迢遥，并未带来礼物。
二尊者笑道：好啊！白手传经继世的人都要饿死。
燃灯古佛明白知道阿难、迦叶给了无字经，笑道：东土众僧，愚迷不识无字经，却不枉费了圣僧来取经？
长老叹道：东土之人真是无福啊！

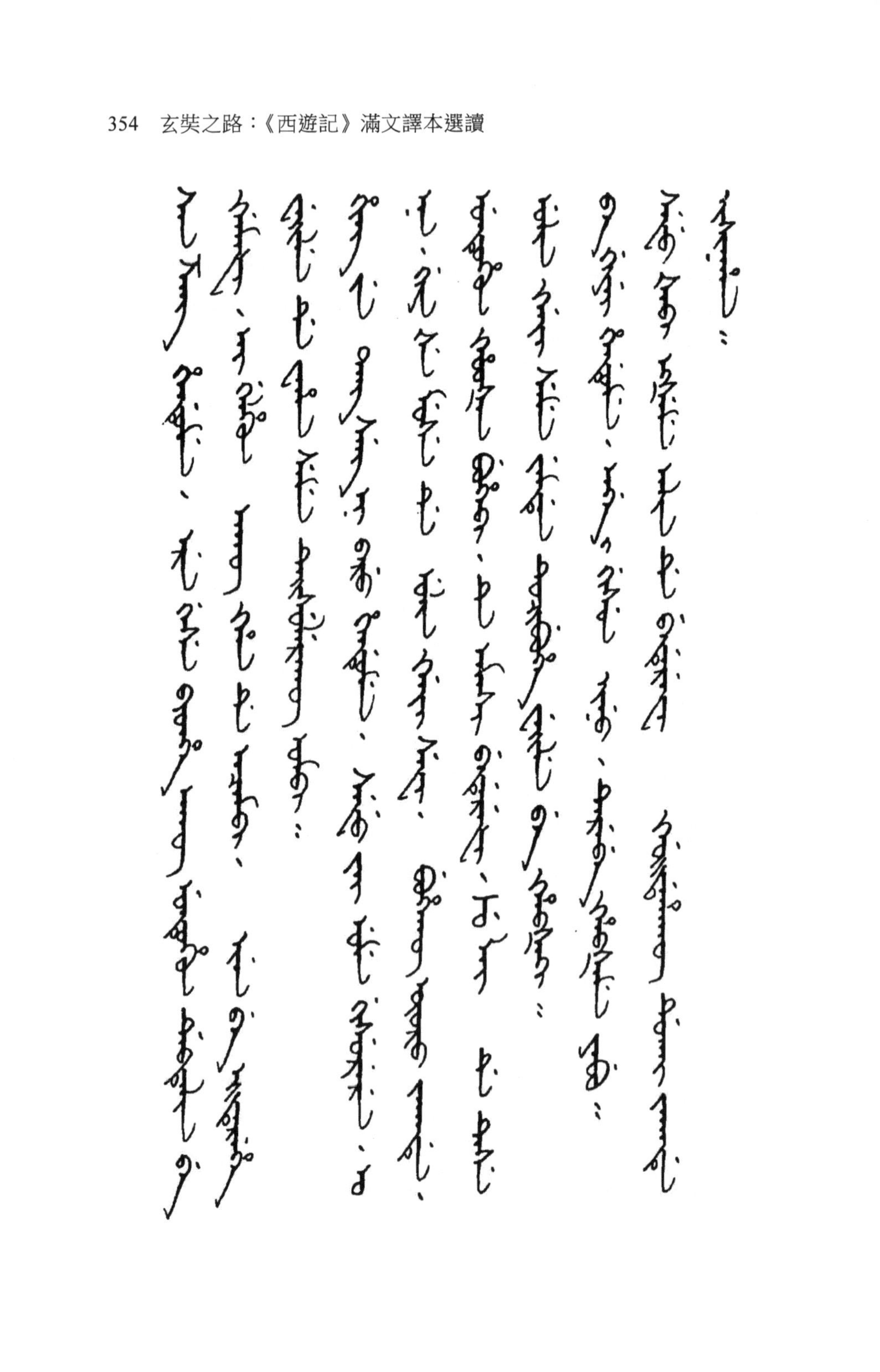

[illegible]

san dzang hendume, ere gese bithe akū untuhun debtelin be gamafi, ai gelhun akū han de acambi, ejen be eiterehe weile de waha seme teisulerakū ombi.
hing je tang seng ni baru hendume, sefu jai ume gisurere, o nan, giya še muse de ulin gaji sefi, buhekū ojoro jakade, untuhun hoošan buhebi, te amasi bederefi, žu lai de tese ulin gaji seme jemden tucibuhe weile be habšaki.
ba giyei hendume, age i gisun inu, terebe habšame yabu.
sefu šabi ekšeme alin de bederefi goidahakū dukai jakade isinaha.

---

三藏道：似這般無字的空本取去，怎麼敢見皇帝，誑君之罪，是不容誅的。
行者對唐僧道：師父不要再說了。阿難、迦葉問我們要財物，因為沒有給他們，故將此空白紙本給了我們，如今回去向如來告他們要財物作弊之罪。
八戒道：阿哥說的是，告他去。
師徒急急回山，不多時，到了門前。

---

三藏道：似这般无字的空本取去，怎么敢见皇帝，诳君之罪，是不容诛的。
行者对唐僧道：师父不要再说了。阿难、迦叶问我们要财物，因为没有给他们，故将此空白纸本给了我们，如今回去向如来告他们要财物作弊之罪。
八戒道：阿哥说的是，告他去。
师徒急急回山，不多时，到了门前。

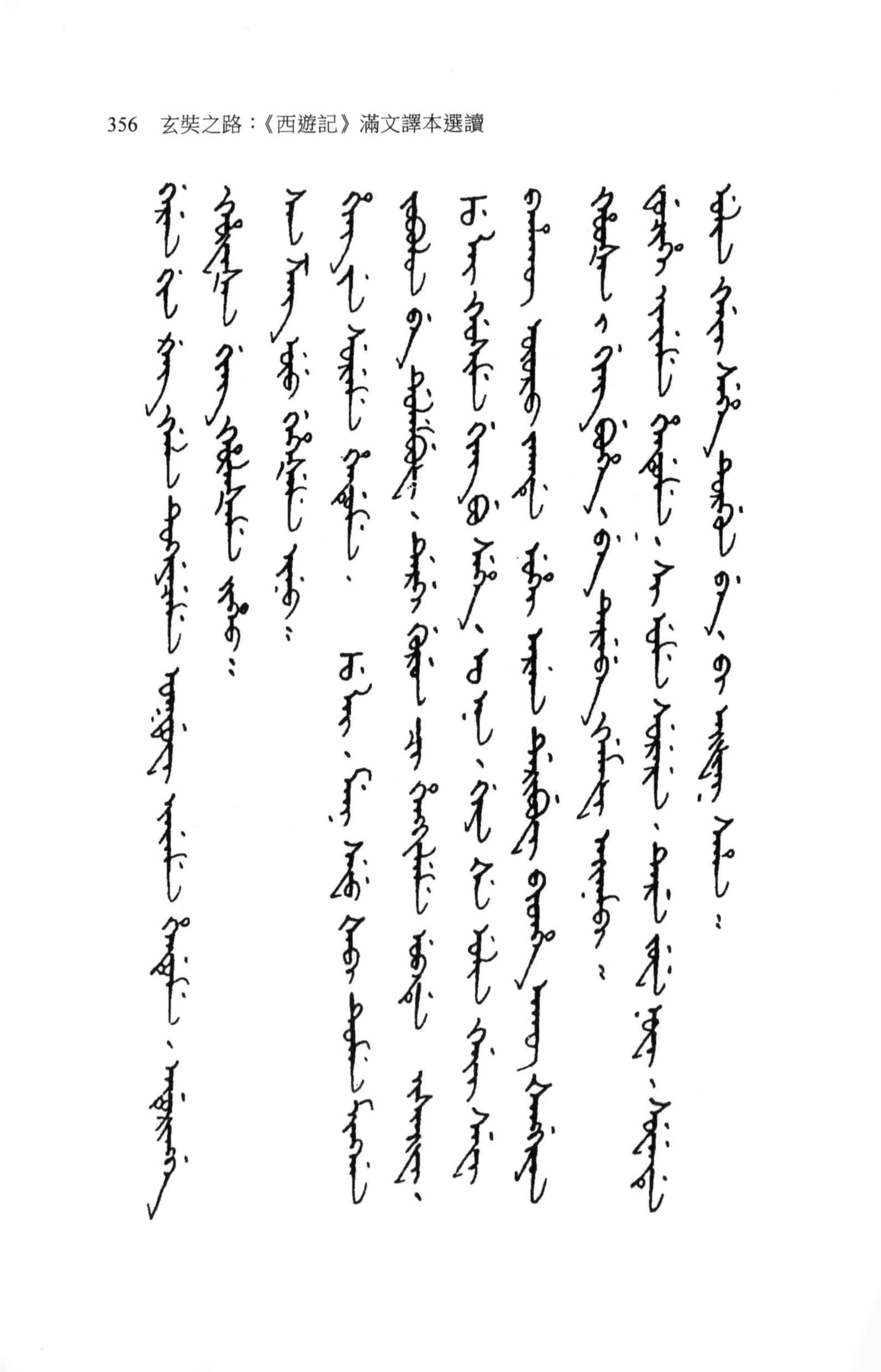

[illegible]

geren gin g'ang gala tukiyeceme okdofi injeme hendume, enduringge hūwašan ging hūlašame jiheo.
san dzang uju gehešeme inu.
hing je sureme hendume, žu lai, meni sefu šabi tumen minggan jobolon be dulembufi, dergi gurun ci hengkileme ubade isinjifi, žu lai gosime ging bu sehe, o nan, giya še ulin gaji sefi bahakū ojoro jakade, uhei arga deribufi bithe akū šanggiyan hoošan i ging buhe, be terebe gamafi ainambi.
fucihi injeme hendume, si ume surere, tere juwe nofi, suwende ulin gaji sehe turgun be, bi aifini saha.

---

眾金剛拱手相迎道：聖僧是來喚經嗎？
三藏點頭稱：是。
行者嚷道：如來我們師徒受了千辛萬苦，自東土禮拜到此處，蒙如來賜經，被阿難、迦葉索取財物不遂，通同設法給了無字白紙的經，我們拿它去何用？
佛祖笑道：你且休嚷，他兩個問你們要財物的情由，我早已知道了。

---

众金刚拱手相迎道：圣僧是来唤经吗？
三藏点头称：是。
行者嚷道：如来我们师徒受了千辛万苦，自东土礼拜到此处，蒙如来赐经，被阿难、迦叶索取财物不遂，通同设法给了无字白纸的经，我们拿它去何用？
佛祖笑道：你且休嚷，他两个问你们要财物的情由，我早已知道了。

ᠰᠠᠨᡩᡠᡥᡡᠨ ᡥᡡᠸᠠᡧᠠᡵᡳ᠈ ᡤᡝᠨᡝᡶᡳ ᠪᡝ ᠰᡳᠮᡝᠩᡤᡳᡩᡝᡵᡝ ᠪᡠᡥᡝ ᠰᡳᠮᡝᠩᡤᡝ ᡨᡠᠸᠠᠮᡝ᠈ ᠰᡳᡵᡤᡝᠮᡝ
ᡤᡡᠸᠠ ᡤᡝᠨᡝᡥᡝ ᠰᡝᡥᡝ ᡨᡝᡵᡝ ᠰᡳᡵᡤᡝᠮᡝ ᠰᡳᠮᡝᡵᡝ ᠪᡝ ᠪᡠᡴᡝ ᡤᡝᠨᡝᡥᡝ ᡨᡝᡳᠯᡝ ᡨᡝᠨᡝᡵᡝ
ᡥᡝᠴᡝᠨ ᠪᡠᠯᡝᡵᡳ ᡨᡝᠨᡝ ᡤᡝᠮᡠ ᡤᡝᡵᡝᠨ ᡳ ᡤᡝᡥᡝ ᡨᡝᡵᡝ ᠪᡝ ᡳᠴᡝ ᡤᡝᠮᡠ ᡨᡝᡳᠯᡝ ᠪᠣᠣ ᡤᡝᡵᡝᠨᡝ᠈
ᠰᡝᡥᡝ ᠰᡝᠮᡝᠩᡤᡝ ᠪᡝ ᡨᡠᠸᠠᡶᡳ ᠪᡝᡳᠯᡝ᠈ ᠪᠠᡳᠮᡝ᠈ ᡤᡝᡵᡝᠨ ᡳ ᠪᡝ ᡝᠯᡝᡥᡝᠨ ᡨᡝᡳᠯᡝ᠈
ᠠᠮᠠ ᠰᡝᠮᡝᡶᡳ ᡤᡠᠰᡝᡥᡝ᠈ ᡨᡝᡳᠯᡝ ᡤᡠᠸᡝᠯᡝ ᡨᡝᡳᠯᡝ ᡴᡝᡵᡝ ᠪᡝᠶᡝ ᡳ ᠮᡝᡩᡝᡵᡳ ᠮᡝᡵᡤᡝᠨ ᡳᠯᡝ
ᠮᡝᡵᡤᡝᠨ ᡤᡝᡵᡝᡥᡝ᠈ ᡥᡝᡥᡝ ᠪᡝᠶᡝ ᠮᡝᡵᡤᡝᠨ ᠮᡝᠮᡝ᠈ ᠪᡝ ᡤᡠᠸᠠᠩᡤᡳ ᠮᡝᡵᡤᡝᠨ ᡤᡠᠸᠠᠩᡤᡳ᠈ ᠮᡝᡵᡤᡝᠨ ᡳ
ᠮᡠᠴᡝᠩᡤᡝ ᠮᡝᡵᡤᡝᠨ ᠪᡝᡵᡝᡥᡝᠪᡝᡳᠯᡝ ᠮᡝᡵᡤᡝᠨ ᠪᠣᠣᠮᡝ ᠮᡝᡵᡤᡝ ᡨᡝᡳᠯᡝᠪᡝ ᠪᡝᠶᡝ᠈ ᡳᠯᡝ
ᠮᡝᡵᡤᡝᠨ ᠮᡝᡵᡤᡝᠨ ᡤᡝᡵᡝᠨ ᡤᡝᡵᡝᠨ ᡳᠯᡝ ᠮᡝᡥᡝᠪᡝ ᡤᡝᡵᡝᠨ ᡤᡝᡵᡝᠨ ᡳᠯᡝ ᡳᠯᡝᡳ
ᡤᡝᠮᡠ ᠪᡠᡧᡠᡴᡠ᠈ ᡤᡝᠩᡤᡳᠶᡝᠨ ᡤᡡᠯᡳᠨ ᡨᡝᡵᡝ ᠪᡝᠮᡝ ᠮᡝᠮᡝ ᡤᡝᡵᡝᠨ ᠮᡝᡵᡤᡝᠨ
ᡨᡝᡳᠯᡝ ᠵᡳᡥᡝ᠉

fucihi hendume, ging be weihukeleme buci ojorakū seci, untuhun galai gajici inu ojorakū. seibeni geren bi kio šeng seng alin ci wasifi ere ging be še wei gurun i joo jang je boode gamafi, weihun ningge be elhe obume, bucehe fayangga be tucibume, emu jergi hūlafi, ilan hiyase ilan moro bele i adali suwayan aisin gajifi, minde benjihe manggi, bi hono jaci komso, amaga juse omosi takūrara ulin baharakū ombi sehe bihe. te suwe untuhun galai gajire jakade, tuttu šanggiyan hoošan i ging buhebi, šanggiyan hoošan de bithe akū gojime unenggi sain ging.

---

佛祖道：經不可以輕給，亦不可以空手來取。向時眾比丘聖僧下山，曾將此經在舍衛國趙長者家，誦經一遍，生者平安，亡魂超脫，只拿到三斗三升米粒黃金，送來給我後，我還說太少了，教後代兒孫沒錢可以使用。你們如今空手來取，是以給了白紙經本，無字白紙本倒是好的真經。

---

佛祖道：经不可以轻给，亦不可以空手来取。向时众比丘圣僧下山，曾将此经在舍卫国赵长者家，诵经一遍，生者平安，亡魂超脱，只拿到三斗三升米粒黄金，送来给我后，我还说太少了，教后代儿孙没钱可以使用。你们如今空手来取，是以给了白纸经本，无字白纸本倒是好的真经。

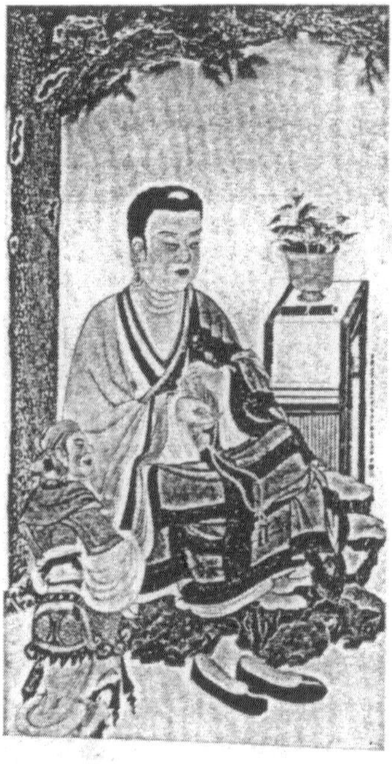

# 三十、給孤獨園

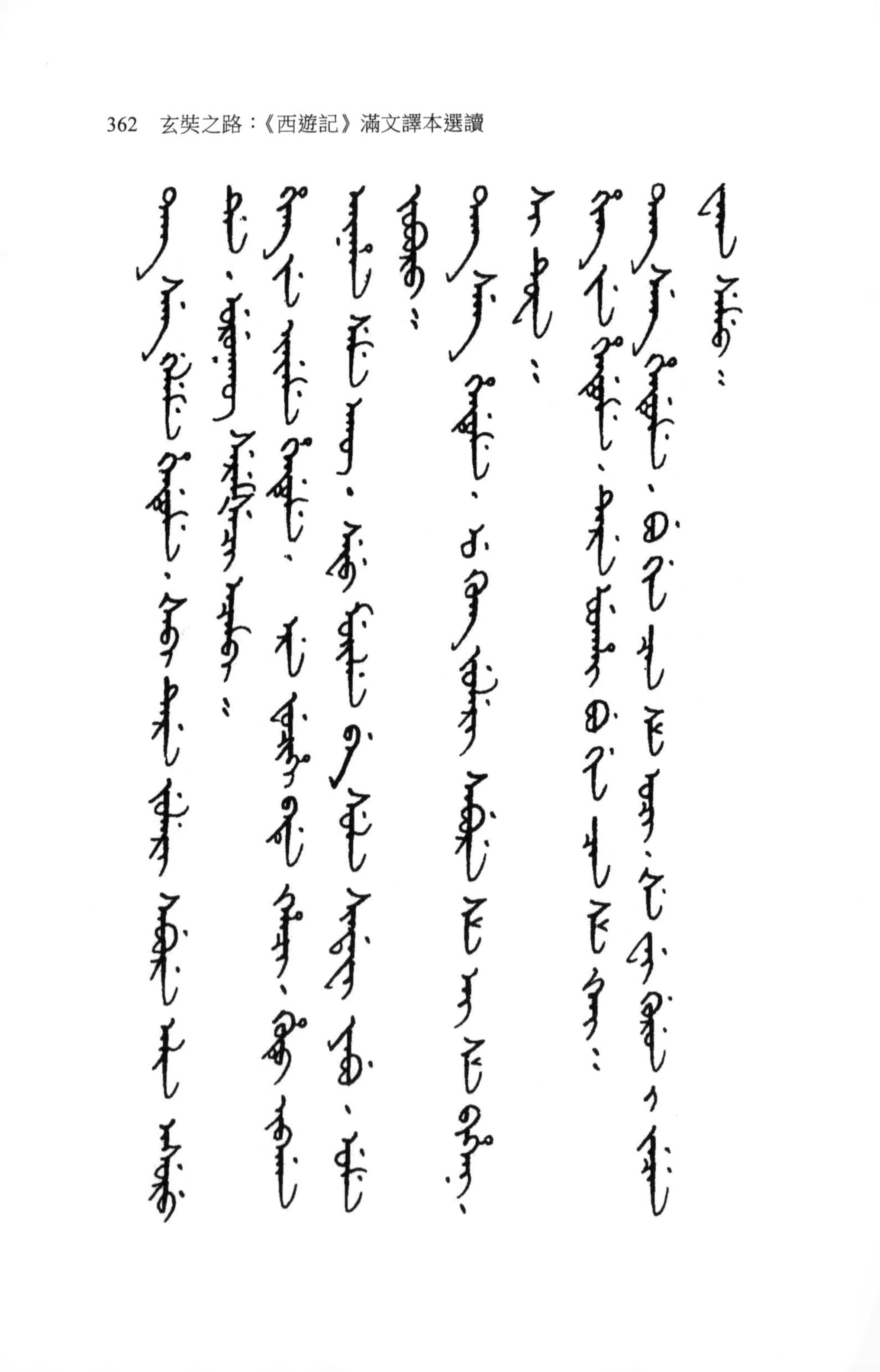

tang seng geleme hendume, šabi tere juleri sabure alin asuru den, urunakū seremšeci acambi.
hing je injeme hendume, ere fucihi bade hanci, hutu ibagan ainaha seme akū, sefu mujilen be sula sindafi yabu, ume joboro.
tang seng hendume, u kung juleri sabure sy ai sy biheni, si tuwa.
hing je hendume, tere uthai bu gin can sy kai.
tang seng hendume, bu gin can sy oci, še wei gurun i jecen waka semeo.

---

唐僧悚懼道：徒弟，那前面看見的山甚高，是必小心。
行者笑道：這裏將近佛地，斷乎無什麼妖邪，師父放懷勿慮。
唐僧道：悟空，前面看見的寺是什麼寺？你看看。
行者道：那就是布金禪寺啊！
唐僧道：若是布金禪寺，莫不是舍衛國界了嗎？

---

唐僧悚惧道：徒弟，那前面看见的山甚高，是必小心。
行者笑道：这里将近佛地，断乎无什么妖邪，师父放怀勿虑。
唐僧道：悟空，前面看见的寺是什么寺？你看看。
行者道：那就是布金禅寺啊！
唐僧道：若是布金禅寺，莫不是舍卫国界了吗？

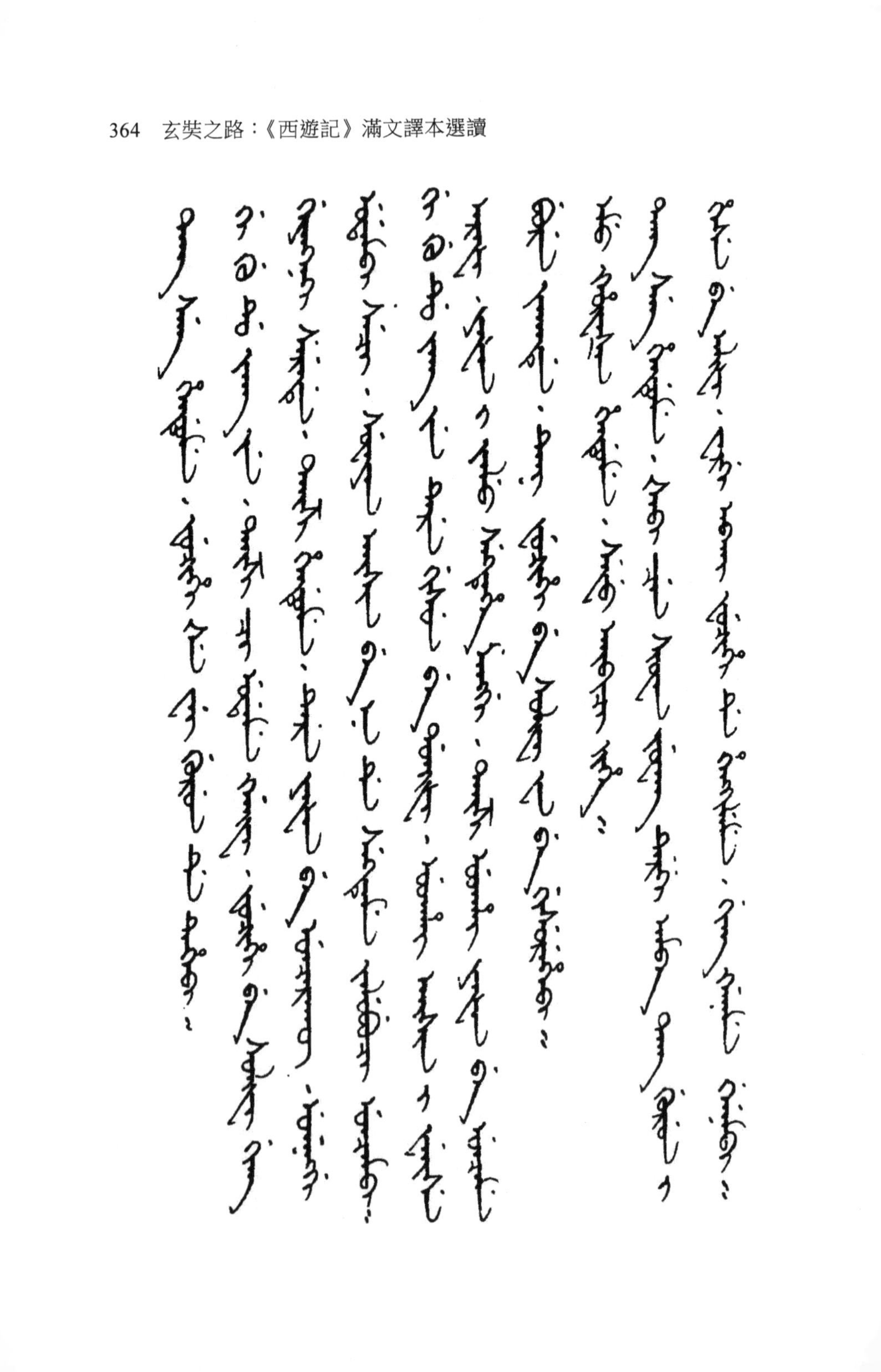

[illegible]

tang seng hendume, fucihi še wei gurun de tehebi.
gi gu du jang je, taidz ci udame gaifi, fucihi be solifi ging giyangnaki serede, taidz hendume, tere yafan be uncarakū, unenggi udambi seci, suwayan aisin be na de sekteme jalubuci uncambi.
gi gu du jang je tere gisun be donjifi, uthai aisin i feise arafi, yafan i jalu sektehe manggi, taidz uthai yafan be uncame bure jakade, teni fucihi be solifi fa be gisurehebi.
emu hūwašan hendume, sefu aibici jihe.
tang seng hendume, šabi cen siowan juwang dergi amba tang gurun i hese be alifi, wargi abkai fucihi de hengkileme, ging ganame genembi.

---

唐僧道：佛祖住在舍衛國。
給孤獨長者問太子買園請佛祖講經，太子說：那園不賣，若是真要買時，除非黃金鋪滿園地纔賣。
給孤獨長者聽到了那話，就以黃金造磚，鋪滿了園地後，太子就賣給他園地，纔請佛祖說法。
一位和尚道：師父從何處來？
唐僧道：弟子陳玄奘奉東土大唐之旨，差往西天拜佛取經。

---

唐僧道：佛祖住在舍卫国。
给孤独长者问太子买园请佛祖讲经，太子说：那园不卖，若是真要买时，除非黄金铺满园地纔卖。
给孤独长者听到了那话，就以黄金造砖，铺满了园地后，太子就卖给他园地，纔请佛祖说法。
一位和尚道：师父从何处来？
唐僧道：弟子陈玄奘奉东土大唐之旨，差往西天拜佛取经。

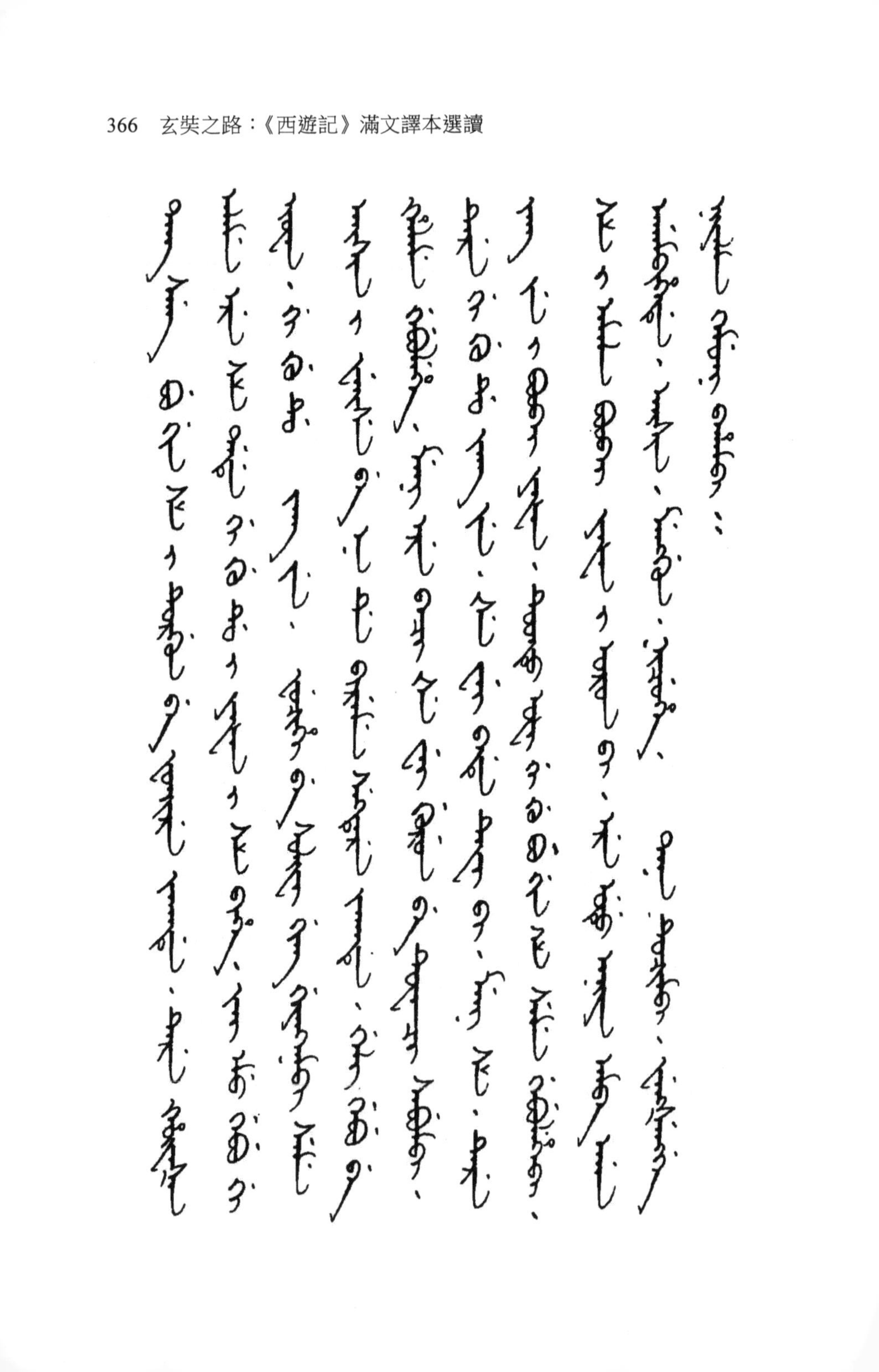

tang seng bu gin sy i turgun be fonjire jakade, tere hūwašan alame, ere sy dade gi gu du i yafan i sy bihe, jai emu gebu gi iowan, gi gu du jang je, fucihi be solifi ging giyangnambi seme aisin i feise be na de bireme sektere jakade, geli gebu be halame gebulehe, meni ere baci še wei gurun be tuwaci sabumbi, tere gi gu du jang je, še wei bade tefi bi, meni sy, tere jang je i boobai yafan, tuttu ofi gi gu bu gin sy seme gebulehebi. sy i amala boobai yafan i oron bi, ere udu aniya amba aga agambihede, aisin, menggun, nicuhe, tana tucimbi, fengšengge niyalma kemuni bahambi.

---

唐僧問布金寺名之由，那僧答道：這寺原是給孤獨園寺，又名給園。因給孤獨長者請佛講經，金磚布地，故又易名，從我們這裡看得見舍衛國，那給孤獨長者，正住在舍衛地方。我們寺原是那長者之祇園[11]，因此，遂名給孤布金寺。寺之後邊有祇園基址。近幾年遇大雨時，還淋出金、銀、真珠、東珠，有福之人每每拾得。

---

唐僧问布金寺名之由，那僧答道：这寺原是给孤独园寺，又名给园。因给孤独长者请佛讲经，金砖布地，故又易名，从我们这里看得见舍卫国，那给孤独长者，正住在舍卫地方。我们寺原是那长者之祇园，因此，遂名给孤布金寺。寺之后边有祇园基址。近几年遇大雨时，还淋出金、银、真珠、东珠，有福之人每每拾得。

---

[11] 祇園，滿文讀作“boobai yafan”，意即「寶貝園」。

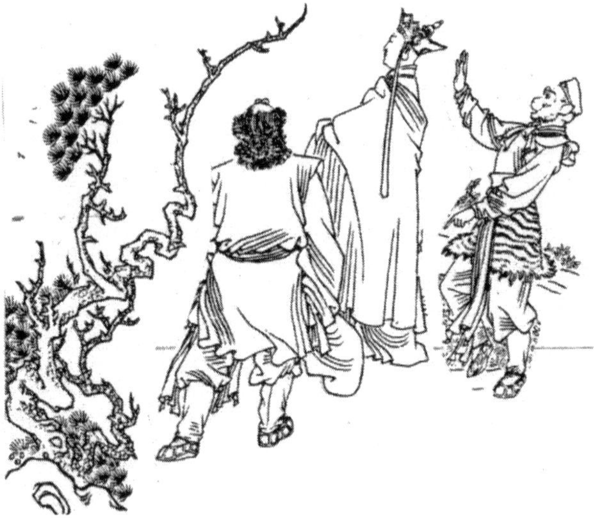

# 三十一、樹頭東向

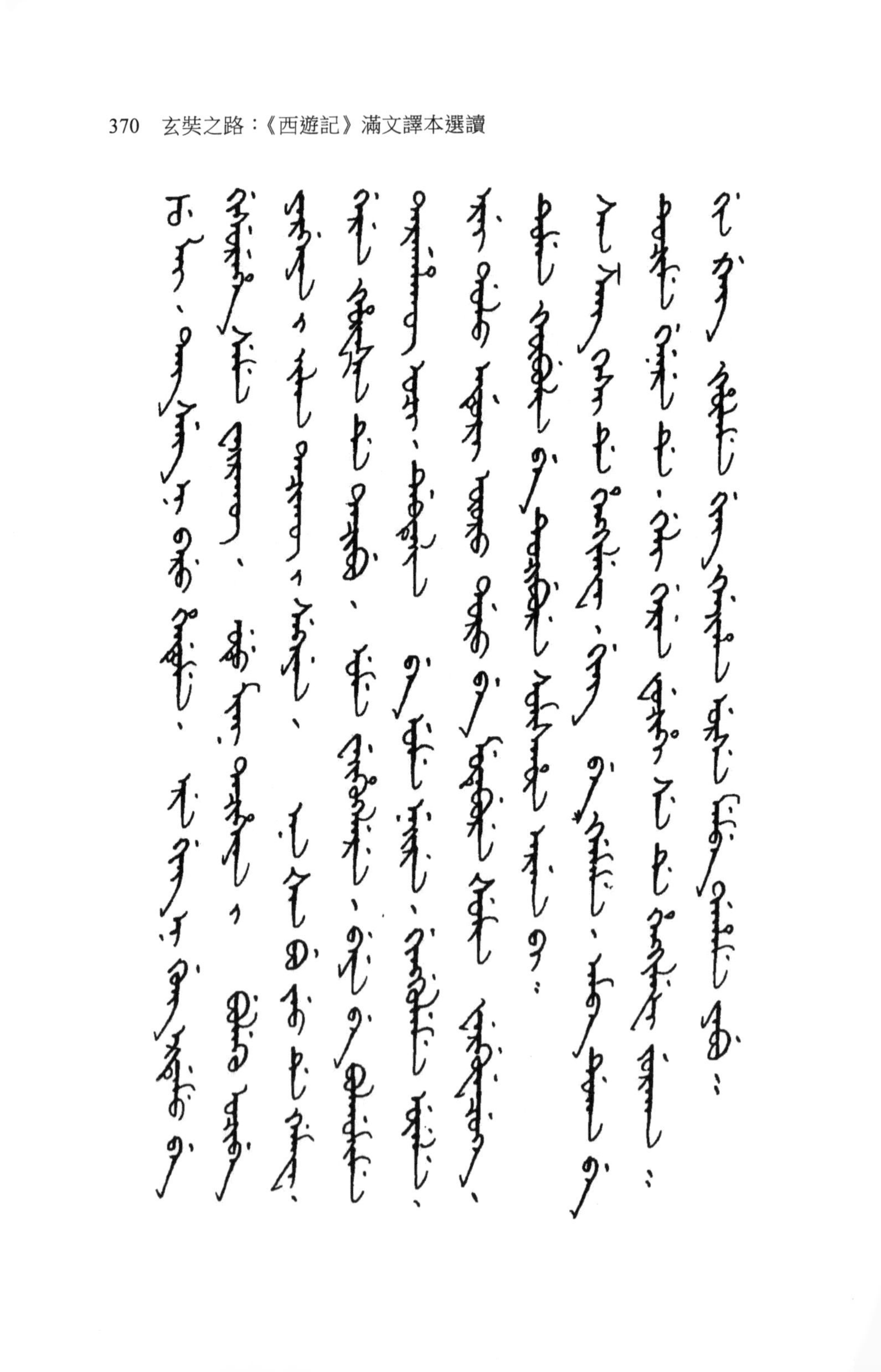

žu lai, tang seng ni baru hendume, ere ging ni gung erdemu be gisurehe seme wajirakū, udu mini tacihiyan i buleku ocibe yargiyan i ilan tacikū i sekiyen, nan šan bu jeo de gamafi, geren hūwašan de tacibu, ume weihukelere. beye be bolgomime targahakū oci, debtelin be ume neire, gingguleme ujele. erei dolo enduri ojoro doro be mutebure šumin ferguwecuke, tumen kūbulin be tucibure somishūn arga bi.
san dzang kesi de hengkilefi, ging be gamame, amba duka be tucime genere de, geli geren fucihi se de hengkilefi juraka.
gin g'ang hūlame, ging gajiha urse membe dahame yabu.

---

如來對唐僧道：此經功德，不可稱量，雖為我教之龜鑑，實乃三教之源流，帶到南贍部洲，示與眾僧，不可輕慢。若非沐浴齋戒，不可開卷，敬之重之。蓋此內有能成仙了道之奧妙，發明萬物之奇方。
三藏叩頭謝恩，領經出大門而去時，又叩謝了眾佛而啟程了。
金剛叫道：取經的眾人跟我們走吧！

---

如来对唐僧道：此经功德，不可称量，虽为我教之龟鉴，实乃三教之源流，带到南赡部洲，示与众僧，不可轻慢。若非沐浴斋戒，不可开卷，敬之重之。盖此内有能成仙了道之奥妙，发明万物之奇方。
三藏叩头谢恩，领经出大门而去时，又叩谢了众佛而启程了。
金刚叫道：取经的众人跟我们走吧！

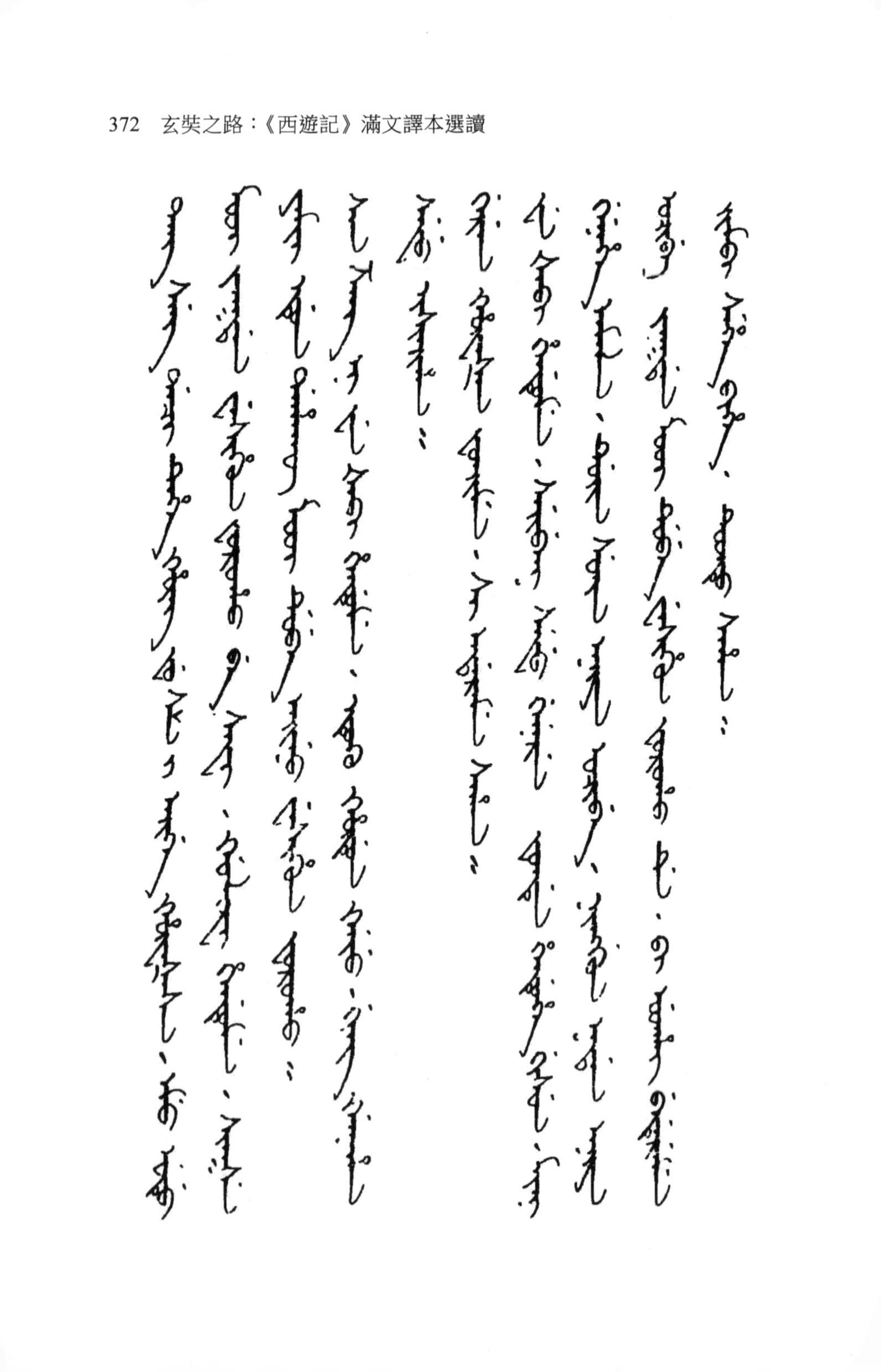

[illegible]

tang seng daci tehe hūng fu sy i ajige hūwašasa, emu udu mooi jakdan wesihun foroho be safi, golofi hendume, sikse yamji edun dahakū mooi dube ainu wesihun foroho.
san dzang ni fe šabi hendume, etuku hūdun gaju, ging ganaha sefu isinjiha.
geren hūwašan fonjime, si adarame saha.
fe šabi hendume, seibeni sefu genere fonde henduhe gisun, mini genehe amala, duin sunja aniya ocibe, ninggun nadan aniya ocibe, jakdan mooi dube wesihun foroho de, bi uthai bedereme jimbi sehe bihe, tuttu saha.

---

唐僧舊住的洪福寺，小僧人等，看見幾株松樹，都轉向東邊，驚訝道：昨夜未曾刮風，樹頭為何都向東了？
三藏的舊徒道：快取衣服來，取經的師父到來了。
眾僧問道：你何以知之？
舊徒道：昔年師父去時，曾有言道：我去之後，或四、五年，或六、七年，松樹枝頭東向時，我即回來，故此知之。

---

唐僧旧住的洪福寺，小僧人等，看见几株松树，都转向东边，惊讶道：昨夜未曾刮风，树头为何都向东了？
三藏的旧徒道：快取衣服来，取经的师父到来了。
众僧问道：你何以知之？
旧徒道：昔年师父去时，曾有言道：我去之后，或四、五年，或六、七年，松树枝头东向时，我即回来，故此知之。

# 致　謝

本書滿文羅馬拼音及漢文，由原任駐臺北韓國代表部連寬志先生熱心支持校勘，在此最深誠感謝。